Rechtsfragen des Transferinvestments im Lizenzfußball

AF897005

Europäische Hochschulschriften

European University Studies

Publications Universitaires Européennes

Reihe II **Rechtswissenschaft**

Series II Law

Série II Droit

Band/Volume **5746**

Philipp Wackerbeck

Rechtsfragen des Transferinvestments im Lizenzfußball

Zulässigkeit und Gestaltungsmöglichkeiten

PL ACADEMIC RESEARCH

Bibliografische Information der Deutschen Nationalbibliothek
Die Deutsche Nationalbibliothek verzeichnet diese Publikation in der Deutschen Nationalbibliografie; detaillierte bibliografische Daten sind im Internet über http://dnb.d-nb.de abrufbar.

Zugl.: München, Univ., Diss., 2015

D 19
ISSN 0531-7312
ISBN 978-3-631-66137-6 (Print)
E-ISBN 978-3-653-05695-2 (E-Book)
DOI 10.3726/978-3-653-05695-2

© Peter Lang GmbH
Internationaler Verlag der Wissenschaften
Frankfurt am Main 2015
Alle Rechte vorbehalten.
PL Academic Research ist ein Imprint der Peter Lang GmbH.
Peter Lang – Frankfurt am Main · Bern · Bruxelles · New York · Oxford · Warszawa · Wien

Das Werk einschließlich aller seiner Teile ist urheberrechtlich geschützt.
Jede Verwertung außerhalb der engen Grenzen des Urheberrechtsgesetzes ist ohne Zustimmung des Verlages unzulässig und strafbar.
Das gilt insbesondere für Vervielfältigungen, Übersetzungen, Mikroverfilmungen und die Einspeicherung und Verarbeitung in elektronischen Systemen.

Diese Publikation wurde begutachtet.

www.peterlang.com

Vorwort

Die vorliegende Arbeit wurde im Sommersemester 2014 von der Juristischen Fakultät der Ludwig-Maximilians-Universität München (LMU) als Dissertation angenommen.

Für die Betreuung der Arbeit möchte ich meinem Doktorvater, Herrn Prof. Dr. Becker, LL.M. (EHI), herzlich danken. Er hat die Untersuchung in vielfältiger Weise gefördert. Herrn Prof. Dr. Johannes Hager danke ich für die Übernahme des Zweitgutachtens.

Gleichfalls zu Dank verpflichtet bin ich Herrn Rechtsanwalt Dr. Gregor Reiter, der seinerzeit – nach entsprechender Idee von Herrn Ilja Kaenzig – das Thema der Arbeit anregte und mir als Gesprächspartner jederzeit bereit stand.

Herzlich bedanken möchte ich mich auch bei meinen Eltern, die mir meine juristische Ausbildung und die Promotion ermöglicht haben. Ihnen, meinen Geschwistern, meiner Frau Anne und meiner Tochter Johanna widme ich diese Arbeit.

Einen besonders Dank möchte ich abschließend an die Korrekturleser, nämlich meine Mutter, meine Frau, Herrn Mirko Jularic, Frau Alix Hueck, Herrn Dr. Matthias Wackerbeck und Frau Amali Esentürk richten.

Inhaltsverzeichnis

Abkürzungsverzeichnis

A. A.	anderer Ansicht
aaO	am angegebenen Ort
Abl.	Amtsblatt der Europäischen Union
Abs.	Absatz
AcP	Archiv für die civilistische Praxis
ADAC	Allgemeiner Deutscher Automobil-Club
AEUV	Vertrag über die Arbeitsweise der Europäischen Union
a. F.	alte Fassung
AG	Aktiengesellschaft
Alt.	Alternative
Anm.	Anmerkung
a. M.	am Main
AP	Arbeitsgerichtliche Praxis (Entscheidungssammlung)
ArbG	Arbeitsgericht
Art.	Artikel (eines Gesetzes oder einer Satzung)
Aufl.	Auflage
BAG	Bundesarbeitsgericht
BAGE	Entscheidungen des Bundesarbeitsgerichts
BB	Betriebs-Berater
BBC	British Broadcasting Corporation
BBiG	Berufsbildungsgesetz
BC	Zeitschrift für Bilanzierung, Rechnungswesen und Controlling
BeckOK	Beck'scher Online Kommentar
Beschl.	Beschluss
BFH	Bundfinanzhof
BGB	Bürgerliches Gesetzbuch
BGH	Bundesgerichtshof
BGHZ	Entscheidungen des Bundesgerichtshofs in Zivilsachen
BilMoG	Bilanzrechtsmodernisierungsgesetz
BKartA	Bundeskartellamt
BMF	Bundesministerium der Finanzen
BSC	Ballsportclub
bspw.	beispielsweise
BT-Dr.	Bundestags-Drucksache
BVerfGE	Entscheidungen des Bundesverfassungsgerichts
BWG	Bewertungsgesetz
ca.	circa
CAS	Court of Arbitration for Sport

CaS	causa sport (Zeitschrift)
CDES	Centre de Droit et d'Economie de Sport / The Centre for the Law and Economics of Sport
CEP	Centrum für Europäische Politik
CISG	United Nations Convention on Contracts for the International Sale of Goods
CL	UEFA Champions League
DAI	Dienstleistungen von allgemeinem Interesse
DB	Der Betrieb
DEB	Deutscher Eishockeybund
ders.	derselbe
DFB	Deutscher Fußballbund e. V.
DFL	Deutsche Fußball Liga
Diss.	Dissertation
DLF	Deutschlandfunk
DNCG	Direction Nationale du Controle de Gestion
DStR	Deutsches Steuerrecht (Zeitschrift)
DStRE	DStR Entscheidungsdienst
DZWir	Deutsche Zeitschrift für Wirtschafts- und Insolvenzrecht
ECA	European Club Association
EFG	Entscheidungen der Finanzgerichte (Zeitschrift)
EFAA	European Football Agents Association
EFPL	European Football Professional Leagues
EGV	Vertrag Zur Gründung der Europäischen Gemeinschaft
Einl. v.	Einleitung vor
Einf. v.	Einführung vor
EL	Ergänzungslieferung
EL	UEFA Europa League
EMRK	Europäische Menschenrechtskonvention
Entsch.	Entscheidung
ErbStG	Erbschaftssteuergesetz
ErfKo	Erfurter Kommentar
ESLJ	Entertainment and Sports Law Journal
EStG	Einkommenssteuergesetz
EU	Europäische Union
EuGH	Europäischer Gerichtshof
EuGRZ	Europäische Grundrechte Zeitschrift
EuR	Europarecht (Zeitschrift)
EUV	Vertrag über die Europäische Union
EuZW	Europäische Zeitschrift für Wirtschaftsrecht
e. V.	eingetragener Verein
EWR	Europäischer Wirtschaftsraum

f.	folgende [Seite, ...]
FA	The Football Association
FATF	Financial Action Task Force
FAZ	Frankfurter Allgemeine Zeitung
FB	Finanzberater
FC	Fußballclub
ff.	folgende [Seiten, ...]
FG	Finanzgericht
F.I.C.G.	Federazione Italiana Giuoco Calcio
FIFA	Fédération Internationale de Football Association
FL	Football League
FR	Finanz-Rundschau
FS	Festschrift
FSV	Fußball- und Sportverein
GA	Generalanwalt /-anwältin
GBP	Great Britain Pound
GG	Grundgesetz
ggf.	gegebenenfalls
GmbH	Gesellschaft mit beschränkter Haftung
GmbHG	Gesetz betreffend die Gesellschaften mit beschränkter Haftung
grds.	grundsätzlich
GRC	Grundrechtecharta
GRUR	Gewerblicher Rechtsschutz und Urheberrecht
GuV	Gewinn- und Verlustrechnung
GWB	Gesetz gegen Wettbewerbsbeschränkungen
HdB	Handbuch
HGB	Handelsgesetzbuch
Hrsg.	Herausgeber
HSV	Hamburger Sportverein
Inc.	Incorporated
IFRS	International Financial Reporting Standards
InsO	Insolvenzordnung
InvG	Investmentgesetz
i. S. d.	im Sinne des
ISLJ	The International Sports Law Journal
i. S. v.	im Sinne von
ITC	International Transfer Certificate
i. V. m.	in Verbindung mit
JA	Juristische Arbeitsblätter
JR	Juristische Rundschau

jurisPR-SteuerR	Juris Praxis-Report Steuerrecht
JuS	Juristische Schulung
JZ	Juristenzeitung
Kap.	Kapitel
KGaA	Kommanditgesellschaft auf Aktien
KoR	Zeitschrift für internationale und kapitalmarktorientierte Rechnungslegung
KSC	Karlsruher Sportclub
KTS	Zeitschrift für Insolvenzrecht, ehemals Konkurs-, Treuhands- und Schiedsgerichtswesen
KWG	Gesetz über das Kreditwesen
LAG	Landesarbeitsgericht
lit.	littera = lateinisch für „Buchstabe“
LO	Lizenzierungsordnung
LOS	Lizenzordnung Spieler
LSpSt	Lizenzspielerstatut
Ltd.	Limited
MDR	Monatsschrift für deutsches Recht
Mio.	Millionen
MKM	MK Medien
MOTOE	Motosykletistiki Omospondia Ellados
MSI	Media Sports Investment Ltd.
MüKo	Münchener Kommentar
m.w.N	mit weiteren Nachweisen
NBA	National Basketball Association
NBD	National Bank of Dubai
NFL	National Football League
NHL	National Hockey League
NJW	Neue Juristische Wochenschrift
NJWE-VHR	NJW-Entscheidungsdienst Versicherungs- und Haftungsrecht
NOIF	Norme Organizzative Interne della F.I.G.C.
NSDAP	Nationalsozialistische Deutsche Arbeiterpartei
Nr.	Nummer
NWB	Neue Wirtschafts-Briefe für Steuer- und Wirtschaftsrecht
NZA	Neue Zeitschrift für Arbeitsrecht
NZA-RR	Neue Zeitschrift für Arbeitsrecht, Rechtsprechungs-Report
NZG	Neue Zeitschrift für Gesellschaftsrecht
NZI	Neue Zeitschrift für das Recht der Insolvenz und Sanierung

OECD	Organisation for Economic Co-operation and Development / Organisation für wirtschaftliche Zusammenarbeit und Entwicklung
OFD	Oberfinanzdirektion
o. g.	oben genannt
OLG	Oberlandesgericht
PFPO	Professional Football Players Observatory
PHB	Praxishandbuch
PL	Premier League
QPR	Queens Park Rangers
RdA	Recht der Arbeit
REPRAX	Zeitschrift zur Rechtsetzung und Praxis in Gesellschafts- und Handelsregisterrecht
Rs.	Rechtssache
Rspr.	Rechtsprechung
RuS	Recht und Sport (Schriftenreihe)
S.	Satz
S.	Seite
s. a.	siehe auch
SC	Sportclub
SchiedsVZ	Zeitschrift für Schiedsverfahren
SG	Sozialgericht
EFPL SLB	EFPL Sports Law Bulletin
Slg.	Sammlung
s. o.	siehe oben
sog.	so genannt
SpielO	Spielordnung
SportR	Sportrecht
SpuRt	Sport und Recht
StuB	Steuern und Bilanzen
TAS	Tribunal Arbitral du Sport
TFG	Transferfinanzierungstochtergesellschaft
TTFG	Tennistalentförderung GmbH & Co. KG
TMS	Transfer Matching System
TOSA	Tennisausbildungs-GmbH
TSG	Turn- und Sportgemeinschaft
TV	Television
TzBfG	Teilzeitbefristungsgesetz
UEFA	Union des Associations Européennes de Football

UmwG	Umwandlungsgesetz
UrhG	Urhebergesetz
Urt.	Urteil
US	United States of America
USD	US-Dollar
V	versus
v.	vom
VfL	Verein für Leibesübungen
vgl.	vergleiche
Vol.	Volume
VwVfG	Verwaltungsverfahrensgesetz
WFLV	Westfälischer Leichtathletik und Fußballverband
WGZ	Westdeutsche Genossenschafts-Zentralbank
WM	Wertpapier-Mitteilungen
WRP	Wettbewerb in Recht und Praxis
WSLR	World Sports Law Report
WuW	Wirtschaft und Wettbewerb
z. B.	zum Beispiel
ZEuP	Zeitschrift für Europäisches Privatrecht
ZGB	Zivilgesetzbuch der Schweiz
Ziff.	Ziffer
ZIP	Zeitschrift für Wirtschaftsrecht
ZPO	Zivilprozessordnung
ZRP	Zeitschrift für Rechtspolitik
zust.	zustimmend
ZWeR	Zeitschrift für Wettbewerbsrecht

Abkürzungen, die nicht im Abkürzungsverzeichnis oder im Text dieser Arbeit gesondert erläutert werden, richten sich nach *Kirchner, Hildebert*, Abkürzungsverzeichnis der Rechtsprache, 7. Aufl., Berlin 2013

Einleitung

Die fortschreitende Kommerzialisierung des Fußballs hat ein auf dem südamerikanischen Kontinent verbreitetes Geschäftsmodell in den Fokus gerückt, das in Europa zunächst eher zurückhaltend praktiziert wurde, aber in Portugal fest etabliert ist, in England für eine der größten Kontroversen der britischen Profifußballgeschichte gesorgt hat und in den letzten Jahren bei einigen großen europäischen Transfers eine gewichtige Rolle spielte: Die Investition Dritter in Lizenzfußballspieler, international als third-party ownership[1] bezeichnet.

A. Untersuchungsgegenstand

Unter einem third-party ownership versteht man ein Beteiligungsrecht am zukünftigen Transferwert eines Spielers, das eine dritte Rechtsperson, die selbst weder ein Spieler noch der den Spieler beschäftigende Club – ein im Fußball auftretender Verein oder die von diesem in eine Kapitalgesellschaft ausgegliederte Lizenzspielerabteilung – ist, durch Einsatz finanzieller Mittel erworben hat.[2] Der Dritte[3] partizipiert hierbei regelmäßig infolge einer Vereinbarung mit einem Club an der gegebenenfalls zukünftig von diesem Club vereinnahmten Transferentschädigung bei „Veräußerung" eines bestimmten Spielers vor Ablauf des Spielervertrages.[4] Daneben existieren weitere Konstruktionen der Teilhabe an einer erhofften Wertsteigerung eines Spielers, etwa eine Investmentvereinbarung mit dem Spieler selbst. Für die verschiedenen Investmentformen wird im Folgenden zusammenfassend der Begriff „Transferinvestment" gebraucht, nicht zuletzt vor dem Hintergrund, dass der Begriff „Ownership" im deutschen Recht aufgrund der Trennung von Verpflichtungs- und Verfügungsgeschäft sowie der Differenzierung zwischen Besitz und Eigentum nicht auf die Beteiligung an Transferrechten passt.[5]

---

1 Übersetzt: „Inhaberschaft einer Drittpartei" (an Transferrechten).

2 KEA – CDES Bericht „The Economic and Legal Aspects of Transfers of Players", S. 64 (Quelle: Internet – die Links zu den in dieser Arbeit verwendeten Internetfundstellen sind im separaten Verzeichnis der Internetquellen aufgeführt); *Elter*, in: Galli/Elter/Gömmel/Holzhäuser/Straub (Hrsg.), Sportmanagement, S. 691, 707.

3 „Dritter" kann auch ein Club sein, der mit dem Spieler nicht in einer Spielervertragsbeziehung steht, aber gleichwohl Transferrechte für sich in Anspruch nimmt, vgl. VIERTER TEIL, 2. Kap., B.III.3.b).bb).

4 *Küting/Strauß/Tesche*, DStR 2010, S. 2646, 2648; *Geey*, ESLJ 2/2009, Rn. 4; *Abatan* EFPL SLB, S. 22; *Purdon*, EFPL SLB, S. 38; *Andrews* EFPL SLB, S. 33; *Melero/Soiron*, EFPL SLB, S. 41.

5 Vgl. VIERTER TEIL.

Während eine Beteiligung von finanzkräftigen Investoren an Clubs von den Verbänden mit gewissen Einschränkungen[6] gebilligt wird, sieht sich das Investment in Fußballspieler schwerwiegender Kritik ausgesetzt. So wird z. B. eingewendet, dass es sich um modernen Sklavenhandel handele[7] und der Sportler zur menschlichen Aktie werde.[8] Die sich aus dem Transferinvestment ergebenden widerstreitenden Interessen von Sportlern, Investoren, Clubs und Verbänden werfen zudem brisante Fragen wirtschaftlicher, sportpolitischer und vor allem juristischer Natur auf.

Der Transfermarkt ermöglicht Renditen, die sich auf den Finanzmärkten kaum erzielen lassen.[9] Es besteht die Chance auf eine regelrechte Explosion des Spielermarktwerts.[10] Der Investor wählt mit dem Fußballspieler einen Investitionsgegenstand, dessen Wertentwicklung er mit eigenen Augen anhand des Geschehens auf dem Spielfeld begutachten und – vermeintlich – beurteilen kann. Andererseits ist es schwierig zu einem bestimmten Stichtag den objektiven „Wert" eines Spielers zu bestimmen, denn jeder Sportler vereinigt „individuelle Qualitäten, Qualifikationen und Motivationsaspekte in sich, die als Kombination seiner psychologischen, psycho-sozialen und physiologischen Faktoren in einen Entwicklungsprozess eingebracht werden und im Rahmen dessen weiter ausgebaut werden";[11] diese Wertbestimmung wird im Mannschaftssport zusätzlich durch die Abhängigkeit des Spielers von seinen Mitspielern erschwert. Noch komplexer als eine aktuelle Wertbestimmung ist die Prognose einer erfolgreichen Sportlerkarriere und damit der langfristigen Wertentwicklung. Das Transferinvestment stellt insofern eine Risikokapitalanlage dar.

Insbesondere unterliegt das Investment der Gefahr einer Verletzung des Spielers, durch die seine sportliche Leistungsfähigkeit sinken oder komplett entfallen

---

6 Die komplette Übernahme einer Fußballkapitalgesellschaft ist im deutschen Profifußball aufgrund der in § 8 Nr. 2 der DFL-Satzung verankerten „50+1 Regel" nicht möglich.Demnach muss der ursprüngliche Verein selbst an der für den Profifußball lizenzierten Kapitalgesellschaft mehrheitlich beteiligt sein.

7 So u. a. FIFA-Präsident *Joseph Blatter*, Artikel „Die Gier bedroht das schönste aller Spiele" vom 12.10.2005 (Quelle: Internet)

8 Vgl. Artikel „Heute im Angebot" aus dem SZ-Magazin Nr. 50 vom 12.12.2008, S. 28 (Quelle: Internet); Tatsächlich wurde in Spanien die Idee diskutiert, dass Clubs jeden ihrer Spieler wie Einzelfirmen an einer eigens zu schaffenden Börse notieren könnten. Damit hätte jeder potentielle Investor die Möglichkeit, vom jeweiligen Club einen variablen Anteil der Entschädigungsrechte an dem Spieler zu erwerben, vgl. *Elter*, in: Galli/Elter/Gömmel/Holzhäuser/Straub (Hrsg.), Sportmanagement, S. 691, 707.

9 *Carlezzo*, EFPL SLB, S. 73.

10 Vgl. die Aussage des Fußballfonds Hanseatischer Fußballkontor: „Spieler-Transferrechte der Spieler im Alterssegment von 18 bis 23 Jahre erfahren eine durchschnittliche Wertsteigerung binnen vier Jahren um 500 %" (Quelle: Internet).

11 *Galli*, FB 2003, S. 810, 814.

kann. Ein vollständiger Wertverlust im Hinblick auf die Transferentschädigung kann außerdem eintreten, wenn der Spieler seinen Vertrag bei einem Club erfüllt und vertragsfrei wird oder sich für eine frühzeitige Beendigung der Fußballkarriere entscheidet.

Die ökonomischen Risiken werden verstärkt durch gewichtige rechtliche, insbesondere verbandsrechtliche Unwägbarkeiten. Kaum ein europäischer Club, der mit einem Transferinvestor zusammenarbeitet oder künftig zusammenarbeiten möchte, kann sich vor Sanktionen aufgrund bestehender oder zukünftig beschlossener Verbandsregeln sicher fühlen.[12] Abschreckendes Beispiel für Clubs und Investoren in Europa ist die eingangs erwähnte Kontroverse rund um das Transferinvestment in der englischen Premier League – von der Presse als „Tevezgate" bezeichnet. Im Kern ging es um ein dem Verband gegenüber verheimlichtes Transferinvestment, das es dem abstiegsbedrohten Club West Ham United ermöglichte, die argentinischen Nationalspieler Carlos Tevez und Javier Mascherano zu verpflichten.[13] Für den englischen Erstligafußball sieht das im jährlich erscheinenden Premier League Handbook enthaltene Regelwerk bereits seit Saisonbeginn 2008/2009 ein Verbot des third-party ownershipvor.[14]

Mit der Einführung des Art. 18bis in das Reglement über den Status und Transfer von Spielern[15] hat die FIFA auf den Skandal in England reagiert und das Transferinvestment beschränkt.[16] Diese verbandsrechtlichen Regelungen treffen indirekt auch den Transferinvestor, der zwar nicht selbst von den Verbänden sanktioniert wird, aber das Modell seines Investments und auch die Durchsetzung seiner etwaigen Ansprüche aus dem Transferinvestment einer starken Gefährdung ausgesetzt sieht.

Einen Schritt weiter beabsichtigt ausweislich einer Presseerklärung aus dem Dezember 2012 der europäische Fußballverband UEFA zu gehen. Das Exekutivkomitee des Verbandes hat demnach die Entscheidung getroffen, dass die Beteiligung Dritter an den Transferrechten von Fußballspielern grundsätzlich verboten

---

12 In einigen europäischen Ländern stehen dem Transferinvestment auch nationale Besonderheiten entgegen, so z. B. in Russland, wo die Clubs weniger als unabhängige Wirtschaftsunternehmen ausgerichtet sind, sondern erheblich durch staatliche Mittel gefördert werden, aber in der Folge auch von diesen abhängig sind, was sie einem erheblichen Insolvenzrisiko aussetzt. Der erste Faktor senkt das Interesse der Clubs am Finanzierungsinstrument, der zweite Faktor senkt das Interesse der Investoren, vgl. *Prokopets*, EFPL SLB, S. 70 f.; vgl. zu den verschiedenen globalen Erscheinungsformen des Transferinvestments ERSTER TEIL, C.

13 Der Klassenerhalt unter maßgeblicher Beteiligung der beiden Spieler erhöhte die Brisanz des Falls.

14 Vgl. FÜNFTER TEIL, C.I.

15 Kurz: „Fifa-Status-Reglement" in der Fassung vom 27.09.2012, in Kraft getreten am 01.12.2012.

16 Das lateinische *bis* (zweimal) wird in der schweizerischen Normsetzungspraxis benutzt, um einen eingeschobenen Absatz zu kennzeichnen, vgl. Gesetzestechnische Richtlinien des Bundes.

werden soll. Der Weltfußballverband wurde von der UEFA aufgefordert, die entsprechenden weltweit geltenden Regelungen zum Verbot des third-party ownerships zu erlassen.[17]

B. Ziel und Gang der Untersuchung

Ziel dieser Arbeit ist es, die rechtlichen Probleme einer Investition in Transferrechte an Fußballspielern herauszuarbeiten und sie einer Lösung zuzuführen. Auf der Basis einer umfassenden Analyse der rechtlichen Rahmenbedingungen sollen sowohl das Transferinvestment als auch dessen Einschränkungen untersucht und die verschiedenen Wertungen zu einem Ausgleich gebracht werden.

Der erste Teil führt in die Thematik des Transferinvestments ein, indem er die weltweiten Erscheinungsformen beschreibt und die juristischen Probleme andeutet, die in den folgenden Teilen genauer untersucht werden. Um die Probleme des Transferinvestments einer fundierten Analyse unterziehen zu können und die – nach Art. 165 AEUV auch von der Europäischen Union zu beachtenden – „besonderen Merkmale des Sports" einzugrenzen, werden im zweiten Teil das Verbandswesen sowie das Lizenzsystem als Rahmen der für diese Arbeit bedeutsamen Verbandsregelungen näher beleuchtet. Insbesondere wird hierbei der Frage nachgegangen, in welcher Weise die Verbände die ihnen angeschlossenen Clubs und Spieler rechtlich an sich binden, und wie weit die Bindung aus Sicht des formellen Rechts reichen kann.

Im dritten Teil werden das Spielervertrags- und das Transferwesen untersucht, welche die Grundlage für das Transferinvestment darstellen, weil die Investitionsgewinne sich in der Regel durch einen Spielertransfer realisieren.

Der vierte Teil unterzieht das Transferinvestment einer eingehenden rechtlichen Bewertung. Insbesondere vor dem Hintergrund des allgemeinen Zivilrechts wird hierbei geprüft, wie sich ein Transferrecht rechtlich einordnen lässt, wie man es übertragen kann und ob das Transferinvestment mit dem deutschen Recht vereinbar ist.

Im Anschluss an eine Vorstellung und Auslegung der das Transferinvestment verbietenden und beschränkenden Verbandsregelungen im fünften Teil, wird im sechsten Teil bewertet, ob sich die einzelnen Transferinvestmenthindernisse des Verbandsrechts mit dem Unionsrecht und deutschen Gesetzen vereinbaren lassen.

Die gewonnenen Erkenntnisse werden im siebten Teil auf verschiedene Modelle des Transferinvestments übertragen und vor dem Hintergrund des deutschen Zivil- und Verbandsrechts beurteilt. Aspekte des Steuerrechts werden hierbei

---

17 Weiter erklärt die UEFA in der Presseerklärung „Call for ban on third-party ownership", dass sie unter Einsatz ihres Professional Football Strategy Council (PFSC) ebenfalls bereit sei, Regelungen für ein Verbot des Transferinvestments in UEFA Wettbewerben zu erlassen, falls die FIFA nicht die angemessenen Schritte ergreife. In diesem Fall komme eine Übergangsphase von vier Saisons zur Anwendung.

ebenfalls kurz aufgegriffen. Im achten Teil wird dargestellt, wie eine differenzierte Transferinvestmentbeschränkung durch die Verbände rechtmäßiger- und sinnvollerweise aussehen könnte. Schließlich werden die Ergebnisse in der – mit einem Ausblick in die Zukunft verbundenen – Schlussbetrachtung zusammengefasst.

Erster Teil: Einführung in die Thematik „Transferinvestment“

Auf dem internationalen „Spielermarkt“ werden jedes Jahr mehr als 10.000 Geschäfte mit einem Finanzvolumen in Milliardenhöhe getätigt.[18] Alle wesentlichen Einnahmen, die im Rahmen der laufenden Geschäftstätigkeit erzielt werden, resultieren hierbei aus dem Handel mit Rechten, die auf immateriellen Vermögenswerten basieren.[19] Derartige immaterielle Vermögenswerte liegen auch dem Spielertransfer zugrunde. Ein Fußballclub verpflichtet sich hierbei gegenüber einem anderen zur Leistung einer als Transferentschädigung[20] oder Ablösesumme bezeichneten Zahlung, um diesen anderen Club zur vorzeitigen Entlassung eines Spielers aus einem bestehenden Spielervertrag zu bewegen. In dieses Geschäft der Transferzahlungen schaltet sich der Transferinvestor ein.

A. Grundmodelle des Transferinvestments im Überblick

Aufgrund einer Vielzahl von verschiedenen Konzepten des Transferinvestments bereitet es Schwierigkeiten, klare Konturen auszumachen.

I. Vertrag mit einem Club über die Beteiligung am Transfer eines Spielers

Die am weitesten verbreitete Transferinvestmentform ist die, dass ein Investor einen Teil oder alle „ökonomischen Rechte“[21] eines bestimmten Spielers von einem Club

---

18 Vgl. die Pressemeldung „Over USD 3 billion spent on international transfers in 2011“ der FIFA (Quelle: Internet).

19 *Galli*, in: FS Gömmel, S. 344. Der Autor nennt hier die Einzahlungen aus Sponsoring, Werbung, Licensing, Merchandising, Ticketverkäufen, medialer Vermarktung und Spielertransfers.

20 Der Begriff „Transferentschädigung“ ist etwas unscharf, weil hierunter sowohl die aktuell frei ausgehandelten Ablösesummen als auch die ehemals verbandsrechtlich normierten Entschädigungszahlungen gefasst werden. Zudem deutet der Wortbestandteil „Entschädigung“ eine Nähe zur Schadensersatzzahlung an, die nur bedingt besteht, wie unter VIERTER TEIL, 1. Kap. B.II.2 dargelegt wird. Gleichwohl sollen im Folgenden die Begriffe „Transferentschädigung“ und „Entschädigungsrecht“ im Hinblick auf Transferzahlungen verwandt werden, weil dies die hierfür in der Praxis gängigen Termini sind.

21 Der Begriff „ökonomische Rechte“ wird im internationalen Sprachgebrauch für den kommerzialisierbaren Anteil am Transferrecht verwendet, der in der deutschen Rechtsliteratur als „Entschädigungsrecht“ bezeichnet wird, vgl. VIERTER TEIL, 1. Kap., B.II.

erwirbt.[22] Derartige Finanzoperationen finden häufig statt, wenn der Spieler jung ist und noch die Hoffnung auf eine erhebliche Steigerung seines Marktwerts besteht.[23]

Aus Sicht der Fußballclubs kann ein Transferinvestment auch dann durchaus erwünscht sein, wenn der Investor bei einem Transfer nicht als Verhandlungspartner auf der Gegenseite, sondern als Geldgeber auf der eigenen Seite auftritt.[24] Es kommt immer wieder zu Transfers mit Ablösesummen in spektakulärer Millionenhöhe, die ein Club ohne externe finanzielle Unterstützung nicht umsetzen könnte.[25] Es kann bei einem Transferinvestment aber auch um Spieler gehen, für die eine deutlich geringere „Ablösesumme" gefordert wird, deren Verpflichtung aber aufgrund der schwachen Finanzlage des aufnehmenden Clubs ohne fremde Unterstützung genauso schwierig zu realisieren ist, wie der Millionentransfer für einen Top-Club. Insbesondere aus Sicht der noch als Vereine eingetragenen Clubs, an denen sich Investoren anders als an Kapitalgesellschaften nicht direkt beteiligen können, ist das Transferinvestment eine Möglichkeit,[26] größere neue Geldquellen zu erschließen.

II. Vertrag mit einem Club über Beteiligungen an Transfers mehrerer Spieler

Die Vereinbarung mit einem Club über die Beteiligung an Transfers mehrerer Spieler erfolgt in aller Regel über so genannte Transferinvestmentfonds. Das Instrument des Investmentfonds basiert grundsätzlich auf einer Gemeinschaft von Investoren, die – von der Börsenaufsicht überwacht und von spezialisierten Unternehmen verwaltet – ihre finanziellen Ressourcen in bestimmte gewinnversprechende Wertanlagen investieren. Im Fußball haben Investmentfonds hingegen häufig eine vom vorgenannten Grundkonzept abweichende Struktur. Zumeist handelt es sich um Gesellschaften mit beschränkter Haftung, die gezielt zu dem Zweck gegründet werden, prozentuale Anteile an ökonomischen Rechten von Spielern zu erwerben.[27]

III. Vertrag mit einem Spieler über die Beteiligung an dessen Transfer

Es kommt auch ein Vertrag direkt mit dem Spieler in Betracht. Dieser kann so ausgestaltet sein, dass der Investor einen noch vertragslosen Nachwuchsspieler in seiner fußballerischen Ausbildung finanziell unterstützt.

---

22 In der Studie „Project TPO" der Wirtschaftsprüfungsgesellschaft KPMG wird für diese Finanzierungsform der Begriff „Financing TPO" gebraucht (Quelle: Internet).

23 *Melero/Soiron*, EFPL SLB, S. 41.

24 Sog. „Investment TPO" vgl. Studie „Project TPO" (Quelle: Internet).

25 *Holzhäuser/Körner*, causa sport 2009, S. 193.

26 Neben der Möglichkeit durch die Beteiligung von Investoren an der Fußballkapitalgesellschaft Millionenbeträge zu erzielen, lassen sich die Einnahmequellen von Fußballunternehmen in die Bereiche Medienrechte, Merchandising, Sponsoring, Zuschauereinnahmen (inklusive aller spieltagsnahen Einnahmen) und die hier diskutierten Transfererlöse unterteilen.

27 *Carlezzo*, EFPL SLB, S. 73.

Im Gegenzug verlangt der Investor dem Spieler eine Vereinbarung ab, nach der dieser sicherzustellen hat, dass der Club mit dem er gegebenenfalls einen Spielervertrag abschließt, den Investor an zukünftigen Transfererlösen beteiligen muss. Die Geburtsstätte dieser Form des Transferinvestments ist Südamerika.[28]

IV. Beteiligung an einem „Feeder-Club"

Obwohl in manchen Ländern die ökonomische Rechte losgelöst von einem Spielervertrag eingeräumt werden können, also insbesondere durch den Spieler selbst, ist die an einem Spieler eingeräumte Rechtsposition eines Investors oder eines Clubs ohne Spielervertrag schwächer als diejenige des Clubs, der mit dem Spieler in einem Spielervertragsverhältnis steht. Aus dieser Interessenlage heraus sind Clubs entstanden, die als Strohmänner eines Investors oder eines größeren Clubs fungieren und Spielerverträge abschließen, nur um ökonomische Rechte abzusichern. Derartige Clubs werden häufig als „Feeder-Club" bezeichnet.[29] Eine besondere Form des Feeder-Clubs ist der „Bridge-Club", der dadurch gekennzeichnet ist, dass Spieler über einen Zwischenverein, dem Bridge-Club zu einem Zielverein transferiert werden, ohne dass diese je beim Zwischenverein eingesetzt wurden.[30]

Indem der Investor sich als Clubbesitzer „in die FIFA-Familie einkauft" und seine Rechte nicht nur in nationalstaatlichen Gerichtsverfahren, sondern zusätzlich über die FIFA durchsetzen kann, stärkt er seine ökonomische Position im Hinblick auf die Spieler des Clubs. Insbesondere erhält der Investor hierdurch die Möglichkeit, ein verbandsrechtliches Verfahren im Fall einer ausbleibenden Transferzahlung gegen einen anderen Club einzuleiten und eine Entschädigung für den Fall zu verlangen, dass der Spieler vertragsbrüchig wird. Der Feeder-Club verleiht oder transferiert dann die Spieler an Clubs, die tatsächlich an den sportlichen Diensten des Spielers interessiert sind. Hierbei behält er einen Prozentsatz der ökonomischen Rechte ein, der später gegenüber einem aufnehmenden Club geltend gemacht und durch FIFA-Rechts- und Disziplinarorgane durchgesetzt werden kann.[31]

Im Fall eines Leihgeschäfts hat der Investor eine weitere Sicherheit, weil das Vertragsverhältnis des Spielers mit dem Feeder-Club nach Ende der Leihfrist wieder auflebt.[32]

B. Transferinvestoren im Überblick

Die häufigsten Investoren dürften Spielervermittler sein, weil diese den Spielermarkt am besten kennen und in Kontakt zu Spielern sowie Clubs stehen. Nach

28 Sog. „Recruitment TPO" vgl. Studie „Project TPO" (Quelle: Internet).

29 *Dios Crespo/Whyte*, EFPL SLB, S. 45, 49.

30 Vgl. Pressemitteilung der FIFA vom 05. März 2014 (Quelle: Internet) und SIEBTER TEIL, 4. Kap.

31 *Reck*, EFPL SLB, S. 50, 53.

32 *Reck*, EFPL SLB, S. 50, 53.

Aussage von Raffaele Poli, dem Leiter des CIES Football Observatory, sind mindestens eintausend Spieler, also ungefähr 15% aller Profimannschaftskader in Europa, Gegenstand von Transferinvestments.[33] Im Rahmen einer Studie der CIESFO zum Thema Spielervermittlung aus dem Jahre 2012 äußerten 15% der an der Studie teilnehmenden 83 Spielervermittler, dass sie in ihrer Berufslaufbahn als lizenzierter Spielervermittler Beteiligungen an Transferentschädigungen vereinbart hätten.[34] Der Umstand, dass sich weltweit fast 6000 lizenzierte Spielervermittler betätigen, deutet an, wie viele dieser Spielervermittler an Transferentschädigungen beteiligt sind.[35] Auch dann ist aber erst ein Bruchteil der Transferinvestments durch Privatpersonen erfasst, denn neben den lizenzierten Spielervermittlern gibt es eine ungleich höhere Anzahl an nicht lizenzierten Beratern, die als Spielervermittler auftreten.[36]

Weitere Transferinvestoren sind internationale Finanzfonds, die für ihre Investmentportfolios eine Sparte mit hohem Risiko aber auch hoher Gewinnchance suchen. Viele Transferinvestmentgesellschaften agieren aus einem vom Land des Investments abweichenden, in der Regel steuerbegünstigten Land heraus und haben komplexe, unübersichtliche Strukturen. Dies sorgt dafür, dass verschiedene Transferinvestmentgesellschaften, die scheinbar separate Einheiten darstellen, tatsächlich durch die Interessen einzelner Gruppen oder Individuen miteinander verbunden sind.[37]

Die meisten Investoren ohne einen Spielervermittlungshintergrund werden sich an derartigen Spielerfonds[38] beteiligen.

Darüber hinaus betätigen sich individuelle Personen als Transferinvestoren, indem sie einen oder mehrere Spieler für einen Club finanzieren. In diesem Fall entspringt die Motivation des Investors häufig dem Wunsch, die sportliche Entwicklung des Clubs zu unterstützen, während die Renditeaussicht eher in den Hintergrund tritt.

Teilweise erfolgen diese Investments von Einzelpersonen ohne öffentliche Namensnennung. Einige Einzelinvestoren versprechen sich hingegen neben der Unterstützung des Clubs und einer finanziellen Beteiligung am späteren Transfer

---

33 Zitiert in dem Artikel „Soccer Body Considers Champions, Europa League Bans for Fund-Owned Players“ vom 01.02.2012 (Quelle: Internet).

34 Untersuchungsbericht von *Polli/Rossi*, „Football Agents in the Five Biggest European Football Markets – An Empirical Research Report, CIES Football Observatory“, aus dem Februar 2012, S. 77 (Quelle: Internet).

35 Überträgt man die 15 % aus der Umfrage auf die Gesamtzahl, wären es etwa 900 Spielervermittler.

36 *Abatan*, EFPL SLB, S. 22, 29.

37 *Andrews* EFPL SLB, S. 33, 34.

38 „Fonds“ ist eine aus dem angelsächsischen juristischen Sprachgebrauch übernommene Bezeichnung für ein Sondervermögen, vgl. *Creifelds*, Rechtswörterbuch, S. 426.

ergänzend auch einen Imagegewinn, weshalb es ihnen gerade darauf ankommt, dass ihr Investment publik gemacht wird.

C. Globale Erscheinungsformen

Die eingangs geschilderten Modelle des Transferinvestments tauchen global betrachtet in unterschiedlicher Häufung und Ausgestaltung auf.

I. Südamerika

Durchgesetzt hat sich das Transferinvestment als Vereinbarung mit einem Einzelspieler in Südamerika.[39] Dort ist es seit vielen Jahren üblich, dass im Falle eines Spielertransfers der Großteil der Ablösesumme nicht an den ehemaligen Club gezahlt wird, weil sich dritte Parteien zuvor bestimmte Anteile an den Transferrechten gesichert haben und entsprechende Geldbeträge von den aufnehmenden Clubs verlangen. Es kann vorkommen, dass verschiedene Berater[40] anteilige Rechte an demselben Spieler geltend machen und ein aufnehmender Club alle diese Berater bezahlen muss, um vollumfänglicher Inhaber der Transferrechte zu werden.[41]

Neben Einzelpersonen haben außerdem diverse brasilianische Unternehmen eigene Fußballabteilungen gegründet, um in junge Spieler investieren zu können, die bei entsprechender sportlicher Entwicklung nach Europa verkauft werden sollen.[42]

Eine Besonderheit besteht in Argentinien: Oft haben die Spieler hier ihre Persönlichkeitsrechte an eine Agentur verkauft. Diese muss der neue Club dann teuer zurückkaufen, um den Spieler in der Liga überhaupt vermarkten zu können.[43]

Der Grund dafür, dass sich die Praxis des Transferinvestments in den südamerikanischen Ländern so besonders verbreitet hat, liegt darin, dass viele südamerikanische Clubs finanziell stark limitiert waren und teilweise noch sind, diese Länder jedoch gleichzeitig verhältnismäßig viele talentierte Spieler hervorbringen. Dritte Parteien erlauben es den Clubs, diese talentierten Spieler zu behalten und gezielt auszubilden, indem sie beispielsweise die Kosten für Training oder Unterkunft bezahlen. Zugunsten des Transferinvestments wird insoweit argumentiert, dass die

---

39 Hier werden Spieler, deren Transferechte zwischen verschiedenen Rechteinhabern aufgeteilt sind, als „pizza player" bezeichnet, vgl. *Sinnot*, im BBC Artikel „Does third-party ownership benefit or hinder football" vom 27.10.2011 (Quelle: Internet).

40 Diese Personen sind nach europäischem Rechtsverständnis keine Berater oder Vermittler des Spielers, sondern treten als Rechteinhaber mit Beteiligungsanspruch am Transfererlös auf.

41 *Siekmann*, ESLJ 4/2006.

42 Vgl. Artikel „Trading In Soccer Talent" aus der New York Times vom 19.07.2008 (Quelle: Internet).

43 Vgl. Artikel „Von Kickern und Strippenziehern" des DLF vom 29.08.2008, (Quelle: Internet).

Beteiligung der Investoren an einem Spielerwert erfolgt, der ohne ihre Hilfe überhaupt nicht entstehen würde.[44]

Von diesem südamerikanischen Modell gibt es verschiedene Variationen. So sind es nicht immer Unternehmen oder Privatleute, die sich die Transferrechte mit Clubs teilen. Vielmehr ist das sog. „Co-Ownership" ein System, das seit vielen Jahren zwischen Clubs praktiziert wird. Dieses System funktioniert dergestalt, dass zwei oder mehr Clubs den Spielervertrag gemeinsam halten, obwohl der Spieler nur für einen Club registriert ist.[45] Das System des Co-Ownerships weist gewisse Parallelen zum Transferinvestment auf, indem auch hier typischerweise mehrere Parteien die mit der Beschäftigung eines Fußballspielers zusammenhängenden Kosten und Risiken tragen.[46]

In Südamerika werden ökonomische Rechte im Wesentlichen in den folgenden drei verschiedenen Phasen bzw. Situationen übertragen.

Erstens kommt es zu einer Übertragung ökonomischer Rechte, wenn der Nachwuchsspieler erstmals für einen Proficlub registriert wird. In dieser frühen Phase erfolgt die Zahlung praktisch als Anerkennung gegenüber der natürlichen oder juristischen Person, die den Spieler an diesen Club vermittelt hat, beispielsweise einen selbstständigen Vermittler, ein Familienmitglied des Spielers oder den Amateurclub, für den der Spieler zuletzt aktiv war. Die Zahlung beträgt üblicherweise zwischen 10 und 20 % der zukünftigen Transfersumme. In diesen Fällen ist die Position der Drittpartei eher passiv und die übertragenen Rechte sind wenig gesichert sowie abhängig von diversen Faktoren, insbesondere weil der Spieler noch nicht einmal Profi ist.[47] Durch dieses System der Spielervermittlung wird das Scouting System der Profi-Clubs erweitert.[48]

Zweitens werden ökonomische Rechte übertragen, wenn der aktuelle Club Geld benötigt, um bestimmten Zahlungsverpflichtungen nachzukommen, die nichts mit dem Spieler zu tun haben. Fast jeder südamerikanische Proficlub hat einen oder mehrere Talente, die es für Investoren attraktiv machen, einen Teil der ökonomischen Rechte an diesen Spielern zu erwerben. Für den Club ist dieser Verkauf von Rechteanteilen eine willkommene Alternativform des Kredits und hilfreich, um die Bilanzen zu verbessern. Hierbei gibt es hinsichtlich der Beteiligungshöhe keine Standardgrößen. Die Beteiligungen hängen von der Höhe der Zahlung des Geldgebers, der Einschätzung des Spielerwertes und dem Finanzierungsbedarf des Clubs ab. Mit zunehmender Beteiligungshöhe zugunsten des Investors wird der Club naturgemäß diesem auch entsprechend ausgeprägte Rechte zur Einflussnahme auf einen zukünftigen Transfer des Spielers einräumen.[49]

---

44 *Melero/Soiron*, EFPL SLB, S. 41, 42.

45 Verbreitet ist das Co-Ownership insbesondere in Italien, Argentinien, Chile und Uruguay, vgl. *Melero/Soiron*, EFPL SLB, S. 41, 42.

46 *Dios Crespo/Whyte*, EFPL SLB, S. 45

47 *Reck*, EFPL SLB, S. 50, 52.

48 *Reck*, EFPL SLB, S. 50, 52.

49 *Reck*, EFPL SLB, S. 50, 52.

Drittens tritt eine Übertragung ökonomischer Rechte auf, wenn ein Club einen bestimmten Spieler verpflichten will, aber nicht die finanziellen Ressourcen hierzu hat. Die ökonomischen Rechte eines solchen Spielers können bereits von einer Gesellschaft gehalten werden oder aber eine Gesellschaft kann sich bereit erklären, die Rechte (teilweise) vom aktuellen Club des Spielers zu erwerben und den Spieler im nächsten Schritt vom neuen Club unter Vertrag nehmen zu lassen.

Das Halten oder Erwerben eines Rechteanteils sorgt dafür, dass der neue Club weniger Kapital aufwenden muss, um den Spieler zu verpflichten, weil er nicht die vollen ökonomischen Rechte erwirbt.

Aus Investorensicht dienen finanzschwache Clubs, die ohne einen Investor nicht zu einer Verpflichtung des Spielers in der Lage wären, oft nur als eine Art Präsentationsfläche im Rahmen einer mehraktigen Wertsteigerung. Millionengewinne aus Transfers erzielen vor allem europäische Spitzenclubs. Der Marktwert des Spielers wird zumeist erst nach mehreren Transfers und der Etablierung des südamerikanischen Spielers in Europa seinen Höhepunkt erreicht haben. Langfristig denkende Investoren, versuchen ihre Rechte bis zu diesem Zeitpunkt aufrecht zu erhalten. Der vom Investor unterstützte Club in Südamerika wird daher in aller Regel nicht derjenige sein, von dem sich der Investor die Rendite erhofft.

Üblicherweise wird ein Spieler in Südamerika nur für eine einzelne Saison verpflichtet mit einer Option des neuen Clubs, zu einem späteren Zeitpunkt eine höhere prozentuale Beteiligung zu erwerben und hierdurch einen langfristigen Arbeitsvertrag mit dem Spieler abschließen zu dürfen.[50] Teilweise wird auch bei Verzicht auf die Optionsausübung dem Club ein überschaubarer Prozentanteil (ca. 10 %) als sog. „Showcase Rights" zugestanden, wenn der Spieler unmittelbar nach Ende des Vertrages von einem anderen Club langfristig verpflichtet wird.

Des Weiteren sind sog. „Buyout" Klauseln in Spielerverträgen verbreitet, die vorsehen, dass jeder Dritte einen Spieler für eine festgelegte (Buyout-)Summe aus seinem aktuellen Vertrag heraus kaufen und diesen Spieler dann als vertragsfreien Spieler einem neuen Club anbieten kann. Statt einer Transferzahlung an den Club wird dann für den neuen Club eine Zahlung an den Investor fällig. Diese Praxis des Buyout ist eine Erklärung dafür, warum ein Großteil der der internationalen Transfers – beispielsweise ca. 70% im Jahr 2011[51] – vertragslose Spieler betrifft.[52] Die entsprechenden Vereinbarungen erfolgen außerhalb des FIFA Transfersystems, denn dieses erfasst Transfervereinbarungen zwischen Clubs und nicht etwa den Vertragsabschluss eines Clubs mit einem vertragslosen Spieler.

In Brasilien ist in jüngerer Vergangenheit über die Entwicklung eines von den staatlichen Aufsichtsbehörden kontrollierten Fußball Investment Fonds spekuliert worden. Aufgelegt worden ist aber bisher nur der Fonds FIP BR Soccer 1 mit einem

---

50 *Reck,* EFPL SLB, S. 50, 52.

51 Vgl. die Meldung der FIFA zum globalen Transfermarkt 2011 (Quelle: Internet)

52 *Reck,* EFPL SLB, S. 50, 52.

Kapital von 50 Millionen brasilianischen Reais[53], der Anteile an einer weiteren Gesellschaft erworben hat, die auf einen Ankauf von Spielertransferrechten sowie auf weitere Aktivitäten im Umfeld des Fußballs spezialisiert ist. Die Anteile des Fonds sind vollständig von einer renommierten brasilianischen Bank übernommen worden, deren Aktivitäten im Fußball öffentlich bekannt sind.[54]

II. Europa

In Europa flossen Transferzahlungen jahrzehntelang ganz überwiegend dem Club zu, der den Spieler abgegeben hatte. Dies mag insbesondere darauf zurückzuführen sein, dass bis zum Bosman-Urteil im Jahre 1995[55] in den Verbandsregelwerken die Zahlung einer verbandsrechtlich klar definierten Transferentschädigung an den ehemaligen Club vorgesehen war, die gerade nicht frei ausgehandelt wurde, wie die heutige Zahlung.

Das Transferinvestment ist den meisten europäischen Clubs aus den Verhandlungen mit südamerikanischen Spielern bekannt. Hier kommt es häufig zu einer indirekten Beteiligung europäischer Clubs am Transferinvestment, wenn diese Clubs im Rahmen des Transfers mit diversen Rechteinhabern eine Übereinkunft erzielen müssen und so das Transferinvestment erst zu einem lukrativen Geschäft machen. Neben dieser indirekten Beteiligung ist es aber auch in Europa immer wieder zu Transferinvestments im engeren Sinne, also einer gezielten Zusammenarbeit zwischen Clubs und Transferinvestoren, gekommen. Der Club, der das Transferinvestment als Finanzierungsmodell einsetzt, kann einen Spieler für einen Bruchteil der marktüblichen Transferentschädigung verpflichten und im Anschluss an eine Verpflichtung je nach Bedarf weitere Anteile an den ökonomischen Rechten des Spielers an Banken oder Fonds veräußern und hierbei Gelder einnehmen, die er sonst allenfalls als Darlehen erhalten würde.[56]

Der Vorteil für die das Transferinvestment nutzenden Clubs gegenüber denjenigen, die hierauf verzichten müssen, dürfte der zentrale Grund dafür sein, dass Frankreich und England als Länder, in denen ein Transferinvestment verboten ist, über ihren Einfluss in der UEFA versuchen, ein europaweites Transferinvestmentverbot zu etablieren.[57]

In einigen europäischen Ländern gibt die Verpflichtung der an der Börse notierten Clubs zur Veröffentlichung ihrer Geschäftsberichte Aufschluss über die Beteiligung von Investoren an Transferentschädigungen; dies gilt insbesondere für Portugal.

1. Portugal

Im Hinblick auf die Schaffung rechtlich tragfähiger Strukturen für Transferinvestmentgesellschaften und deren Konformität mit den Vorschriften des Kapitalmarkts

---

53 Umgerechnet sind dies nach aktuellem Wechselkurs ca. 18 Mio. Euro.
54 *Carlezzo,* EFPL SLB, S. 73, 74.
55 Vgl. DRITTER TEIL, 2. Kap., A.
56 *Reck,* EFPL SLB, S. 50, 53.
57 *Reck,* EFPL SLB, S. 50, 53.

hat der portugiesische Fußball seit etwa 2004 die ersten tauglichen Modelle geliefert. Clubs wie FC Porto, Boavista Porto und Sporting Lissabon nutzten mit wirtschaftlichem Erfolg die Möglichkeiten des Transferinvestments in Gestalt von Transferinvestmentfonds.

Im September 2009 legte Benfica Lissabon den Fonds Benfica Stars Fund mit einem Kapital von 40 Millionen Euro auf. Seitdem war der Fonds an den Transfererlösen einiger heutiger Spitzenspieler des Weltfußballs prozentual beteiligt, so zum Beispiel als Benfica Lissabon die Spieler Angel Di Maria, David Luiz und Fabio Coentrão verkaufte.[58] Auch der Nationalspieler Cristiano Ronaldo ist seit Karrierebeginn „Investitionsobjekt" gewesen.[59]

Der Geschäftsbericht[60] des FC Porto für den Berichtszeitraum 1. Juli 2011 bis 30. Juni 2012 belegt, dass der FC Porto zum Stichtag nur an etwa jedem vierten bei dem Club unter Vertrag stehenden Spieler die vollen Transferentschädigungsrechte innehatte. Alle anderen Spieler waren Gegenstand eines Transferinvestments.

2. Deutschland

Eine Übertragung von Transferrechten ist auch in der Bundesliga praktiziert worden, zumeist an Banken, aber auch an Mäzene und sonstige Geldgeber.[61]

Als erster ernsthafter Versuch, das Transferinvestment in Deutschland zu etablieren, ist der Fußballspieler-Beteiligungsfonds des Initiators Manfred Ommer zu nennen. Dessen Grundidee war eine Finanzierung von Spielerkäufen über einen Fußballspieler-Beteiligungsfonds, ein „Leasing" der gekauften Spieler an interessierte Clubs und eine Beteiligung an etwaigen Weiterverkäufen. Das Modell fand erstmals vor der Saison 1986/1987 zugunsten des FC Homburg Anwendung.[62] Erfolgreich verlief das Investment nur in Einzelfällen.[63] Nachdem der groß angelegte

58 *Carlezzo*, EFPL SLB, S. 73.

59 Der Wechsel des Spielers von Sporting Lissabon zu Manchester United brachte einem an Transferrechten des Lissabonner Clubs beteiligten Fonds ca. ein Drittel der Ablösesumme von 18,1 Millionen Euro ein, vgl. Artikel „Warmer Regen für Fußballfonds" aus der Financial Times Deutschland vom 30.05.2004 (Quelle: Internet).

60 Vgl. Geschäftsbericht S. 52 ff. (Quelle: Internet).

61 In dem Artikel „Bundesliga – Transfer im Tollhaus" aus der Wirtschaftswoche Nr. 48 vom 20.11.1987, S. 70 ff. (Quelle: Internet) heißt es: „Nicht einmal die klassische Sicherheit, auf die ein Fußballverein in solchen Fällen zurückgreifen kann - seine Spieler -, kann die Arminia (Bielefeld) anbieten. Deren Transferrechte sind nämlich längst an Banken und Einzelpersonen vergeben."

62 Im Sommer 1986 investierten Anleger insgesamt 2,35 Millionen Mark in den Fonds.

63 Für den polnischen Nationalspieler Andrzey Buncol betrug der „Kaufpreis" 800.000 Mark und die vom Club zu zahlende Jahresrate 153.000 Mark. Nach Abschluss der Saison 1986/1987 wechselte Buncol für 1,3 Millionen Mark zu Bayer 04 Leverkusen. Der Kaufpreis wurde hierdurch beglichen und es flossen 60 % des Mehrwerts von 500 000 Mark an den Fonds, vgl. Artikel „Profit mit dem Profi", aus DIE ZEIT Nr. 27 vom 26.06.1987, S. 28 (Quelle: Internet).

Beteiligungsfonds keine ausreichende Kapitalausstattung erlangte, entwickelte sich eine zweite Variante mit für einzelne Spieler gebildeten Gesellschaften. Das Ommer-Modell veranlasste den DFB zu einer Abtretungsverbotsregelung in §§ 29 Nr. 1, S. 3, 30 LSpSt, die jedoch später wieder aufgehoben wurde.

Die Initiatoren des „1. Fußballfonds“ traten im Jahr 2001 mit dem Ziel an, bis zu fünftausend Transferinvestoren für eine Anlage von jeweils mindestens 5000 Euro zu gewinnen.[64] Bei Erreichung der angestrebten Gesamtsumme von 26 Millionen Euro sollte die sportliche Leitung des Fonds talentierte Spieler ausfindig machen und den aktuellen Vereinen die Transferrechte abkaufen.[65] Das Modell wurde von den Verbänden[66] kritisch gesehen und setzte sich letztendlich nicht durch.

Gegen Ende der Wechselperiode vor der Saison 2008/2009, trat der Hamburger Sportverein mit einem Modell namens „Anstoß^3“ an die Öffentlichkeit. Das Modell sah die Gründung eines Fonds vor, in den drei lokal angesiedelte Geldgeber investieren sollten, um Spieler zu finanzieren.[67] Nach dem ursprünglichen Modell sollten Einzelinvestoren Geldbeträge in Millionenhöhe für den Transfer oder die Vertragsverlängerung eines Spitzenspielers zur Verfügung stellen und dafür an Transfererlösen beteiligt werden. Die eingezahlten Summen sollten zweckgebunden verwendet werden, sich also immer auf einen bestimmten Transfer beziehen.[68]

Die Investoren sollten weder Kompetenzen im operativen Geschäft noch ein Einflussrecht im Hinblick auf Zeitpunkt und Rahmenbedingungen eines Transfers erhalten. Selbst für den Fall, dass ein finanzierter Spieler am Ende seiner Vertragslaufzeit ablösefrei den Club verlassen würde, sah das Projekt Anstoß^3 keinerlei Anspruch der Geldgeber auf eine Entschädigung vor.[69]

---

64 Vgl. hierzu den Artikel „Transfer mit Talenten“ aus DER SPIEGEL vom 26.11.2001 (Quelle: Internet).

65 20 bis 40 junge Profispieler sollten im Rechte-Pool landen.

66 Vgl. Zitat des damaligen DFL-Geschäftsführers Heribert Bruchhagen: „Es kann nicht angehen, dass die Vereine aus einem Anfänger einen Lehrling machen, ihn zum Gesellen ausbilden, er eventuell die Befähigung zum Meister hat, und dann irgendwelche Gruppen kommen und den Mehrwert abschöpfen. Mit den Transfer-Erlösen finanzieren wir zum wesentlichen Teil unseren Spielbetrieb“, in dem Artikel: „Fußballfonds umstritten und risikoreich“, FAZ vom 29.11.2001 (Quelle: Internet).

67 Vgl. hierzu stellvertretend den Artikel „So will der HSV noch mehr Topstars finanzieren“ aus der WELT vom 24.09.2008 (Quelle: Internet).

68 Auch in der juristischen Literatur wurde der Sachverhalt aufgegriffen, vgl. *Küting/Strauß/Tesche*, DStR 2010, S. 2646: Ein außenstehender Dritter habe dem Verein einen Millionenbetrag für neue Spieler beziehungsweise zur Vertragsverlängerung aktueller Spieler zur Verfügung gestellt. Im Gegenzug für diese Zahlung sei der Investor zu einem Drittel an den Transfererlösen mehrerer Spieler des Clubs beteiligt worden. Würden für die betreffenden Spieler zukünftig Transfererlöse erzielt, so erhalte der Investor 33,3 % der vereinnahmten Erlöse.

69 § 5 des Investmentvertrages sah folgende Regelung vor: „Im Todesfall oder im Invaliditätsfall des Spielers wird der HSV den Investor so behandeln, als habe er für den

Sie sollten lediglich bei einem Weiterverkauf zu einem höheren Preis prozentual am Mehrerlös beteiligt werden.[70] Nicht zuletzt aufgrund von Widerständen aus den Reihen der Vereinsmitglieder ist die geplante Einführung nach der Saison 2009/2010 wieder verworfen worden.[71] Mit einem Einzelinvestor hat sich der HSV hingegen auf ein Transferinvestment geeinigt und dieses auch umgesetzt.[72]

Ende 2010 stellte das Hanseatische Fußballkontor, ein „Spezialemissionshaus für Investitionen in Spielertransferrechte",[73] einen „Publikumsfonds für Investitionen in finanzielle Spieler-Transferrechte" vor. Der geschlossene Fonds FTR1, dessen Anteile mit einer Mindestzeichnungssumme von 10.000 Euro nicht an der Börse gehandelt werden, sondern von den Anlegern bis zum Ende der Laufzeit gehalten werden sollten, plante mit einem Anlegerkapital von 10 Millionen Euro die Transferrechte junger Spieler zu kaufen. Das Geld der Investoren sollte in Form von Beteiligungen von bis zu 500.000 Euro pro Spieler auf ca. 20 bis 30 Talente verteilt werden, die innerhalb der Laufzeit des Fonds von vier Jahren möglichst alle ablösepflichtig unter Erlösbeteiligung des Fonds wechseln sollen.[74] Auch dieser Fonds ist aber bisher auf geringes Investoreninteresse gestoßen.[75] Mit der FTR 2 Fußball GmbH & Co. KG wurde im März 2012 die Fondsreihe FTR fortgesetzt, um

---

Spieler einen Netto-Transfererlös in Höhe von 7,5 Millionen Euro erzielen können, sodass dem Investor (...) ein entsprechender Anteil zu zahlen ist.". Die Regelung ist zitiert im Artikel „Investorenverträge: Die Wahrheit und ihre Folgen" aus dem Hamburger Abendblatt vom 08.07.2010 (Quelle: Internet).

70 Vorstandsvorsitzender Bernd Hoffmann betonte, dass der Verein die Fäden in der Hand behalte: „Niemand muss sich sorgen, dass der Verein stückweise verkauft wird", vgl. „Das 10-Millionen-Euro-Angebot - Kühne als Investor beim HSV?" aus dem Hamburger Abendblatt vom 28.05.2010 (Quelle: Internet).

71 Vgl. den Artikel „Das 10-Millionen-Euro-Angebot - Kühne als Investor beim HSV?", a.a.O.

72 Übereinstimmenden Pressemeldungen zu Folge hat sich der Investor Klaus-Michael Kühne im Sommer 2010 für 12,5 Millionen Euro ein Drittel der Transferrechte an sechs HSV-Profis gesichert, vgl. Artikel aus dem Hamburger Abendblatt, „Kühne will Van der Vaart beim HSV sehen" vom 13.07.2012 (Quelle: Internet) und „Schwerer Job für Arnesen" aus der SZ vom 16.07.2012 (Quelle: Internet).

73 Vgl. Die Homepage http://www.fussballkontor.de.

74 „Angesichts der Summen von bis zu 500.000 Euro pro Spieler ist schon klar, dass wir uns nicht in der Liga Özil oder Götze bewegen, sondern eine bis zwei Ligen tiefer", wird der Spieler- und Fondsberater Stefan Backs zitiert, vgl. Artikel „Mit Fußball-Fonds in Talente investieren" der Wirtschaftswoche vom 13.10.2010 (Quelle: Internet).

75 So berichtet DER SPIEGEL in dem Artikel „Finanzgeschäfte im Fußball – Transfer als Risiko-Business" vom 17.05.2011: „Bislang ist das Projekt noch nicht richtig ins Rollen gekommen, laut Hanseatischem Fußball-Kontor liegt die Anlagesumme bislang im sechsstelligen Bereich [....]. Aufgrund der verhaltenen Resonanz ist die Summe für den tatsächlichen Startschuss mittlerweile auf 1,5 Millionen Euro nach unten korrigiert worden." (Quelle: Internet).

sukzessive Rechteportfolien aus finanziellen Spieler-Transferrechten aufzubauen und zu verwalten. Die jeweiligen Fonds erhalten laut der Homepage einen „Anspruch auf Auszahlung der Vertragsauskaufsumme (Ablösesumme) bei vorzeitigen Vereinswechseln von Profi-Fußballspielern".

Informationen über Transferinvestments sind im Übrigen häufig im Zusammenhang mit Transfers südamerikanischer Spieler zu Bundesligisten bekannt geworden.[76] Insbesondere Bayer 04 Leverkusen war lange Zeit als „Bühne" für junge Spieler aus Südamerika bekannt.[77]

Der Geschäftsführer des Clubs, Wolfgang Holzhäuser, wird mit folgender Schilderung einer Transferverhandlung zitiert: „Vor zehn Jahren saßen wir noch mit dem Spieler und maximal zwei Beratern, vielleicht noch mit dem Verein am Tisch. Heute hat man den Spieler am Tisch, zu einem gewissen Zeitpunkt mindestens einen Berater, in der Regel zwei, nämlich den brasilianischen Berater, den Berater des Spielers, in der Regel noch den Europavertreter des brasilianischen Beraters (...). Dann in der Regel noch die Investmentgesellschaft, die das Geld vorgestreckt hat für die Agentur, das dürften dann auch zwei bis drei sein, das sind normalerweise Anwälte. Früher kam man mit einem kleinen Konferenzzimmer aus, heute braucht man einen Saal dazu."[78] Im Falle der Verpflichtung des Brasilianers Renato Augusto durch Bayer 04 im Sommer 2008 lagen ca. 60 % der Transferrechte bei dem abgebenden Club Flamengo Rio de Janeiro und ca. 40 % bei der Sportrechte-Agentur Traffic und der Investment Group MFD. Zunächst hieß es in der Presse, Bayer 04 habe zwischen fünf und sechs Millionen Euro für den Spieler bezahlt.[79] Diese Information wurde aber später korrigiert.[80] Es liegt nahe, dass Bayer 04 die

---

76 Vgl. Artikel „Von Kickern und Strippenziehern" des DLF vom 29.08.2008, a.a.O.; so ist überliefert, dass der Brasilianer Naldo sich vor seinem Wechsel zum SV Werder Bremen praktisch „freikaufte", weil die Transferrechte nicht bei seinem damaligen Club lagen, sondern bei RS Futebol, einem Ausbildungsverein mit integrierter Spielervermittler-Agentur, vgl. Artikel „Werder Bremen verpflichtet Brasilianer Naldo als Abwehrchef" aus der WELT vom 30.07.2005 (Quelle: Internet).

77 Hierzu wird der Geschäftsführer von Bayer 04 Leverkusen, Wolfgang Holzhäuser in dem Artikel „Von Kickern und Strippenziehern" a.a.O. mit der Aussage zitiert: „Wenn ein Spieler von uns aus Brasilien geholt wird, dann muss man sich im Klaren sein, dass ein Verein wie Leverkusen in der Regel als eine Art Plattform betrachtet wird, um einen Spieler weiterzuentwickeln und für europäische Großvereine interessant zu machen. Also behält sich die abgebende Agentur vor, die Forderung, die sie gekauft haben, nur teilweise weiterzugeben - in dem Fall an Bayer Leverkusen. Und für den Rest wird dann vereinbart, dass nach Abzug dessen, was Leverkusen beglichen hat, zukünftige Transferforderungen an die Agentur abgegeben werden."

78 Vgl. Artikel „Von Kickern und Strippenziehern" des DLF vom 29.08.2008, a.a.O.

79 Vgl. Artikel „Leverkusen verpflichtet Brasilianer Renato Augusto" aus dem FOCUS vom 10.07.2008 (Quelle: Internet).

80 Newsmeldung der FIFA „Bayer zahlt zehn Millionen für Renato Augusto" vom 11.07.2008 (Quelle: Internet): Demnach habe Bayer 04 für Neuzugang Renato Augusto „tiefer in die Tasche greifen" müssen als von Seiten des Clubs angekündigt.

Rechte an Renato Augusto zunächst nur teilweise erwerben wollte, aber dann doch vollständig kaufte, um Konflikte mit den Verbänden oder den verschiedenen Anteilseignern zu vermeiden.

Im September 2012 hat der Mäzen und Gesellschafter der TSG Hoffenheim, Dietmar Hopp, die Transfair Rechteverwertungsgesellschaft gegründet, die einem Pressebericht zufolge mit Forderungen aus Transfers handelt. Bei der Vorstellung der Gesellschaft gegenüber der Vereinsführung wurde das Konzept dahingehend erläutert, dass 15- bis 18-jährige Spieler aus Südamerika von der TSG Hoffenheim unter Vertrag genommen werden sollten; auch eine Vereinsgründung in Brasilien wurde diskutiert.[81]

3. England

In England hat die Etablierung des Transferinvestments durch den Fall „Tevez/Mascherano“ einen herben Rückschlag erlitten.[82] Dieser Fall, der das weitgehende Verbot des Transferinvestments in England herbeigeführt hat, illustriert die Probleme und Gefahren, die ein unkontrolliertes Transferinvestment für den Fußball bedeuten kann.

Zugrunde lag ein Transfer der argentinischen Nationalspieler Carlos Tevez und Javier Mascherano vom brasilianischen Sport Club Corinthians Paulista zum englischen Premier League Club West Ham United im August 2006. Von besonderer Bedeutung war die Vorgeschichte des Falles in Brasilien. Der brasilianische Traditionsverein Corinthians hatte im Jahr 2004 eine auf zehn Jahre befristete Vereinbarung mit einer Investmentgesellschaft namens Media Sports Investment Ltd (MSI)[83] geschlossen, welche MSI als Gegenleistung für umfangreiche Investitionen ein

---

Laut dem Vizepräsidenten des brasilianischen Clubs habe Bayer zehn Millionen Euro gezahlt. 5,2 Millionen davon seien an Flamengo geflossen. Der Rest sei zu Meldung gleichen Teilen an die Sportrechte-Firma Traffic und die Investorengruppe MFD geleistet worden. Die Verpflichtung von Renato Augusto bereitete noch ein weiteres in der Transferabwicklung mit brasilianischen Clubs übliches Problem. Da die Clubs nur in beschränktem Maße an der Ablösesumme partizipieren, verlangen sie regelmäßig einen Zuschlag für die Unterschrift zur Freigabe, ohne die der Fußball-Weltverband (FIFA) keine Spielberechtigung erteilt, vgl. Artikel „Von Kickern und Strippenziehern“ des DLF a.a.O.

81 Vgl. Artikel „Hopps Schweigen“ aus der SZ vom 6./7.07.2013.

82 Vor dem Vorgehen der PL gegen West Ham United war das Transferinvestment in England keinesfalls verboten und durchaus verbreitet. Der Club Leeds United finanzierte um die Jahrtausendwende wiederholt Spieler durch Drittparteien, was auch kein Geheimnis war.

83 MSI ist laut der unter http://mediasportsinvestments.com/ abrufbaren Firmen-Homepage (Stand der Seite: 2007) ein in London ansässiger internationaler Investment Fonds.

großes Maß an Kontrolle über den Club einräumte.[84] Folge der Vereinbarung zwischen dem Club und MSI war eine Vielzahl prominenter Transfers zu Corinthians.

In den Folgejahren wurden dann aber – entgegen dem ursprünglichen Versprechen von MSI, in Brasilien eine Spitzenmannschaft aufbauen zu wollen – die talentiertesten Spieler von Corinthians gewinnbringend nach Europa transferiert. Eine entsprechende Reinvestierung der Gewinne fand nicht statt.[85]

Die von Corinthians zu West Ham United transferierten Spieler Tevez und Mascherano trugen in der Saison 2006/2007 maßgeblich dazu bei, dass der finanzschwache Club dem Abstieg aus der Premier League entging. Mit dem Erfolg der beiden als angehende Weltstars gehandelten Spieler nahmen jedoch Spekulationen über ihre Finanzierung zu.

Tatsächlich hatte West Ham keine Transferentschädigung an Corinthians gezahlt, sondern eine Vermittlungsgebühr von insgesamt rund fünf Millionen Britischen Pfund an MSI. Veranlasst durch die unklaren Umstände der Transfers, stellte die Premier League Nachforschungen an, im Zuge derer die Beteiligung der Investmentgesellschaft zutage trat.[86] West Ham hatte einen Tag vor Abschluss der Spielerverträge schriftlich ein so genanntes „Private Agreement" mit dem Spieler Tevez, der MSI und der weiteren Investmentgesellschaft Just Sports Inc. geschlossen (kurz: „Tevez-Vereinbarung"). Die Vereinbarung bezüglich Javier Mascherano deckte sich in den wesentlichen Punkten mit der Tevez-Vereinbarung.[87]

Die beiden Spieler unterzeichneten am 31. August 2006 langfristige Spielerverträge mit West Ham. Durch § 1 der Tevez-Vereinbarung erkannten West Ham und Carlos Tevez an, dass die „economic rights"[88] des Spielers exklusiv und vollumfänglich bei MSI und Just Sports Inc. liegen würden. Die Rechte waren nach Aussage von Carlos Tevez am 7. Februar 2006 von ihm an die Investmentgesellschaften abgetreten worden. Außerdem war den Investmentgesellschaften das Recht vorbehalten, in der Januar-Transferperiode 2007 durch schriftliche Mitteilung gegenüber dem Club den Vertrag des Spielers mit West Ham gegen Zahlung von zwei Millionen Britischen Pfund zu beenden. Für die folgenden Transferperioden stand den Investmentgesellschaften nach § 5 das Recht der einseitigen Vertragsbeendi-

---

84 MSI verpflichtete sich gegenüber Corinthians, 35 Millionen US-Dollar bereitzustellen, 20 Millionen hiervon zur Tilgung von Schulden des Vereins, den Rest für Spielertransfers. Corinthians erklärte sich im Gegenzug bereit, 51 % aller zukünftigen Gewinne an MSI abzuführen und etwaige Verluste selbst zu tragen, vgl. Artikel „Wolke von Geheimnissen", aus DER SPIEGEL vom 18.03.2005 (Quelle: Internet).

85 Vgl. Artikel „Wolke von Geheimnissen", aus DER SPIEGEL vom 18.03.2005 (Quelle: Internet).

86 Die offizielle Anhörung West Hams durch die PL ist wiedergegeben in dem Artikel „The Premier League hearing minutes: in full" aus The Guardian vom 27.04.2007 (Quelle: Internet).

87 Vgl. offizielle Anhörung West Hams durch die PL in dem Artikel „The Premier League hearing minutes: in full" aus The Guardian vom 27.04.2007, a.a.O.

88 Vgl. VIERTER TEIL, 1. Kap., B.II.2.

gung gegen Zahlung einer – fast schon symbolischen - Summe von 100.000 GBP an den Club zu und zwar ohne jedes Widerspruchsrecht von Club oder Spieler.[89]

Die Premier League sah in dem Vorgang eine Verletzung ihrer Regeln. In der Anhörung durch die Premier League gestand West Ham ein, gegen die PL-Regeln verstoßen und Dokumente zurückgehalten zu haben, die den Verstoß offenbart hätten.

Der Club wurde mit einer Strafe von 5,5 Millionen GBP belegt und dazu verpflichtet, den Vertrag mit MSI aufzuheben. Im Nachgang zum Fall Tevez/Mascherano haben die englischen Verbände in ihre Regelwerke umfassende Verbote von Transferinvestments aufgenommen.[90]

Die Regelwerke der verschiedenen englischen Verbände verbieten allerdings nicht etwaige Weiterverkaufsvereinbarungen mit anderen Clubs. Folglich können Transferinvestoren in verbandsrechtskonformer Weise die Regeln zum Transferinvestment umgehen, indem sie so Feeder-Clubs erwerben oder mit diesen zusammenarbeiten. Beispielsweise unterhält der englische Spitzenclub Manchester United enge Verbindungen zum Club Desportivo Brasil Participações Ltda., der in Verbindung mit der Investment Gruppe Traffic steht.[91]

III. Afrika

Das Modell der „Feeder-Clubs" ist im afrikanischen Fußball präsent. Allerdings hat sich im Vergleich zu Südamerika weniger ein nationales System des Transferinvestments durch inländische Investoren etabliert. Vielmehr haben vor allem Clubs und Investoren aus Europa Wege gefunden, um sich die Transferrechte afrikanischer Fußballtalente frühzeitig zu sichern.

Die europäischen Clubs nutzen hierbei häufig das Modell der sog. Kooperationsvereinbarungen. Ein wirtschaftlich schwacher Club (Kooperationsclub) räumt hierbei einem wirtschaftlich starken Club (Zielclub) eine Zugriffsmöglichkeit auf die talentierten Spieler seines Spielerkaders ein. Der Zielclub wird eine Art „bevorzugter Spielertransferpartner". Als Gegenleistung erhält der Kooperationsclub nicht primär Transfererlöse, sondern eine laufende finanzielle Unterstützung, die

89 Die §§ 7 und 8 legten fest, dass Carlos Tevez und West Ham die Investmentgesellschaften unverzüglich über alle Umstände zu informieren hatten, welche zu einer Übertragung von verbandsrechtlichen oder ökonomischen Rechten des Spielers hätten führen können. Nach § 9 wurde jede Art von Transaktion im Zusammenhang mit Rechten des Spielers von der Einholung schriftlicher Instruktionen seitens der Investmentgesellschaft abhängig gemacht. Außerdem war es dem Club untersagt, den Vertrag abzuändern, zu verschweigen, zu umgehen und ohne schriftliches Einverständnis der Investmentgesellschaften ganz oder teilweise aufzuheben.

90 Vgl. FÜNFTER TEIL, C.I.

91 *Dios Crespo/Whyte,* EFPL SLB, S. 45, 49.

wiederum zumeist in so genannte Fußballakademien fließt.[92] Über die Kooperation greifen Zielclubs dann vor allem auf solche jungen Spieler zu, die in den von ihnen finanzierten Fußballakademien ausgebildet worden sind.[93]

Etwa 140 Spieler hat allein der Betreiber einiger renommierter Fußballschulen, Jean-Marc Guillou, nach Europa „exportiert".[94] Guillou nutzt eine erweiterte Variante des Feeder-Club-Modells mit einem Kooperationsclub in einem talentreichen afrikanischen Land, einem Club aus einer weniger beachteten europäischen Liga (Entwicklungsclub), der mit dem afrikanischen Club kooperiert, und einem Zielclub in einer der europäischen Top-Ligen, der wiederum mit dem Entwicklungsclub kooperiert. Guillou versorgt den Entwicklungsclub mit den aussichtsreichsten Talenten des Kooperationsclubs[95]. Wenn der Zielclub oder ein anderer Club einen dieser Spieler verpflichtet, erhält Guillou einen bis zu neunzigprozentigen Anteil der Ablösesumme. Eine besonders enge Verbindung bestand in der Vergangenheit zwischen dem von Guillou kontrollierten belgischen Club KSK Beveren und dem FC Arsenal London.[96]

---

92 Vgl. stellvertretend den Artikel „Das Haus der Hoffnung" aus DER SPIEGEL 22/2010 (Quelle: Internet).

93 Vgl. zu dieser Problematik DRITTER TEIL, 2. Kap., C.IV.

94 *Guillou* wird zitiert (a.a.O.): *„Ich habe mich für Afrika entschieden, weil es hier ein unerschöpfliches Potential gibt. Vergleichbar mit Südamerika. Aber in Südamerika mischt die Mafia mit."*

95 Tatsächlich werden diese zuvor (formal) von dem der Fußballschule angeschlossenen Club verpflichtet, damit Guillou nicht als „Menschenhändler" auftritt.

96 Die Vereinbarung zwischen Arsenal, Beveren und Guillou war Gegenstand einer Untersuchung der FIFA, vgl. Pressemeldung „Die FIFA bestätigt: kein Verstoß von Arsenal gegen die Bestimmungen bezüglich Clubeigentumsverhältnisse" vom 22.03.2006 (Quelle: Internet).

Zweiter Teil: Lizenzverbandsfußball als Rahmen des Transferinvestments

Seitdem zu Anfang des 20. Jahrhunderts erstmals Spielergehälter gezahlt wurden und der Sport sich zum Wirtschaftszweig entwickelte, kam es zu Konfliktlagen, die von den Verbänden, dem Gesetzgeber und der Rechtsprechung bewältigt werden mussten. Der Gedanke, dass der Sport durch eine zunehmende Kommerzialisierung verändert und vor substantielle Herausforderungen gestellt wird, ist insofern keinesfalls neu. Das Transferinvestment macht sich bestimmte Regelungen des Verbandsrechts im Bereich des Lizenzfußballs, namentlich den Spielervertrag und den Spielertransfer,[97] zu Nutze, ist aber gleichzeitig Beschränkungen ausgesetzt, die sich ebenfalls aus den Regelungen dieses Verbandsrechts ergeben. Der Geschäftsführer der DFL, Christian Seifert, äußerte hierzu in einem Zeitungsinterview treffend, dass es für die Regulierung bestimmter Sachverhalte durch die Verbände eine Kunst sei, „das Maß zwischen Regulierung und Überregulierung zu finden".[98] Im Folgenden sollen die verbandsrechtlichen Grundlagen der Regulierung des Lizenzfußballs dargestellt werden. Nur vor diesem Hintergrund erschließt sich die Qualität der Transferinvestmentregeln[99] der Verbände und die Antwort auf die Frage, ob in diesem Bereich eine unzulässige Überregulierung stattgefunden hat.[100]

1. Kapitel: Verbandsstrukturen

Praktischer Anlass für die Gründung von Sportverbänden ist, dass die einzelnen Sportler und Mannschaften den Spiel- und Wettkampfbetrieb nicht selbst organisieren könnten, weil sie mit der Vielfalt der zu klärenden Fragen und Beteiligten sowie dem Umfang des Sportbetriebs überfordert wären.[101] Drei Merkmale kennzeichnen das Sportverbandswesen:[102] Erstens sind Sportverbände pyramidenförmig aufgebaut. Zweitens herrscht das so genannte „Ein-Platz-Prinzip", wonach jeweils nur ein Verband pro Fachgebiet und/oder -region Mitglied im übergeordneten Verband sein darf.[103]

Drittens existiert ein einheitliches „Verbandsrecht", das für alle Verbände, Vereine und Einzelmitglieder eines Fachgebiets Gültigkeit hat. Für jeden im Lizenzfußball aktiven Spieler sowie für jeden Club können die Entscheidungen und

---

97 Vgl. DRITTER TEIL.

98 *Anselm/Heß*, FAZ-Interview mit Christian Seifert „Die UEFA kann massiv Schaden nehmen" vom 10.02.2013 (Quelle: Internet).

99 Vgl. FÜNFTER TEIL.

100 Vgl. SECHSTER TEIL.

101 *Haas*, NZI 2003, S. 177.

102 *Vieweg*, JuS 1983, S. 825, 826.

103 *Vieweg*, in: Deutsch (Hrsg.), Teilnahme am Sport als Rechtsproblem, S. 25, 46.

Regelwerke aller übergeordneten nationalen und internationalen Verbände im Einzelfall Bedeutung entfalten.

Leitmotiv der Verbandshierarchie und ihrer drei vorgenannten Elemente ist die „Subsidiarität“: Übergeordnete Regeln werden demnach freiwillig von den untergeordneten, für ihren Bereich im Übrigen aber allein zuständigen, Einheiten akzeptiert und im Streitfall – soweit möglich – vor privaten Schiedsgerichten durchgesetzt.[104]

A. Globale Ebene

Sportverbände und -organisationen sind durchweg als Vereine konstituiert, wobei viele internationale Verbände ihren Sitz in der Schweiz[105] haben und gemäß Art. 60 ff. ZGB organisiert sind, so dass die schweizerische Rechtsordnung für den internationalen Sport allgemein, und den Fußball insbesondere, von großer Bedeutung ist.[106]

Rechtlich gesehen gibt es keinen Unterschied zwischen den Begriffen „Verein“ und „Verband“. Sprachlich hat es sich jedoch durchgesetzt, dass unter einem Verband der Zusammenschluss mehrerer Vereine verstanden wird.[107]

I. Weltfußballverband (FIFA)

Oberstes Organisationsgebilde innerhalb des gesamten organisierten Fußballs ist die Fédération Internationale De Football Association. Die FIFA wurde am 21.05.1904 durch die Vertreter sieben nationaler Sportverbände in Paris gegründet.[108]

Noch vor dem ersten Weltkrieg gelang es der FIFA dafür zu sorgen, dass der Fußball international allein durch sie repräsentiert wurde, und einheitliche Regeln für den Fußballsport einzuführen.[109] Mitglied der FIFA können Verbände werden, die in ihrem Land für die Organisation und Kontrolle des Fußballs verantwortlich sind.[110]

---

104 *Englisch/Bagger*, in: Stopper/Lentze (Hrsg.), Handbuch Fußball-Recht, Kap. 10, Rn. 6.

105 Die FIFA hat gemäß Art. 1 Nr. 1 der FIFA-Statuten ihren Sitz in Zürich. Die UEFA, die ECA und die EFPL haben ihren Sitz in Nyon. Das internationale Sportschiedsgericht TAS/CAS sitzt gemäß Art. 1 TAS-Statuten in Lausanne.

106 *Villiger*, in: Stopper/Lentze (Hrsg.), Handbuch Fußball-Recht, Kap. 21, Rn. 1.

107 *Englisch/Bagger*, in: Stopper/Lentze (Hrsg.), Handbuch Fußball-Recht, Kap. 10, Rn. 13.

108 Der DFB kündigte noch am selben Abend telegraphisch seinen Beitritt an, vgl. *Blatter* in „100 Jahre DFB“, S. 10.

109 *Reiter*, Der Vereinswechsel bei Lizenzfußballspielern, S. 4.

110 Art. 10 FIFA-Statuten; mittlerweile gehören der FIFA über zweihundert nationale Verbände an.

Die FIFA-Statuten und ihre Ausführungsbestimmungen bilden die „Verfassung des Weltfußballs".[111] In Art. 2 FIFA-Statuten sind als Zwecke der FIFA die fortlaufende Verbesserung und weltweite Verbreitung des Fußballs, die Ausrichtung eigener internationaler Wettbewerbe und die Festlegung von Regeln sowie die Sicherstellung ihrer Durchsetzung normiert. Zur Erfüllung dieser Zwecke verhindert die FIFA, „dass Methoden oder Praktiken vorkommen, die die Integrität der Spiele oder Wettbewerbe gefährden oder zu Missbräuchen des Association Football führen könnten". Als satzungsgebendes Organ der FIFA fungiert der Kongress.[112]

Die Mitgliedsverbände der FIFA haben neben Rechten, insbesondere zur Mitwirkung an der Organisation der FIFA, wie der aktiven Teilnahme am jährlich stattfindenden FIFA-Kongress,[113] auch umfangreiche Verpflichtungen. Die in Art. 13 Nr. 1 FIFA-Statuten geregelten Pflichten der FIFA-Mitglieder umfassen u. a. die „Einhaltung der Statuten, Reglemente, Weisungen und Entscheide der Organe der FIFA sowie der Entscheide des Court of Arbitration for Sport (CAS) bei Berufungen in Übereinstimmung mit Art. 66 Abs. 1 der FIFA-Statuten"[114] und die „Durchsetzung der Statuten, Reglemente, Weisungen und Entscheide der Organe der FIFA gegenüber den eigenen Mitgliedern".[115] Die Mitgliedsverbände verpflichten sich insofern nicht nur zur Einhaltung des geltenden FIFA-Rechts, sondern im Rahmen der Verpflichtungskette in den Verbandsregelwerken auch zu dessen Durchsetzung gegenüber den Mitgliedern.[116]

Ausführendes Organ ist das Exekutivkomitee.[117] Nach Art. 5 FIFA-Statuten regelt das Exekutivkomitee den Status von Lizenzspielern und die Einzelheiten in Bezug auf deren Transfer sowie diesbezügliche Themen, insbesondere die Ausbildungsförderung durch Clubs und deren Schutz in einem speziellen Reglement. Die Ständigen sowie die Ad-hoc-Kommissionen beraten und unterstützen das Exekutivkomitee bei der Erfüllung seiner Aufgaben. Für das Transferinvestment ist die Fußballkommission zuständig,[118] die gemäß Art. 34 Nr. 1 q) FIFA-Statuten eine Ständige Kommission der FIFA darstellt.

Weder die FIFA-Statuten noch ihre Ausführungsbestimmungen enthalten explizite Regelungen zu den Wirksamkeitsvoraussetzungen einzelner Rechtsakte

---

111 *Vollmüller*, in: Stopper/Lentze (Hrsg.), Handbuch Fußball-Recht, Kap. 9, Rn. 20. Art. 26 FIFA-Statuten sieht vor, dass Änderungen an den FIFA-Statuten nur durch den FIFA-Kongress mit einer Dreiviertelmehrheit der anwesenden und stimmberechtigten Verbände beschlossen werden können.

112 Jedes FIFA-Mitglied hat im jährlich stattfindenden ordentlichen Kongress eine Stimme, vgl. Art. 22, 23 FIFA-Statuten.

113 Art. 12 Abs. 1 a) und b) FIFA-Statuten.

114 Art. 13 Nr. 1 lit. a) FIFA-Statuten.

115 Art. 13 Nr. 1 lit. d) FIFA-Statuten.

116 *Vollmüller*, in: Stopper/Lentze (Hrsg.), Handbuch Fußball-Recht, Kap. 9, Rn. 19.

117 Art. 21 FIFA-Statuten.

118 Vgl. die FIFA-Meldung „Football Committee steps up its mission for the game under new composition" vom 16.11.2012 (Quelle: Internet).

der FIFA-Organe, sondern nur Ermächtigungsgrundlagen für die einzelnen Handlungsmöglichkeiten, den Erlass von „Reglementen", Entscheidungen und Weisungen.[119] Die erlassenen FIFA-Reglemente gelten als Gesetze der FIFA, denn wie ein im ordentlichen Gesetzgebungsverfahren erlassenes Gesetz stellen sie generelle und abstrakte Regelungen von in der Zukunft liegenden Sachverhalten dar und entfalten für alle Mitgliedsverbände verbindliche Wirkung.[120]

Der Verstoß eines Transferinvestments gegen das noch näher vorzustellende Verbot der Beeinflussung in Art. 18bis FIFA-Status-Reglement würde durch die Disziplinarkommission der FIFA nach Art. 62 Nr. 2 FIFA-Statuten bewertet und sanktioniert. Ein dauerhafter Verzicht eines Verbandes auf die Durchsetzung des Art. 18bis FIFA-Status-Reglement fällt in den Zuständigkeitsbereich der Ethikkommission. Diese ist gemäß Art. 27 Nr. 5 FIFA-Ethikreglement[121] für die Untersuchung und Beurteilung nationaler Sachverhalte zuständig, sofern Verbände es unterlassen, diese überhaupt oder gemäß den geltenden Rechtsgrundsätzen zu verfolgen oder eine adäquate Beurteilung aufgrund der konkreten Umstände nicht zu erwarten ist.

Nach Art. 62 Nr. 2 und 63 Nr. 2 FIFA-Statuten können die Disziplinar- und die Ethikkommission die in den Statuten und dem FIFA-Disziplinar- bzw. Ethikreglement festgehaltenen Sanktionen gegen Mitglieder, Clubs, Offizielle, Lizenzspieler, Spiel- und Spielervermittler aussprechen.[122]

II. Internationales Sportgericht (CAS)

Der Court of Arbitration for Sport (CAS)[123] ist ein unabhängiger Schiedsgerichtshof und auf internationaler Ebene die höchste schiedsgerichtliche Instanz für sportbezogene, rechtliche Auseinandersetzungen. Er wird von der FIFA in Art. 62 FIFA-Statuten sowie von der UEFA in Art. 61 UEFA-Statuten als Schieds- und Berufungsgericht in internationalen Streitfragen anerkannt.[124] Die Konföderationen, Mitglieder und Ligen verpflichten sich, den CAS als unabhängige richterliche

---

119 *Vollmüller*, in: Stopper/Lentze (Hrsg.), Handbuch Fußball-Recht, Kap. 9, Rn. 63.

120 *Vollmüller*, in: Stopper/Lentze (Hrsg.), Handbuch Fußball-Recht, Kap. 9, Rn. 64; sämtliche FIFA-Reglemente müssen durch das FIFA-Exekutivkomitee als ausführendes Organ der FIFA mittels Mehrheitsbeschluss ratifiziert werden, um gegenüber den Mitgliedsverbänden rechtsverbindliche Wirkung zu entfalten und somit von den Rechtsorganen der FIFA gegenüber den Mitgliedsverbänden durchsetzbar und sanktionierungsfähig zu sein, vgl. a.a.O.

121 Stand: Ausgabe 2012.

122 Die Sanktionen sind im FIFA Disziplinarreglement auf 70 Seiten umfassend geregelt.

123 Die französische Bezeichnung des Schiedsgerichts ist Tribunal Arbitral du Sport (TAS). Im Folgenden wird einheitlich die Abkürzung der englischen Bezeichnung verwendet.

124 *Stopper*, in: Stopper/Lentze (Hrsg.), Handbuch Fußball-Recht, Kap. 1, Rn. 33.

Instanz anzuerkennen und dafür zu sorgen, dass sich ihre Mitglieder sowie die ihnen angeschlossenen Spieler und Offiziellen den Entscheiden fügen.[125]

B. Europäische Ebene (UEFA)

Bei der am 15. Juni 1954 gegründeten Union Des Associations Européennes de Football handelt es sich um den allen nationalen Fußballverbänden in Europa offen stehenden Kontinentalverband. Der organschaftliche Aufbau der UEFA entspricht weitestgehend dem der FIFA. Die Mitgliedsverbände sind verpflichtet, die Statuten, Regelwerke und Beschlüsse der UEFA zu befolgen, diese in ihre Statuten aufzunehmen und deren Einhaltung durch Ligen, Vereine, Spieler und Offizielle sicherzustellen.[126]

Als Dachverband in Europa ist die UEFA für sämtliche Fragen des europäischen Fußballs zuständig und kontrolliert dessen Entwicklung.[127]

Darüber hinaus organisiert die UEFA Fußballwettbewerbe und -turniere auf europäischer Ebene, insbesondere die beiden Clubwettbewerbe Champions League und UEFA-Cup.[128] Im Hinblick auf wirtschaftliche Aktivitäten innerhalb des Fußballs, setzt sich die UEFA in Artikel 2 lit. e) bis f) ihrer Statuten das Ziel jegliche Methoden und Praktiken zu verhindern, welche die Regularität der Spiele oder Wettbewerbe gefährden oder zum Missbrauch des Fußballs führen könnten. Von zunehmender Bedeutung ist das UEFA-Clublizenzierungsverfahren, niedergelegt im „Reglement zur Clublizenzierung und zum finanziellen Fairplay (Ausgabe 2012)".[129]

C. Nationale Ebene (Deutschland)

Auf nationaler Ebene prägen der Deutscher Fußball-Bund (DFB) und der ausgegliederte Ligaverband den Lizenzfußball.

I. Verbandsautonomie

In Deutschland wird nicht nur der Profifußball, sondern auch die Freizeitbeschäftigung Fußball in hohem Maße institutionalisiert ausgeübt.[130] Rechtliche Grundlage

---

125 Art. 68 Nr. 3 FIFA-Statuten verpflichtet die Verbände zu regeln, dass es bei Streitigkeiten mit Verbandsbezug verboten ist, an staatliche Gerichte zu gelangen, soweit die FIFA-Reglemente oder zwingende Gesetzesvorschriften die Anrufung staatlicher Gerichte nicht ausdrücklich vorsehen oder vorschreiben, vgl. hierzu SECHSTER TEIL, 2. Kap., B.I.

126 Artikel 7bis S. 1 UEFA-Statuten Edition 2012.

127 Art. 2 lit. a), c) UEFA-Statuten.

128 Art. 2 lit. d) UEFA-Statuten.

129 Hierauf wird unter ZWEITER TEIL, 3. Kap., B.I. noch näher eingegangen. Außerdem wird unter FÜNFTER TEIL, B. dargestellt, warum das „Financial Fair Play" auch Auswirkungen auf Transferinvestments hat.

130 Laut einer Pressemeldung des DFB vom 27.04.2012 zählt der Deutsche Fußball-Bund mehr als 6,8 Millionen Mitglieder (Quelle: Internet).

der Verbandsgründung in Deutschland ist das in Art. 9 GG und Art. 11 EMRK verankerte Grundrecht der Vereinigungsfreiheit. Nach § 9 Abs. 1 GG haben alle Deutschen das Recht, Vereine und Gesellschaften zu gründen.

Die prinzipielle Schutzfunktion der allgemeinen Vereinigungsfreiheit liegt in der Persönlichkeitsverwirklichung in Gruppenform.[131] Art. 9 GG gewährleistet die Verbandsautonomie als subjektives Grundrecht im Sinne eines individuellen Rechts jedes einzelnen Verbandes gegenüber dem Staat und als objektivrechtliches Institut im Sinne eines insgesamt in der Gesellschaft garantierten Mindestbestandes autonomer Regelungskompetenz.[132]

Dem Verband wird als Teilaspekt der Vereinigungsfreiheit die Möglichkeit eröffnet, seine eigenen Wertvorstellungen unabhängig von den Wertvorstellungen des Staates an eigenen Zwecken und Zielen auszurichten.[133] Die Verbände besitzen das Recht zu einer Selbstregulierung oder Quasi-Gesetzgebung durch privatrechtliche Satzungen und Ordnungen, deren Inhalte und Anwendungen im Einzelnen staatlich grundsätzlich nicht überprüft werden können.[134]

Insoweit besteht weder ein Bedürfnis noch eine Rechtfertigung für staatliche Regelungen.[135] Dies ermöglicht den Verbänden die Errichtung rechtlich tolerierter wirtschaftlicher und sozialer Monopolstellungen.[136] Anlass für staatliche Regelungen besteht erst, wenn Rechte Dritter oder der Allgemeinheit beeinträchtigt werden.[137]

Die Verbandsautonomie und – auf ihr basierend – das auch vom BGH ausdrücklich anerkannte[138] Ein-Platz-Prinzip begründet insofern keinen Freibrief zur unbeschränkten Normsetzung und -anwendung oder gar zum Eingriff in Rechtspositionen

---

131 *Scholz*, in: Maunz/Dürig, GG, Loseblatt, Art. 9, Rn. 34.

132 *Breucker/Wüterich*, in: Stopper/Lentze (Hrsg.), Handbuch Fußball-Recht, Kap. 8, Rn. 12.

133 *Ouart*, WRP 2010, S. 85, 86 f.; *Summerer*, SpuRt 2008, S. 234, 235; *Steiner*, in: Tettinger/Vieweg, Gegenwartsfragen des Sportrechts 2004, S. 222, 242; *Schimke/Eilers*, in: Horst/Nolte (Hrsg.), Handbuch SportR, S. 88; *Breucker/Wüterich*, in: Stopper/Lentze (Hrsg.), Handbuch Fußball-Recht, Kap. 8, Rn. 12.

134 BVerfGE 104, S. 14, 19 – „Wahlkreiseinteilung Krefeld" = NVwZ 2002, S. 70, 71; BVerfGE 50, S. 290, 354 – „Mitbestimmung" = NJW 1979, S. 699,; BVerfGE 80, S. 244, 253 – „Vereinsverbot" = NJW 1990, 37, 39; *Becker*, in: Wege gelebter Verfassung in Recht und Politik, S. 995, 1004; *Englisch/Bagger*, in: Stopper/Lentze (Hrsg.), Handbuch Fußball-Recht, Kap. 10, Rn. 3.

135 *Breucker/Wüterich*, in: Stopper/Lentze (Hrsg.), Handbuch Fußball-Recht, Kap. 8, Rn. 12.

136 *Englisch/Bagger*, in: Stopper/Lentze (Hrsg.), Handbuch Fußball-Recht, Kap. 10, Rn. 3.

137 *Breucker/Wüterich*, in: Stopper/Lentze (Hrsg.), Handbuch Fußball-Recht, Kap. 8, Rn. 12; So werden etwa bei Ärzten und Rechtsanwälten im Interesse der Patienten oder Mandanten bestimmte Qualitätsanforderungen aufgestellt.

138 BGHZ 63, S. 282, 285 = NJW 1975, 771 f.; BGH, NJW-RR 1986, S. 583 f.; BGH, NJW 1999, S. 1326, 1327.

Dritter.[139] Je weniger ein Verhalten oder das Regelwerk mit der Sportausübung zusammenhängt oder je erheblicher dessen unmittelbare Außenwirkung ist, desto weniger kann sich ein Sportverband auf die Autonomie berufen.[140] Außerdem gilt es zu beachten, dass der Verbandsautonomie durch die Gesamtrechtsordnung Grenzen gesetzt sind und sie unter dem Vorbehalt der Konkretisierung durch den Gesetzgeber (und ergänzend durch die Rechtsprechung) steht.[141]

Folglich stellen neben der in Art. 9 Abs. 2 GG festgesetzten speziellen Schranke[142] auch Verstöße gegen die Gesamtrechtsordnung sowie unverhältnismäßige Eingriffe in rechtlich geschützte Positionen Privater Grenzen der Verbandsautonomie dar.[143] Die Sportverbände müssen sich daher im Rahmen der für privatautonome Gesellschaften anwendbaren Gesetze, insbesondere des Zivilrechts, bewegen.[144] Eine eingeschränkte Kontrolle von Verbandsnormen am Maßstab des staatlichen Rechts, nämlich auf ihre Angemessenheit unter dem Gesichtspunkt von Treu und Glauben nach § 242 BGB, ist anerkannt.[145]

II. Deutscher Fußball-Bund (DFB)

Gemäß § 1 seiner Satzung ist der Deutsche Fußball-Bund e. V. die Vereinigung der Landesverbände, Regionalverbände und des Ligaverbandes, in denen Fußballsport betrieben wird.[146] Der Rechtsnatur nach handelt es sich bei dem DFB um einen rechtsfähigen, eingetragenen Verein im Sinne der §§ 55, 21 BGB mit Sitz in Frankfurt am Main. Seinen eigenen Geschäftsbereich regelt der DFB durch Ordnungen und Entscheidungen seiner Organe.[147]

---

139 *Englisch/Bagger*, in: Stopper/Lentze (Hrsg.), Handbuch Fußball-Recht, Kap. 10, Rn. 4.

140 *Pfister*, in: Festschrift Lorenz 1991, S. 171, 182.

141 *Englisch/Bagger*, in: Stopper/Lentze (Hrsg.), Handbuch Fußball-Recht, Kap. 10, Rn. 4 unter Verweis auf Vieweg/Röthel, ZHR 166 (2002), S. 6, 12 f.; BVerfGE 30, S. 227, 243 – „Vereinsname“ = NJW 1971, S. 1123, 1124.

142 Verboten sind demnach Vereinigungen, deren Zwecke oder deren Tätigkeit den Strafgesetzen zuwiderlaufen oder die sich gegen die verfassungsmäßige Ordnung oder gegen den Gedanken der Völkerverständigung richten.

143 *Englisch/Bagger*, in: Stopper/Lentze (Hrsg.), Handbuch Fußball-Recht, Kap. 10, Rn. 4; *Holzhäuser*, in: Stopper/Lentze (Hrsg.), Handbuch Fußball-Recht, Kap. 16, Rn. 57.

144 *Holzhäuser*, in: Stopper/Lentze (Hrsg.), Handbuch Fußball-Recht, Kap. 16, Rn. 57.

145 Vgl. die Grundsatzentscheidung des BGH im „Reiter-Urteil“, BGHZ 128, S. 93 = NJW 1995, S. 583; *Vieweg*, SpuRt 1994, S. 97, 99; *Hovemann/Wieschemann*, SpuRt 2009, S. 187, 189.

146 Mit seiner Wiederbegründung am 10. Juli 1949 trat der DFB die Nachfolge des im Jahre 1900 gegründeten Deutschen Fußball-Bundes an.

147 § 6 DFB-Satzung; die Organe des DFB sind nach § 19 Nr. 1 DFB-Satzung der Bundestag, der Vorstand und das Präsidium; Rechtsorgane sind nach § 19 Nr. 2 das Bundes- und das Sportgericht.

Als Spitzenverband vertritt der DFB die Interessen seiner Mitgliedsverbände[148] im In- sowie Ausland und ist Mitglied der FIFA und der UEFA, denen er sich hierarchisch unterordnet. Die Unterordnung des DFB gegenüber FIFA und UEFA kommt in § 3 Nr. 1 und 2 der DFB-Satzung zum Ausdruck. Aufgrund der Mitgliedschaft des DFB in der FIFA ist der DFB nach § 3 Nr. 1 DFB-Satzung den Bestimmungen der FIFA unterworfen und zur Umsetzung der Entscheidungen ihrer Organe verpflichtet.[149]

Die Vorschriften der FIFA werden hierbei als verbindlich anerkannt und zwar für den DFB, seine Mitglieder, Spieler und Offizielle sowie die Vereine und Kapitalgesellschaften seiner Mitgliedsverbände. Insbesondere bezieht sich dies auf die Statuten, das Reglement betreffend Status und Transfers von Fußballspielern, die Regelwerke für die internationalen Wettbewerbe und die Spielregeln der FIFA.

Wichtigste Aufgabe des DFB ist die Ausübung des Fußballsports in den Meisterschaftsspielen und Wettbewerben aller Spielklassen, Verbände und Lizenzligen. Der DFB trägt die Gesamtverantwortung für die Einheit des deutschen Fußballs.[150] Weitere Zwecke und Aufgaben sind umfassend in § 4 der DFB-Satzung niedergelegt. Von großer Bedeutung ist hierbei vor allem die Aufgabe, nationale Auswahlmannschaften zu bilden, zu unterhalten und deren Länderspiele durchzuführen.[151]

Im Jahre 2000 hat der deutsche Fußball eine bedeutende Strukturreform durchgeführt. Durch Gründung des Ligaverbandes, dessen Mitglieder die lizenzierten Clubs der beiden Bundesligen sind, wurde der Lizenzfußball ausgegliedert.[152] Die beiden Bereiche des Amateur- und des Lizenzfußballs sind nunmehr unterschiedlich ausgestaltet und voneinander zu trennen, bilden aber gleichwohl „zwei Säulen unter einem Dach“ des DFB.[153]

III. Ligaverband

Im Jahr 2000 hat der DFB von der in § 6 Nr. 3 DFB-Satzung normierten Möglichkeit Gebrauch gemacht, die Ausübung seiner Rechte ganz oder teilweise auf einen Mitgliedsverband oder mehrere Verbände zu übertragen. Er übertrug im Rahmen

---

148 Es handelt sich nach § 1 DFB-Satzung um die Regionalverbände, Landesverbände und den Ligaverband. Es gibt 5 Regionalverbände und 21 Landesverbände, vgl. „100 Jahre DFB“, S. 130.

149 An die Vorschriften der UEFA ist der DFB gemäß § 3 Nr. 2 DFB-Satzung gebunden, vgl. § 3 Nr. 2 DFB-Satzung.

150 Präambel der DFB-Satzung.

151 § 4 lit. e) DFB-Satzung.

152 In der Präambel des Grundlagenvertrags zwischen DFB und Ligaverband heißt es hierzu: „Im Wege der Strukturreform sind die lizenzierten Vereine und Kapitalgesellschaften der Bundesliga und 2. Bundesliga, die bis zum 28. April 2001 als außerordentliche Mitglieder des Deutschen Fußball-Bundes diesem unmittelbar angehörten, mit Wirkung ab der Spielzeit 2001/2002 ausgeschieden. Sie haben einen eigenen Verband, den Ligaverband (Die Liga – Fußballverband e. V.) gegründet, der Mitglied des Deutschen Fußball-Bundes ist.“

153 *Holzhäuser*, SpuRt 2004, S. 144, 145.

einer Strukturreform die ursprünglich in seinen Aufgaben- und Kompetenzbereich fallende Organisation, Verwaltung und Vermarktung der beiden Bundesligen auf „Die Liga – Fußballverband e. V. (Ligaverband)“.[154]

Hierbei handelt es sich um einen Zusammenschluss der lizenzierten Vereine und Kapitalgesellschaften der Bundesliga und der 2. Bundesliga in Form eines eingetragenen Vereins mit Sitz in Frankfurt am Main,[155] der in seiner Gesamtheit Mitglied des DFB ist und somit eine eigene juristische Einheit innerhalb des DFB bildet.[156] Mitglieder des Ligaverbandes sind gerade diejenigen Organisationseinheiten der Clubs, die am Lizenzspielbetrieb teilnehmen und nicht deren Muttervereine.[157]

Seit der Strukturreform sind die Lizenzclubs nur noch mittelbare Mitglieder des DFB über ihre ordentliche Mitgliedschaft im Ligaverband, der seinerseits ordentliches Mitglied des DFB ist (§§ 1 Abs. 1 und 7 Nr. 2b DFB-Satzung, § 3 Nr. 1 Ligaverbands-Satzung). Die Mitgliedschaft im Ligaverband wird durch die vom Ligaverband vorgenommene Lizenzerteilung erworben und ist Voraussetzung für die Teilnahme an dessen sportlichen Wettbewerben, also insbesondere den Lizenzligen.[158]

Die Verselbstständigung der Profibereiche im Fußball soll eine bessere Verwaltung und Entwicklung des Profisports, eine bessere Vermarktung sowie eine schnellere und praxisorientierte Entscheidungsfindung ermöglichen. Außerdem wird durch die Ausgliederung eines Großteils der wirtschaftlichen Tätigkeit des als Idealverein organisierten Dachverbands auf einen selbstständigen Rechtsträger die steuerrechtliche Gemeinnützigkeit der (Mutter-)Verbände gewahrt sowie die Entstehung von Konzernen verhindert.[159] Den Ligaverband betreffende Regelungen finden sich in der DFB-Satzung, in der Satzung des Ligaverbandes und in dem zwischen DFB und Ligaverband vereinbarten Grundlagenvertrag. Die besonderen Rechte und Pflichten des Ligaverbandes und seiner Mitglieder sind in den Bestimmungen §§ 16a bis 16d der DFB-Satzung normiert. Im Übrigen regelt der Ligaverband seinen Geschäftsbereich selbst durch Satzung, Statut und Ordnungen sowie Entscheidungen seiner Organe unter Beachtung der DFB-Satzung und der den DFB bindenden Regelwerke der FIFA und UEFA.

In Nebenordnungen stellen die Verbände nicht nur verfahrens- oder organisationsrechtliche Bestimmungen, sondern auch sanktionierte Wohlverhaltensregelungen auf, die über die allgemeinen Regelungen des Zivil-, Wettbewerbs-,

---

154 *Englisch/Bagger*, in: Stopper/Lentze (Hrsg.), Handbuch Fußball-Recht, Kap. 10, Rn. 14.

155 § 16 DFB-Satzung; Präambel der „Satzung Die Liga – Fußballverband e.V. (Ligaverband)“, kurz: Ligaverbands-Satzung.

156 § 1 DFB-Satzung; Präambel und § 3 Nr. 1 der Ligaverbands-Satzung.

157 *Gerlinger*, in: Stopper/Lentze (Hrsg.), Handbuch Fußball-Recht, Kap. 12, Rn. 4.

158 *Englisch/Bagger*, in: Stopper/Lentze (Hrsg.), Handbuch Fußball-Recht, Kap. 10, Rn. 15.

159 *Holzhäuser*, SpuRt 2004, S. 144, 145.

Gesellschafts- oder Insolvenzrechts hinausgehen.[160] Satzungsmäßige Hauptaufgaben des Ligaverbandes sind die Durchführung des Spielbetriebs der 1. und 2. Bundesliga, die Vermarktung der beiden Ligen als jeweils Ganzes und die Lizenzerteilung an Clubs und Spieler.[161]

Mit der Ausgliederung des Ligaverbandes war auch eine Machtaufgabe des DFB verbunden. Diese zeigt sich nicht zuletzt daran, dass die Vertragsparteien DFB und Ligaverband bereits einige Jahre nach Vertragsschluss zu echten Verhandlungspartnern geworden sind.[162] In den Verhandlungen zwischen DFB und Ligaverband geht es insbesondere um die Geldflüsse zwischen den beiden Verbänden. Weiter fällt auf, dass sich der Hinweis auf eine „gemeinsame Wertschöpfung" und die Bezeichnung des Rechtsverhältnisses zwischen DFB und Ligaverband als „Pachtvertrag" aus der alten Fassung des Grundlagenvertrags in der aktuellen Version nicht mehr finden lassen.[163]

IV. Deutsche Fußball Liga GmbH (DFL)

„Die Deutsche Fußball Liga GmbH", mit Sitz in Frankfurt am Main, ist seitens des Ligaverbandes mit der Führung des operativen Geschäfts betraut worden.[164] Die DFL agiert als eine Geschäftsführungsgesellschaft des Ligaverbandes. Einziger Gesellschafter der GmbH ist nach der Präambel der „Satzung DFL Deutsche Fußball Liga GmbH" (DFL-Satzung) der Ligaverband. Es handelt sich bei der DFL also um ein hundertprozentiges Tochterunternehmen des Ligaverbandes.

Die Geschäftsführung der DFL hat die Aufgaben des Ligaverbandes zu erfüllen und die DFL zu einem Dienstleistungsunternehmen der Mitglieder fortzuentwickeln.[165] Organe der DFL sind die Geschäftsführer, der Aufsichtsrat[166] und

---

160 *Breucker/Wüterich*, in: Stopper/Lentze (Hrsg.), Handbuch Fußball-Recht, Kap. 8, Rn. 13.

161 § 16a DFB-Satzung.

162 So war in den Pressemeldungen vom 29.12.2008 zu den Ende 2008 aufgenommenen Verhandlungen zwischen DFB und DFL bzgl. des ab 01.07.2009 geltenden Grundlagenvertrages von „Säbelrasseln" die Rede. Ligaverbands-Präsident Reinhard Rauball sagte seinerzeit: „Trotz des ausgezeichneten Verhältnisses zwischen Liga und DFB wird es harte Verhandlungen geben.", vgl. Artikel „Neuer Grundlagenvertrag keine leichte Aufgabe" aus DER TAGESSPIEGEL vom 29.12.2008 (Quelle: Internet).

163 Dass der Sache nach immer noch ein Pachtvertrag vorliegt, folgt aus § 4 des Grundlagenvertrags, wo es heißt: „Die in § 16a Abs. 1 Nr. 1. bis Nr. 3. der DFB-Satzung dem Ligaverband zur Nutzung überlassenen Rechte werden für die Dauer dieses Vertrages verpachtet. (...)"

164 § 19 Nr. 1 Ligaverbands-Satzung; Präambel der DFL-Satzung.

165 § 19 Nr. 2 Ligaverbands-Satzung; § 2 DFL-Satzung.

166 Dieser besteht nach § 7 der DFL-Satzung aus dem Ligapräsidenten, dem ersten Vizepräsidenten des Ligaverbandes sowie aus vier vom Ligaverband benannten weiteren Mitgliedern.

die Gesellschafterversammlung.[167] Näheres ergibt sich aus den Regelungen in der DFL-Satzung und aus dem „Gesellschaftsvertrag Deutsche Fußball Liga".[168] Der Zusammenschluss der Ligaclubs im Ligaverband als Verein, der wiederum eine hundertprozentige Tochter-GmbH zur Durchführung der Liga gründet, hat gegenüber einer unmittelbaren Beteiligung der Clubs an dieser GmbH Vorteile. So ist beispielsweise der durch Auf- und Abstieg notwendige Gesellschafterwechsel in einem als Verein gegründeten Zusammenschluss einfacher durchzuführen. Außerdem kann der Ligaverband die Freiheiten der Vereinsautonomie und steuerliche Vorteile für sich geltend machen.[169]

D. Interessenvertretungen der Clubs

Der Beitrag der Clubs zur Ausbildung von Spielern sowie Trainern und das von den Clubs innerhalb des Wirtschaftskreislaufes getragene ökonomische Risiko, rechtfertigen einen gewissen Einfluss der Clubs auf solche Entscheide der FIFA und der Kontinentalverbände, die das Clubgeschäft direkt oder indirekt betreffen; dem versucht die FIFA durch einen regen Austausch mit Vertretern der Clubs Rechnung zu tragen.[170]

I. Clubfußballkommission

Im Jahr 2004 wurde die FIFA-Club-Arbeitsgruppe eingerichtet und 2008 gemäß Art. 34 Nr. 1 n) FIFA-Statuten zu einer Ständigen Kommission der FIFA aufgewertet. Seitdem ist sie unter dem Namen „Kommission für den Klubfußball" als permanente Institution der FIFA anerkannt.[171] Die Clubfußballkommission erörtert alle im Zusammenhang mit dem Clubfußball stehenden Fragen.

Der Clubfußballkommission gehören u. a. Vertreter von ausgewählten Clubs aus den jeweiligen Kontinentalverbänden, der ECA, der EFPL und der FIFPro an.[172]

II. Europäische Clubvereinigung (ECA)

Die einzelnen Clubs sind nicht direkte Mitglieder der Fachverbände und daher regelmäßig nicht in den Entscheidungsprozess über internationale Verbandsstatuten eingebunden.[173] Dies bedeutet allerdings nicht, dass deren Interessen unberücksichtigt bleiben. Eine Grundsatzvereinbarung regelt die Beziehungen der ECA als unabhängige Interessenvertretung zu FIFA und UEFA. Für die europäischen Clubs

---

167 § 4 ff. DFL-Satzung.
168 § 19 Nr. 5 Ligaverbands-Satzung.
169 Hierzu umfassend *Holzhäuser*, SpuRt 2004, S. 144, 147.
170 *Vollmüller*, in: Stopper/Lentze (Hrsg.), Handbuch Fußball-Recht, Kap. 9, Rn. 30.
171 *Vollmüller*, in: Stopper/Lentze (Hrsg.), Handbuch Fußball-Recht, Kap. 9, Rn. 31.
172 Vgl. zu den drei letztgenannten Vereinigungen die Folgenden Gliederungspunkte.
173 *Gerlinger*, in: Stopper/Lentze (Hrsg.), Handbuch Fußball-Recht, Kap. 12, Rn. 5.

wurden mit der Gründung der ECA die Rechte gegenüber der FIFA und der UEFA, insbesondere in Vermarktungsentscheidungen, gestärkt.[174]

Im Interesse der Clubs legt die ECA zum Beispiel die Berechnung und Zuteilung der Ausschüttungsbeiträge für die Bereitstellung der Spieler zu internationalen Spielen fest.[175] Die ECA ist selbst nicht Mitglied in der Verbandspyramide, sondern ein selbstständiger, von FIFA und UEFA anerkannter Verband, der in der FIFA Clubkommission, der UEFA Kommission für Clubwettbewerbe und dem Strategischen Beirat der UEFA an der Entscheidungsfindung beteiligt wird, ohne jedoch echte Mitentscheidungsrechte zu besitzen.[176]

III. Vereinigung der europäischen Ligen (EFPL)

Die Association European Professional Football League ist die Interessenvertretung der Ligen des europäischen Profifußballs, bestehend aus aktuell 21 Mitgliedsligen und 8 assoziierten Mitgliedern.[177]

Auch die EPFL ist weder unmittelbares Mitglied der Verbandspyramide noch mit Mitentscheidungsrechten ausgestattet,[178] sie ist jedoch zumindest im Strategischen Beirat und in der Clubkommission vertreten.

E. Interessenvertretung der Spieler (FIFPro)

Die Fédération Internationale des Footballeurs Professionels mit Sitz im niederländischen Hoofdorp ist die offizielle von FIFA und UEFA anerkannte weltweit organisierte Spielergewerkschaft für Profi-Fußballer. Die FIFPro setzt sich gemäß § 2 FIFPro-Statuten auf internationaler Ebene für die Interessen und Rechte von Berufsfußballspielern ein.[179] Gegenüber der FIFA genießt die FIFPro keinen rechtlichen Status und wird in den FIFA-Statuten nicht explizit erwähnt, allerdings hat sich zwischen beiden Organisationen ein regelmäßiger Austausch über die

174 Hieraus resultierten zwei Vereinbarungen mit der FIFA am 15.01.2008 und mit der UEFA am 21.08.2008; *Gerlinger*, in: Stopper/Lentze (Hrsg.), Handbuch Fußball-Recht, Kap. 12, Rn. 5.

175 *Stopper*, in: Stopper/Lentze (Hrsg.), Handbuch Fußball-Recht, Kap. 1, Rn. 37.

176 Die Mitglieder der ECA aus allen 53 Nationalverbänden der UEFA sind ähnlich wie beim Ligaverband, die Organisationseinheiten, die den jeweiligen Profifußball betreiben, also zu einem großen Teil Kapitalgesellschaften, vgl. *Gerlinger*, in: Stopper/Lentze (Hrsg.), Handbuch Fußball-Recht, Kap. 12, Rn. 5.

177 Vgl. die Webseite http://www.epfl-europeanleagues.com/member_leagues.htm; bei den assoziierten Mitgliedern handelt es sich beispielsweise um die Football League, die neben der Premier League als zusätzlicher englischer Vertreter aufgenommen worden ist.

178 *Stopper*, in: Stopper/Lentze (Hrsg.), Handbuch Fußball-Recht, Kap. 1, Rn. 38.

179 *Stopper*, in: Stopper/Lentze (Hrsg.), Handbuch Fußball-Recht, Kap. 1, Rn. 32.

Interessen und Belange der Spieler entwickelt[180], und die FIFPro ist Mitglied der Clubkommission.

2. Kapitel: Verbandsrecht

Wie zuvor dargestellt, sind die beiden, den globalen und den europäischen Fußball prägenden, Sportverbände FIFA und UEFA zivilrechtliche Gesellschaften, nämlich Vereine nach dem ZGB. Auch die deutschen Verbände, also der Ligaverband und der DFB, sind – ebenso wie die im Profifußball tätigen Vereine und Verbände – als zivilrechtliche Vereine im Sinne der §§ 21 ff. BGB organisiert. § 25 BGB bestimmt, dass die Verfassung eines rechtsfähigen Vereins durch die Vereinssatzung bestimmt wird, soweit sie nicht auf § 26 ff. BGB beruht. Die Verfassung ist die rechtliche Grundordnung des Vereins und enthält die das Vereinsleben bestimmenden Grundentscheidungen, also beispielsweise Bestimmungen über Namen, Zweck, Sitz, Mitgliedschaftserwerb, -verlust, -inhalt, Aufgaben und Arbeitsweise der Vereinsorgane und Beitragspflicht.[181] Auf der Grundlage dieser vereinsrechtlichen Vorgaben haben der DFB und seine Mitgliedsverbände ihr Verbandsleben im Rahmen von Satzungen und darauf aufbauenden Ordnungen geregelt.[182]

Festgelegt wird die Verfassung durch die zwingenden Normen des Vereinsrechts[183], die Satzung, und – soweit die Satzung keine abweichenden Regelungen getroffen hat – die dispositiven Vorschriften des BGB.[184] Bei der klassischen Vereinsmitgliedschaft erklärt sich der Sportler durch die Unterschrift beim Vereinsbeitritt mit der Geltung der Satzung, die das „Herzstück" des Vereins darstellt, einverstanden.[185]

Eine Satzung muss sämtliche für das Vereinsleben maßgebliche Grundsatzentscheidungen festlegen und diese inhaltlich hinreichend bestimmen sowie klar zum Ausdruck bringen.[186] Viele Vereine, vor allem größere Verbände, können die das Vereinsleben betreffenden Grundentscheidungen nicht in der Satzungsurkunde selbst festlegen, da dies zu unübersichtlich würde.[187] Sie greifen daher auf Nebenordnungen zurück, die die Grundentscheidungen der Vereinsatzung in Form von weiteren Verbandsnormen näher ausgestalten; die Bestimmtheit- und

180 *Vollmüller*, in: Stopper/Lentze (Hrsg.), Handbuch Fußball-Recht, Kap. 9, Rn. 35.
181 Palandt-*Ellenberger*, BGB, § 25, Rn. 1.
182 *Koch*, in: Stopper/Lentze (Hrsg.), Handbuch Fußball-Recht, Kap. 20, Rn. 3.
183 Das sind die in den §§ 26 ff. BGB enthaltenen Regelungen, die nicht in § 40 BGB für dispositiv erklärt werden, aber auch ungeschriebene Rechtsgrundsätze, wie der aus § 35 BGB abgeleitete Grundsatz der Gleichbehandlung der Mitglieder.
184 Palandt-*Ellenberger*, BGB, § 25, Rn. 1.
185 Schimke/Eilers, in: Horst/Nolte (Hrsg.), Handbuch SportR, S. 88.
186 BGHZ 47, S. 172, 177 = NJW 1967, S. 1268, 1269; Schimke/Eilers, in: Horst/Nolte (Hrsg.), Handbuch SportR, S. 88; *Reichert*, SpuRt 2008, S. 7.
187 *Reichert*, SpuRt 2008, S. 7.

Klarheitsanforderungen an die Satzung gelten auch für die Nebenordnungen zur Verbandssatzung.[188]

Nähere Ausgestaltungen, Erläuterungen und Konkretisierungen finden sich außerdem in Durchführungsbestimmungen und anderen nachrangigen Regelungen.[189] Alle Grundsatz- und Wertentscheidungen, die die Leitprinzipien des Vereinslebens festlegen, müssen hierbei jedoch in der Satzung oder einer Ordnung mit Satzungsqualität enthalten sein.[190]

A. Rechtsnatur der Verbandssatzung

Die Rechtsnatur der Verbandssatzung als zentrale Verbandsnorm ist umstritten.[191]

Die Vertragstheorie sieht die Satzung auch nach Entstehung der juristischen Person als Ausfluss privater Willensbetätigung und nicht als Rechtsnorm an,[192] während die Normentheorie der Satzung von Anfang an den Charakter einer Rechtsnorm zuerkennt.[193] Zwischen diesen beiden Ansichten liegt die modifizierte Normentheorie. Demnach ist die Satzung zunächst ein Vertrag, wird aber zur korporationsrechtlichen Verfassung und damit zur eigenständigen normativen Regelung des Vereinslebens, sobald der Verband ins Leben tritt.[194]

Der Normentheorie ist entgegenzuhalten, dass ein privatrechtlicher Verband kein allgemeingültiges Recht setzen kann.[195] So erkennen zwar die Gerichte die auf der Vereinsautonomie basierende Regelungskompetenz der Verbände an, messen diese aber in Konfliktfällen stets am Gesetzesrecht, beispielsweise wenn es um eine Überprüfung von Ordnungsmaßnahmen des Verbandes geht. Nach der Rechtsprechung des BGH unterliegen Ordnungsmaßnahmen von privatrechtlich organisierten Verbänden einer Überprüfung durch die ordentlichen Gerichte dahin, dass diese in den wirksamen Bestimmungen des verbandsinternen Regelwerks und im Gesetz eine Grundlage finden müssen.[196] Gegen die Vertragstheorie spricht, dass die Satzung einer Körperschaft nicht das Ergebnis von Verhandlungen zwi-

---

188 Schimke/Eilers, in: Horst/Nolte (Hrsg.), Handbuch SportR, S. 88.

189 *Koch*, in: Stopper/Lentze (Hrsg.), Handbuch Fußball-Recht, Kap. 20, Rn. 6.

190 *Koch*, in: Stopper/Lentze (Hrsg.), Handbuch Fußball-Recht, Kap. 20, Rn. 3 unter Verweis auf BGHZ 128, S. 93 ff. = NJW 1995, 583 ff.; *Reichert*, Handbuch Vereins- und Verbandsrecht, Rn. 470.

191 Reichert, Handbuch Vereins- und Verbandsrecht, Rn. 85; MüKo-Reuter, § 25, Rn. 17.

192 Vgl. hierzu *Hadding*, in FS Fischer S. 165, 195; BeckOK-*Schöpflin*, BGB, § 21, Rn. 40 m.w.N.

193 MüKo-*Reuter*, BGB, § 25, Rn. 18.

194 BGHZ 47, S. 172, 179 f. = NJW 1967, S. 1268, 1271; BGHZ 105, S. 306 ff. = NJW 1989, S. 1724, 1726; zust. Palandt-*Ellenberger*, BGB, § 25, Rn. 3; Stöber/Otto, Handbuch Vereinsrecht, Rn. 57.

195 *Reichert*, Handbuch Vereins- und Verbandsrecht, Rn. 87.

196 BGHZ 128, S. 93 ff. = NJW 1995, 583 ff.; OLG Köln, SpuRt 2009, S. 79, 80.

schen Individuen ist, die ihre Interessen im Wege eines Kompromisses miteinander koordinieren.[197]

Am ehesten gerecht wird den Verbandssatzungen die modifizierte Normentheorie, weil sie die beiden Elemente der rechtsgeschäftlichen Regelung und der normativen Wirkung berücksichtigt. Allerdings lässt sich die von der modifizierten Normentheorie vorgenommene Einteilung in die beiden Phasen vor und nach der Tätigkeitsaufnahme des Vereins kaum aufrechterhalten. Das Verbandsrecht der Sportverbände ist permanenten Weiterentwicklungen unterworfen, es entstehen demnach ständig neue Satzungen und Nebenordnungen hierzu. Diese Regelungen sind weder objektives Recht noch Vertrag, sondern eine eigene Ordnungsform des Privatrechts, in Form einer rechtsgeschäftlichen Normierung der Rechtsverhältnisse im Verband.[198]

Sie treffen abstrakt-generelle Verhaltens- oder Beschaffenheitsfestsetzungen, mit denen der Verband einseitig mögliche Interessen- und Wertungskonflikte mit Anspruch auf Verbindlichkeit in demjenigen Bereich regelt, für den er eine Kompetenz in Anspruch nimmt.[199]

B. Internationale Einheitlichkeit der Verbandsnormen

Ein Beitritt des Sportlers oder Clubs zu jedem einzelnen Verband, an dessen Wettbewerben er teilnehmen möchte, wäre nicht praktikabel. Andererseits muss sichergestellt sein, dass jeder Sportler bei internationalen Wettkämpfen die gleichen Regeln zu beachten hat wie bei nationalen. Die „Überleitungs-“ und „Übernahmeverpflichtungsbestimmungen“ in den Satzungen der Verbände bestimmen deshalb, dass die Satzung des übergeordneten Verbands in die Satzungen der untergeordneten Verbände oder Vereine zumindest sinngemäß übernommen werden müssen und diese wiederum die Übernahme für ihre Mitglieder verbindlich vorzuschreiben haben. Hierdurch wird gewährleistet, dass die von den internationalen Verbänden festgesetzten Spielregeln von der obersten Ebene bis hinunter zu jedem Landesverband möglichst einheitlich gelten und angewendet werden, obwohl die jeweils untere Stufe in der Regel nur Mitglied der jeweils höheren Organisation ist.[200]

3. Kapitel: Bindung der Lizenzclubs und -spieler an das Verbandsrecht

Von zentraler Bedeutung für die im Folgenden näher dargestellte Bindung von Clubs und Spielern im professionellen Fußball an den Ligaverband sind die Instrumente der Club- und der Spielerlizenzierung. Im deutschen Verbandsfußball hat die Einführung des Lizenzfußballs dazu geführt, dass die neu hinzukommenden

---

197 MüKo-*Reuter*, BGB, § 25, Rn. 18.

198 *Dieterich*, CaS 2004, S. 249, 253.

199 *Vieweg*, in: FS Werner, S. 278

200 *Jungheim*, RdA 2008, S. 222, 223; *Pfister*, in: FS Lorenz, S. 173 f.

Lizenzfußballspieler und Lizenzfußballclubs nicht automatisch den Satzungen und den Nebenordnungen aller Verbände unterfallen, sondern dass sie die entsprechenden Regelungen in einem Lizenzvertrag anerkennen. Zumindest für die Regelwerke im Bereich des Lizenzfußballs und im Verhältnis zwischen Lizenzspieler oder -club und Verband gilt daher, dass diese zwar einen normativen Charakter haben, aber die Bindung der Clubs und Spieler erst durch eine rechtsgeschäftliche Verpflichtung begründet wird.

A. Normativer Charakter der nationalen Lizenzregelwerke

Geregelt ist die Clublizenzierung in der Lizenzierungsordnung (LO), die Spielerlizenzierung in der Lizenzordnung Spieler (LOS). Hierbei handelt es sich um sog. Verbandsnebenordnungen zur eigentlichen Satzung des Ligaverbandes. Vereinsrechtlich ist anerkannt, dass ein Verband im Rahmen seiner Regelungshoheit auch außerhalb bzw. unterhalb der Satzung abstrakt-generelle Regelungen für eine Vielzahl wiederkehrender Fälle treffen kann.[201]

Satzungsqualität müssen zumindest solche Verbandsregelungen haben, die „Grundentscheidungen“ des Verbandslebens betreffen.[202] LO und LOS beinhalten Bestimmungen, die derartige Grundentscheidungen treffen und damit die „Verfassung“ des Ligaverbandes berühren. Sie bedürfen nach dem Satzungsvorbehalt einer Regelung in der Satzung des Ligaverbandes.[203] Dies erfolgt im Regelfall, indem die Verbandsnebenordnungen in der Verbandssatzung zum Satzungsbestandteil erklärt werden und damit für die korporativen Mitglieder des Sportverbandes Geltung erlangen, was wiederum für ihre Verbindlichkeit zwingend erforderlich ist.[204] § 4 c) und d) der Satzung des Ligaverbandes definieren die Lizenzerteilung als zentrale Aufgabe des Ligaverbandes. § 5 Nr. 1 a) ordnet den Erlass von LOS und LO ausdrücklich dem Zuständigkeitsbereich des Ligaverbandes zu und § 5 Nr. 5 erklärt diese Statuten und Ordnungen für verbindlich. Die Präambel der LOS wiederum nimmt auf § 4 Nr. 1 d) der Satzung des Ligaverbandes Bezug.[205] Hieraus können die Spieler und Clubs ersehen, dass der Ligaverband die Lizenzerteilung vornimmt und hierzu die Regelwerke erlässt. Diese sind somit als Verbandsnebenordnungen und verbindliche Satzungsbestandteile anzusehen. Die rechtliche Verbindlichkeit der Lizenzordnungen ergibt sich außerdem aus den Lizenzverträgen mit Clubs und Spielern. Auf das lizenzvertraglich begründete Verhältnis findet der

201 *Holzhäuser*, in: Stopper/Lentze (Hrsg.), Handbuch Fußball-Recht, Kap. 16, Rn. 40 unter Verweis auf *Reichert*, Handbuch Vereinsrecht, Rn. 431, 463 ff.
202 BGHZ 105, S. 306, 314 = NJW 1989, S. 1724, 1725; BGHZ 47, S. 172, 177 f. = NJW 1967, 1268; BGHZ 88, S. 314, 316 = NJW 1984, 1355.
203 *Holzhäuser*, in: Stopper/Lentze (Hrsg.), Handbuch Fußball-Recht, Kap. 16, Rn. 40.
204 *Reichert*, SpuRt 2003, S. 3, 4.
205 Vgl. LOS-Präambel (S. 1)

Satzungsvorbehalt keine Anwendung; die Lizenzordnungen erlangen daher vor allem infolge der Unterwerfung im Lizenzvertrag Geltung.[206]

B. Clublizenz

Nach den einschlägigen Bestimmungen der Art. 9-18 FIFA-Statuten genießen Clubs keinen unmittelbaren Mitgliedsstatus in der FIFA und haben damit grundsätzlich keine Mitgliedsrechte oder -pflichten; das Rechtsverhältnis zwischen Clubs und der FIFA ergibt sich jedoch über eine Kette von Verpflichtungen und Kompetenzzuweisungen aus den jeweiligen Mitgliedschaftsverhältnissen der Mitgliedsverbände, ihrer Mitglieder und der sich diesen Bestimmungen unterwerfenden Ligen.[207] Ausgangspunkt für die Verpflichtung deutscher Fußballclubs sind die FIFA-Statuten sowie deren Ausführungsbestimmungen und die weiteren Entscheidungen der Organe der FIFA, denen sich der DFB als FIFA-Mitglied in § 3 DFB-Satzung unterwirft. Der deutsche Ligaverband wiederum ist gemäß § 3 Nr. 1 Ligaverbands-Satzung ordentliches Mitglied des DFB. Gemäß § 3 Nr. 3 erkennt er den verbindlichen Charakter der FIFA-Bestimmungen sowohl für den Ligaverband selbst als auch für seine Mitglieder an.[208]

Die Regelwerke der DFL, des DFB und des Ligaverbandes sind privatautonome Statuten, die als solche lediglich Bindungswirkung für diejenigen entfalten, die sich hiermit einverstanden erklären, sich mithin diesen Regeln der Verbände „unterwerfen".[209] Für Clubs wird die Bindung und teilweise Unterwerfung durch eine Clublizenzierung erreicht. Hierunter versteht man die Erlaubniserteilung zur Teilnahme von Clubs an bestimmten Wettbewerben nach Durchführung eines Lizenzierungsverfahrens, in dem vom Verband aufgestellte und unabhängig von mitgliedschaftlichen Bindungen geltende Voraussetzungen geprüft werden.[210]

Aus rechtlicher Sicht handelt es sich bei der Clublizenz um eine vertragliche Vereinbarung, mit der eine verbindliche Rechtsgrundlage für die Teilnahme am organisierten Sport geschaffen wird.[211] Insbesondere sorgt die Clublizenz für eine zahlenmäßige Begrenzung der Teilnehmer auf den Kreis der Lizenznehmer.[212]

Im juristischen Sprachgebrauch wird mit Lizenz meist die von dem Inhaber eines nicht-körperlichen, geistigen Gutes einem Dritten eingeräumte Befugnis bezeichnet, ein Immaterialgut in Bezug auf einzelne oder alle möglichen Arten zu

206 *Holzhäuser*, in: Stopper/Lentze (Hrsg.), Handbuch Fußball-Recht, Kap. 16, Rn. 40.
207 *Vollmüller*, in: Stopper/Lentze (Hrsg.), Handbuch Fußball-Recht, Kap. 9, Rn. 26.
208 Bei Verstößen durch die Clubs nimmt die FIFA nach Art. 62 FIFA-Statuten auch diesen gegenüber für sich eine Sanktionsgewalt in Anspruch.
209 *Holzhäuser*, in: Stopper/Lentze (Hrsg.), Handbuch Fußball-Recht, Kap. 16, Rn. 3.
210 *Schimke/Eilers*, in: Horst/Nolte (Hrsg.), Handbuch SportR, S. 95.
211 *Holzhäuser*, in: Stopper/Lentze (Hrsg.), Handbuch Fußball-Recht, Kap. 16, Rn. 2.
212 *Reichert*, SpuRt 2003, S. 3.

nutzen oder zu verwerten.[213] Hintergrund der Lizenz-Konstruktion als Instrument der Bindung des Lizenznehmers an das Recht des Lizenzgebers ist der Umstand, dass es nach überwiegender Auffassung in Deutschland keine vorrangig zu beachtende Rechtsordnung des Sports gibt[214] und Mitgliedschaftsmodelle nur begrenzt funktionieren. Dies gilt umso mehr in Anbetracht des Umstandes, dass seit der Ausgliederung des Ligaverbandes die Lizenzclubs nicht mehr außerordentliche Mitglieder des DFB sind.[215] Zudem hat die Begründung der Verbindlichkeit von Verbandsregeln durch eine Lizenz den Vorteil, dass in einem Lizenzvertrag die dynamische Verweisung auf Ordnungen und Richtlinien „in der jeweils geltenden Fassung" zulässigerweise vereinbart werden kann.[216] Die Erteilung von Lizenzen im hängt außerdem mit der Kommerzialisierung des Fußballs zusammen. Die Erzielung von Millioneneinahmen durch Mitglieder lässt sich kaum mit der gemeinnützigen Prägung eines als Verein organisierten Sportverbandes vereinbaren.

I. Lizenzerteilung

Eine Teilnahme des Fußballclubs an den Spielen einer Lizenzliga im Ligaverband setzt gemäß der Präambel und § 1 Nr. 2, S. 1 LO den Abschluss eines Lizenzvertrages des Clubs mit dem Ligaverband voraus. Jeder Club, der an einem UEFA-Clubwettbewerb, also insbesondere Champions League und Europa League, teilnehmen möchte, benötigt zudem die UEFA-Clublizenz nach dem UEFA-Reglement zur Clublizenzierung und zum finanziellen Fairplay. Die Mindestanforderungen zur Clublizenzierung hat der Ligaverband gemäß den Vorgaben in Art. 5 Nr. 3 des UEFA-Reglements in seine Satzungen, insbesondere die LO, und in den mit dem Bewerber abzuschließenden Lizenzvertrag aufgenommen und umgesetzt.

Mit der Lizenzerteilung durch den Ligaverband erwirbt der Bewerber daher grundsätzlich gemäß der Präambel der LO auch die Berechtigung zur Teilnahme an den UEFA-Clubwettbewerben, sofern er für diese qualifiziert ist.

1. Lizenz des Ligaverbandes

Die Erteilung der beantragten Lizenz erfolgt durch den jeweiligen Verband nach Erfüllung der in der Lizenzierungsordnung und dem Ligastatut genannten Voraussetzungen. Die Lizenz der Fußball-Bundesligisten ist nach § 1 Nr. 1 LO die

---

213 Vgl. *Ingerl/Rohnke*, MarkenG, § 30, Rn. 6; *Schulze,* in: Dreier/Schulze, UrhG, § 31, Rn. 4.

214 OLG Frankfurt a. M., SpuRt 2001, S. 159, 161; *Jungheim*, RdA 2008, S. 222; *Buchner*, NJW 1976, S. 2242, 2243; *Adolphsen*, SchiedsVZ 2004, S. 169, 174.

215 Die Stellung als Mitglied hat lediglich noch der Ligaverband insgesamt inne.

216 *Schimke/Eilers*, in: Horst/Nolte (Hrsg.), Handbuch SportR, S. 95; Die rechtliche Anerkennung dynamischer Satzungsverweisungen ist höchstrichterlich nicht abschließend geklärt. Ihre Beibehaltung ist aber aus Sicht des organisierten Sports unumgänglich, da Alternativen sich kaum umsetzen ließen, vgl. *Koch*, in: Stopper/Lentze (Hrsg.), Handbuch Fußball-Recht, Kap. 20, Rn. 4.

höchstpersönliche und nicht übertragbare Berechtigung des Lizenznehmers zur Nutzung der Vereinseinrichtungen 1. oder 2. Bundesliga.[217] Lizenzclubs können gemäß der Präambel der LO Vereine und Kapitalgesellschaften sein oder werden.[218]

Eine Umstrukturierung der Vereine erfolgt in der Regel durch eine Ausgliederung der Lizenzspielerabteilung nach §§ 123 ff. UmwG. Als Rechtsform der neuen Tochtergesellschaft wird die Gesellschaft mit beschränkter Haftung, die Aktiengesellschaft, die Kommanditgesellschaft auf Aktien oder ein kombiniertes Gebilde gewählt.[219] Durch die Ausgliederung des wirtschaftlichen Geschäftsbetriebs wird einer Rechtsformverfehlung entgegengewirkt und das Bestehen des Muttervereins als „e. V." sichergestellt.[220] In der Saison 2013/2014 befinden sich unter den Lizenzclubs der 1. Bundesliga nur noch sechs eingetragene Vereine.[221] Daneben sind sechs Clubs in der Form der GmbH & Co. KGaA organisiert,[222] vier Clubs als Gesellschaften mit beschränkter Haftung,[223] und zwei als reine Aktiengesellschaften[224].

Vor der Lizenzerteilung führt der Ligaverband das in der LO geregelte Lizenzierungsverfahren durch.[225] Nur einem wirtschaftlich leistungsfähigen Club mit solider Finanzierung werden die wirtschaftliche Selbstständigkeit und Leistungsfähigkeit

---

217 Vgl. auch den fast inhaltsgleichen § 10 Nr. 1 Ligaverbands-Satzung; § 1 Nr. 1 LO; Im FIFA-Clublizenzierungsreglement ist die Lizenz als „Bescheinigung, die die Erfüllung aller zwingenden Mindestanforderungen durch den Lizenznehmer bestätigt und diesen zur Teilnahme am Zulassungsverfahren für die Klubwettbewerbe seiner Konföderation berechtigt" definiert.

218 Ermöglicht wurde die Zulassung von Kapitalgesellschaften zum ehemals nur von Vereinen betriebenen Lizenzfußball durch das am 24.10.1998 beschlossene „Eckwertepapier".

219 *Zeuner/Nauen*, NZI 2009, S. 213 ff.

220 *Küting/Strauß*, DB 2010, S. 793, 795; die Frage, ob der ausgelagerte wirtschaftliche Geschäftsbereich trotzdem weiterhin dem Mutterverein zuzurechnen ist, hat der BGH in seinem. „ADAC-Urteil" (BGHZ 85, S. 84 = NJW 1983, S. 569) verneint.

221 1. FC Nürnberg, FSV Mainz 05, SC Freiburg, Hamburger SV, FC Gelsenkirchen-Schalke 04 und VfB Stuttgart e.V.

222 Werder Bremen, FC Augsburg 1907, Borussia Dortmund, Hannover 96, Hertha BSC Berlin und Eintracht Braunschweig GmbH & Co. KGaA.

223 TSG 1899 Hoffenheim Fußball-Spielbetriebs, Bayer 04 Leverkusen Fußball, Borussia VfL 1900 Mönchengladbach und VfL Wolfsburg-Fußball GmbH.

224 Eintracht Frankfurt Fußball und FC Bayern München AG.

225 Dieses soll nach welches gemäß der Präambel den folgenden Zwecken dienen:
1. Sicherung, Planbarkeit und Durchführung des Liga-Spielbetriebs,
2. Gewährleistung der Stabilität sowie Leistungs- und Konkurrenzfähigkeit der Lizenznehmer auch für andere nationale und internationale Wettbewerbe,
3. Erhöhung der Integrität, Verlässlichkeit und Glaubwürdigkeit des Wettbewerbs,
4. Förderung der Management- und Finanzstrukturen,
5. Förderung und Sicherung von öffentlichem Image und Vermarktungsmöglichkeiten der Liga.

zuerkannt. Diese wirtschaftliche Stabilität soll den Club vor zu starken externen Einflüssen schützen und das Entstehen einer Abhängigkeit von privaten Geldgebern verhindern.[226] Kritisch wird es beispielsweise gesehen, wenn ein Club entsprechend den für alle Sportligen charakteristischen Überinvestitionstendenzen im Streben nach sportlichem Erfolg insgesamt zu viel Geld für Spielergehälter sowie Transferentschädigungen ausgibt und sich so einen Wettbewerbsvorteil gegenüber maßvoll wirtschaftenden Clubs verschafft.[227]

Die DFL soll in die Lage versetzt werden, die Abhängigkeitsverhältnisse und Interessenlagen der Clubs sachgerecht einzuschätzen und eine mögliche Einflussnahme von Dritten auf den Ausgang der sportlichen Wettbewerbe oder sonstige Gefährdungen des Fairplay-Gedankens sowie des Ansehens der Liga weitgehend auszuschließen.[228]

Der Lizenzvertrag regelt die Zulassung, die verbindliche Unterwerfung unter Satzung, Statut, Ordnungen, Richtlinien und Durchführungsbestimmungen des Ligaverbandes und des DFB sowie unter Entscheidungen der Organe des Ligaverbandes, der DFL Deutsche Fußball Liga GmbH und des DFB für die Dauer eines Spieljahres.[229] Die Voraussetzungen für eine Lizenzerteilung sind in § 2 LO geregelt. Erforderlich ist demnach eine schriftliche Bewerbung in der durch § 2 Nr. 1 lit. a) vorgegebenen Form, außerdem die Erfüllung sportlicher, rechtlicher, personeller sowie administrativer, infrastruktureller, sicherheitstechnischer, medientechnischer und finanzieller Kriterien.[230]

Ferner muss der Bewerber nach § 2 Nr. 1 lit. h) LO die schriftliche Erklärung abgeben, dass er über alle Aktivitäten im Zusammenhang mit der Teilnahme an den Fußballwettbewerben und den Lizenzierungsanforderungen, die maßgebliche Kontrolle ausübt.

Die Lizenz kann nach § 10 Nr. 2 LO a) bis e) unter bestimmten Voraussetzungen entzogen oder verweigert werden. Dies ist zum Beispiel möglich, wenn Clubs und mit diesen verbundene Unternehmen durch Missbrauch der Gestaltungsmöglichkeiten den ordnungsgemäßen Ablauf des Spielbetriebes gefährden, wenn sie wesentliche in den Bestimmungen des Ligaverbandes getroffene Wertentscheidungen umgehen oder auch wenn ein Club in vertraglicher Beziehung zu einem Unternehmen steht, das auch zu anderen Clubs vertragliche Beziehungen unterhält, und durch Einflussnahme dieses Unternehmens der ordnungsgemäße Ablauf des Spielbetriebs gefährdet ist.[231] Liegen die Voraussetzungen der Statuten vorhat der Club

---

226 *Holzhäuser*, in: Stopper/Lentze (Hrsg.), Handbuch Fußball-Recht, Kap. 16, Rn. 21.

227 *Holzhäuser*, in: Stopper/Lentze (Hrsg.), Handbuch Fußball-Recht, Kap. 16, Rn. 4.

228 *Holzhäuser*, in: Stopper/Lentze (Hrsg.), Handbuch Fußball-Recht, Kap. 16, Rn. 23, vgl. zu der Bewertung von Transferinvestments im Lizenzierungsverfahren FÜNFTER TEIL, D.I.

229 § 1 N. 3 f. LO.

230 Diese Kriterien finden sich in § 2 Nr. 1 lit. a) bis g) LO sowie §§ 3 bis 8 LO.

231 Konzerne und die ihnen angeschlossenen Unternehmen gelten hierbei als ein Unternehmen, vgl. § 10 Nr. 2 lit. e), S. 1, 2 LO.

einen Anspruch auf Erteilung der Lizenz.[232] Der Verband kann allerdings gemäß § 2 Nr. 3 LO die Lizenz unter Auflagen erteilen. Ein Grund für die besondere Regelungstiefe in der Vereinslizenzierung ist die wechselseitige Verantwortung aller Ligabeteiligten füreinander; die Liga ist ein Verbundsystem, das nur in der Gemeinschaft funktioniert.[233] Während bei den Individuallizenzen das vertikale Verhältnis zum Lizenzgeber im Vordergrund steht, kommt bei der Vereinslizenzierung eine starke horizontale Abhängigkeit der Lizenznehmer untereinander hinzu.[234]

2. UEFA-Clublizenz

Das Exekutivkomitee der UEFA hat ein europaweites Lizenzierungsverfahren eingeführt, dessen Einzelheiten im *Reglement zur Clublizenzierung und zum finanziellen Fairplay (Ausgabe 2012)*[235] sowie in einem Standard für den nationalen Lizenzgeber geregelt sind.[236]

Lizenzgeber sind hierbei die UEFA-Mitgliedsverbände.[237] Das UEFA-Reglement legt die Rechte, Pflichten und Zuständigkeiten aller am UEFA-Clublizenzierungsverfahren beteiligten Parteien fest.[238] Außerdem bestimmt das UEFA-Reglement die Rechte, Pflichten und Zuständigkeiten aller am UEFA-Club-Monitoring-Verfahren beteiligten Parteien zur Erreichung des „Financial Fair Play".[239] Alle Lizenznehmer, die sich für einen UEFA-Clubwettbewerb qualifiziert haben, müssen grundsätzlich[240] die Monitoring-Vorschriften, d.h. die Break-even-Vorschriften (Art. 58 bis 63) und die sonstigen Monitoring-Vorschriften (Art. 64 bis 68) einhalten. Die Break-even-Vorschriften, sollen sicherstellen[241], dass Clubs im

232 Allerdings steht dem Verband bei der Wirtschaftlichkeitsprognose ein Ermessensspielraum zu, vgl. *Zeuner/Nauen*, NZI 2009, S. 213 f.

233 *Holzhäuser*, in: Stopper/Lentze (Hrsg.), Handbuch Fußball-Recht, Kap. 16, Rn. 14.

234 *Holzhäuser*, in: Stopper/Lentze (Hrsg.), Handbuch Fußball-Recht, Kap. 16, Rn. 15.

235 Quelle: http://www.uefa.com.

236 Im UEFA-Handbuch zum Lizenzierungsverfahren sind Anforderungen an die jeweiligen Nationalverbände, die Fußballigen und ihre Clubs niedergelegt, die jeder Verband in einem eigenständigen Lizenzierungsverfahren umsetzen muss, vgl. *Galli*, SpuRt 2003, S. 177.

237 Art. 5 Abs. 1 UEFA Reglement.

238 Art. 1 Abs. 2 UEFA-Reglement.

239 Art. 1 Abs. 2 UEFA-Reglement.

240 Ausnahmen sind normiert in Art. 58 Abs. 2 UEFA-Reglement.

241 Vgl. Art. 2 Abs. 2 UEFA-Reglement: „Das Reglement soll außerdem die Erreichung eines finanziellen Fairplays in den UEFA-Clubwettbewerben bezwecken und insbesondere:
a) die wirtschaftliche und finanzielle Leistungsfähigkeit der Clubs verbessern sowie ihre Transparenz und Glaubwürdigkeit erhöhen;
b) für eine angemessene Berücksichtigung des Gläubigerschutzes sorgen [...];
c) für mehr Disziplin und Rationalität im finanziellen Bereich des Clubfussballs sorgen;
d) Clubs dazu bringen, im Rahmen ihrer eigenen Einnahmen zu wirtschaften;

europäischen Clubfußball künftig nicht mehr Aufwendungen produzieren, als sie durch selbst erwirtschaftete Einnahmen[242] mit ihrem Kerngeschäft finanzieren können.[243] Die Vorgaben und Kriterien der UEFA hat der Ligaverband in seine Satzung, die Satzung der DFL Deutsche Fußball Liga GmbH und das Ligastatut, insbesondere in die Lizenzierungsordnung und die dazugehörigen Anhänge, sowie in den mit dem Bewerber abzuschließenden Lizenzvertrag aufgenommen und umgesetzt.[244]

II. Rechtliche Bewertung der Clublizenz

Bei der rechtlichen Einordnung der Clublizenz kommen verschiedene Lösungen in Betracht. So könnte es sich bei der Lizenz um einen Vereinsverwaltungsakt handeln, sie könnte aber auch als Verbandsmitgliedschaft, Gebrauchsüberlassung, sonstiges schuldrechtliches Rechtsverhältnis oder Gesellschaftsvertrag zu bewerten sein.

1. „Vereinsverwaltungsakt"

Soweit die Entscheidungen der Verbände die Interessen von Mitgliedsverbänden bzw. -vereinen und Sportlern berühren, tritt der Verband diesen in einem Überordnungsverhältnis gegenüber; einseitig in Ausübung der Verbandsgewalt erlassene Maßnahmen lassen sich als Vereinsverwaltungsakte bezeichnen.[245]

Trotz ihrer Bezeichnung und der für den Betroffenen belastenden Wirkung handelt es sich jedoch bei Vereinsverwaltungsakten, wie etwa der Erteilung einer Clublizenz, um privatrechtliches Handeln.[246] Alle Vereinsverwaltungsakte sind Entscheidungen auf der Grundlage von § 315 BGB, die in Ausübung einer auf die Satzung zurückgehenden Handlungsermächtigung nach billigem Ermessen getroffen werden und ihre verfassungsmäßige Rechtfertigung letztlich in Art. 9 Abs. 1 GG finden.[247]

---

e) verantwortungsvolle Ausgaben für den langfristigen Nutzen des Fussballs fördern;
f) die Lebensfähigkeit und Nachhaltigkeit des europäischen Clubfussballs langfristig schützen.",

242 Relevante Einnahmen werden in Art. 58 Abs. 1 UEFA-Reglement definiert als „Einnahmen aus Eintrittsgeldern, Übertragungsrechten, Sponsoring und Werbung sowie kommerziellen Aktivitäten, dazu sonstige betriebliche Erträge plus entweder Gewinne aus der Veräußerung von Spielerregistrierungen oder Erträge aus der Veräußerung von Spielerregistrierungen, Gewinne aus der Veräußerung von Sachanlagen und Finanzerträge. Nicht enthalten sind nicht monetäre Posten oder gewisse Erträge aus nicht fußballerischen Tätigkeiten.

243 *Kirsch/Weber*, DStR 2012, 1716; *Galli*, SpuRt 2010, S. 182, 185.

244 Vgl. Präambel der LO Abs. 6.

245 *Koch*, in: Stopper/Lentze (Hrsg.), Handbuch Fußball-Recht, Kap. 20, Rn. 9; so bereits Schlosser, MDR 1967, S. 884 ff.

246 *Koch*, in: Stopper/Lentze (Hrsg.), Handbuch Fußball-Recht, Kap. 20, Rn. 9.

247 *Koch*, in: Stopper/Lentze (Hrsg.), Handbuch Fußball-Recht, Kap. 20, Rn. 9.

2. Verbandsmitgliedschaft

Nach § 2 des (Muster-)Lizenzvertrages zwischen Club und Ligaverband erwirbt der als „Teilnehmer“ bezeichnete Club mit der vertraglich eingeräumten Lizenz die ordentliche Mitgliedschaft im Ligaverband; die Lizenz hat im Hinblick auf den Ligaverband also auch mitgliedschaftsbegründende Funktion.[248] §§ 7 und 8 Nr. 1 Ligaverbands-Satzung bestimmen, dass die Mitgliedschaft in ihrem Bestand der Lizenz folgt.[249] Der Lizenzvertrag stellt insofern auch einen Beitrittsvertrag dar,[250] die Regelungs- und Ordnungsgewalt des Ligaverbandes den Clubs gegenüber ist insofern bereits durch die Mitgliedschaft gesichert.[251] Die Clubs, die letztlich an den Ligen teilnehmen sollen, werden durch den Erwerb der Lizenz aber keine unmittelbaren Mitglieder im DFB. Die Mitgliedschaft im Ligaverband, der wiederum Mitglied im DFB ist, verschafft dem Club allenfalls die Stellung eines mittelbaren Mitglieds und noch kein Recht auf Teilnahme an den Ligen,[252] dieses ergibt sich erst aus dem Lizenzvertrag.

Da insofern erst der Lizenzvertrag für den jeweiligen Club die für die Teilnahme am Lizenzfußball erforderliche Einräumung von vereinsrechtlichen Vorteils- und Genussrechten im Gegenzug für diese Unterwerfung unter das für den Spiel- und Wettkampfbetrieb maßgebende Verbandsregelwerk darstellt,[253] überlagert das schuldrechtliche Element das korporationsrechtliche.[254]

Hierfür spricht auch, dass die Clublizenz automatisch nach einem Jahr erlischt, während die herkömmliche Vereinsmitgliedschaft nach § 39 BGB grundsätzlich erst durch den Austritt des Mitglieds, einen Vereinsausschluss[255] oder den Verlust bestimmter persönlicher Eigenschaften endet.[256]

3. Gebrauchsüberlassung oder Rechtspacht

Clublizenzverträge sind nicht als Fälle der Gebrauchsüberlassungsvereinbarungen anzusehen. Die prägenden Leistungsinhalte sind anders geartet. Ein Lizenzclub ist nicht nur zur Ausübung der durch den Vertrag vermittelten Teilnahmerechte berechtigt, sondern im Interesse aller übrigen „Lizenznehmer“ hierzu auch verpflichtet.[257] Von einem Miet- oder Pachtverhältnis unterscheidet sich die Clublizenz

---

248 *Rang*, in: Perspektiven des Sportrechts, S. 255 f.; *Reichert*, SpuRt 2003, S. 3, 4.

249 Sie erlischt nach § 8 Nr. 4 Ligaverbands-Satzung (u.a.) mit Ablauf des Jahres, für das die Lizenz erteilt worden ist.

250 *H. P. Westermann*, JA 1984, S. 394, 396; *Holzhäuser*, SpuRt 2004, S. 144, 145.

251 *Holzhäuser*, in: Stopper/Lentze (Hrsg.), Handbuch Fußball-Recht, Kap. 16, Rn. 4.

252 *Holzhäuser*, in: Stopper/Lentze (Hrsg.), Handbuch Fußball-Recht, Kap. 16, Rn. 9.

253 *Haas*, NZI 2003, S. 177, 182.

254 *Rang*, in: Perspektiven des Sportrechts, S. 256.

255 Palandt-*Ellenberger*, BGB, § 25, Rn. 27.

256 Palandt-*Ellenberger*, BGB, § 38, Rn. 5.

257 Gemäß § 11 Ligaverbands-Satzung sind die Mitglieder des Ligaverbandes verpflichtet, auf nationaler Ebene an den Meisterschaftsspielen der Lizenzligen, an

zudem dadurch, dass die durch diesen Vertrag vermittelte Teilnahmeberechtigung nicht ohne Einwirkungsbefugnisse des Verbands genutzt werden kann.[258]

4. Sonstiges schuldrechtliches Austauschverhältnis

Die Clublizenzverträge sind auch nicht als sonstiges schuldrechtliches Austauschverhältnis zu bewerten. Zwar erstreben die Lizenznehmer eine Einräumung des Teilnahmerechts an einer der Bundesligen, die im Gegenzug für die Regelanerkennung und die Erfüllung bestimmter (wirtschaftlicher) Kriterien erfolgt.

Kennzeichnend für Lizenzverträge im Sport ist aber insbesondere eine im Spiel- und Wettkampfbetrieb zum Ausdruck kommende gemeinsame Zweckverfolgung der verschiedenen Beteiligten.[259] Die Annahme, Sportverband und Club stünden sich wie bei einem schuldrechtlichen Austauschverhältnis gegenüber, trifft daher das Wesen dieser Vereinbarungen nicht.[260]

5. Gesellschaftsvertrag

Eine Nähe der Clublizenz zum Gesellschaftsrecht ergibt sich daraus, dass die Lizenz nicht auf einen reinen Austausch von Leistungen gerichtet ist, sondern sich eine aus der Eigenschaft der Liga als Verbundsystem ergebende gemeinsame Zweckverfolgung feststellen lässt: Allen Teilnehmern liegt daran, einen Mehrwert des Produkts Bundesliga zu erzielen, der nur gemeinsam erreicht werden kann.[261] Weiteres Argument für eine Nähe des Lizenzvertrages zum Gesellschaftsrecht ist dessen Organisationscharakter, wobei andererseits gegen eine gesellschaftsrechtliche Einordnung spricht, dass die Clublizenz keine organschaftlichen Mitwirkungsrechte verleiht.[262] Obwohl die Teilnehmer auf der Grundlage inhaltlich gleicher Verträge mit dem Verband den gemeinsamen Zweck der Herstellung des Produkts „Ligasport“ verfolgen, liegt zwischen den Lizenznehmern damit letztendlich kein Gesellschaftsvertrag vor. Die Organisation durch die Sportverbände sorgt dafür, dass gerade keine Vereinbarung zwischen den Beteiligten der Liga im Hinblick auf die Erreichung dieses gemeinsamen Zwecks erforderlich ist.[263]

6. Ergebnis

Der Clublizenzvertrag lässt sich weder allein dem Vereinsrecht noch allein dem Schuldrecht zuordnen, sondern ist vielmehr ein befristeter, durch die Erfüllung sportlicher und wirtschaftlicher Kriterien bedingter, typengemischter Teilnahme-,

---

den Wettbewerben um den Liga-Pokal und den DFB-Vereinspokal sowie an anderen vom Ligaverband veranstalteten Wettbewerben teilzunehmen.

258 *Haas*, NZI 2003, S. 177, 183.
259 *Haas*, NZI 2003, S. 177, 182.
260 So aber - beiläufig - BGH, NJW-RR 2001, S. 1552.
261 *Holzhäuser*, in: Stopper/Lentze (Hrsg.), Handbuch Fußball-Recht, Kap. 16, Rn. 29 f.
262 *Holzhäuser*, in: Stopper/Lentze (Hrsg.), Handbuch Fußball-Recht, Kap. 16, Rn. 31.
263 *Pfister*, SpuRt 2002, S. 45, 46.

Regelanerkennungs-, Unterwerfungs- und Beitrittsvertrag mit einer gesellschaftsrechtlichen Prägung.

C. Spielerlizenz

Nach Art. 2 Nr. 1 des „FIFA Reglement über den Status und Transfer von Spielern" gibt es im organisierten FußballAmateure und Berufsfußballspieler[264]. Der einzelne Spieler ist aber weder Mitglied der FIFA noch wird er in den FIFA-Regelwerken direkt als Träger von Rechten und Pflichten adressiert.

Sportler können durch die Einzelmitgliedschaft in ihrem Verein gleichzeitig die Mitgliedschaft im übergeordneten Dachverband erwerben. Dies kommt jedoch in der Praxis kaum vor, weil Vereinsverbände aus steuerlichen Gründen – wegen einer Gefährdung der Gemeinnützigkeit – natürlichen Personen keine Mitgliedschaft gewähren.[265] Weiterhin ist eine Bindung des Sportlers im Wege der satzungsmäßigen Begründung einer sog. mittelbaren Mitgliedschaft denkbar, also indem der Verein das Recht der übergeordneten Verbände als für die Mitglieder verbindlich erklärt. Auch dieses Modell ist nicht praktikabel, weil die notwendige Beschlussfassung auf allen Ebenen kaum gewährleistet werden kann und mangels einer Zulässigkeit dynamischer Verweisungen[266] die Satzung des Mitgliedsvereins nach jeder Änderung des Verbandsrechts ebenfalls geändert werden müsste.[267] Daher haben sich DFB und Ligaverband für die Spieler der Bundesliga zugunsten einer Lizenzierungslösung entschieden. In § 8 SpielO unterscheidet der DFB zwischen Amateuren, Vertragsspielern und Lizenzspielern.[268] Seit der Einführung des Bundesliga-Statuts sind die Lizenzspieler in der Bundesliga keine Vereinsmitglieder mehr. Ihre Bindung an den Club ergibt sich aus dem mit diesem abgeschlossenen Spielervertrag, ihre Bindung an den Verband durch die Lizenz. Der Lizenzspieler ist in der Präambel der LOS in Übereinstimmung mit § 8 SpielO definiert. „Lizenzspieler ist, wer das Fußballspiel aufgrund eines mit einem Lizenzverein oder einer Kapitalgesellschaft geschlossenen schriftlichen Vertrages betreibt und durch Abschluss eines schriftlichen Lizenzvertrages mit dem Ligaverband zum Spielbetrieb zugelassen ist."

Ergänzend heißt es in der Präambel: „Er ist Vertragspartner besonderer Art eines vom Ligaverband lizenzierten Vereins oder einer vom Ligaverband lizenzierten Kapitalgesellschaft".

---

264 Der Berufsfußballspieler wird in Art. 2 Nr. 2 FIFA-Status-Reglement als ein Spieler definiert, der über einen schriftlichen Vertrag mit einem Verein verfügt und für seine fußballerische Tätigkeit mehr Geld erhält, als zur Deckung seiner Auslagen tatsächlich notwendig ist.

265 *Schimke/Eilers*, in: Horst/Nolte (Hrsg.), Handbuch SportR, S. 93.

266 BGHZ 128, S. 93 ff. = NJW 1995, S. 583, 585.

267 *Schimke/Eilers*, in: Horst/Nolte (Hrsg.) Handbuch SportR, S. 94.

268 Im Spielbetrieb des Lizenzfußballs sind nach der Präambel alle drei Spielerkategorien, also Amateure, Vertragsspieler und Lizenzspieler zugelassen.

I. Lizenzerteilung

Der Lizenzvertrag regelt nach § 1 LOS die Rechte und Pflichten des Spielers als Lizenzspieler und seine Unterwerfung unter die Satzungen, das Ligastatut, die Ordnungen und Durchführungsbestimmungen des Ligaverbandes und des DFB sowie die Entscheidungen der Organe des Ligaverbandes und der DFL Deutsche Fußball Liga GmbH sowie des DFB. Die Unterzeichnung des Lizenzvertrages durch den Spieler ist formelle Voraussetzung für die Lizenzerteilung. Durch den im Anhang der LOS als Muster beigefügten und damit vorformulierten Lizenzvertrag erhält der Spieler nach § 1 LOS die unbefristet erteilte Lizenz.[269]

Die Voraussetzungen der Lizenzerteilung normiert § 2 LOS. Danach hat der Spieler unterzeichneten Lizenzvertrag und einen unter dem Vorbehalt der Lizenzerteilung abgeschlossenen Vertrag mit einem lizenzierten Club vorzulegen.[270] Der Spieler muss das 18. Lebensjahr vollendet haben[271] und jährlich zu Beginn eines jeden neuen Spieljahres sowie bei Transfers während eines Spieljahres für die Restlaufzeit der Saison den Nachweis der Sporttauglichkeit erbringen.[272] Schließlich muss er alle bestehenden Verpflichtungen gegenüber den deutschen Fußballverbänden sowie Vereinen erfüllt haben und ein von ihm geführtes Dokument vorlegen, das seine sämtlichen bisherigen Vereine ausweist (FIFA Player Passport).[273] Das Erlöschen, die Entziehung und die Rückgabe der Lizenz sind in § 3 LOS normiert. Zu einem Erlöschen der Lizenz kommt es, wenn der Spieler zum Amateur wird, er länger als 30 Monate ohne einen Vertrag mit einem Club der Lizenzligen bleibt, im Falle einer Freigabe[274] des Spielers ins Ausland oder bei Auflösung der Bundesliga.

Die Lizenz kann entzogen werden, wenn eine Voraussetzung für ihre Erteilung weggefallen ist oder der Spieler gegen seine Pflichten als Lizenzspieler schuldhaft verstoßen hat.[275]

II. Rechtliche Bewertung der Spielerlizenz

Während die Unterwerfung der involvierten Verbände unter die Statuten auf satzungsrechtlichem Wege erfolgt, wird die Unterwerfung der Spieler auf rechtsgeschäftlichem Weg hergestellt. In Rechtsprechung und Literatur ist anerkannt, dass

269 § 1 S. 1, 3 LOS.

270 § 2 Nr. 1 und 2 LOS.

271 § 2 Nr. 3 LOS.

272 § 2 Nr. 4 LOS.

273 Falls der Spieler nicht den EU- oder EWR-Staaten angehört, muss er außerdem einen gültigen, den Anforderungen des § 2 Nr. 5 und 7 LOS genügenden Aufenthaltstitel nachweisen.

274 Art. 9 FIFA-Status-Reglement sieht den sog. internationalen Freigabeschein vor. Ein Spieler, der bei einem Verband registriert ist, darf demnach nur bei einem anderen Verband registriert werden, wenn dieser von dem aktuellen Verband einen internationalen Freigabeschein erhalten hat.

275 § 3 Nr. 2 LOS.

eine Bindung des Sportlers an das Regelwerk des Verbandes nicht nur durch eine unmittelbare Verbandsmitgliedschaft, sondern auch im Wege einer vertraglichen Unterwerfungsvereinbarung zu erreichen ist.[276]

Es ist aber nicht unproblematisch, die Lizenz zwischen Spieler und Verband als Vertrag zu bewerten. Zwar erfolgt die Unterwerfung des Sportlers unter die verbandsautonomen Regelungen aufgrund eines eigenen Willensentschlusses.[277] Aufgrund der Rahmenbedingungen der Sportausübung ist der Sportler aber letztlich an Regelwerke der Dachsportverbände gebunden, auf deren Inhalt er keinerlei (mitgliedschaftlichen) Einfluss hat.[278] Die Privatautonomie beschränkt sich insofern auf eine reine Abschlussfreiheit.[279]

Der Sportler kann sich dem Regelungsanspruch und der Disziplinarhoheit des Verbandes nicht entziehen, denn in aller Regel wird eine bestimmte Sportart nur durch einen bestimmten Sportverband vertreten. Damit bleibt *de facto* nur die Wahl, die von den Verbänden gesetzten Rahmenbedingungen in ihrer Gänze zu akzeptieren oder aber auf die Teilnahme am organisierten Sportbetrieb insgesamt zu verzichten, was keine Option für den Sportler ist, wenn für ihn die Sportausübung nicht nur Zeitvertreib, sondern auch Lebensgrundlage ist.[280]

1. Arbeitsvertrag

Der Arbeitsvertrag ist ein privatrechtlicher, gegenseitiger Austauschvertrag, durch den sich der Arbeitnehmer zur persönlichen Leistung von fremdbestimmter, abhängiger oder unselbständiger Arbeit unter Leitung und Weisung des Arbeitgebers und der Arbeitgeber zur Zahlung einer Vergütung verpflichtet.[281]

Nach dem Wortlaut des § 1 S. 2 LOS wird durch den Abschluss des Lizenzvertrages kein Arbeitsverhältnis zwischen Ligaverband und Spieler begründet.[282] Dennoch ist in Rechtsprechung und Literatur diskutiert worden, ob durch die Spielerlizenz ein (Teil-)Arbeitsverhältnis zwischen Spieler und Verband entsteht.[283] Für eine Qualifizierung der durch die Spielerlizenz begründeten Beziehung als

---

276 Vgl. BGHZ 128, S. 93 ff. = NJW 1995, S. 583, 585; OLG München, NJWE-VHR 1996, S. 96, 97; *Groß*, Transferregelungen im lizenzierten Fußballsport, S. 51.

277 *Becker*, in: FS Scholz, S. 1004.

278 BGHZ 128, S. 93 ff. = NJW 1995, S. 583, 585; vgl. auch *Adolphsen*, Internationale Dopingstrafen, 2003, S. 146 ff.; *Haas*, in: Haas/Haug/Reschke (Hrsg.), Handbuch des SportR Band 1, 2. Kap. Rn. 35 ff.

279 *Westerkamp*, Ablöseentschädigung im bezahlten Sport, S. 19.

280 Vgl. BGH, DStR 1999, S. 1781; OLG Oldenburg, NZG 1999, S. 39; *Röhricht*, in: Sportgerichtsbarkeit, RuS, Bd. 22, S. 29 f.; *Reuter*, DZWiR 1996, S. 1, 8.

281 *Linck*, in Schaub (Hrsg.), ArbR-Handbuch, § 29, Rn. 1.

282 Diese Einordnung ist dogmatisch nicht bindend, denn das Verbandsrecht könnte – sofern der Spieler Arbeitnehmer des Verbandes wäre – den zivilrechtlichen Status nicht ändern.

283 ArbG Gelsenkirchen, NJW 1977, S. 598; vgl. *Buchner*, RdA 1982, S. 1, 9; *Imping*, Die arbeitsrechtliche Stellung des Fußballspielers, S. 199; *H. P. Westermann*, JA

Arbeitsverhältnis lässt sich anführen, dass die Abhängigkeit des Spielers von seinem Verband auch Auswirkungen auf das Arbeitsverhältnis mit dem Club[284] haben kann. Die Regelungs- und Disziplinarhoheit der Sportverbände stehe insofern in einem engen sachlichen Zusammenhang mit dem Rechtsverhältnis zwischen Sportler und Verein.[285] Bei isolierter Betrachtung der beiden Rechtsverhältnisse bestehe die Gefahr, dass arbeitsrechtliche Schutzvorschriften – insbesondere das Kündigungsschutzrecht –unterlaufen würden. Setze der Verband im Verhältnis zwischen Verein und Sportler arbeitsrechtliche Rahmenbedingungen, seien diese an arbeitsrechtlichen Maßstäben zu messen.[286] Mittels der von ihm aufgestellten Verbandsnormen entscheide der Verband letztlich darüber, ob der Fußballspieler von dem ihn beschäftigenden Club eingesetzt werden könne oder nicht und nehme damit in dieser Beziehung typische Arbeitgeberbefugnisse wahr.[287] Das Arbeitsgericht Gelsenkirchen kam zu dem Ergebnis, dass der DFB als damaliger deutscher Spitzenverband durch das System der Satzungs- und Vertragsbestimmungen gegenüber den Lizenzspielern partiell in die Arbeitgeberstellung eingerückt sei.[288]

Der streitgegenständliche Lizenzentzug für mehr als sechs Monate gegenüber – in den Bundesliga Bestechungsskandal verstrickten – Spielern von Schalke 04 nach einer Verurteilung wegen Meineides sei vor diesem Hintergrund rechtsunwirksam. Infolge des Lizenzentzuges sei es den Vereinen des bezahlten Fußballs verboten, die betroffenen Spieler zu beschäftigen.[289]

Tatsächlich sind DFB und Ligaverband über die Lizenzerteilung und den Einsatz von Musterverträgen in der Lage, Einfluss auf die Arbeitsverhältnisse der Fußballspieler auszuüben. Allerdings hat dieses „partielle Einrücken" in die Arbeitgeberstellung nicht zu Folge, dass Verbände zu einer Art „zweitem Arbeitgeber" werden. So wie aus dem Mitgliedschaftsverhältnis in einem Verband Leistungsverpflichtungen des Sportlers im Sinne von Sportleistungsverträgen nicht entstehen

---

1984, S. 394, 397; *Plath*, Individualitätsbeschränkungen im Fußball, S. 32 f.; *Rüth*, SpuRt 2003, S. 137.

284 Vgl. zum Arbeitsverhältnis zwischen Club und Spieler DRITTER TEIL, 1. Kap., C.

285 *Haas*, SchiedsVZ 2004, S. 175, 182.

286 *Buchner*, RdA 1982, S. 1, 9; *Imping*, Die arbeitsrechtliche Stellung des Fußballspielers, S. 199.

287 Vgl. *Buchner*, RdA 1982, S. 1, 9; *Imping*, Die arbeitsrechtliche Stellung des Fußballspielers, S. 199; *H. P. Westermann*, JA 1984, S. 394, 397; *Plath*, Individualitätsbeschränkungen im Fußball, S. 32 f.

288 ArbG Gelsenkirchen, NJW 1977, S. 598.

289 Außerdem bewirke der Entzug der Spieler-Lizenz die sofortige Auflösung des Arbeitsvertrages zwischen Spieler und Verein (§ 7 IV der Arbeitsverträge enthielt eine Vertragsbestimmung, wonach im Fall des Lizenzentzuges vorzeitige Vertragsbeendigung von selbst eintrat). Das Gericht bewertete den Spielerlizenzentzug als unzulässigen Eingriff in das Grundrecht der Berufsfreiheit aus Art. 12 GG und zugleich in das durch Art. 2 GG sowie durch § 823 I BGB geschützte allgemeine Persönlichkeitsrecht der Lizenzspieler, ArbG Gelsenkirchen, NJW 1977, S. 598, 599.

können,[290] vermag auch der Lizenzvertrag diese nicht zu begründen. Die Spielerlizenzierung dient dem Zweck, den Spieler den Zugang zum lukrativen Profifußball zu ermöglichen und ihn gleichzeitig an die Spielregeln, Normen und Entscheidungen des Verbandsrechts zu binden. Durch die Vereinbarungen des Lizenzvertrages wird aber keine unmittelbare persönliche Abhängigkeit oder ein konkretes Weisungsverhältnis gegenüber dem Spieler begründet; er regelt in erster Linie disziplinarische Befugnisse.[291] Insbesondere trifft den Spieler keineLeistungsverpflichtung gegenüber dem Ligaverband, die direkt mit der Berufstätigkeit als solcher zu tun hätte.[292] Einfluss auf die Arbeitsleistung oder gar -erfolge nimmt der Ligaverband nicht.[293] Umgekehrt unterliegt der Ligaverband als Vertragspartner des Lizenzvertrages weder der für das Arbeitsverhältnis nach § 611 BGB wesentlichen Beschäftigungs- noch einer Vergütungspflicht; diese Pflichten obliegen nur den Clubs.[294]

2. gesetzesvertretendes Subordinationsverhältnis

Vereinzelt wird nach der Lehre vom gesetzesvertretenden Privatrecht vertreten, dass die Rechtsbeziehung zwischen Spieler und Verband eine eigenständige, subordinationsrechtliche sei, die zu einer direkten Anwendung öffentlich-rechtlicher Prüfungsmaßstäbe – insbesondere der Grundrechte – in diesem Bereich führe.[295]

Dem ist nicht zu folgen. Die eingeschränkte Privatautonomie des Lizenzsportlers ändert letztendlich nichts daran, dass die Anwendbarkeit des Verbandsrechts aus einer privatrechtlichen Vereinbarung folgt. Die Spielerlizenz hat zwar tatsächliche eine Form der Subordination zur Folge, kann aber gleichwohl nicht als „gesetzesvertretend" bewertet werden. Eine Abwägung der Grundrechte des Einzelsportlers mit dem Grundrecht des Verbandes – die wegen der Drittwirkung der Grundrechte im Rahmen der zivilrechtlichen Prüfung vorzunehmen ist – wird der Mehrzahl von Konfliktfällen eher gerecht als die generelle Annahme eines Verhältnisses, das nach denselben Grundsätzen wie die Rechtsbeziehung zwischen Bürger und Staat anzusehen wäre. Diese Annahme würde den Umstand ignorieren,

---

290 *Bachner*, in: Kittner/Zwanziger/Deinert (Hrsg.), Handbuch ArbeitsR, § 153, Rn. 4.

291 Vgl. *Rüsing*, Sportarbeitsrecht, S. 32; *Haas/Hauptmann*, SchiedsVZ 2004, S. 175, 182.

292 Eine leichte Abweichung von dem vorgenannten Grundsatz kann man allenfalls in der Verpflichtung des Spielers nach § 21 Nr. 1 LOS i. V. m. § 34 S. 2 SpielO DFB erblicken, einer Aufforderung zur Teilnahme an einem Länder- oder Auswahlspiel des DFB Folge zu leisten. Diese betrifft aber das Verhältnis zwischen Spieler und DFB, nicht das Verhältnis zum Ligaverband.

293 Die Interessen des Ligaverbandes an der generellen Qualität der Liga oder auch des DFB an Erfolgen der Nationalmannschaft gehen nicht so weit, dass die Verbände aktiv auf die Arbeitsleistung der Spieler in ihren Clubs Einfluss nehmen würden.

294 Dass der Verband praktisch ein „Arbeitsverbot" aussprechen kann, ist dem Entscheidungs- und Sanktionsbedürfnis geschuldet.

295 Vgl. *Plath*, Individualitätsbeschränkungen im Fußball, S. 28 ff.

dass sich auch der Verein auf ein Grundrecht berufen kann, was der Staat gerade nicht könnte. Zuzustimmen ist dagegen einer Auffassung, die – vor dem Hintergrund fast ausgeschlossener individueller Verhandlungsprozesse – einen mit dem Schutzbedarf des Individuums gegenüber Hoheitsgewalten vergleichbaren Schutzbedarf der Sportler gegenüber den Verbänden annimmt, wodurch eine Bindung der Verbände an die Grundrechte und Grundfreiheiten gerechtfertigt sei.[296]

Hierbei gelte, dass die Vertragsfreiheit und das freie Auswahlermessen des Verbandes umso eingeschränkter seien, je mehr der Sportler für die Ausübung seiner grundrechtlichen Freiheiten auf eine bestimmte Verbandsentscheidung angewiesen sei.[297] Die auf einer Monopolstellung des Verbands beruhende soziale Macht ist bei der Abwägung der Grundrechte des Spielers aus Art. 12 und 3 GG mit der Verbandsautonomie der Verbände aus Art. 9 Abs. 1 GG im Rahmen der Erzielung einer praktischen Konkordanz zu berücksichtigen.[298]

Der Lizenzspieler erhält mit der Lizenz eine Möglichkeit, seine sportlichen Fähigkeiten in einem finanziell äußert attraktivem Umfeld einzusetzen. Eine zu starke Betonung des Subordinationselements der Spielerlizenz übersieht, dass die wirtschaftliche Bedeutung und finanzielle Ergiebigkeit des Berufsfußballs für die Spieler gerade auf dem Lizenzspielsystem und dem Kodex strenger Sport- und Verhaltensnormen basiert.[299] Es kann insofern verlangt werden, dass der Spieler bereit ist, durch Einhaltung der erforderlichen Verhaltenspflichten und Belastungen seinen Beitrag zur Sicherung des Lizenzfußballs zu leisten.[300]

3. Verbandsmitgliedschaft

Unter Berufung auf die dem Ligaverband zustehende Möglichkeit, Verbandsstrafgewalt auszuüben, wird weiter vertreten, dass zumindest ein mitgliedschaftsähnliches Verhältnis zwischen Ligaverband und Lizenzspieler begründet werde.[301] Dem steht entgegen, dass nach § 7 Nr. 2 Ligaverbands-Satzung ordentliches Mitglied des Ligaverbandes nur Vereine und Kapitalgesellschaften der Lizenzligen sein können, keine Spieler.[302] Der Lizenzvertrag räumt dem Lizenzspieler als Nichtmitglied bestimmte mitgliederähnliche Rechte und Pflichten ein. Im Gegensatz zur Clublizenz, fehlt der Spielerlizenz aber die Beitrittswirkung.

---

296 *Becker*, in: FS Scholz, S. 1004 f.

297 *Vieweg/Müller* in: FS Steiner, S. 901.

298 *Vieweg/Müller* in: FS Steiner, S. 900; *Vieweg*, Normsetzung und Anwendung deutscher und internationaler Verbände, S. 234 f.

299 *Buchner*, NJW 1976, S. 2242, 2246.

300 *Buchner*, NJW 1976, S. 2242, 2246.

301 *Groß*, Transferregelungen im lizenzierten Fußballsport, S. 42; *Reuter*, DZWiR 1996, S. 1, 5; *Haas/Hauptmann*, SchiedsVZ 2004, S. 175, 182.

302 Im Gegensatz zu den Clubs sind die Spieler auch von allen Rechten ausgeschlossen, vgl. *Haas/Prokop*, JR 1998, S. 45, 46; grds. gilt, dass es eine Vereinsmitgliedschaft ohne Rechte, also z. B. Stimmrecht, Auskunftsrecht und Wahlrecht, nicht gibt, vgl. *Rüsing*, Sportarbeitsrecht, S. 28.

4. Gesellschaftsvertrag

Teilweise werden der Spielerlizenz auch gesellschaftsvertragliche Elemente zugesprochen.[303] Entscheidend für die Zuordnung zum Gesellschaftsrecht sei die Verfolgung eines gemeinsamen Zwecks zwischen Sportler und Verband.[304] Die Parteien verfolgten den gemeinsamen Zweck der Organisation und Aufrechterhaltung eines geregelten und geordneten Sportbetriebs.[305]

Für eine gesellschaftsrechtliche Qualifikation spreche, dass das mitgliedschaftsähnliche Rechtsverhältnis die Strukturen des Sports berücksichtigen und kompensieren könne, indem die Sportler in die Verbandsorganisation eingegliedert und der Regelungsgewalt des Verbandes wie ein Mitglied unterstellt würden. Es handele sich um einen gesellschaftsrechtlichen Vertrag mit organisationsrechtlichen Elementen.[306]

Eine eindeutig gesellschaftsrechtliche Prägung ist aber im Lizenzfußball schwierig zu begründen. Das Ziel des geregelten und geordneten Sportbetriebs mag im Amateurbereich von hoher Bedeutung für die Beteiligten sein. Im professionellen Sport tritt es jedoch häufig so sehr hinter die wirtschaftlichen Interessen des Sportlers zurück, dass es schwer fällt, hierin noch das Ziel des Abschlusses eines des Spielerlizenzvertrages zu sehen.

5. Ergebnis

Da die Spielerlizenz verschiedene rechtliche Elemente miteinander vereint, ohne sich konkret dem Arbeits-, Subordinations-, Vereins- oder Gesellschaftsrecht zuordnen zu lassen, ist sie als schuldrechtlichen Vertrag *sui generis* gemäß §§ 311 Abs. 1, 241 BGB zu qualifizieren.[307] Sie ist ein „unbefristeter, durch die Erfüllung gesundheitlicher Voraussetzungen bedingter, typengemischter Teilnahme-, Regelanerkennungs-, Unterwerfungsvertrag".

D. Spielerlaubnis

Neben der Lizenz bedarf der Lizenzspieler nach den Bestimmungen der LOS einer Spielerlaubnis. Die Befugnis zum Erlass der – die Spielerlaubnis regelnden – LOS und deren Verbindlichkeit ergibt sich aus § 5 Nr. 1 a), 5 der Ligaverbandssatzung. Nach § 13 Nr. 1 LOS ist die Spielerlaubnis von dem Verein oder der Kapitalgesellschaft, die den Spieler verpflichtet hat, beim Ligaverband schriftlich zu beantragen.

Auf den ersten Blick erscheint die Abgrenzung zwischen Spielerlizenz und Spielerlaubnis etwas unscharf, weil beide Institute teilweise ähnliche oder gar deckungsgleiche Erteilungsvoraussetzungen haben, wie z. B. die „Sporttauglichkeit",

---

303 Ausführlich *Adolphsen*, Internationale Dopingstrafen, S. 121 ff.

304 BGH, NJW 1995, S. 583.

305 *Adolphsen*, KTS 2005, S. 53, 58; *Haas/Prokop*, JR 1998, S. 45, 46.

306 *Adolphsen*, KTS 2005, S. 53, 60.

307 *Malatos*, Berufsfußball im Europäischen Rechtsvergleich, S. 99 ff; *Rüsing*, Sportarbeitsrecht, S. 105; *Westerkamp*, Ablöseentschädigung im bezahlten Sport, S. 29.

und da in beiden Fällen eine Mitwirkung des Verbandes erforderlich ist. Jedoch werden bei genauerer Betrachtung die Unterschiede deutlich. Ziel der Spielerlaubnis ist nicht die rechtliche Bindung des Spielers an den Verband, sondern die Einsetzbarkeit des Spielers im Ligabetrieb für einen bestimmten Club. Erteilungsvoraussetzung für die Spielerlaubnis ist daher ein bestehender Vertrag des Spielers mit einem Club. Die Spielerlaubnis bringt das Dreiecksverhältnis im Lizenzfußball zum Ausdruck, denn alle drei Parteien, also Spieler, Club und Verband, haben auf deren Erteilung direkten Einfluss. Mit Ablauf oder Aufhebung des Spielervertrages zwischen Club und Spieler erlischt die Spielerlaubnis und ein neuer Club muss einen neuen Vertrag mit dem Spieler schließen, damit er eine Spielerlaubnis beim Verband beantragen kann. Ist der Vertrag nicht wirksam beendet, kann keine (weitere) Spielerlaubnis erteilt werden. Durch diese Verknüpfung stellt die Spielerlaubnis sicher, dass ein lizenzierter Spieler sich nicht ohne weiteres über bestehende Verträge hinwegsetzen kann. Demgegenüber ist die Spielerlizenz unabhängig von dem Vertragsverhältnis zwischen Spieler und Club. Sie betrifft nur das Verhältnis zwischen den beiden Vertragspartnern Spieler und Verband. Verbandsrechtlich ist die Spielerlaubnis ähnlich verankert wie die Spielerlizenz.

Dem schriftlichen Antrag eines Clubs auf Spielerlaubniserteilung ist unter den Voraussetzungen des § 13 Nr. 2 lit. a) bis g) LOS unverzüglich stattzugeben. Sie kann versagt oder entzogen werden, wenn eine Voraussetzung für die Erteilung gemäß Nr. 2 weggefallen ist, die Verpflichtung nach Nr. 3 nicht erfüllt wird oder sich der Spieler im Falle einer Vermittlung nicht eines dafür lizenzierten Spielervermittlers bedient.[308] Die Spielerlaubnis darf nach § 14 LOS auch Vertragsspielern und Amateuren erteilt werden. Gemäß § 14 Nr. 1 Abs. 4 LOS ist eine Spielerlaubniserteilung auch zugunsten von A-Junioren möglich. Bei minderjährigen Spielern ist die schriftliche Zustimmung des gesetzlichen Vertreters erforderlich.[309]

---

308 § 13 Nr. 7 S. 1 LOS.

309 § 6 Nr. 2 der DFB-Jugendordnung bleibt unberührt. Er besagt: „A-Junioren des älteren Jahrgangs oder solchen, die das 18. Lebensjahr vollendet haben, kann der zuständige Mitgliedsverband eine Spielerlaubnis für alle Herren-Mannschaften ihres Vereins erteilen. Die Spielerlaubnis für Junioren-Mannschaften bleibt daneben bestehen."

Dritter Teil: Spielervertrag und Spielertransfer als Grundlagen des Transferinvestments

Ein Spielertransfer im klassischen Sinne ist der Wechsel eines Spielers zu einem anderen Club unter Aufhebung seines laufenden Spielervertrages. Der Spielervertrag ist die Basis für die Zahlung einer Ablösezahlung. Das von den Verbänden etablierte Spielervertrags- und Transfersystem hat zur Folge, dass die Ablösezahlungen im Fußball besonders hoch ausfallen und schafft damit die wirtschaftliche Grundlage für Transferinvestments. Vor diesem Hintergrund werden Spielervertrag und Spielertransfer im Folgenden näher untersucht.

1. Kapitel: Spielervertrag

Grundlage der Tätigkeit eines Berufsfußballspielers für seinen Club ist der Abschluss eines Vertrages zwischen den Parteien nach §§ 2 Nr. 2, 4 ff. LOS.[310]

A. Vertragsform und zwingender -inhalt nach der Lizenzordnung Spieler

Die zwingenden Vertragsgestaltungsvorgaben für den Vertrag zwischen Club und Lizenzspieler sind in §§ 5 ff. LOS geregelt. Der Vertrag eines Clubs mit einem Lizenzspieler bedarf nach § 6 LOS der Schriftform.[311] Da sowohl die Satzung des DFB als auch diejenige des Ligaverbandes[312] eine Unterordnung unter die Statuten der FIFA vorsehen, darf kein Verstoß des Vertrages gegen FIFA Vorschriften

---

310 Am 19. April 2012 hat die Europäische Kommission ein Übereinkommen mit führenden Fußballverbänden zu Mindeststandards für Spielerverträge unterzeichnet. Die von der UEFA, der Spielergewerkschaft FIFPro, der ECA und der EPFL unterschriebene Vereinbarung, sieht vor, dass Spielerverträge schriftlich festgelegt werden. Im Vertrag müssen Regeln zu Rechten und Pflichten des Clubs und des Spielers, Angaben zum Gehalt, Krankenversicherung und Sozialversicherung enthalten sein. Die Regelungen in der LOS genügen den Anforderungen dieses Übereinkommens.

311 Dieses Formerfordernis wird praktisch dadurch durchgesetzt, dass die DFL als Voraussetzung für eine Spielerlaubniserteilung nach § 13 Nr. 2 b) die Vorlage eines schriftlichen Vertrages fordert.

312 Die Satzung des Ligaverbandes erklärt in § 3 Nr. 2 Ligaverbands-Satzung die Unterordnung gegenüber dem DFB und gibt in § 3 Nr. 3 Ligaverbands-Satzung den Wortlaut des § 3 Nr. 1 DFB-Satzung wieder, der also für den Ligaverband ebenso als verbindlich anerkannt wird.

vorliegen. Außerdem muss im Vertrag eine Vereinbarung enthalten sein, wonach der Spieler dem Club die Verwertung seiner Persönlichkeitsrechte überträgt.[313]

Üblicherweise werden von den Vertragsparteien im deutschen Amateur- und Profifußball die Musterverträge von DFB und DFL zugrunde gelegt.[314]

I. Standardklauseln aus dem Musterarbeitsvertrag der DFL

Der letzte verfügbare Musterarbeitsvertrag der DFL[315] umfasst vierzehn Einzelparagraphen. § 1 DFL Mustervertrag sieht unter der Überschrift „Grundlagen des Vertragsverhältnisses" eine umfassende Unterwerfung des Spielers unter die verschiedenen Verbandsregelwerke vor. Die §§ 2 und 2a enthalten die „Pflichten des Spielers"[316] und ein Dopingverbot. Eine umfassende Regelung zur „Nutzung und Verwertung der Persönlichkeitsrechte im Arbeitsverhältnis" trifft § 3.[317] Der § 4 Nr. 2) beinhaltet Pflichten des Clubs.[318] Eine Art „Direktionsrecht des Fußballclubs" ist in § 5 „Einsatz und Tätigkeit" geregelt. Nach § 10 Nr. 1 („Vertragsbeginn und Ende") soll als aufschiebende Bedingung für die Wirksamkeit des Vertrages die Erteilung der Spielerlaubnis durch die DFL geregelt werden. Die Geltung der

---

313 Hierbei geht es insbesondere um die mediale Verbreitung von Spielen, Spielszenen und Bildnissen, die im Zusammenhang mit der Fußballtätigkeit des Spielers stehen, vgl. § 6 Nr. 4 LOS und die Regelung im Mustervertrag, nächster Gliederungspunkt.

314 Einzelne Spielervertragsklauseln sind – insbesondere vor dem Hintergrund des AGB-Rechts – von der Rechtsprechung wiederholt worden. Das ArbG Ulm SpuRt 2009, 246 bewertete beispielsweise die im Mustervertrag des DFB nicht enthaltene, aber von Clubs gelegentlich in den Vertrag integrierte, einseitige Optionsklausel des Clubs auf Vertragsverlängerung als Verstoß gegen § 307 BGB. Dies ist wohl die Ursache dafür, dass die DFL das Muster nicht mehr zum Download anbietet.

315 PHB-SportR, Anhang C, S. 845 ff.

316 Die Hauptpflicht des Spielers nach dem Mustervertrag besteht darin, „seine ganze Kraft und seine sportliche Leistungsfähigkeit uneingeschränkt für den Club einzusetzen, alles zu tun, um sie zu erhalten und zu steigern und alles zu unterlassen, was ihr vor oder bei Veranstaltungen des Clubs abträglich sein könnte".

317 Der Spieler räumt nach § 3 lit. a) dem Club, sofern seine Tätigkeit als Lizenzspieler und nicht ausschließlich seine Privatsphäre berührt ist, das ausschließliche Recht ein, sein Bildnis, seinen Namen sowie besondere fußballbezogene Persönlichkeitsmerkmale uneingeschränkt zu nutzen und zu verwerten. Der Privatsphäre zuerkannt werden die schriftstellerische Tätigkeit und die Testimonial-Werbung für nicht fußballbezogene Produkte. Falls der Spieler die dem Club zur exklusiven Verwertung eingeräumten Persönlichkeitsrechte auch selbst wirtschaftlich verwerten möchte, bedarf es dazu der vorherigen schriftlichen Zustimmung durch den Club.

318 Unter den insgesamt elf Unterpunkten lit. a) bis n) befinden sich Musterregelungen zu Trainingsbetrieb, Länderspielfreistellung und die Beratung des Spielers in nicht sportbezogenen Angelegenheiten.

Transferbestimmungen der Verbände bestimmt § 11. Gemäß § 12 ist es möglich, als Anlage beizufügende „sonstige Vereinbarungen" zu treffen.

Mit B- und A-Junioren im Leistungsbereich der Leistungszentren der Lizenzligen können nach § 11 Nr. 2 Abs. 2 LOS Förderverträge abgeschlossen werden, die sich am Mustervertrag der DFL orientieren.[319]

II. Vertragslaufzeit

Nr. 2 des § 10 DFL-Mustervertrag regelt das Vertragsende, wobei neben dem individuell zu vereinbarende regulären Vertragsende hier die Kündigungsmöglichkeit aus wichtigem Grund aufgeführt ist, und zwar eine beiderseitige nach § 626 BGB und eine einseitige Kündigungsmöglichkeit des Clubs aus wichtigem Grund im Falle des Lizenzverlusts. § 10 Nr. 3 enthält die dem Formular nach optional durch Ankreuzen im Formular und Einsetzen der ausgehandelten Werte zu vereinbarenden Verlängerungsoptionen.[320]

Im Berufsfußball schließen Club und Spieler regelmäßig befristete Arbeitsverträge ohne Kündigungsmöglichkeit.[321] Während das Grundgerüst des Lizenzspielervertrages fast immer dem Mustervertrag der DFL entnommen wird, erfolgt die Ausgestaltung von Vertragsdauer und -beendigung häufig individuell und einzelvertraglich.[322] Der Vertrag muss nach Inkrafttreten eine Mindestlaufzeit bis zum Ende eines Spieljahres, also zum Saisonende, haben. Die Höchstlaufzeit des Vertrages soll nach § 5 Nr. 1 LOS fünf Jahre nicht überschreiten. Diese Regelung der LOS steht sowohl im Einklang mit § 15 Abs. 4 TzBfG als auch mit Art. 18 Nr. 2 FIFA-Status-Reglement. Gemäß § 15 Abs. 4 TzBfG kann ein Arbeitsverhältnis, das für die Lebenszeit einer Person oder für längere Zeit als fünf Jahre eingegangen ist, von dem Arbeitnehmer nach Ablauf von fünf Jahren gekündigt werden. Art. 18 Nr. 2 S. 2 FIFA-Status-Reglement sieht eine maximale Vertragsdauer von fünf Jahren vor. Allerdings sind nach Art. 18 Nr. 2 S. 3 Verträge mit einer anderen Laufzeit in Übereinstimmung mit dem nationalen Recht zulässig. Insofern ist das Teilzeitbefristungsgesetz maßgeblich.[323] Zulässig ist aus verbandsrechtlicher Sicht eine Optionsklausel, wonach eine der Parteien oder beide sich verpflichten, den Vertrag mindestens ein weiteres Jahr unter den bisherigen Bedingungen fortzusetzen, falls

---

319 Spieler der Leistungszentren der Lizenzligen, mit denen Förderverträge abgeschlossen wurden, gelten als Vertragsspieler. Die Vorschriften für Vertragsspieler finden Anwendung, vgl. § 11 LOS.

320 In § 10 Nr. 4 Mustervertrag sind weitere optionale Vereinbarungen anzukreuzen, z. B. dass der Vertrag nur Gültigkeit für die 1./2. Bundesliga besitzen soll und zu welchen Konditionen er ggf. neu abgeschlossen werden kann.

321 Vgl. *Menke/Räker*, SpuRt 2009, S. 45.

322 *Schickhardt*, in: Galli/Elter/Gömmel/Holzhäuser/Straub (Hrsg.), Sportmanagement, S. 641, 645.

323 Da dieses nach fünf Jahren die ordentliche Kündigungsmöglichkeit des Arbeitnehmers vorsieht, kommt es in der Vertragspraxis des Lizenzfußballs zu Verträgen mit maximal fünfjähriger Laufzeit.

die andere Partei dies verlangt, wobei die Optionsausübung bis zum 30.04. des letzten Vertragsjahres erklärt werden muss.[324]

III. Vergütung

Hinsichtlich der Vergütung sind die Parteien gemäß § 10 LOS weitestgehend frei. Club und Spieler können ein Grundgehalt und zusätzlich oder alternativ eine erfolgsorientierte Vergütung vereinbaren. Das vertragliche Bruttogrundgehalt des Spielers muss allerdings mindestens 50 % (in der 2. Bundesliga 30 %) der Beitragsbemessungsgrenze für die gesetzliche Rentenversicherung betragen.

B. Vertragsbeendigung

Ein befristeter Arbeitsvertrag kann – solange nicht ein wichtiger Grund zur fristlosen Kündigung gegeben ist – nur einvernehmlich aufgehoben werden.[325] Das Recht zur ordentlichen Kündigung besteht in einem befristeten Arbeitsverhältnis nur dann, wenn es gemäß § 620 Abs. 3 i. V. m. § 15 Abs. 3 TzBfG ausnahmsweise einzel- oder tarifvertraglich vereinbart worden ist. Die Auflösung und die außerordentliche Kündigung von Spielerverträgen sind in § 8 LOS geregelt. Eine ordentliche Kündigungsmöglichkeit ist weder in den Verbandsregelwerken oder dem Mustervertrag der DFL vorgesehen noch wird sie in der Praxis vereinbart.

Im gegenseitigen Einvernehmen ist eine Auflösung des Vertrages zwischen Club und Lizenzspieler hingegen jederzeit möglich; mit dieser Vertragsauflösung erlischt die Spielerlaubnis.[326] Aus wichtigem Grund können sowohl der Spieler als auch der Club den Vertrag fristlos kündigen. Allerdings kann der Spieler frühestens in der nächsten Wechselperiode wieder eine Spielerlaubnis erhalten.[327]

Neben dem Kündigungsfall „aus wichtigem Grund" kann der Lizenzspieler seinen Vertrag mit einem Club bei Vorliegen „sportlich triftiger Gründe" nach § 8 Nr. 3 LOS vorzeitig zum Ende eines Spieljahres kündigen, sofern nicht Gesetz oder Rechtsprechung entgegenstehen. Sportlich triftige Gründe liegen in der Regel vor, wenn der Spieler am Ende eines Spieljahres nachweisen kann, dass er nur in höchstens vier Pflichtspielen der Lizenzmannschaft eingesetzt worden ist.

Hierbei sind aber die Umstände des Einzelfalls (Verletzungen, Position[328], Spielsperren) zu berücksichtigen.[329] Die Regelung zur Kündigung in der LOS und im

---

324 § 6 Nr. 3 LOS.

325 *Breucker/Wüterich*, in: Stopper/Lentze (Hrsg.), Handbuch Fußball-Recht, Kap. 8, Rn. 31.

326 § 8 Nr. 1 LOS.

327 § 8 Nr. 2 LOS.

328 Der Ersatztorwart kann bei weniger als vier Einsätzen nicht ohne weiteres kündigen, weil auf der Position des Torwarts klassischerweise wenig Rotation herrscht.

329 § 8 Nr. 3 LOS; das FIFA-Status-Reglement enthält eine fast wortgleiche Regelung in Art. 14, 15. Art. 14 FIFA-Status-Reglement räumt beiden Parteien das Recht zur Kündigung aus triftigem Grund ein.

FIFA-Status-Reglement ist mit dem außerordentlichen Kündigungsrecht des § 626 Abs. 1 BGB vergleichbar. Sie berücksichtigt, dass es im Sport für den Arbeitnehmer Situationen geben kann, die in anderen Arbeitsverhältnissen keinen wichtigen Grund für eine Kündigung darstellen würden, beispielsweise das Ausbleiben von so genannter Wettkampfpraxis.

Löst eine Partei den Vertrag hingegen ohne triftigen Grund auf, so wird sie vertragsbrüchig und ist nach Art. 17 Nr. 1 FIFA-Status-Reglement entschädigungspflichtig. Art. 17 Nr. 1 führte ein Schattendasein, bis der schottische Spieler Andy Webster sich auf die Regelung berief und der CAS „spielerfreundlich" bzw. „vertragsstabilitätsfeindlich" urteilte, dass bei einseitiger Vertragsbeendigung durch einen Profi-Fußballspieler dessen Marktwert nicht als Schadensersatz verlangt werden könne. Vielmehr sei der Schadensersatz auf den Wert des Vergütungsanspruchs des Spielers für die restliche Vertragslaufzeit zu beschränken.[330] Der Entscheidung wurde in ersten Reaktionen eine Tragweite wie dem Bosman-Urteil zugemessen und es wurde die Frage gestellt, ob die Spieler durch Kündigung nunmehr praktisch den Transfer erzwingen könnten, ohne eine Einigung zwischen den Vereinen abzuwarten.[331] Dies scheint tatsächlich nur in solchen Fällen möglich, in denen der Spieler sich außerhalb der geschützten Vertragszeit befindet und der Club ihm einen triftigen Grund für die Kündigung liefert.

Die Entschädigungspflicht ist aber eingeschränkt im Fall eines Vertragsbruches außerhalb der so genannten „Schutzzeit"[332], Denn für diesen Fall entfallen gemäß Art. 17 Nr. 3 jegliche sportlichen Sanktionen.

Von dem Ausnahmefall des Art. 17 Nr. 3 FIFA-Status-Reglement abgesehen werden die meisten Wechsel weiterhin nach dem üblichen Muster ablaufen. Hierfür hat vor allem die „Matuzalem" Entscheidung gesorgt, mit welcher der CAS seine Rechtsprechung im Fall Webster wieder zu Gunsten der Vertragsstabilität – und damit vor allem zugunsten der Clubs – korrigiert hat. In seinem Urteil hatte der CAS den einseitigen Vertragsbruch des brasilianischen Fußballspielers Matuzalem Francelinho Da Silva gegenüber seinem ehemaligen Club FC Schachtjor Donetzk zu bewerten. In deutlicher Abgrenzung zum Webster-Urteil hob der CAS hervor, dass Art. 17 Nr. 1 weder dem Spieler noch dem Club eine einseitige Beendigung des Anstellungsvertrages ohne triftigen Grund erlaube. Im Rahmen des Abschnitts IV FIFA-Status-Reglement unter der Überschrift „Wahrung der Vertragsstabilität zwischen Berufsspielern und Vereinen" und unter Einbeziehung der dortigen

---

330 CAS SpuRt 2008, S. 114.

331 Vgl. *Bohn*, SpuRt 2009, S. 107, 111, die den Fall „Webster" sogar dahingehend bewertet, dass außerhalb der Schutzfrist kein „Spielerkauf" mehr vorliege.

332 Es handelt es sich um einen Zeitraum von drei Spielzeiten oder drei Jahren – je nachdem was zuerst eintritt – nach Inkrafttreten des Vertrags eines Berufsspielers, sofern der Vertrag vor dessen 28. Geburtstag unterzeichnet wurde, oder einen Zeitraum von zwei Spielzeiten oder zwei Jahren nach Inkrafttreten des Vertrags, sofern er nach dessen 28. Geburtstag unterzeichnet wurde.

Art. 13 bis Art. 18 sei eine solche Vertragsbeendigung eindeutig als Vertragsbruch einzuordnen.[333]

Zu erwähnen sind schließlich im Kontext der Vertragsbeendigung noch „Freigabeklauseln“, die dem Spieler beispielsweise ein Sonderkündigungsrecht für den Fall einräumen, dass er ein Vertragsangebot eines bestimmten Clubs oder irgendeines Clubs einer bestimmten Liga erhält.[334] Des Weiteren kann der Spieler eine „festgeschriebene Ablöse“ vereinbaren. Sofern diese von einem Club angeboten wird, zu dem der Spieler wechseln möchte, muss der aktuelle Club mit dem die Ablösesumme bietenden Club einen entsprechenden Transfervertrag schließen.

C. Rechtliche Bewertung des Spielervertrages

Der Spielervertrag wird in den Regelwerken aller Fußballverbände an verschiedenen Stellen zumindest indirekt als Arbeitsvertrag eingeordnet. In der LOS finden sich mehrere Regelungen,[335] die von einer Arbeitnehmereigenschaft des Lizenzspielers ausgehen.

Wenn es um eine besonders geschützte Rechtsbeziehung wie ein Arbeitsverhältnis geht, kommt es aber nicht darauf an, wie die Vertragsparteien das zwischen ihnen begründete Rechtsverhältnis bezeichnet haben;[336] entscheidend sind vielmehr die tatsächlichen Umstände, von denen die Vertragsparteien ausgehen und nach denen sie die rechtliche Beziehung in Wirklichkeit durchführen.[337]

I. Spielervertrag als Grundlage für ein Arbeitsverhältnis

In der Rechtsprechung[338] und in der Literatur[339] herrscht noch die Auffassung vor, dass es sich bei dem Lizenzfußballspieler um einen Arbeitnehmer und bei dem

333 Entsprechend Art. 17 Nr. 1 FIFA-Status-Reglement berechne sich die Entschädigung für einen Vertragsbruch unter Berücksichtigung nationalen Rechts, der Besonderheiten des Sports und allen anderen objektiven Kriterien. Individualvereinbarungen könnten dabei den Abwägungskriterien in Art. 17 Nr. 1 FIFA-Reglement vorgehen (Vorrang der Individualabrede), CAS SpuRt 2009, S. 157.

334 *Menke*, Fußballtransfermanagement aus Sicht der Manager, S. 7 (Quelle: Internet).

335 Vgl. die Verwendung des Begriffs „Arbeitsverhältnis“ in § 5 Nr. 7, S. 4 LOS, die vorgesehene Zuständigkeit der Arbeitsgerichte für Vertragsstreitigkeiten in § 9 Nr. 1 S. 1 LOS und die Bezeichnung des Vertrages zwischen Club und Spieler als „Arbeitsvertrag“ in § 9 Nr. 2 LOS.

336 *Bepler*, in: FS Fenn, S. 43, 46.

337 BAG NZA 1997, S. 902.

338 Ständige Rechtsprechung seit BAG NJW 1980, S. 470; vgl. auch BAG NZA 1999, S. 989; 2000, S. 771; BGH, NJW 2002, S. 1963, 1964; BGH, SpuRt 1999, S. 236 f.; LAG Rheinland-Pfalz SpuRt 2000, S. 119; ArbG Münster, SpuRt 2011, S. 77; FG Münster EFG 2010, S. 1426.

339 *Kreuder*, in: Däubler/Hjort/Schubert/Wolmerath (Hrsg.), Arbeitsrecht, § 611 BGB, Rn. 82; *Perschke* in, Natter/Groß (Hrsg.), Arbeitsgerichtsgesetz, § 5, Rn. 17; *Preis*, in: ErfKo ArbeitR, § 611 BGB, Rn. 95; *Röller*, in: Küttner (Hrsg.), Personalbuch,

Club um dessen Arbeitgeber handelt. Im Bereich des Sports bestehen jedoch formelle und materielle Besonderheiten. Für das Arbeitsverhältnis des Fußballspielers sind vereins- und verbandsrechtliche Regelungen, die neben das staatliche Recht treten, von besonderer Bedeutung.[340] Der professionelle Fußball birgt zudem besondere Rechtsgutgefährdungen für die Menschenwürde, die körperliche Integrität und das allgemeine Persönlichkeitsrecht des Spielers; darüber hinaus unterliegt das Arbeitsverhältnis des Fußballspielers besonderen biografischen Zwängen, denn dieser ist in kurzer Zeit auf ökonomischen Erfolg angewiesen.[341]

Berufssportler sind nach arbeitsgerichtlicher Rechtsprechung Arbeitnehmer, wenn sie ihre sportlichen Leistungen im Interesse der anderen Vertragspartei in einem persönlichen Abhängigkeitsverhältnis erbringen, das über die durch die Vereinsmitgliedschaft begründete Weisungsgebundenheit hinausgeht.[342] Der EuGH hat bestätigt, dass jedenfalls Mannschaftssportler als Arbeitnehmer angesehen werden können.[343]

Das persönliche Abhängigkeitsverhältnis des Mannschaftssportlers zu seinem Club ergibt sich aus der Verpflichtung zur Einhaltung regelmäßiger Trainings- und Spielzeiten, zum Nachweis von Erkrankungen mit einem Attest sowie die vertragliche Bindung an nur einen Club für eine nicht unerhebliche Zeitspanne.[344]

II. Andere Einordnungen des Spielervertrages

Mit der zunehmenden wirtschaftlichen Bedeutung des Fußballs mehren sich jedoch Stimmen, wonach zumindest Teile der Lizenzspieler nicht als Arbeitnehmer anzusehen seien. Es werden andere Klassifizierung des Fußballspielers generell oder zumindest der „Spitzenspieler" vorgeschlagen, so z. B. als Arbeitnehmer besonderer Art"[345], freie Dienstnehmer[346], selbstständige Unternehmer[347] oder leitende Angestellte[348].

Anhang zum Stichwort Arbeitnehmer (Begriff), Rn. 84; *Linck*, in Schaub (Hrsg.), ArbR-Handbuch, § 188, Rn. 9; *Jungheim* RdA 2008, S. 222, 223 f.: *Kelber*, NZA 2001, S. 11; *Kindler*, NZA 2000, S. 744, 747; 11; *Weiß*, SpuRt 1998, S. 97.

340 *Breucker/Wüterich*, in: Stopper/Lentze (Hrsg.), Handbuch Fußball-Recht, Kap. 8, Rn. 5

341 *Breucker/Wüterich*, in: Stopper/Lentze (Hrsg.), Handbuch Fußball-Recht, Kap. 8, Rn. 6.

342 Vgl. BAG 10.05.1990 AP BGB § 611, Abhängigkeit Nr. 51; LAG Berlin NZA-RR 2003, S. 183.

343 EuGH, Urt. v. 15.12.1995 – Rs. G-415/93 – Slg. 1995, I-4921, Rn. 74 – „Bosman" = NJW 1996, S. 505, 508.

344 SG Kassel, SpuRt 1999, S. 207.

345 *Bühler*, SpuRt 1998, S. 143, 145.

346 *P. W. Beckmann/J. Beckmann*, SpuRt 2011, S. 236, 240.

347 *Scholz/Aulehner* SpuRt 1996, S. 44 ff.; *Fischer*, SpuRt 1997, S. 181 ff.; *Seitz*, NJW 2002, S. 2838, 2839.

348 *Mayer-Vorfelder*, Arbeitsverhältnisse eines Bundesligaspielers, S. 40 ff.

Eine Ablehnung der Arbeitnehmereigenschaft sei gerechtfertigt durch die spezifischen Einschränkungen, welche beispielsweise im Hinblick auf den Beschäftigungsanspruch und auf das Kündigungsschutzrecht gemacht würden.[349] Der Beschäftigungsanspruch beschränke sich auf eine Teilnahme am Training;[350] ein Anspruch auf Pflichtspieleinsatz bestehe nicht.[351] Dass einige Kriterien der Arbeitnehmereigenschaft erfüllt seien, resultiere nicht auf dem Verhältnis zwischen Club und Spieler, sondern ergebe sich aus den Erfordernissen einer Mannschaftssportart.[352] Die Stellung der Profifußballspieler wird mit derjenigen von freiberuflich tätigen Entertainern aus der Unterhaltungsbranche verglichen; sie seien Unternehmer mit Kooperationsverträgen.[353] Die Anwendung des Arbeitsrechts und die Inanspruchnahme von Schutznormen auch zugunsten dieser Spitzensportler, ermögliche eine Pervertierung des Gesamtsystems.[354]

Die Geltendmachung von Schutzrechten auf faktisch Nicht-Schutzbedürftigen höhle das System der gesellschaftlichen Solidarität aus.[355] Teilweise wird eine abweichende Klassifizierung daher zumindest im Hinblick auf solche Spitzensportler in Mannschaftssportarten angenommen, die nicht nur einer Mannschaft, sondern dem Sport ganzer Länder, möglicherweise dem Sport insgesamt, „das Gepräge geben".[356]In diese Richtung zielt auch die Argumentation, dass jedenfalls die Spieler auf dem Spielfeld leitende Angestellte seien, weil sie Befugnisse und Entscheidungsmöglichkeiten hätten, deren finanzielle Auswirkungen für den jeweiligen

---

349 *Bühler*, SpuRt 1998, S. 143, 145.

350 ArbG Solingen SpuRt 1997, S. 98 ff. im Fall „Bernd Schuster".

351 *Bühler*, SpuRt 1998, S. 143, 145.

352 *Scholz/Aulehner*, SpuRt 1996, S. 44, 46 f.

353 *Scholz/Aulehner*, SpuRt 1996, S. 44, 46 f.

354 *Fischer*, SpuRt 1997, S. 181.

355 *Fischer*, SpuRt 1997, S. 181, 183; vgl. auch *Menke*, NJW 2007, S. 2820, 2821, wenn „erfolgsbezogener Normzweck" des § 622 Abs. 6 BGB der Schutz gegen Verhandlungsdisparität sei, könne man im Einzelfall zu dem Schluss kommen, dass der Berufsfußballer insofern nicht schutzbedürftig und die Interessenlage mithin nicht vergleichbar sei. Eine typisch arbeitsrechtliche Verhandlungssituation sei dem Lizenzfußball jedenfalls fremd. Die Verhandlungsmacht liege häufig beim Spieler. Lasse sich dieser noch umfassend beraten, so dürfte § 622 Abs. 6 BGB weder direkt noch analog anzuwenden sein; a. A. *Lange*, SpuRt 2011, S. 98, 99, der argumentiert, dass die Anwendbarkeit des § 622 Abs. 6 BGB als Arbeitnehmerschutzvorschrift nicht von der konkreten Schutzbedürftigkeit abhänge.

356 *Fischer*, SpuRt 1997, S. 181, versucht den Mannschaftsspitzensportler zu definieren als Sportler, „der sich aus einer Mannschaft und seiner Sportart durch herausragende sportliche und persönlichkeitsbezogene Leistungen und Eigenschaften zu einer besonderen Person der Zeitgeschichte (...), wenn auch nur in relativer Hinsicht, entwickelt hat und seiner Sportart und seiner Mannschaft durch überragende Leistungen und individuelle Persönlichkeitselemente sein Gepräge geben kann und dies auch durch die vertragliche Gestaltung seiner Beziehungen zum Sportverein umsetzt".

Club unvorstellbare Ausmaße annehmen könnten und die damit über den Möglichkeiten gemeiner Arbeitnehmern lägen.[357]

Ein neuerer Ansatz plädiert für eine autonome Selbstqualifizierung des Vertrages, will den Parteien also die Entscheidung über die vertraglich zu fixierende Bewertung ihrer Klassifizierung weitestgehend überlassen.[358]

III. Abgrenzung des BFH

Der BFH hatte sich in einer jüngeren Entscheidungmit den Einkünften eines Fußball-Nationalspielers aus der zentralen Vermarktung der Fußball-Nationalmannschaft durch den DFB zu befassen und hierbei eine Abgrenzung zwischen unternehmerischer und arbeitsvertraglich geschuldeter Tätigkeit des Spielers aufgezeigt, die sich auch auf Lizenzspieler generell anwenden lässt.[359]

Er entschied, dass ein Fußball-Nationalspieler, dem der DFB Anteile an den durch die zentrale Vermarktung der Fußball-Nationalmannschaft erwirtschafteten Werbeeinnahmen überlässt, dann gewerbesteuerpflichtige Einkünfte aus Gewerbebetrieb erzielt, wenn er mit Unternehmerrisiko und Unternehmerinitiative handelt.[360] Der Spieler wurde insoweit nicht mehr als Arbeitnehmer bewertet. Insbesondere fehlte es im zu beurteilenden Fall laut BFH hinsichtlich der Ausgestaltung der Werbetätigkeit an einer hinreichend gewichtigen Weisungsgebundenheit sowie an einer Eingliederung in den Betrieb oder die Organisationsabläufe eines Dritten.[361] Der Annahme einer Eingliederung stand vor allem die nur äußerst kurze zeitliche Berührung des Betriebs bzw. Organisationsbereichs der genannten Einrichtungen gegenüber.[362] Als zentrales Argument für ein Unternehmerrisiko wertete der BFH, dass der Spieler im Hinblick auf die Werbeeinnahmen das Risiko von Ausfallzeiten selbst zu tragen hatte.[363]

Vor dem Hintergrund des BFH-Urteils wird in der Literatur angeregt, die bisher einheitliche Vergütung in getrennte Zahlungen für die sportliche Tätigkeit einerseits und für die Gestattung einer Nutzung der Persönlichkeitsrechte des Spielers andererseits aufzuteilen, das Vergütungssystem vollends auf den Erfolgsanteil des Spielers bzw. der Spieler umzustellen und verstärkt auf Prämiensysteme zu setzen, den Spielern also ein erhöhtes unternehmerisches Risiko aufzuerlegen.[364]

---

357 *Mayer-Vorfelder*, Arbeitsverhältnisse eines Bundesligaspielers, S. 40 ff.
358 *Schimke/Menke*, SpuRt 2007, S. 182 ff.
359 BFH DStR 2012, S. 659 ff.
360 BFH DStR 2012, S. 659 (Leitsatz).
361 BFH DStR 2012, S. 659, 662.
362 Je kürzer aber eine derartige zeitliche Berührung ist, desto entfernter liegt die Annahme einer Eingliederung in entsprechende organisatorische Abläufe, vgl. BFH DStR 2012, S. 659, 662.
363 BFH DStR 2012, S. 659, 664.
364 *Becker/Figura*, BB 2012, S. 3046, 3052.

IV. Ergebnis

Für das Transferinvestment ist die Streitfrage um die Arbeitnehmereigenschaft des Lizenzspielers von Relevanz, weil man bei Bejahung einer Unternehmereigenschaft oder vergleichbaren Stellung des Spielers die Folgefrage stellen könnte, inwiefern der Spieler dann nicht auch selbst über seine „Transferrechte" verfügen können müsste. Folge hiervon wiederum wäre, dass die verbandsrechtlichen Transferinvestmentbeschränkungen weitestgehend leer liefen, weil Normadressaten dieser Beschränkungen aktuell nur die Clubs sind.

Das Argument, bestimmte Kriterien aus dem Arbeitnehmerverhältnis seien nur aufgrund der Erfordernisse einer Mannschaftssportart erfüllt, überzeugt nicht. Dass auch Spieler im freizeitmäßig betriebenen Mannschaftssport sich üblicherweise an gewisse Trainingszeiten, Spielregeln und Weisungen des Trainers halten, ist weitestgehend ihre freie Entscheidung. Dies ist im Lizenzfußball anders. Hier verpflichtet sich der Lizenzspieler durch den Lizenzvertrag zur Erfüllung bestimmter aufgrund der Erfordernisse des Mannschaftssports wichtiger Pflichten und kann bei Nichterfüllung (finanziell) sanktioniert werden.

Auch die Einschränkungen des Beschäftigungsanspruchs und des Kündigungsrechts rechtfertigen nicht die Ablehnung der Arbeitnehmereigenschaft des Spielers. Selbst ein Spieler, der häufig auf der Reservebank sitzt, ist ja zumindest insofern beschäftigt, als er währenddessen keinen anderen Tätigkeiten nachgehen kann, und er sich jederzeit für eine Einwechslung bereithalten muss. Der Umstand, dass nicht alle Spieler im sportlichen Wettkampf regelmäßig zu Einsatz kommen, steht nicht der Annahme einer Beschäftigung dieser Spieler entgegen. Ebenso wenig lassen die besonderen Kündigungsregeln des Lizenzfußballs die Arbeitnehmereigenschaft entfallen. Entsprechend den Vorgaben des Arbeitsrechts werden die Kündigungsschutzregeln durch die Verbandsregeln beachtet und es wird versucht, den Besonderheiten des Fußballs gerade vor dem Hintergrund der in Literatur und Rechtsprechung entwickelten arbeitsrechtlichen Grundlagen Rechnung zu tragen.

Eine Erhebung des Spielers in den Status eines leitenden Angestellten ist rechtlich nicht haltbar. Im arbeitsrechtlichen Sinn sind leitende Angestellte Arbeitnehmer mit spezifischen Arbeitnehmerinteressen, die sich von den übrigen Arbeitnehmern dadurch unterscheiden, dass sie in eigener Verantwortung typische Unternehmerfunktionen mit einem eigenen erheblichen Entscheidungsspielraum wahrnehmen.[365] Alleine die Möglichkeit eines Spielers, mit seinen Befugnissen und Entscheidungen große finanzielle Auswirkungen für seinen Dienstberechtigten herbeizuführen, verleiht ihm noch keine typische Leitungsfunktion im Hinblick auf wirtschaftliche Angelegenheit des Clubs.

---

365 *Vogelsang*, in: Schaub (Hrsg.), ArbR-Handbuch, § 13. Leitende Angestellte/Außertarifliche Angestellte, Rn. 2; Leitende Angestellte können sowohl solche mit unmittelbarer personeller Anordnungsbefugnis sein, als auch solche mit einem erheblichen Einfluss auf die wirtschaftliche Führung des Unternehmens, wie vor.

Im Gegensatz zu einem leitenden Angestellten fällt der Spieler keine wirtschaftlichen Entscheidungen, die unmittelbar seinen Arbeitgeber betreffen. Zwar kann der Spieler durch Bezug eines hohen Gehalts die wirtschaftliche Situation seines Clubs maßgeblich prägen kann.[366] Die Verantwortung und die wirtschaftliche Entscheidung im Hinblick auf die Gewährung dieses Gehalts trifft jedoch nicht der Spieler, sondern der Club.

In sportlicher Hinsicht ist der Spieler zwar in der Lage, durch seine situativen Entscheidungen im Spiel große finanzielle Auswirkungen für oder gegen seinen Club herbeizuführen. Diese sportlichen Entscheidungen des Spielers, kann man aber nicht mit den wirtschaftlich motivierten Entscheidungen eines leitenden Angestellten vergleichen, denn sportliche Entscheidungen erfolgen im Rahmen eines ungewissen Gesamtspielverlaufs und lassen sich in den seltensten Fällen als eindeutig falsch oder richtig bewerten, auch nicht in der ex-post Betrachtung. Selbst wenn beispielsweise ein Spieler in der Finalrunde eines Turnierwettbewerbs den entscheidenden Elfmeter in einem Elfmeterschießen vergibt, ist es nicht sachgemäß die sportliche Leistung dieses Spielers für den Verlust andernfalls möglicher weiterer Einnahmen aus dem Turnierwettbewerb verantwortlich zu machen. Ein Spiel wird immer von den beteiligten Feldspielern insgesamt sowie dem Schiedsrichtergespann und durch den gesamten Verlauf der Spielzeit entschieden.

Auch ist die Einordnung eines bestimmten Spielers als Spitzenspieler kaum vorzunehmen. Ein Abstellen auf die sportliche Qualität des Spielers bereitet das Problem, dass die Einordnung in die Kategorie „Spitzenspieler" immer nur punktuell erfolgen und sich innerhalb von wenigen Monaten als nicht mehr angemessen herausstellen kann.[367] Wenn man die Höhe der Bezahlung zugrunde legt, ist eine derartige Einordnung zwar schon eher möglich. Ein Spieler, der ein sehr hohes Gehalt verdient, wird vom Club offensichtlich als Spitzenkraft angesehen. Allerdings bereitet auch die Einordnung der Spieler über das Gehalt in der Praxis Probleme.

So ist kaum zu klären, welcher konkrete Betrag einen Spieler zum Spitzenspieler werden lässt. Zudem besteht in Rechtsprechung und Literatur weitest gehende Einigkeit darüber, dass die Vergütung der geleisteten Dienste generell und insbesondere deren Höhe für die Einordnung als Arbeitnehmer nicht maßgeblich ist.[368]

Hinsichtlich der in Frage gestellten Schutzwürdigkeit des Fußballprofis allgemein ist zunächst zu bedenken, dass viele talentierte Spieler bereits als Teenager

---

366 Vgl. *Breucker/Wüterich*, in: Stopper/Lentze (Hrsg.), Handbuch Fußball-Recht, Kap. 8, Rn. 57, vgl. auch LAG Hamburg SpuRt 2007, S. 217.

367 Hiervon zeugt beispielsweise die „Rangliste des deutschen Fußballs" im Fachmagazin KICKER: Abgesehen davon, dass die Kategorien „Weltklasse" und „internationale Klasse" regelmäßig frei von Bundesligaspielern bleiben, kommt es häufig vor, dass Spieler innerhalb weniger Monate aus den jeweiligen Kategorien wieder verschwinden, weil ihre Qualität mittlerweile anders beurteilt wird.

368 *Linck*, in Schaub (Hrsg.), ArbR-Handbuch, § 188, Rn. 9; *Richardi*, in: Richardi/Wlotzke/Wißmann/Oetker (Hrsg.), Münchener Handbuch ArbR, § 17, Rn. 13 m.w.N.

Verträge mit langfristigen Verpflichtungen abschließen. Im frühen Karrierestadium sind sie hierbei häufig unerfahren und rechtlich schlecht beraten. Die tendenziell gute Verhandlungsposition dieser Talente steht der Annahme einer Schutzbedürftigkeit nicht entgegen, weil keineswegs davon ausgegangen werden kann, dass die Mehrzahl der jungen Spieler diese gute Verhandlungsposition in der für sie besten Weise nutzt.[369]

Eine zunehmende Macht der Spieler lässt sich im Hinblick auf den „Poker" etablierter Starspieler um das Gehalt und etwaige Ausstiegsmöglichkeiten feststellen, kann jedoch keinesfalls als Regelfall angesehen werden. Im Übrigen kann selbst ein Spitzenspieler die grundlegenden Rahmenbedingungen seiner Tätigkeit vertraglich kaum signifikant anders gestalten als ein Durchschnittsprofi.[370] Er kann gegenüber einem Club wie ein Unternehmer verhandeln und sich Freiheiten zusichern lassen. Im Ergebnis wird er aber immer darauf angewiesen sein, dass sich ein Club findet, der ihn für einen gewissen Zeitraum für eine Tätigkeit als Fußballspieler anstellt. Seine Abhängigkeit von diesem konkreten Club mag zwar gering sein, seine Abhängigkeit von einem Fußballclub als Arbeitgeber generell ist hingegen groß.

In Bezug auf die eigenen „unternehmerischen Aktivitäten", die üblicherweise bei Profisportlern zu beobachten sind, also insbesondere die Vermarktung im Werbe- und Medienbereich, ist festzustellen, dass diese gerade nicht Gegenstand des Vertragsverhältnisses zum beschäftigenden Verein sind.

Vielmehr sind sie Ausprägung der in diesem Beschäftigungsverhältnis erworbenen besonderen Vermarktungsmöglichkeiten. Die in diesem Verhältnis gebundene Arbeitskraft kann hingegen – solange die Bindung besteht – auf dem Markt nicht angeboten werden.[371] Insofern sprechen die Vermarktungsmöglichkeiten nicht gegen das Vorliegen eines Arbeitsverhältnisses. Aus dem Urteil des BFH zur Werbetätigkeit des Nationalspielers folgt, dass eine ausnahmsweise Abspaltung bestimmter Tätigkeiten, die stärker durch ein unternehmerisches Risiko geprägt sind, vom Arbeitsverhältnis durchaus möglich ist. Angesichts dieser Möglichkeit, muss gerade nicht Bestehen eines Arbeitsverhältnisses des Spielers in Frage gestellt werden, sondern es können weitere Verhältnisse neben diesem festgestellt werden.

Eine Selbstqualifizierung des Spielervertrages hätte im Fall des tatsächlichen Vorliegens eines Arbeitsverhältnisses keinen Bestand mehr. Folglich wäre die Selbstqualifizierung mit einer erheblichen Unsicherheit behaftet. Im Übrigen machen auch die voranstehenden Ausführungen zum zwingenden Vertragsinhalt und

---

369 *Rüsing*, Sportarbeitsrecht, S. 28.

370 Immer wieder gibt es Gerüchte, wonach einzelne Spieler sich eine Einsatzgarantie vertraglich hätten zusichern lassen. Derartige Klauseln sind aber mit dem Leistungsgedanken im Mannschaftssport derart unvereinbar, dass es sich hierbei – wenn derartige Garantien tatsächlich eingeräumt wurden - um absolute Ausnahmen handeln dürfte.

371 *Klose/Zimmermann*, in: Sportler, Arbeit und Statuten, S. 143.

den – in aller Regel verwendeten[372] – Musterverträgen von DFB und DFL deutlich, dass der Lizenzfußballspieler relativ strengen und weitreichenden Regelungen seiner beruflichen Tätigkeit unterliegt. Insbesondere die vorgenannten Regelungen im Mustervertrag der DFL zu Pflichten des Spielers in §§ 2, 2a und zum Direktionsrecht des Clubs in § 5 belegen die inhaltliche Nähe des Spielervertrages zum Arbeitsvertrag.[373] Für eine Selbstqualifizierung besteht insofern nur begrenzt Raum.

2. Kapitel: Spielertransfer

Unter einem „Spielertransfer" versteht man den Vereinswechsel eines Vertragsfußballspielers, der bis zum Zeitpunkt des Wechsels bei seinem ehemaligen Club noch einen gültigen Spielervertrag hat, mit der Folge, dass der neue Club sich mit dem bisherigen Club über eine Aufhebung des Vertrages einigen muss. Im Gegensatz zum üblichen Geschäfts- und Wirtschaftsleben ist der Arbeitgeberwechsel eines Fußballspielers Ausgangspunkt einer Mehrzahl von einzelnen Verträgen mit unterschiedlichen Beteiligten des gleichen Gesamttransfergeschäfts.[374]

Entsprechend der großen Bedeutung des Transfers für die Clubs und die Sportler, haben die Verbände besonderes Augenmerk auf die Transferregelungen gelegt. Auch die wohl berühmteste Entscheidung im Sportrecht, das „Bosman-Urteil"[375], hatte nicht zufällig die Transferregelungen der FIFA zum Gegenstand. Der Vereinswechsel von Fußballspielern unterscheidet sich maßgeblich von einem Arbeitsplatzwechsel in anderen Berufssparten. Ein Club kann aufgrund der Führung der sog. Transferliste und der besonderen Erteilungsvoraussetzungen der Spielerlaubnis anders als im „normalen" Arbeitsleben den Spieler als Arbeitnehmer nicht einfach abwerben und dann die Gerichtsentscheidung über die vom ehemaligen Arbeitgeber geforderte Schadensersatzsumme abwarten.[376] Außerdem kann der Spieler selbst bei Einigung aller Parteien nicht jederzeit wechseln, sondern ist an die so genannten Registrierungsperioden gebunden.[377]

In der Praxis wird bei einem Transfer häufig die umgangssprachlich als „Spielerkauf"[378] bezeichnete Situation vorliegen. Der ehemalige Club macht hierbei die Auflösung des Spielervertrages mit dem Spieler von der Zahlung einer Ablösesumme durch den neuen Club abhängig.[379] Daneben gibt es die Konstellation, dass

372 Vgl. *Habl/Kropf*, ZInsO 2012, S. 430, 432.
373 Vgl. DRITTER TEIL, 1. Kap., B.
374 *Schickhardt*, in: Galli/Elter/Gömmel/Holzhäuser/Straub (Hrsg.), Sportmanagement, S. 641, 642.
375 EuGH, Urt. v. 15.12.1995 – Rs. G-415/93 – Slg. 1995, I-4921 – „Bosman" = NJW 1996, S. 505 ff.
376 *Schamberger*, SpuRt 2001, S. 134, 137.
377 Vgl. DRITTER TEIL, 2. Kap., C.2.
378 *Bohn*, SpuRt 2009, S. 107; *H.P. Westermann*, ZIP 1991, S. 705.
379 Die weiteren Details und rechtlichen Implikationen werden in diesem Teil unter C.VII und unter VIERTER TEIL, 1. Kap. dargestellt.

der Club einen wechselwilligen Spieler ohne Ablösezahlung zwecks Vereinswechsels aus dem Vertragsverhältnis entlässt, weil der Club beispielsweise das Gehalt des Spielers einsparen möchte. Schließlich kann jeder Club einen Spieler nach Ablauf oder berechtigter Kündigung des Vertrages mit dem ehemaligen Club unter Vertrag nehmen. Hier liegt kein Transfer im vorgenannten Sinne vor, denn infolge des Bosman-Urteils besteht keine Verpflichtung zur Zahlung einer nachvertraglichen Transferentschädigung; die Clubs müssen sich dementsprechend nicht über den Transfer eines vertragslosen Spielers einigen.[380]

A. Entwicklung des Transferwesens

Zwischen 1893 bis 1908 entwickelte der englische Fußballverband die ersten Transferregelungen für den Berufsfußball.

Ein Spieler war grundsätzlich lebenslang an seinen Club gebunden und konnte nur im Fall einer „Freigabe" zu einem anderen Verein wechseln.[381] Dadurch sollte eine Abwanderung guter Spieler zu den reicheren Clubs – so genanntes „Poaching" – verhindert werden.[382] Der Einführung des Berufsspielertums in Deutschland gingen jahrzehntelange kontroverse Diskussionen voraus.[383] Schon 1908 wurde die Frage diskutiert und in der Folgezeit auf ordentlichen und außerordentlichen Bundestagen des DFB abgelehnt.[384]

Einen ersten offenen Angriff auf das damals gültige Amateurstatut musste der DFB abwehren, als im Jahre 1919 ein ungarisches Brüderpaar – letztlich ohne Erfolg – den Berufsfußball ausrief.[385] Im August 1930 wurden die Akteure der ersten Mannschaft von Schalke 04 als Strafmaßnahme zu Berufsspielern erklärt und aus dem Westdeutschen Fußballverband ausgeschlossen, nachdem bekannt geworden war, dass sie Geldbeträge für die Sportausübung entgegengenommen hatten.[386]

Nach dem zweiten Weltkrieg setzte der Süddeutsche Fußballverband ein offizielles Vergütungssystem durch. Die Spieler der süddeutschen Oberliga-Vereine wurden 1948 zu Vertragsspielern erhoben und erhielten von ihren Clubs monatlich einen aus Grundgehalt und Leistungsprämien bestehenden Betrag von 320

---

380 *Schickhardt*, in: Galli/Elter/Gömmel/Holzhäuser/Straub (Hrsg.), Sportmanagement, S. 641, 646.

381 *Malatos*, Berufsfußball im europäischen Rechtsvergleich, S. 4 f. und 107 ff.

382 *Wertenbruch*, NJW 1993, S. 179, 180.

383 Hierbei erwiesen sich die dem finanziell unabhängigen Bürgertum entstammenden DFB-Funktionäre als „hartnäckiger Kommerzialisierungsgegner", vgl. *Raupach*, SpuRt 2008, S. 241, 243.

384 100 Jahre DFB, S. 22; der Geschäftsführende Vorsitzende des DFB von 1911-1927, *Georg Blaschke*, wird in 100 Jahre DFB auf S. 263 zitiert mit den Worten: *„Berufsspielertum und Jugendpflege vertragen sich nicht. Wo das Berufsspielertum herrscht, verkommt die Jugend."*

385 100 Jahre DFB, S. 27 und 391.

386 100 Jahre DFB, S. 34 und 388.

Mark brutto.[387] Mit der Einführung des Vertragsspielerstatutes wurden erstmals bundesweit und offiziell Zuwendungen an die Spieler erlaubt als „Ausgleich für besonders sportliche Inanspruchnahme". Außerdem etablierten sich Ablöseentschädigungen.[388] Angesichts der Begrenzung des monatlichen Festgehalts auf 160 Mark und der Verpflichtung, neben der Fußballertätigkeit noch einen bürgerlichen Beruf auszuüben, konnte von einem echten Profitum jedoch keine Rede sein.[389]

Bei innerdeutschem Vereinswechsel durften die Spieler nach dem Statut kein Handgeld verlangen oder annehmen. Ihr Ablösepreis - die Entschädigungssumme für den abgebenden Verein - wurde nach einem komplizierten Schlüssel errechnet und lag im Durchschnitt bei immerhin 10.000 Mark.[390] Nur einige Jahre später zeichnete sich deutlich ab, dass die Spieler mehr Geld verlangten und auch bekamen, als ihnen das Statut zubilligte.[391] Der Westdeutsche Fußballverband hatte dem DFB schon Ende 1952 die Gründung einer professionellen Deutschland-Liga vorgeschlagen.[392] Der Umstand, dass die entsprechende Änderung des Statuts sich noch um ein Jahrzehnt verzögerte, hing vor allem mit dem ausufernden deutschen Liga-System zusammen.[393] Zur Anerkennung des Berufsfußballs in Deutschland kam es erst, als auch die Massenliga aufgegeben wurde, und der DFB-Bundestag am 28.07.1962 beschloss, die „Bundesliga auf Lizenzspieler-Basis" einzuführen.

Das damalige Bundesliga-Statut gestattete dem „Bundesligaspieler mit beschränkten Bezügen"[394] bei Grundgehältern zwischen 250 und 500 Mark höhere monatliche Gesamtentgelte (bis zu 1200 Mark) und verzichtete auf eine

---

387 Artikel „Geld im Schuh" aus DER SPIEGEL, 35/1963, S. 38 (Quelle: Internet); der DFB gründete sich nach dem Krieg im Jahre 1949 offiziell neu, „100 Jahre DFB", S. 27.

388 *Westerkamp*, Ablöseentschädigung im bezahlten Sport, S. 12; 100 Jahre DFB, S. 44.

389 *Raupach*, SpuRt 2008, S. 241, 243.

390 Vgl. DER SPIEGEL, 35/1963, S. 33 a.a.O.

391 Dadurch, dass der DFB die an die Spieler zu zahlenden Höchstbeträge einführte, begründete er zugleich unbeabsichtigt Deutschlands „schwarzen" Fußballmarkt. Nur mit illegalen Zuwendungen konnten die Vereine sich vor Abwerbung ihrer Spieler schützen oder selbst Spieler anderer Vereine verpflichten, vgl. Artikel „Das ist schrecklich" aus DER SPIEGEL, 28/1965, S. 70 (Quelle: Internet).

392 Er begründete dies wie folgt: „Die großen und kleinen Sünden unserer Vertragsabteilungen sind bekannt. Es muss mit aller Klarheit darauf hingewiesen werden, dass wir bereits den Berufsfußball haben [...]." Zit. nach DER SPIEGEL 35/1963, S. 38 a.a.O.

393 Während sich im Ausland bereits das Modell einer Spitzenliga durchgesetzt hatte, hielt der DFB bis in die Sechzigerjahre an der so genannten „Massenliga" fest. Zunächst ermittelten 74 Mannschaften in fünf regionalen Oberligen ihre Meister. Erst am Ende der Saison trafen die acht besten Clubs aufeinander, vgl. DER SPIEGEL, 35/1963, S. 34 a.a.O.

394 *Westerkamp*, Ablöseentschädigung im bezahlten Sport, S. 12; „100 Jahre DFB", S. 51.

einheitliche Einkommensgrenze nach oben.[395] Ablösesummen bis zu 100.000 Mark konnten zwischen den Clubs frei ausgehandelt werden.[396] Für so genannte „sesshafte Bundesliga-Lizenzspieler“ sah das Statut ein attraktives Novum vor, nämlich eine Belohnung von bis zu 10.000 Mark als „Treueprämie“, sofern die Spieler ihren grundsätzlich auf zwei Jahre abzuschließenden Angestellten-Vertrag mit dem Verein verlängerten.[397]

Auch nach Einführung des Bundesliga-Status blieb das Berufsspielertum lange Jahre umstritten; dessen Gegner befürchteten, dass Gelder, die eigentlich für den Amateur- und Jugendbereich verwendet werden sollten, zum Teil in die Taschen von Spielervermittlern und Unternehmern wandern würden.[398]

Das Thema der überhöhten (Schwarz-)Zahlungen diverser Vereine hatte sich durch die Abschaffung der Einkommensobergrenze keineswegs erledigt.[399] In vielen Fällen wurden unzulässige Zahlungen der Vereine durch dem Spieler gegenüber erbrachte Sachleistungen[400] verdeckt. Diesem Missbrauch wurde erst im Jahre 1972 endgültig der Boden entzogen, als der DFB in Reaktion auf den „Bundesliga-Skandal“[401] die vollständige Aufhebung der Beschränkungen für Gehälter, Handgelder, Prämien und Ablösesummen beschloss.

---

395 § 18 des Bundesligastatuts i. d. F. von 1963, abgedruckt in „100 Jahre DFB“, S. 273; vgl. auch *Westerkamp*, Ablöseentschädigung im bezahlten Sport, S. 12.

396 100 Jahre DFB“, S. 55.

397 Der DFB hoffte mit dieser Verbesserung der Ertragslage dem seit der Weltmeisterschaft im Jahre 1954 sinkenden Leistungsniveau des deutschen Fußballs, der Abwanderung erstklassiger Spieler ins Ausland und der systematischen Missachtung von Bezahlungsbestimmungen des DFB entgegenzuwirken, vgl. DER SPIEGEL, 35/1963, S. 34.

398 Exemplarisch kann die Tägliche Rundschau mit dem Satz zitiert werden: „Das Bestreben privater Unternehmer im Fußball muss von allen Vereinen mit schärfsten Mitteln beantwortet werden. Der Sport hat in Privathand nichts zu suchen.“ Zitat zu finden im Artikel „Spielerhandel – Preis hoch“ aus DER SPIEGEL, 13/1964, S. 102 (Quelle: Internet).

399 So wurde bei einer Kassenkontrolle durch den DFB festgestellt, dass der Verein Hertha BSC Berlin statt dem zulässigen Handgeld von 10.000 bis 15.000 Mark, Summen zwischen 25 000 und 120 000 Mark an Spieler gezahlt hatte, vgl. DER SPIEGEL 28/1965, S. 70; vgl. auch „100 Jahre DFB“, S. 54.

400 Laut DER SPIEGEL, 28/1965, S. 70 a.a.O. wurden u. a. Spielautomaten, Tankstellen, Gastwirtschaften, Wohnungen, Autos, Geschäfte, Versicherungen, Bausparverträge und Grundstücke zugewandt.

401 Hierbei handelte es sich um einen Bestechungsskandal aus der Saison 1971/1972, der zum Ausschluss von Arminia Bielefeld aus der Bundesliga und zu zahlreichen Prozessen gegen Spieler und Funktionäre vor den DFB-Gerichten führte. Strohmänner hatten vier- bis sechsstellige Summen für Spielmanipulationen geboten und diverse Akteure des Fußballs hatten diese entgegengenommen, vgl. „100 Jahre DFB“, S. 58 und 433 ff.

Aufgrund der nahezu übereinstimmend in den internationalen Verbandssatzungen sowie den Regelwerken von UEFA und FIFA normierten Bestimmungen zu Transferentschädigungen und „Ausländerklauseln“ war der Wettbewerb um die besten Spieler bis zum Bosman-Urteil aus dem Jahre 1995 trotz der vorgenannten Änderungen noch begrenzt.[402] Erst nach dem Bosman-Urteil trat eine Liberalisierung des Spielermarktes ein, verbunden mit Spielergehaltssprüngen und einer wertmäßigen Explosion der Ablösesummen. Vor dem Bosman-Urteil sahen die Statuten der meisten Verbände die Zahlung einer Transferentschädigung durch den einen Spieler unter Vertrag nehmenden Club an den letzten vorherigen Club des Spieler vor und zwar unabhängig davon, ob der Spieler zum Zeitpunkt des Wechsels noch vertraglich an diesen Club gebunden war oder nicht.

Dass das Bosman-Urteil im Jahre 1995 das gesamte bis dahin geltende Transfersystem erschütterte, vermag insofern etwas zu verwundern, als bereits im Jahre 1979 das LAG Berlin das damals geltenden DFB-Lizenzspielerstatut in der Fassung vom 01. März 1978 teilweise als verfassungswidrig bewertet hatte.[403] Das LAG hatte entschieden, dass der beklagte Club nicht berechtigt sei, die Freigabe des Spielers – nach fristgerechter Kündigung – von der Forderung einer Transferentschädigung abhängig zu machen. Die Bestimmungen zur Freigabe und Transferentschädigung seien wegen Verstoßes gegen Art. 12 Abs. 1, Art. 1 Abs. 1 GG i. V. m. § 134 BGB nichtig. Insbesondere dürfe die Höhe der Transferentschädigung nicht alleine vom Willen des abgebenden Vereins abhängig sein oder von diesem willkürlich bestimmt werden.

Die genannten Regeln könnten auf einen „Verkauf von Arbeitnehmern“ hinauslaufen und insofern auch gegen Art. 1 GG verstoßen.[404] Soweit in diesem Zusammenhang ausgeführt werde, ohne Erhalt von Transferentschädigungen seien die Vereine wirtschaftlich nicht existenzfähig und insbesondere nicht zur Heranbildung des Spielernachwuchses in der Lage, betreffe dies mehr die wirtschaftliche als die ideelle Seite des Fußballs. Mit dieser Begründung seien die Transferentschädigungen also nicht zu rechtfertigen.[405] Derartige Einschränkungen hätten

---

402 *Raupach*, SpuRt 2008, S. 241, 243.

403 LAG Berlin NJW 1979, 2582; nach dem damaligen DFB-Lizenzspielerstatut war dem Spieler selbst bei ordnungsgemäßer Lösung des Spielervertrags nur dann der Vertragsschluss mit einem neuen Verein möglich, wenn er gemäß § 26a DFB-Lizenzspielerstatut die Spielerlaubnis des DFB für diesen neuen Verein erhielt. Dem diesbezüglichen Antrag war stattzugeben, wenn die Aufnahme des Spielers in die „Transferliste“ bekannt gegeben war und der abgebende Verein die Freigabe erteilt hatte (oder der Spieler „vereinseigen“ war). § 29 DFB-Lizenzspielerstatut sah zwingend die Zahlung einer Transferentschädigung vor. Der abgebende Verein konnte den Einsatz des Spielers beim neuen Verein bis zur Einigung über die Transferentschädigungshöhe blockieren, vgl. *Buchner*, RdA 1982, S. 1, 8; *Reuter*, NJW 1983, S. 649.

404 LAG Berlin, NJW 1979, S. 2582.

405 LAG Berlin, NJW 1979, S. 2582, 2583, soweit die Rechtsprechung in der Vergangenheit die Rechtfertigung von vergleichbaren vertraglichen Kündigungs

sich aber immer daran zu orientieren, was unter Berücksichtigung des Einzelfalles nach Treu und Glauben dem Arbeitnehmer zugemutet werden könne.[406] Entschädigungen, die für den Spieler in Anbetracht seiner wirtschaftlichen Leistungsfähigkeit nicht aufzubringen seien und die sich auf ein Vielfaches der tatsächlichen Fort- beziehungsweise Ausbildungskosten beliefen, seien nicht zu rechtfertigen.[407]

Der DFB änderte daraufhin das Lizenzspielerstatut dahingehend, dass in einem solchen Fall eine Freigabeerklärung des alten Vereins für die Spielerlaubnis nach § 26a LSpSt nicht mehr erforderlich war.[408]

Die Entscheidung des EuGH im Bosman-Urteil[409] war Gegenstand zahlreicher juristischer Untersuchungen, auf die hier verwiesen wird.[410] Wichtig ist es hervorzuheben, dass der Anwendungsbereich des Bosman-Urteils naturgemäß zunächst nur Spielertransfers zwischen Clubs aus verschiedenen EU-Mitgliedstaaten betraf. Der EuGH hat in den Entscheidungsgründen ausdrücklich offen gelassen,[411] ob die beanstandeten Regeln gegen das Kartellverbot (Art. 101, 102 AEUV) verstoßen. In der Literatur wurde teilweise die Auffassung vertreten, dass der EuGH auch diesen Verstoß gegen das Kartellrecht hätte bejahen müssen.[412] Die Vorgaben des Bosman-Urteils wurden spätestens mit Beginn der Spielzeit 1996/97 von allen Verbänden respektiert und in das jeweilige Verbandsrecht umgesetzt.[413] Der dem ersten Anschein nach begrenzte Anwendungsbereich führte dazu, dass viele Verbände noch Teile ihrer Regelwerke zu retten versuchten, indem sie beispielsweise die Transferentschädigungsregelungen für ligainterne Clubwechsel aufrechterhielten. Teilweise gingen die Verbände aber auch über die Vorgaben des EuGH hinaus, indem sie

---

beschränkungen anerkannt habe, sei dies auf Fälle beschränkt gewesen, in denen der Arbeitgeber Gelegenheit für berufliche Fortbildung unter voller Lohn- und Gehaltsfortzahlung gewährt und unter Umständen sogar weitere Kosten dieser Fortbildungsmaßnahme getragen habe.

406 LAG Berlin, NJW 1979, S. 2583; BAG NJW 1962, S. 1981.

407 LAG Berlin, NJW 1979, S. 2583.

408 Der Spieler konnte ohne Mitwirkung seines Vereins nach Vertragsablauf zu einem anderen Verein wechseln, der allerdings zur Zahlung einer Transferentschädigung verpflichtet war.

409 EuGH, Urt. v. 15.12.1995 – Rs. G-415/93 – Slg. 1995, I-4921 – „Bosman“ = NJW 1996, S. 505 ff.

410 Vgl. nur: *Trommer*, Transferregelungen im Lichte des „Bosman-Urteils“; *Plath*, Individualitäts-beschränkungen im Berufsfußball; *Reiter*, Vereinswechsel, S. 40 ff.; *Arens*, SpuRt 1996, S. 39 ff.; *Hilf/Pache*, NJW 1996, 1169 ff.; *Fleischer*, WuW 1996, S. 473 ff.; *Stopper*, SpuRt 2000, S. 1 ff.; *Streinz*, ZEuP 2005, S. 340 ff.; *H. P. Westermann*, DZWir 1996, S. 82 ff.

411 EuGH, Urt. v. 15.12.1995 – Rs. G-415/93 – Slg. 1995, I-4921, Rn. 138 – „Bosman“ = NJW 1996, S. 505, 512.

412 *Fleischer* WuW 1996, S. 473 ff.; *H. P. Westermann* DZWiR 1996, S. 82, 85; *Wertenbruch* EuZW 1996, S. 91 f.

413 *Streinz*, ZEuP 2005, S. 340, 354.

auch die verbandsinternen Transfersysteme anpassten und die Ausländerklauseln für alle europäischen Spieler abschafften.

Auch das spätere *Lehtonen*-Urteil[414] betraf einen Streitfall aus dem Bereich des Transfers im Profimannschaftssport. Hier ging es um eine Vorschrift, wonach in der belgischen Basketball-Liga Spielertransfers nur bis zu einem bestimmten Stichtag erfolgen konnten, wenn die Spieler in der laufenden Saison noch eingesetzt werden sollten.

Der EuGH entschied, dass diese Regel ein Hindernis für Freizügigkeit des finnischen Klägers beinhalte, aber objektiv gerechtfertigt sein könnte, um den geordneten Ablauf des sportlichen Wettkampfs sicherzustellen. Allerdings dürften die hierzu getroffenen Maßnahmen nicht über das hinausgehen, was zur Erreichung des verfolgten Zwecks erforderlich sei.[415] Durch dieses Urteil setzte der EuGH den Maßstab im Hinblick auf Wechselfristen aller nationalen Verbände.

Der DFB wurde durch die Entscheidung des BAG im Fall „Kienaß",[416] welche die Unzulässigkeit entsprechender Transferentschädigungsregelungen nach Vertragsablauf für den Wechsel von Eishockeyspielern innerhalb Deutschlands erklärte, veranlasst, die Transferentschädigungsregelung auch für innerdeutsche Transfers abzuschaffen. Nachdem das Bosman-Urteil die Transferentschädigung nach Vertragsablauf unmöglich gemacht hatte, standen die Clubs vor dem Problem, dass der Verlust eines Spielers nicht mehr zwingend mit einer Entschädigung verbunden war. Wichtig ist in diesem Zusammenhang aber, dass das „Herauskaufen" eines Spielers durch einen anderen Verein aus einem laufenden Arbeitsvertrag weder Gegenstand der Bosman-Entscheidung noch nationaler Gerichtsurteile war.[417] Im Gegenteil ließ sich sowohl der Bosman-Entscheidung, als auch den Urteilen in Sachen Kienaß[418] und Baake[419] eine Billigung dieser Praxis entnehmen. Beide Urteile erachteten lediglich die Zahlungen von Transferentschädigungen nach Vertragsablauf, nicht aber während der Vertragslaufzeit als Verstoß gegen die Berufsfreiheit. Aufgrund dieser Billigung des „Herauskaufens", bemühten sich die Clubs nunmehr, mit den Spielern längere Verträge abzuschließen, um sich vor einem (ablösefreien) Wechsel des Spielers zu schützen und so aus einem Wechsel zumindest

---

414 EuGH, Urt. v. 13.04.2000 – Rs. C-176/96 – Slg. 2000, I-2681 – Lehtonen = EuZW 2000, S. 375 ff.

415 aaO, Rn. 49 – Lehtonen = EuZW 2000, S. 375, 378.

416 BAG, NZA 1997, S. 647.

417 *Kelber*, NZA 2001, S. 11, 12.

418 BAG, NZA 1997, S. 647: Die Transferregelung wurde wegen Verstoßes gegen die guten Sitten (§ 138 BGB, Art. 12 GG) als nichtig angesehen, *„soweit danach eine Entschädigung auch dann verlangt werden kann, wenn das Arbeitsverhältnis bei dem abgebenden Verein bereits beendet war"*.

419 LAG Berlin im Leitsatz des Urt. v. 21.06.1979, NJW 1979, S. 2582: *„Ein Verein der 1. oder 2. Fußballbundesliga ist nicht berechtigt, die Freigabe eines Lizenzspielers nach Beendigung des Arbeitsverhältnisses von der Zahlung einer Ablösesumme abhängig zu machen."*

einen entsprechenden Profit erzielen zu können. Während vor dem Bosman-Urteil Ein- bis Zweijahresverträge üblich gewesen waren, wurden nun häufig Verträge mit zehnjähriger Laufzeit oder länger geschlossen.

Etwa bis zur Jahrtausendwende nahmen die Verbände dies hin. In dem Abschluss langfristiger Spielerverträge mit dem Ziel, im Falle eines Wechselwunsches des Spielers während der Vertragslaufzeit eine höhere Ablösesumme zu erzielen, wurde aber zunehmend eine Umgehung des Bosman-Urteils gesehen. Die vielfach geäußerte Kritik hatte zur Folge, dass im Jahre 2001 die EU-Kommission die vorgenannte Praxis der Clubs beanstandete.[420] Der ehemalige EU-Wettbewerbskommissar Mario Monti forderte, die Zahlung von Ablösesummen abzuschaffen und ein außerordentliches Kündigungsrecht entsprechend den jeweiligen nationalen arbeitsrechtlichen Vorschriften einzuführen.[421] Nach langen Verhandlungen wurde am 05.03.2001 ein Kompromiss erreicht, der am 06.03.2001 unter der Überschrift „Grundsätze für die Änderung des FIFA-Reglements betreffend internationale Transfers" veröffentlicht und bei der Tagung des FIFA-Exekutivkomitees am 05.07.2001 in Buenos Aires gebilligt wurde.

Die Grundsätze betrafen zwei Fragenbereiche:

1. Die Höhe der noch zulässigen „Förderungsentschädigungen" für in der Jugend ausgebildete Spieler anlässlich ihres späteren Transfers.
2. Die Zulässigkeit des „Herauskaufens" aus laufenden Verträgen und die lange Vertragsbindung als Voraussetzung für das Erzielen einer Ablösesumme.

Für Spieler bis 23 Jahre wurde das System zur Berechnung von Trainings- und Ausbildungskostenentschädigung entwickelt. Internationale Wechsel von Spielern unter 18 wurden untersagt. Die Möglichkeit des Herauskaufens wurde nicht angetastet, jedoch führte die FIFA die 5-Jahres-Grenze für Spielerverträge ein. Intention des (neuen) Reglements war es, einen Ausgleich zwischen den Mobilitätsinteressen der Spieler und den wirtschaftlichen Interessen der Vereine im Zusammenhang mit dem Transfer ihrer Leistungsträger zu schaffen. Erstmals seit dem Jahre 1995 enthielt das Reglement von 2001 wieder Beschränkungen des internationalen Spielertransfers und Regelungen über dessen sportliche und wirtschaftliche Auswirkungen für die Beteiligten.[422]

Auch nach dem neuen Reglement bestand die Möglichkeit langfristige Verträge abzuschließen. Die zulässige Höchstdauer von immerhin noch fünf Jahren mag vor dem Hintergrund des Bosman-Urteils und der Kritik an dessen Umgehung überraschen. Dass die EU-Kommission sich hiermit begnügte, ist vor dem Hintergrund zu sehen, dass Hauptkritikpunkt weniger die vertraglich vereinbarte

---

420 Sie tat dies mit einem *„nie näher präzisierten Konglomerat von freizügigkeitsrechtlichen und kartellrechtlichen Argumenten"*, wie *Streinz* in ZEuP 2005, S. 340, 349 formuliert.

421 *Fritz/Düll*, SpuRt 2002, S. 144.

422 *Oberthür*, NZA 2003, S. 462, 463.

langfristige Vertragsbindung als solche, sondern primär deren Durchsetzung seitens der Fußballverbände war.[423] Diese Sichtweise lässt sich den Regelungen des FIFA-Status-Reglements von 2001 entnehmen: Während den Clubs mit Billigung der EU-Kommission durch das Reglement eine Möglichkeit der vertraglichen Spielerbindung von bis zu fünf Jahren zugestanden wurde, ist deren Durchsetzung durch die Verbände auf eine Dauer von maximal drei Jahren begrenzt.[424]

Das Reglement von 2001 ist unter Beibehaltung der Grundgedanken mit Wirkung zum 1. Juli 2005 durch ein neues Reglement ersetzt worden.[425] Unter anderem wurde hierin die Mindestlaufzeit von Spielerverträgen verkürzt, der Schutz Minderjähriger verstärkt und die Ausbildungsentschädigung im Regelwerk nunmehr daran orientiert, welche Trainingskosten der aufnehmende Club gehabt hätte, wenn er den Spieler selbst ausgebildet hätte.[426] Die Regelungen zur Sicherstellung der Vertragsstabilität einerseits und zur Vertragsauflösung andererseits wurden in den Art. 13 bis 18 des FIFA-Transferreglements von 2005 präzisiert.[427]

B. Ablauf des Spielertransfers

In den Transfer eines Profifußballers sind zwingend zwei Fußballclubs, der die Spielerlaubnis erteilende Fußballverband und der zwischen den Clubs transferierte Spieler selbst involviert. Bei internationalen Transfers sind zudem die FIFA und der Verband des abgebenden Clubs beteiligt. Hinzu kommen im Einzelfall Spielervermittler, sonstige Berater und Investoren.

Dass der Arbeitgeberwechsel eines Fußballspielers, wie bereits eingangs des Kapitels ausgeführt, Ausgangspunkt einer Mehrzahl von einzelnen Verträgen mit unterschiedlichen Beteiligten des gleichen Gesamttransfergeschäfts ist, folgt aus dem besonderen verbandsrechtlichen Rahmen im Lizenzfußball. In diesem Zusammenhang ist zunächst zu vergegenwärtigen, dass die Lizenzspieler Verträge ohne ordentliche Kündigungsmöglichkeit haben.[428] Der Durchsetzbarkeit der vertraglichen Bindung des Spielers an seinen aktuellen Club und der Ablauf des Transfers nach bestimmten weltweit stark vereinheitlichten Regeln liegen verbandsrechtliche Normen zugrunde, auf die im Folgenden im Detail eingegangen werden soll.

---

423 *Schamberger*, SpuRt 2002, S. 228, 229.

424 Hintergrund ist der Art. 17 Nr. 3 FIFA-Status-Reglement, vgl. DRITTER TEIL, 1. Kap., B.

425 Dieses Reglement wurde vom FIFA-Exekutivkomitee am 18.12.2004 genehmigt.

426 Letztere Regelung ist von *Binder/Quirling*, SpuRt 2005, S. 184, 187 kritisiert worden, weil die Zahlung der so konkretisierten Ausbildungsentschädigung weder der Förderung der Nachwuchsarbeit in den Amateurvereinen insgesamt dient noch der konkrete Ausbildungsaufwand berücksichtigt wird.

427 Vgl. hierzu und zu den Änderungen insgesamt *Binder/Quirling*, SpuRt 2005, S. 184 ff.

428 Vgl. hierzu DRITTER TEIL, 1. Kap.

I. Verbandsrechtlicher Rahmen

Der rechtliche Rahmen des globalen Transfersystems wird geprägt durch das „Reglement bezüglich Status und Transfer von Spielern“ des Weltfußballverbandes FIFA.

1. FIFA-Status-Reglement

Nach Art. 1 Nr. 1 FIFA-Status-Reglement enthält das Reglement die allgemeingültigen und verbindlichen Bestimmungen bezüglich des Status von Spielern, deren Spielberechtigung im Rahmen des organisierten Fußballs und deren Transfer zwischen Vereinen unterschiedlicher Verbände. Das FIFA-Status-Reglement ist insofern jedenfalls bei allen Spielertransfers zwischen Clubs unterschiedlicher Verbände maßgeblich.

Der aus Sicht der FIFA zentrale Gedanke der „Wahrung der Vertragsstabilität zwischen Berufsspielern und Vereinen“ ist im so betitelten Abschnitt IV. des FIFA-Status-Reglements verankert und durch die hierin enthaltenen Artikeln 13 bis 18 näher ausgestaltet. Art. 13 schreibt vor, dass ein Vertrag zwischen einem Berufsspieler und einem Club als beendet gilt, wenn der Vertrag entweder ausläuft oder in gegenseitigem Einvernehmen aufgelöst wird.

Hiermit macht die FIFA deutlich, welche grundsätzlichen Beendigungskonstellationen sie akzeptiert, nämlich den Vertragsablauf und die einvernehmlich Auflösung. Eine einseitige Trennung vom Vertrag kommt in den Fällen der Vertragsauflösung aus triftigen Gründen (Art. 14 FIFA-Status-Reglement) oder aus sportlich triftigen Gründen (Art. 15) in Betracht. Eine einseitige Vertragsauflösung während einer Spielzeit ist gemäß Art. 16 in keinem Fall gestattet. Löst im Übrigen eine Partei einen Spielervertrag ohne triftigen Grund auf, setzt sie sich nach Art. 17 einer Entschädigungsverpflichtung aus. Dem Spieler können auch sportliche Sanktionen auferlegt werden.

Der Grundsatz der Vertragsstabilität erlangt aber erst seine volle Schutzwirkung zugunsten der Clubs durch die Regelungen zur Registrierung und Spielberechtigung des Spielers. Diese Regelungen sorgen dafür, dass der Verstoß gegen die Vertragsstabilität nicht nur zu der vorgenannten Entschädigungsverpflichtung oder sportlichen Sanktionen führen, sondern auch viel unmittelbarer dafür sorgen kann, dass der Spieler bis auf weiteres für einen anderen Club nicht einsetzbar ist.

Nach Art. 5 Nr. 1 S. 2 ist ein Spieler für einen Verein nur spielberechtigt, wenn er gemäß Art. 2 bei einem Verband entweder als Berufsspieler oder als Amateur registriert ist. Ein Spieler kann gemäß Art. 5 Nr. 2 nur bei jeweils einem Club registriert sein. Sofern ein Spieler seinen Vertrag bricht, um zu einem Club eines anderen Verbandes zu wechseln, wird sein aktueller Club den aktuellen Verband regelmäßig darum ersuchen, keinen internationalen Freigabeschein zu erteilen. Dieser internationale Freigabeschein ist von zentraler Bedeutung, denn nach Art. 9 Nr. 1 darf ein bei einem Verband registrierter Spieler bei einem anderen Verband nur dann registriert werden, wenn dieser einen internationalen Freigabeschein erhalten hat.

Der aktuelle Club kann also über seinen Verband die Registrierung eines Spielers bei einem anderen Verband blockieren. Diese Registrierung wiederum ist für den neuen Club zwingend erforderlich, denn der Einsatz eines nicht registrierten Spielers in einem offiziellen Spiel eines Clubs ist nach Art. 11 regelwidrig.[429]

Der Vereinswechsel unterliegt weiteren Regeln, die einem kurzfristigen Clubwechsel entgegenstehen, insbesondere sind die Registrierungsperioden zu beachten. Ein Spieler kann nach Art. 6 FIFA-Status-Reglement grundsätzlich[430] nur während einer von zwei vom zuständigen Verband pro Jahr festgelegten Perioden registriert werden,[431] wenn der Verein beim zuständigen Verband innerhalb einer Registrierungsperiode einen gültigen Registrierungsantrag eingereicht hat. Im Falle eines triftigen Grunds für eine Vertragsauflösung darf die FIFA zum Schutz vor Missbräuchen und in Übereinstimmung mit Art. 22 provisorische Maßnahmen ergreifen. Aufgrund der weltweit unterschiedlichen klimatischen Umstände, welche einen globalen Gleichlauf der Meisterschaftsrunden unmöglich machen, regelt die FIFA nur die Dauer der Registrierungsperiode, nicht deren Anfangs- und Enddatum. Den Registrierungsregeln liegt der in Art. 5 Nr. 4 normierte Gedanke zugrunde, dass die sportliche Integrität und Transparenz des Wettbewerbs unter allen Umständen gewährleistet bleiben muss. Clubs und Verbände können so jeden Spieler eindeutig dem zu seinem Einsatz berechtigten Club zuordnen. Außerdem wird durch die Beschränkungen des freien Vereinswechsels der geordnete Spielbetrieb im laufenden Wettbewerb gesichert.[432]

Art. 1 Nr. 2, 3 FIFA-Status-Reglement normieren die Regelungskompetenzen der Nationalverbände. Nach Art. 1 Nr. 2 regelt jeder Verband den Transfer von Spielern zwischen den eigenen Vereinen in einem verbandsinternen Reglement. Art. 1 Nr. 3 lit. a) legt fest, welche FIFA-Bestimmungen auf nationaler Ebene verbindlich sind und ohne jegliche Änderung ins nationale Verbandsreglement zu integrieren sind.[433] So hat das genehmigungspflichtige nationale Reglement

429 Unabhängig etwaiger Maßnahmen zur Korrektur der sportlichen Folgen eines solchen Einsatzes, können gegen den Spieler und/ oder den Verein Sanktionen durch den betreffenden Verband oder den Ausrichter des betreffenden Wettbewerbs ausgesprochen werden.

430 Ausnahmsweise kann ein Berufsspieler, dessen Vertrag vor dem Ende einer Registrierungsperiode abgelaufen ist, auch außerhalb der betreffenden Registrierungsperiode registriert werden. Die Verbände dürfen solche Berufsspieler registrieren, sofern die sportliche Integrität des betreffenden Wettbewerbs dadurch nicht beeinträchtigt wird.

431 Die erste Registrierungsperiode beginnt am Schluss der Spielzeit und endet im Normalfall vor Beginn der neuen Spielzeit. Die Registrierungsperiode ist auf zwölf Wochen beschränkt. Die zweite Registrierungsperiode wird im Normalfall in der Mitte der Spielzeit festgelegt und ist auf vier Wochen beschränkt, vgl. Art. 6 Abs. 2 FIFA-Status-Reglement.

432 Vgl. AG Heidelberg SpuRt 1999, S. 160; *Krämer*, SpuRt 2011, S. 186, 187.

433 Es handelt sich hierbei um Art. 2 bis 8, 10, 11, 18, 18bis, 19 und 19bis FIFA-Status-Reglement. Auf den für die Verbände laut Art. 1 Nr. 3 lit. a) verbindlichen Art. 18bis, der für das Transferinvestment von fundamentaler Bedeutung ist, wird im dritten Teil ausführlich eingegangen.

Bestimmungen für die Beilegung von Streitigkeiten zwischen Vereinen und Spielern zu enthalten und die Grundsätze des FIFA-Status-Reglements zu wahren.

Außerdem muss das nationale Reglement ein System für die Entschädigung von Vereinen vorzusehen, die in die Ausbildung und Förderung junger Spieler investieren.

Im Hinblick auf den Ablauf des Spielertransfers sind unter den für verbindlich erklärten Regeln insbesondere Art. 5 FIFA-Status-Reglement „Registrierung", Art. 6 „Registrierungsperioden" und außerdem die Art. 19 sowie 19bis zum Schutz Minderjähriger, von Bedeutung.Des Weiteren bestimmt Art. 1 Nr. 3 lit. b), dass das Reglement jedes Verbands geeignete Maßnahmen zur Wahrung der Vertragsstabilität unter Einhaltung „zwingenden nationalen Rechts" und nationaler Tarifverträge zu enthalten hat, wobei insbesondere die Grundsätze der Art. 13, 14, 15, 16, 17[434] berücksichtigt werden sollen. Von zentraler Bedeutung für jegliche Form des Transferinvestments ist jedoch vor allem die Verbindlicherklärung des Art. 18bis „Beeinflussung von Vereinen durch Drittparteien".[435]

2. Lizenzordnung Spieler des Ligaverbandes

Der Ligaverband hat die Vorgaben des FIFA-Status-Reglements zur Registrierung und Registrierungsperioden in den §§ 4 ff. LOS umgesetzt.[436]

Zwecks Offenlegung des Vereinswechsels der Lizenzspieler in der Bundesliga hat der Ligaverband die „Transferliste" nach § 4 LOS eingerichtet. Die Regelungen zur Transferliste gelten für Lizenzspieler und zu einem Lizenzclub wechselnde ausländische Spieler.[437] Alle Aufnahmen und Streichungen von Spielern werden vom Ligaverband veröffentlicht.[438]

Die Spielerlaubnis für einen Club dürfen gemäß § 4 N. 1 LOS nur Spieler erhalten, deren Aufnahme in die Transferliste bekannt gegeben worden ist. Mit der Bekanntgabe wird mitgeteilt, ab welchem Zeitpunkt der jeweilige Spieler verpflichtet

---

434 Art. 13: Einhaltung von Verträgen; Art. 14: Verträge können aus triftigen Gründen von beiden Parteien ohne Folgen aufgelöst werden; Art. 15: Verträge können von Berufsspielern aus sportlich triftigen Gründen aufgelöst werden; Art. 16: Verträge dürfen während einer Spielzeit nicht aufgelöst werden; Art. 17 Abs. 1 und 2: Im Falle einer Vertragsauflösung ohne triftigen Grund ist die vertragsbrüchige Partei zur Zahlung einer Entschädigung verpflichtet, deren Höhe vertraglich festgelegt werden kann; Art. 17 Abs. 3 bis 5: Im Falle einer Vertragsauflösung ohne triftigen Grund können der vertragsbrüchigen Partei sportliche Sanktionen auferlegt werden.

435 Vgl. FÜNFTER TEIL, A.I.

436 Nach § 4 Nr. 2 LOS gibt es entsprechend den FIFA Vorgaben in einem Spieljahr zwei Wechselperioden: die „Wechselperiode I" vom Ende eines Spieljahres bis zum 31.8. und die „Wechselperiode II" vom 01.01. bis zum 31.01. eines Kalenderjahres.

437 § 4 Nr. 4 LOS.

438 Die Veröffentlichung erfolgt von montags bis freitags täglich mit Ausnahme von gesetzlichen Feiertagen.

werden darf.[439] Ohne eine entsprechende Offenlegung in der Transferliste kann also kein Spielertransfer innerhalb oder in die Bundesligen erfolgen.

Voraussetzung für die Aufnahme in die Transferliste ist nach § 4 Nr. 6 lit. a) und d) LOS unter anderem, dass bei einem Wechsel die Verträge zum Zeitpunkt der Antragstellung fristgerecht gekündigt, in beiderseitigem Einvernehmen aufgelöst worden sind oder durch Zeitablauf enden und keine anderweitige rechtliche Bindung des Spielers an einen anderen Club besteht.

Außerdem bestimmt § 13 Nr. 2 LOS, dass eine Spielerlaubnis nur erteilt werden kann, wenn für den gleichen Zeitraum keine anderweitigen rechtlichen Bindungen als Spieler an einen anderen Club mehr bestehen. Im Falle der außerordentlichen Kündigung müssen die Voraussetzungen des § 8 Nr. 2 oder 3 LOS[440] vorliegen. Jedenfalls ist der Nachweis über die fristgemäße Beendigung des Vertrages dem Antrag zur Aufnahme in die Transferliste beizufügen. Sofern ein Spieler sich mehr als sechs Monate vor Ablauf seines aktuellen Vertrages an einen anderen Club vertraglich bindet, drohen Sanktionen.[441]

Eine „echte Freigabe" hinsichtlich eines Lizenzfußballspielers wird aktuell[442] noch bei grenzüberschreitenden Transfers erforderlich.[443] Voraussetzung für die Aufnahme von Spielern aus dem Ausland (auch Amateure) in die Transferliste ist nach § 4 Nr. 7 LOS die Vorlage eines gemeinsamen Antrages von Verein und Spieler oder die Einwilligung des zuständigen Mitgliedsverbandes der FIFA. Die Freigabe des Clubs kann also durch die Freigabe seitens dessen Nationalverbandes ersetzt werden.

II. Anbahnungsphase

Der Spielertransfer lässt sich in mehrere tatsächliche Stufen unterteilen, auf denen jeweils rechtliche oder verbandsrechtliche Fragen berücksichtigt werden und Rechtsbeziehungen begründet oder beendet werden müssen. Als Anbahnungsphase ist im Rahmen des aktuellen Transfersystems der zeitliche Abschnitt zu verstehen, in dem ein an einem Spieler interessierter Club insbesondere die Frage zu prüfen hat, ob er einen Spieler überhaupt transferieren kann.

---

439 § 4 Nr. 3 LOS.

440 § 8 Nr. 2 und 3 LOS regelt die Erteilungsvoraussetzungen für die Spielerlaubnis im Falle der Auflösung und außerordentlichen Kündigung von Spielerverträgen.

441 Der Spieler darf nach 5 Nr. 1 (Abs. 9) LOS ohne Einverständnis seines bisherigen Clubs einen Vertrag mit einem anderen Club nur abschließen, wenn sein Vertrag abgelaufen ist oder in den folgenden sechs Monaten ablaufen wird.

442 Die ehemals nach § 26a DFB-Lizenzspielerstatut erforderliche Freigabeerklärung des abgebenden Clubs ist im Anschluss an die Feststellung der Nichtigkeit durch das LAG Berlin aus dem Jahre 1979, abgedruckt in NJW 1979, 2582 ff., aus dem Lizenzspielerstatut gestrichen worden.

443 Vgl. §§ 3 Nr. 1 lit. b), 15 LOS, Anhang 3 des FIFA-Status-Reglements.

Ungeachtet des formal nicht mehr bestehenden Freigabeerfordernisses bei innerdeutschen Lizenzspielertransfers,[444] ist jeder Lizenzspieler vor Ablauf seiner Vertragslaufzeit darauf angewiesen, dass sein Club ihn in tatsächlicher Hinsicht „freigibt“, indem er seinen Vertrag auflöst. Der Abschluss von Verträgen mit mehreren Clubs für dieselbe Spielzeit ist nach § 5 Nr. 9 LOS verboten und strafbar.

Einen Transfer zu einem Club in einen anderen Mitgliedsverband der FIFA kann der aktuelle Club nach § 15 Nr. 2 lit. a) LOS verhindern. Die vom DFB in Abstimmung mit der DFL zu erteilende Freigabe[445] setzt voraus, dass der abgebende Club keine berechtigten Einwendungen gegen die Freigabe des Spielers durch den DFB erhebt.

Es dürfen nur solche Lizenzspieler die Freigabe für einen ausländischen Verein erhalten, die in die Transferliste aufgenommen worden sind und gegen deren Aufnahme keine Einwendungen im Sinne des § 15 Nr. 2 LOS vorliegen.

Würde der Spieler ohne Einverständnis des Clubs vorzeitig wechseln, hätte dies eine zumindest faktische Sperre durch den Ligaverband für den Rest der Vertragslaufzeit zur Folge.[446] Die Erteilung einer neuen Spielerlaubnis ist nämlich davon abhängig, dass der Spieler zu keinem anderen Club mehr in rechtlichen Beziehungen steht.

Des Weiteren prüft der Club, ob es der Kontaktaufnahme mit dem aktuellen Club zwecks Aufnahme von Transferverhandlungen überhaupt bedarf oder ob eine Spielerverpflichtung ohne diese Kontaktaufnahme erfolgen kann, weil der Spieler keinen wirksamen Spielervertrag mehr hat oder sein Vertrag in Kürze ausläuft.

1. Mögliches verbandsrechtliches Transferhindernis

Bevor der interessierte Club an den aktuellen Club des für einen Transfer in Betracht gezogenen Spielers herantritt, muss er sicherstellen, dass dem Transfer des Spielers kein verbandsrechtliches, also von einer Vereinbarung mit dem aktuellen Club unabhängiges, Hindernis entgegensteht. Ein solches kann vorliegen, wenn der Transfer von den Regelungen der FIFA zum Schutz Minderjähriger Spieler erfasst wird. Nach Art. 19 Nr. 1 FIFA-Status-Reglement darf ein Spieler grundsätzlich nur international transferiert werden, wenn er mindestens 18 Jahre alt ist. Eine Ausnahme gilt nach Art. 19 Nr. 2 lit. a, wenn die Eltern des Spielers aus Gründen,

---

444 Ein Freigabeerfordernis durch den Lizenzclub oder den Ligaverband kennt die LOS für innerdeutsche Wechsel nicht. In den Spielordnungen der Landesverbände hingegen ist die Freigabe durch Club und das Erfordernis des Freigabevermerks noch vorgesehen. So bestimmt bspw. die Spielordnung des WFLV in § 14 für überregionale Vereinswechsel: *„Liegt dem für den aufnehmenden Verein zuständigen Mitgliedsverband der Spielerpass mit dem Freigabevermerk des abgebenden Vereins vor, kann die Spielberechtigung, sofern dies die Bestimmungen der Spielordnung WFLV im Übrigen zulassen, sofort erteilt werden.“*

445 § 15 Nr. 1 LOS besagt: „Die Freigabe von Spielern zu einem anderen Mitgliedsverband der FIFA erteilt der DFB im Einvernehmen mit dem Ligaverband gemäß seiner Satzung und seinen Ordnungen sowie den Bestimmungen der FIFA.“

446 *Schamberger*, SpuRt 2001, S. 134.

die nichts mit dem Fußballsport zu tun haben, Wohnsitz im Land des neuen Vereins nehmen.[447]Außerdem ist der Transfer erlaubt, wenn er innerhalb der EU oder des EWR stattfindet und das Alter des Spielers zwischen 16 und 18 Jahren liegt.[448] Jeder internationale Transfer sowie jede Erstregistrierung dieser Spieler bedarf der Zustimmung eines von der „Kommission für den Status von Spielern" eingesetzten Ausschusses.[449] Art. 19bis behandelt die Registrierung Minderjähriger bei Akademien.[450] Die Regelungen der FIFA zum Schutz minderjähriger Spieler wurden in einer Rechtsstreitigkeit vor dem CAS bedeutsam, der eine der eingangs erwähnten Kooperationsvereinbarungen[451] zugrunde lag.

Über den Inhalt dieser Kooperationsvereinbarung zwischen dem dänischen Club FC Midtjylland und dem nigerianischen Club FC Ebedei gab ein Text auf der Website des FC Midtjylland Aufschluss, den der CAS in seiner Gerichtsentscheidung zitierte. Im Rahmen der Kooperation stand dem FC Midtjylland demnach ein Vorkaufsrecht bezüglich der größten Talente des FC Ebedei zu. Die Zusammenarbeit erstreckte sich auch auf Spieler unter 18 Jahren, da der FC Midtjylland die Möglichkeit hat, junge nigerianische Fußballtalente in seine eigene Fußballakademie aufzunehmen.[452] Der FC Midtjylland hatte im Juni 2006 drei minderjährige Spieler nigerianischer Herkunft als Amateurspieler registriert. Diese hatten Aufenthaltsgenehmigungen als Studenten erhalten, und es sollte altersgerechte Schulbildung gewährleistet werden. Im Februar 2007 machte die FIFA einen Verstoß gegen Art. 19 Abs. 1 FIFA-Status-Reglement vor dem CAS geltend.

Der CAS hatte somit zunächst die Frage zu beurteilen, ob das internationale Transferverbot minderjähriger Spieler in Art. 19 FIFA-Status-Reglementfür Berufs- wie für Amateurfußballer gilt. Dies wurde bejaht.[453] Einen Verstoß der

---

447 Diese Regelung legt es natürlich nah, dass die Clubs den Eltern einen Arbeitsplatz vermitteln. Allerdings werden derartige Umgehungsversuche von den Verbänden sowie einigen nationalen Behörden kritisch gesehen und ggf. unterbunden.

448 Für diesen Fall von Art. 19 Nr. 2 lit b erfassten Fall treffen den Club diverse „Mindestverpflichtungen", was die fußballerische und sonstige Ausbildung für die Zeit nach der Fußballerkarriere sowie die Betreuung des jungen Spielers angeht. Die Erfüllung dieser Pflichten hat der Club nachzuweisen. Schließlich gibt es eine näher in Art. 19 Nr. 2 lit. c) erläuterte Ausnahmeregelung für minderjährige Spieler, die nah an einer Landesgrenze wohnen und über diese hinweg transferiert werden.

449 Näheres hierzu regelt der 2009 neu eingeführte Art. 19 Nr. 4 FIFA-Status-Reglement in Verbindung mit Anhang 2 des FIFA-Status-Reglements.

450 Durch diese Regelung soll insbesondere sichergestellt werden, dass Clubs die Vorschrift des Art. 19 FIFA-Status-Reglement nicht umgehen können, indem sie die Spieler in Fußballakademien unterbringen, deren Zusammenarbeit mit dem Club möglicherweise nicht erkennbar ist.

451 Vgl. ERSTER TEIL, C.III.

452 CAS 2008/A/1485 FC Midtjylland A/S v Fédération Internationale de Football, SpuRt 2009, S. 119.

453 CAS SpuRt 2009, S. 119.

Verbandsnorm gegen die Versammlungs- und Vereinigungsfreiheit aus Art. 12 der Charta der Grundrechte der Europäischen Union (EU-Charta) lehnte der CAS ab, da niemand aus Art. 12 der EU-Charta ein einklagbares Recht herleiten könne und der Spieler außerdem nicht daran gehindert werde, sich (irgend)einem Fußballverein anzuschließen.[454] Zudem seien die Regelungen der FIFA, welche den internationalen Transfer Minderjähriger beschränkten, von einem legitimen Zweck getragen und verhältnismäßig; sie würden daher nicht gegen die öffentliche Ordnung verstoßen und keine unzulässige Einschränkung von Grundrechten darstellen.[455]

Mit Blick auf die Arbeitnehmerfreizügigkeit ist die Entscheidung des CAS durchaus nicht unproblematisch, da die jungen Spieler ja tatsächlich transferiert werden, um mit Erreichen der Volljährigkeit einen Spielervertrag abzuschließen. Art. 45 AEUV verleiht dem Arbeitsuchenden auch das Recht, sich in einen anderen Mitgliedstaat zu begeben, um dort einen Arbeitsplatz zu suchen.[456]

Da die Sportverbände sich im Falle einer Kollision mit der Freizügigkeit des Sportlers auf die Vereinigungsfreiheit berufen können, musste der CAS im Sinne der praktischen Konkordanz einen Ausgleich schaffen. Hierbei kann nur ein aus zwingenden Gründen des Allgemeinwohls überragend wichtiges Interesse eine Beschränkung der Freizügigkeit rechtfertigen.[457]

Die Abwägung des CAS ist nicht zu beanstanden. Der Schutz minderjähriger Sportler im verbandsmäßig betriebenen Sport ist ein zwingender Grund des Allgemeinwohls, der das Freizügigkeitsrecht im Einzelfall überwiegen kann. Nach aktueller Rechtslage, die der CAS seinerzeit noch nicht berücksichtigte,[458] könnte der Sportverband den Schutz Minderjähriger zusätzlich auch auf Art. 165 Abs. 2 AEUV stützen. Demnach hat die EU im Rahmen der Entwicklung einer europäischen Dimension des Sports unter anderem auch die körperliche und seelische Unversehrtheit insbesondere jüngerer Sportler zu schützen. Der Ausbeutung junger Spieler wird insbesondere mit der Umsetzung der Richtlinie über den Jugendarbeitsschutz entgegenwirkt.[459]

Sofern keine der in Art. 19 FIFA-Status Reglement enthaltenen Rückausnahmen vom generellen Verbot des Transfers minderjähriger Spieler Anwendung findet, muss der Club nach dem FIFA-Status-Reglement von einem Transfer absehen, mit der Folge, dass auch ein Transferinvestment (noch) nicht in Betracht kommt.

---

454 CAS SpuRt 2009, S. 119, 122.

455 CAS SpuRt 2009, S. 119, 122.

456 EuGH, Urt. v. 26.02.1991 – Rs. C-292/89 – Slg. 1991, I-745, 777, Rz. 13 – „Antonissen".

457 *Persch*, NZA 2010, S. 986, 987 m.w.N.

458 Die Förderung der europäischen Dimension des Sports ist erst mit dem Vertrag von Lissabon in Vertragswerk aufgenommen worden, das am 01. Dezember 2009 in Kraft trat. Die CAS Entscheidung erging einige Monate zuvor am 06. März 2009.

459 Vgl. EU Weißbuch Sport, S. 18 (Quelle: Internet).

2. Erfordernis einer Einbeziehung des abgebenden Clubs

Ein Vertragsschluss mit einem Spieler ohne Beteiligung des abgebenden Clubs ist gemäß Art. 18 Abs. 3 S. 2 FIFA-Status-Reglement möglich, wenn der Vertrag des Spielers mit dem bisherigen Club abgelaufen ist oder in den folgenden sechs Monaten ablaufen wird. In letzterer Konstellation entfällt zwar das Erfordernis der Einbeziehung des aktuellen Clubs, weil es um einen Vertragsschluss für die Zeit nach dem zeitnahen Vertragsablauf geht.

Allerdings ist gemäß Art. 18 Nr. 3 S. 1 FIFA-Status-Reglement der an einer Verpflichtung interessierte Club verpflichtet, vor der Aufnahme von Verhandlungen mit dem Spieler dessen aktuellen Club schriftlich von seiner Absicht in Kenntnis setzen.[460] Der Ligaverband hat die FIFA-Regelung in § 5 Nr. 1 LOS[461] übernommen und außerdem Sanktionen geregelt.[462]

Es gibt also bei Transfers unter Bundesligabeteiligung grundsätzlich drei Möglichkeiten eines Vertragsabschlusses: erstens nach Ablauf des Vertrages mit dem aktuellen Club, zweitens sechs Monate vor Vertragsablauf bei entsprechender Benachrichtigung und drittens nach Einverständniserklärung des aktuellen Clubs hinsichtlich einer Auflösung der bestehenden rechtlichen Bindungen mit dem Spieler. Nur in der dritten Konstellation, also bei einer Restvertragsdauer von mehr als sechs Monaten, kommt es zu einer Transfervereinbarung zwischen den Clubs. Zwischen der reinen Kontaktherstellung und den Vertragsverhandlungen über eine Transfervereinbarung finden dann in der Regel noch Vorgespräche statt.[463]

---

460 Ein Verstoß gegen die Bestimmungen der Sätze 1 und 2, zieht nach Art. 18 Nr. 3 S. 3 angemessene Sanktionen nach sich. Ein prominenter Fall der Sanktionierung von geheimen Vertragsverhandlungen war der des englischen Nationalspielers Ashley Cole, vgl. *Heermann* in: Arter/Baddeley (Hrsg.), Sport und Recht, 4. Tagungsband, S. 277 f.

461 § 5 Nr. 1 LOS sieht vor, dass ein Spieler ohne Einverständnis seines bisherigen Clubs einen Vertrag mit einem neuen Club nur abschließen darf, wenn sein Vertrag mit dem bisherigen Verein oder der Kapitalgesellschaft abgelaufen ist oder in den folgenden sechs Monaten ablaufen wird. Ein Verstoß gegen die Bestimmungen über die Vertragsanbahnung wird auf Antrag des bisherigen Clubs dem zuständigen DFB-Kontrollausschuss von der DFL angezeigt und als unsportliches Verhalten gemäß § 1 Nr. 4 der Rechts- und Verfahrensordnung des DFB geahndet.

462 Sportliche Vergehen, d. h. alle Formen unsportlichen Verhaltens aller in Nr. 1 genannten Angehörigen des DFB, werden mit den in § 44 der Satzung des DFB aufgeführten Strafen geahndet. § 44 sieht diverse Sanktionen von Geldstrafen bis zum Lizenzentzug vor.

463 Hier geht es insbesondere um die Einholung eines unverbindlichen Gehaltsangebots und den Vergleich mit den Gehaltsvorstellungen des Spielers. Hinzu kommt die Sondierung der sportlichen Perspektiven, *vgl. Wertenbruch*, SpuRt 2009, S. 183, 185.

III. Transfervereinbarung

Die Transfervereinbarung besteht aus einem Vertrag zwischen den Clubs über die Modalitäten des Transfers, einem Aufhebungsvertrag des abgebenden Clubs mit dem Spieler und einem neuen Vertrag zwischen aufnehmendem Club und Spieler.

Als Transfervereinbarung soll im Folgenden also nicht nur die Vereinbarung zwischen zwei Clubs über den Transfer eines Spielers (Transfervertrag), sondern die Gesamtheit der Vereinbarungen zwischen den Clubs und dem Spieler über Aufhebung und Abschluss eines Spielervertrages verstanden werden.

Die besondere Schwierigkeit der Transfergestaltung besteht darin, in einem exakten Abstimmungsprozess unter Berücksichtigung des Rechts der beteiligten Verbände ein in sich geschlossenes Vertragswerk zu konstruieren.[464]

1. Rechtliche Einordnung der Transfervereinbarung

In der Literatur ist anerkannt, dass bei einem Spielertransfer kein Kaufvertrag zustande kommt.[465] Dem ist zuzustimmen, weil es nicht Gegenstand der Transfervereinbarung ist, eine Sache zu übergeben und das Eigentum hieran zu verschaffen. Beschließen die Clubs untereinander den Transfer und kommt es zu einer Übereinkunft zwischen abgebendem sowie aufnehmendem Club und Spieler, so einigen sich die Parteien auf ein dreiseitiges Geschäft.[466]

Fraglich ist hierbei, ob ein echter dreiseitiger Vertrag zustande kommt oder vielmehr drei einzelne Verträge, die über eine Geschäftsgrundlage miteinander verbunden sind.[467] Ein echter dreiseitiger Vertrag wird beispielsweise bei der Übertragung eines Arbeitsverhältnisses von einem Arbeitgeber auf einen anderen angenommen.[468] Hierbei müssen drei Parteien an einer Vereinbarung mitwirken. Da es den Parteien bei einer derartigen Übertragung auf Kontinuität ankommt, ist die Übertragung des Arbeitsverhältnisses von einem Arbeitgeber auf einen anderen nur möglich, wenn die Identität des Arbeitsverhältnisses erhalten bleibt.[469] Die Übertragung eines Arbeitsvertrages ist dadurch gekennzeichnet, dass neben dem „Übertragungsvertrag" gerade kein Auflösungsvertrag im Sinne des § 623 BGB geschlossen wird,[470] sondern das Arbeitsverhältnis bestehen bleibt. Vergleicht man die vorgenannte Konstellation mit der des Spielertransfers, ist die Interessenlage im Fall des Spielertransfers eine andere. Es soll nicht ein bestehendes

---

464 *Schickhardt*, in: Galli/Elter/Gömmel/Holzhäuser/Straub (Hrsg.), Sportmanagement, S. 641, 643.

465 § 433 Rn. 20; Palandt-*Putzo*, BGB, Vorb. § 433, Rn. 23; *Wertenbruch*, NJW 1993, S. 179, 182.

466 *Kelber*, NZA 2001, S. 11, 12.

467 Diese Frage wirft auch *Kelber* in NZA 2001, S. 11, 12 auf, lässt die Beantwortung aber offen.

468 Vgl. *Wank*, in: Münchener Handbuch zum ArbeitsR, Bd. 1, § 103, Rn. 9.

469 LAG Hamm, Urt. v. 17.06.2006, AZ 6 Sa 321/09, Rn. 25.

470 LAG Hamm, Urt. v. 17.06.2006, AZ 6 Sa 321/09, Rn. 25.

Arbeitsverhältnis übertragen, sondern eine Loslösung vom bisherigen Arbeitgeber und ein Vertragsschluss mit einem neuen Arbeitgeber vereinbart werden. Dieser neue Vertrag kann gegenüber dem aufgelösten völlig veränderte Bedingungen haben.[471] Es liegt daher im Falle der Transfervereinbarung kein echter dreiseitiger Vertrag vor, sondern drei über eine Geschäftsgrundlage, nämlich den Transfer, miteinander verbundene Verträge.

2. Einzelverträge im Rahmen der Transfervereinbarung

Diese drei im Rahmen der Transfervereinbarung geschlossenen Verträge können nicht losgelöst voneinander gesehen werden, sondern bedingen einander.

a) Transfervertrag zwischen den Clubs

Der zentrale Vertragsschluss im Rahmen der Transfervereinbarung ist der Transfervertrag zwischen dem abgebenden und dem aufnehmenden Club. Charakteristisch für den Transfervertrag ist, dass dem hierdurch bewirkten Erwerb des vertraglichen Rechts zum Einsatz des Spielers innerhalb des aufnehmenden Clubs ein entsprechender Rechtsverzicht des abgebenden Clubs vorausgeht.[472] Der BFH hat sich in einem jüngeren Urteil mit der Rechtsnatur des Transfervertrages auseinandergesetzt. Der Umstand, dass der BFH einen Transfervertrag im Zusammenhang mit einer Spielerleihe zu beurteilen hatte, ist unerheblich, weil der Transfervertrag im Rahmen der Spielerleihe sich im Kern nicht vom üblichen Transfervertrag unterscheidet. Es sind lediglich zusätzlich zur Einigung von Clubs und Spieler über den Transfer noch die Rückkehrpflicht und die Versicherungspflicht im Zusammenhang mit dem Eintritt einer dauernden Spielunfähigkeit des Spielers zu regeln.[473] Den Transfervertrag zwischen zwei Clubs hat der BFH zivilrechtlich als einen Vertrag eigener Art eingestuft.[474]

aa) Verpflichtung zur Auflösung des Spielervertrages als Leistung

Im Transfervertrag verpflichtet sich der abgebende Club gegenüber dem aufnehmenden Club, den Spielervertrag mit dem betreffenden Spieler in Abstimmung mit diesem aufzulösen.

Mit dem Transfervertrag erhalte der aufnehmende Club – so der BFH – die Möglichkeit, auf der Grundlage eines mit dem Spieler abzuschließenden Arbeitsvertrages eine Spielerlaubnis zu beantragen und – im Falle einer

471 In aller Regel wird der Spieler in einem neuen Vertrag bessere Konditionen durchsetzen können.

472 *Küting/Strauß/Tesche*, DStR 2010, S. 2646, 2647; *Rade/Stobbe* DStR 2009, S. 1107, 1108.

473 *Schickhardt*, in: Galli/Elter/Gömmel/Holzhäuser/Straub (Hrsg.), Sportmanagement, S. 641, 647

474 BFH DStR 2009, S. 983 f.; ähnlich auch *Wertenbruch*, in: FS Röhricht, S. 1301, der die Transfervereinbarung als Vertrag *sui generis* bewertet.

Erlaubniserteilung – den Bestand einer Spielerlaubnis für einen anderen Verein auszuschließen.[475] Grundlage für ein Transfergeschäft sei eine rechtliche Bindung des Spielers an einen Club.Diese Bindung könne bei einem übereinstimmenden Parteiinteresse in der Weise modifiziert werden, dass dem Spieler Gelegenheit geboten werde, sich an einen anderen Verein zu binden und dort, auf der Grundlage des neuen Arbeitsvertrages, eine Spielerlaubnis des Sportverbandes zu erhalten.[476]

bb) Verpflichtung zur Ablösezahlung als Gegenleistung

Als Gegenleistung für die Verpflichtung zur Auflösung des Spielervertrages verpflichtet sich der aufnehmende Club im Transfervertrag zur Zahlung einer zwischen den Clubs ausgehandelten Ablösesumme. Gegenstand dieser zivilrechtlichen Vereinbarung eigener Art ist dem BFH zufolge weder die Übertragung eines Rechts in Form der bisherigen Spielerlaubnis noch die Überlassung der eigenen Spielerlaubnis zur Nutzung beim Vertragspartner.[477] Das im Transfervertrag vereinbarte Entgelt beziehe sich vielmehr auf die Möglichkeit, mit dem Spieler einen Arbeitsvertrag abzuschließen und auf dieser Grundlage, durch die Verbandsregeln abgesichert, eine (neue) Spielerlaubnis zu beantragen. Der abgebende Verein überlasse nicht ein eigenständiges und fortbestehendes Recht zur Nutzung. Vielmehr erlösche durch den Vollzug der Vereinbarung die Möglichkeit des abgebenden Vereins, auf der Grundlage eines mit dem Spieler abgeschlossenen Arbeitsvertrages eine Spielerlaubnis bei seinem Sportverband zu beantragen.[478] Gleichzeitig erwerbe der aufnehmende Verein durch den Vertragsabschluss mit dem Spieler eine entsprechende Möglichkeit neu.[479]

Die Ablösezahlung steht hierbei nicht der Übernahme einer Vertragsstrafe durch den aufnehmenden Club gleich. Die Ablöseforderung gibt den Preis wieder, zu dem der bisherige Club bereit ist, auf seine (Transfer-)Rechte vorzeitig zu verzichten.[480] Die Vertragsstrafe hingegen richtet sich direkt an den Spieler und soll die Erfüllung

475 Der abgebende Verein verzichte damit – für eine bestimmte Dauer – darauf, eine Spielerlaubnis für sich zu beanspruchen; die Möglichkeit, eine solche Erlaubnis zu beantragen, sei nunmehr dem aufnehmenden Verein eröffnet. Den Fall des Transfers beurteilt der BFH genauso, mit dem Unterschied, dass in diesem Fall ein endgültiger Verzicht auf die Spielerlaubnis liege.

476 BFH DStRE 2009, S. 983, 984.

477 Insbesondere liege aufgrund des Abschlusses eines Arbeitsvertrages beim aufnehmenden Verein keine Arbeitnehmerüberlassung oder eine besondere Dienstleistung in Gestalt einer sportlichen Darbietung durch den Spieleinsatz des Sportlers vor, so der BFH DStR 2009, S. 983, 984.

478 Vgl. hierzu auch VIERTER TEIL, 1. Kap., B.II.2.

479 BFH DStR 2009, S. 983, 984.

480 Vgl. *Küting/Strauß/Tesche*, DStR 2010, S. 2646, 2647; *Rade/Stobbe*, DStR 2009, S. 1108, 1109.

seiner vertraglich versprochenen Leistung sichern (Leistungssicherungsfunktion).[481] Da eine Vertragsstrafe nicht in einem unangemessenen Verhältnis zum Verdienst des Spielers stehen darf, dürfte eine Vertragsstrafe regelmäßig weit unter einer zu erzielenden Transferentschädigung liegen.[482]

Ablösezahlungen sind auch keine Schadensersatzleistungen des aufnehmenden Clubs an den abgebenden Club.[483] Die Ablösesumme wird vielmehr als Gegenleistung für die auf eine Aufhebung des Arbeitsvertrages gerichtete Willenserklärung des abgebenden Clubs gezahlt.[484] Primärleistungen sind zum einen die Willenserklärung des aktuellen Clubs hinsichtlich der Vertragsaufhebung, zum anderen die Zahlung der Ablösesumme durch den neuen Club. Die zivilrechtliche Anspruchsgrundlage für die Ablöseforderung ergibt sich damit aus der individuellen und einmaligen Vereinbarung zwischen dem neuen und dem alten Arbeitgeber.[485]

Hierin liegt ein Unterschied zu den vor dem Bosman-Urteil in den Regelwerken der Verbände vorgesehenen Transferentschädigungen, die einen Anspruch des abgebenden Clubs unmittelbar aus dem Verbandsrecht begründeten. Die Ablöseforderung ist Folge des nicht ordentlich kündbaren Lizenzspielervertrages. Bis zum Ablauf seines Kontrakts ist der Spieler nach Vertragsrecht an seinen Club gebunden, denn es gilt der zivilrechtliche Grundsatz *pacta sunt servanda*. Der Anspruch des Clubs gegen den Spieler auf Erfüllung dieses Vertrages kann zwar wegen § 888 Abs. 3 ZPO nicht zwangsweise durchgesetzt werden. Das Tätigwerden für einen anderen Club ist dem vertragsbrüchigen Spieler jedoch mangels Spielerlaubnis für diesen Club nicht möglich.[486]

Die Ablösesumme kann also nicht als vergangenheitsbezogene Aufwandserstattung gesehen werden, sondern die vertragliche Vorteilseinräumung besteht in der Möglichkeit der Aufnahme in die Transferliste und letztlich in dem Recht des aufnehmenden Vereins, den Spieler später einsetzen zu dürfen.[487] Im Gegensatz zu einer gegebenenfalls zu leistenden Ausbildungsentschädigung, die durchaus als eine Art schadensersatzähnliche Kompensation für den abgebenden Verein eingestuft werden kann, geht es bei Aufhebungszahlungen im Zusammenhang mit laufenden Verträgen von Lizenzfußballspielern um den Erwerb eines Rechts des aufnehmenden Vereins, von dem sich dieser überdies einen Wiederverkaufswert

---

481 FG Mecklenburg-Vorpommern, Entscheidung vom 10.11.2010, Az.: 1 K 466/07.

482 *Klingmüller/Wichert*, SpuRt 2001, S. 1, 3.

483 Überlegungen zum Schadensersatz stellen sich nur, wenn der Spieler vertragsbrüchig wird und der aufnehmende Club den vertragsbrüchigen Spieler verpflichten will.

484 *Wertenbruch*, in: FS Röhricht, S. 1297, 1299.

485 *Kelber*, NZA 2001, S. 11, 12; *Groß*, Transferregelungen im lizenzierten Fußballsport, S. 309.

486 Vgl. *Wertenbruch*, in: FS Röhricht, S. 1298, der von einer fehlenden „Spielerlizenz" spricht, aber wohl die Spielerlaubnis meint.

487 *Wehrheim*, BB 2004, S. 433, 435.

erwartet.[488] Im schweizerischen Rechtsraum wird die Vereinbarung der Clubs über die Auskaufsumme als so genannte *Inkonvenienzentschädigung* bewertet, also als Ausgleich zugunsten des bisherigen Clubs für den Verzicht auf die Spielerleistung.[489]

cc) Weitere Regelungen im Transfervertrag

Um sicherzustellen, dass der Spieler den gewünschten sportlichen Mehrwert für den aufnehmenden Club erbringen kann, sollte der Club die Wirksamkeit des Transfervertrages vom Nachweis der Sporttauglichkeit im Rahmen einer sportmedizinischen Untersuchung des Spielers nach § 2 Nr. 4 LOS abhängig machen.[490] Im Hinblick auf die „Einsetzbarkeit“ des Spielers sollten außerdem die Erteilung einer Aufenthaltserlaubnis oder Arbeitsbewilligung und die Erteilung der Spielerlaubnis nach § 13 LOS durch den Ligaverband vereinbart werden.[491]

Weitere Bestandteile des Transfervertrages zwischen den Clubs können unter anderem die Übernahme von Verpflichtungen aus dem FIFA-Transferreglement, wie die Bezahlung von Solidaritätsentschädigung oder der Ausbildungsentschädigung an dritte Clubs sein. Außerdem können variable, erfolgsabhängige zusätzliche Vergütungen vereinbart werden, es können also durch bestimmte sportliche Erfolge des neuen Clubs oder des Spielers zusätzliche Zahlungspflichten ausgelöst werden.[492]

In internationalen Verträgen sind weitere Regelungen sinnvoll. So sollten die Clubs eine Vereinbarung über das anwendbare Recht sowie den Gerichtsstand zu treffen.[493] Außerdem ist es ratsam, die vereinbarte Bezahlung der Transferentschädigung besonders absichern, beispielsweise durch die Verpflichtung des aufnehmenden Clubs zur Beibringung einer Bürgschaft, idealerweise eines in Deutschland als Zoll- und Steuerbürgerin zugelassenen Kreditinstitutes.[494] Zu regeln ist außerdem die Verpflichtung des abgebenden Clubs, gegenüber dem eigenen Verband die Anweisung zu erteilen, das internationale Transferzertifikat (ITC) zu einem bestimmten Zeitpunkt auszustellen. Der aufnehmende Club sollte schließlich eine Bestätigung des abgebenden Clubs fordern, wonach dieser Inhaber der Transferrechte[495] ist und uneingeschränkt über diese verfügen kann. Diese kann zusätzlich durch die Vereinbarung einer Freistellung des abgebenden gegenüber dem aufnehmenden Club bezüglich der Geltendmachung etwaiger Rechte und Forderungen Dritter abgesichert werden.

---

488 *Wehrheim*, BB 2004, S. 433, 435; so im Ergebnis auch *Hüttemann*, S. 490, 493 f.
489 Forstmoser/Zindel, in: REPRAX 2/01, S. 1, 2 und 11.
490 *Menke*, Fußballtransfermanagement aus Sicht der Manager, S. 4 (Quelle: Internet).
491 *Menke*, Fußballtransfermanagement aus Sicht der Manager, S. 4 (Quelle: Internet).
492 *Schickhardt*, in: Galli/Elter/Gömmel/Holzhäuser/Straub (Hrsg.), Sportmanagement, S. 641, 648.
493 *Quirling*, CaS 2013, S. 92, 95; Gerlinger, CaS 2013, S. 101.
494 *Schickhardt*, in: Galli/Elter/Gömmel/Holzhäuser/Straub (Hrsg.), Sportmanagement, S. 641, 647 f.
495 Vgl. VIERTER TEIL.

Es können auch über die Transferentschädigung hinausgehende finanzielle Nachforderungen begründet werden, z. B. für den Fall bestimmter sportlicher Erfolge des Spielers oder des Clubs.[496] Verbreitet ist die Vereinbarung einer „Mehrerlösbeteiligung“ im Hinblick auf einen Folgetransfer. Gerade bei jungen Spielern besteht der abgebende Club häufig auf der Vereinbarung einer solchen „Weiterverkaufsklausel“ im Rahmen der Transfervereinbarung. Er hat dann Anspruch auf einen prozentualen Anteil an demjenigen Erlös des aufnehmenden Clubs, den dieser bei einem Weitertransfer über die selbst gezahlte fixe Transferentschädigung hinaus erhält.[497] Es ist hierbei unter anderem zu regeln, ob die Mehrerlösbeteiligung eine zeitliche Grenze hat, ob die Regelung nur für den aktuell abgeschlossenen Vertrag gilt,[498] ob der abgebende Club auch an der Vergütung für eine Spielerleihe zu beteiligen ist und ob die Kosten des aufnehmenden Clubs im Rahmen eines Weitertransfers, z. B. für Spielervermittler, von der Erlösbeteiligung abzuziehen sind.[499]

Sowohl das Konzept der Mehrerlösbeteiligung als auch besondere Ausgestaltungen sowie Absicherungen der Transferentschädigungen im internationalen Kontext sind für das Transferinvestment von großer Bedeutung. Inwieweit der Transferinvestor sich diese vertraglichen Gestaltungsmittel zu Nutze machen kann, wenn sie zwischen Clubs vereinbart werden und inwieweit er diese sogar zum Gegenstand seiner eigenen Vereinbarung mit dem Club machen kann, wird noch zu erörtern sein.[500]

dd) Sonderfall der „Spielerleihe“

Das „Verleihen von Sportlern“ an einen anderen Verein aus einem bestehenden Vertragsverhältnis heraus ist nicht als Leihe im Sinne von § 598 BGB zu qualifizieren. Regelmäßig wird während der vereinbarten Überlassungszeit ein Arbeitsvertrag mit dem „entleihenden“ Club neu begründet. Ein Spieler kann nach § 5 Nr. 2 LOS an einen anderen Club auf der Basis einer schriftlichen Vereinbarung als Lizenz- oder Vertragsspieler ausgeliehen werden, wobei die Bestimmungen betreffend den endgültigen Transfer eines Spielers entsprechend gelten. Die Leihe muss sich mindestens auf die Zeit zwischen zwei Wechselperioden beziehen. Der entleihende Club schließt mit dem Spieler einen neuen Arbeitsvertrag; der Arbeitsvertrag zwischen Spieler und verleihendem Club wird entweder aufgelöst oder es wird zumindest dessen Ruhen vereinbart – jeweils verbunden mit einer

---

496 Vgl. hierzu *Quirling*, CaS 2013, S. 92, 95.

497 *Schickhardt*, in: Galli/Elter/Gömmel/Holzhäuser/Straub (Hrsg.), Sportmanagement, S. 641, 648.

498 Zu regeln ist insofern, ob die Erlösbeteiligung auch nach einer etwaigen Verlängerung bzw. einem Neuabschluss nach zwischenzeitlicher Spielerleihe aufrechterhalten wird.

499 *Schickhardt*, in: Galli/Elter/Gömmel/Holzhäuser/Straub (Hrsg.), Sportmanagement, S. 641, 648.

500 Vgl. SIEBTER TEIL, 1. Kap. A.III.2.

Wiedereinstellungsklausel.[501] Es besteht die Besonderheit, dass sich die Parteien über ein Wiederaufleben oder einen Neuabschluss des aufgelösten Arbeitsvertrages nach Ablauf der Leihfrist einigen.[502] Die Vertragsgestaltung stellt keine Umgehung der Bestimmungen des Arbeitnehmerüberlassungsgesetzes dar, weil der Spieler in seiner Rechtsstellung nicht beeinträchtigt wird.[503] Der entleihende Club trägt die Kosten (Gehalt, Versicherungsprämien) und besitzt das Direktionsrecht; die „Transferrechte", also das Freigabe- und das Entschädigungsrecht bleiben hingegen vollumfänglich beim bisherigen, dem verleihenden, Club.[504]

b) Auflösungsvertrag zwischen Spieler und abgebendem Club

Entsprechend der Aufhebungsvereinbarung zwischen den Clubs wird der abgebende Club mit seinem Spieler einen Vertrag schließen, durch welchen der Arbeitsvertrag des Spielers einvernehmlich aufgehoben wird.

c) Spielervertrag zwischen Spieler und aufnehmendem Club

Der dritte Vertrag im Rahmen der Transfervereinbarung ist der mit dem aufnehmenden Club neu abzuschließende Spielervertrag.[505] Dieser wird in der Regel aufschiebend bedingt sein durch die Auflösung des Arbeitsvertrages mit dem alten Club bis zu einem bestimmten Zeitpunkt[506] sowie die Erteilung der Spielerlaubnis.[507]

IV. Weitere vertragliche Vereinbarungen

Neben Transfervertrag, Auflösungsvertrag und Spielervertrag – inklusive etwaiger vorgenannter Sondervereinbarungen – werden bei Beteiligung eines Spielervermittlers üblicherweise noch zwei Provisionsverträge zwischen dem Spielervermittler und den beiden Clubs abgeschlossen.[508]

---

501 *Gerlinger*, CaS 2013, S. 101, 102.

502 Der Ligaverband verlangt die durchgehend bestehende „vertragliche Bindung mit dem verleihenden Verein nach dem Ende der Ausleihe" sogar explizit, vgl. § 5 Nr. 2 S. 5 LOS.

503 *Breucker/Wüterich*, in: Stopper/Lentze (Hrsg.), Handbuch Fußball-Recht, Kap. 8, Rn. 58.

504 MüKo–*Häublein*, BGB, § 598, Rn. 13 m.w.N.

505 Vgl. DRITTER Teil, 1. Kap.

506 *Schickhardt*, in: Galli/Elter/Gömmel/Holzhäuser/Straub (Hrsg.), Sportmanagement, S. 641, 649; *Quirling*, CaS 2013, S. 92, 95.

507 So sieht § 10 des Musterarbeitsvertrags DFL unter § 10 Ziff. 1) „Vertragsbeginn" vor: „Dieser Vertrag wird am [....] wirksam. Aufschiebende Bedingung für die Wirksamkeit ist: - die Erteilung der Spielerlaubnis (...) / evtl. weiterer Grund ...".

508 *Schickhardt*, in: Galli/Elter/Gömmel/Holzhäuser/Straub (Hrsg.), Sportmanagement, S. 641, 642.

V. Zahlung der Ausbildungs- und Förderentschädigung

Ferner hat der aufnehmende Club bei der Verpflichtung junger Spieler den Anspruch der ehemaligen Clubs auf Ausbildungs- und Förderentschädigung zu beachten. Diese Entschädigungen stehen zwar streng genommen außerhalb des eigentlichen Transferverfahrens; der Verband überprüft nicht, ob der aufnehmende Club diesen Anspruch erfüllt hat.[509] Aufgrund des engen Zusammenhangs mit dem Transfer sollen die Grundsätze aber im Folgenden kurz dargestellt werden.

1. Verbandsübergreifende Wechsel

Nach Art. 20 FIFA-Status-Reglement erhalten frühere Vereine bei Unterzeichnung des ersten Profivertrags durch den Spieler und bei jedem Transfer bis zum Ende der Spielzeit, in der der Spieler 23 Jahre alt wird, eine Ausbildungsentschädigung. Diese wird unabhängig davon geschuldet, ob der Transfer während oder am Ende der Laufzeit des Vertrages erfolgt. Die Bestimmungen zur Ausbildungsentschädigung sind in Anhang 4 zum FIFA-Status-Reglement enthalten. Die Höhe der Entschädigung errechnet sich gemäß Art. 5 des Anhangs 4 grundsätzlich nach dem finanziellen Aufwand, den der neue Verein gehabt hätte, wenn er den Spieler selbst ausgebildet hätte. Bei internationalen Transfers haben die aufnehmenden Clubs diese Zahlungen von teilweise mehreren hunderttausend Euro zu tragen, so dass sie im Einzelfall durchaus dazu geeignet sind, einen Club von einem Transfer abzuhalten. Für junge Spieler kann sich die Ausbildungsentschädigung als echtes Karrierehindernis erweisen, wenn ein Club eines anderen Nationalverbandes nicht in der Lage ist, die Entschädigung zu leisten.

Ob die aktuelle Form der Ausbildungsentschädigung vor dem Hintergrund der Arbeitnehmerfreizügigkeit aus Art. 45 AEUV (ex-Art. 39 EGV) europarechtskonform ist, muss insofern bezweifelt werden. Regeln, aufgrund derer beim Transfer eines Berufsfußballers die Zahlung einer Transfer-, Ausbildungs- oder Förderungsentschädigung zwischen Vereinen zu entrichten ist, stellen grundsätzlich eine Beeinträchtigung der Arbeitnehmerfreizügigkeit dar.[510]

Der EuGH hat im Bosman-Urteil vertreten, dass zwar die Aufrechterhaltung des finanziellen und sportlichen Gleichgewichts zwischen den Vereinen, die Unterstützung der Suche nach Talenten sowie die Einstellung und Ausbildung junger Spieler für sich genommen berechtigte Zwecke im Sinne des EG-Vertrages seien;[511] allerdings seien Transferentschädigungen hierzu weder geeignet noch erforderlich.

Das Gericht hob den Zufallscharakter der Transferentschädigungen hervor, da nur eine begrenzte Anzahl der ausgebildeten Spieler später Berufsspieler werden würde.

---

509 Durch Vereinbarung zwischen den Clubs kann jedoch Transferentschädigung zum Gegenstand des Transfervertrages gemacht werden.

510 EuGH, Urt. v. 15.12.1995 – Rs. G-415/93 – Slg. 1995, I-4921, Rn. 98 f. – „Bosman“ = NJW 1996, S. 505, 510.

511 EuGH, a. a. O., Rn. 106 = NJW 1996, S. 505, 510.

Außerdem stehe die Höhe der Entschädigung in keinem Zusammenhang mit den tatsächlichen für die Ausbildung aller Spieler entstandenen Kosten. Daher sei die Aussicht auf eine spätere Entschädigung weder ein ausschlaggebender Faktor, um zur Ausbildung junger Spieler zu motivieren, noch ein geeignetes Mittel, um diese Tätigkeit zu finanzieren.[512]

Neben der Transferentschädigung für die Aufhebung eines Vertrages und der FIFA Ausbildungsentschädigung existieren weitere Modelle, mit denen verbandsseitig gerade die Ausbildungsvereine geschützt werden sollen. In Frankreich gab es bis zur Gerichtsentscheidung des EuGH in Sachen „Bernard" eine Bestimmung in der Berufsfußball-Charta, wonach die bei einem professionellen Verein als Auszubildende angestellten Nachwuchsspieler einen vom Ausbildungsverein angebotenen Profivertrag annehmen mussten. Wer ein solches Angebot ablehnte, durfte während eines Zeitraums von drei Jahren ohne schriftliche Zustimmung des Ausbildungsvereins zu keinem anderen französischen Club wechseln.[513] Im Jahre 1997 unterzeichnete Olivier Bernard mit dem französischen Fußballverein Olympique Lyon einen Vertrag als *joueur espoir*[514] für drei Spielzeiten. Den ihm im Anschluss daran angebotenen Vertrag als Berufsspieler lehnte er ab und schloss stattdessen einen Profivertrag mit dem englischen Verein Newcastle United. Olympique Lyon verklagte den Spieler und Newcastle United daraufhin auf Zahlung von rund 53.000 Euro; dies entsprach dem Gehalt, das er bei Lyon in einem Jahr verdient hätte.[515]

Der EuGH wertete diese Regelung als Verstoß gegen die Arbeitnehmerfreizügigkeit. Generell dürften derartige „Vertragsabschlusspflichten" und hieraus folgende Entschädigungsansprüche bei Nichtabschluss eines Vertrages im europäischen Rechtsraum damit keine Zukunft mehr haben. Zulässig wird nach der Bernard-Entscheidung zukünftig nur eine solche Ausbildungsentschädigung sein, die bei der Bestimmung der zu zahlenden Beträge in nachvollziehbarer Weise an die tatsächlichen Ausbildungskosten des ausbildenden Clubs anknüpft.[516]

Der sog. Solidaritätsmechanismus in Art. 21 FIFA-Status-Reglement schafft zumindest einen gewissen Ausgleich für die Ausbildungsvereine im Falle eines verbandsübergreifenden Wechsels. Wird ein Spieler vor Ablauf seines Vertrags verbandsübergreifend transferiert, erhalten demnach alle Vereine, die zu seinem

---

512 EuGH, a. a. O., Rn. 109 = NJW 1996, S. 505, 510.

513 EuGH, Urt. v. 16.03.2010 – Rs. C-325/08 – Slg. I-2010, 2196 - „Bernard" = EuZW 2010, S. 342 ff.

514 Als *joueurs espoir* werden talentierte Spieler im Alter von 16 bis 22 Jahren bezeichnet.

515 Gestützt war dieser Schadensersatzanspruch auf Art. L. 122-3-8 des französischen Arbeitsgesetzbuchs, wonach der Arbeitgeber bei vorzeitiger Beendigung eines befristeten Arbeitsvertrages einen Anspruch auf Ersatz des ihm entstandenen Schadens hat.

516 *Breucker/Wüterich*, in: Stopper/Lentze (Hrsg.), Handbuch Fußball-Recht, Kap. 8, Rn. 33.

Training und seiner Ausbildung beigetragen haben, einen Teil der Entschädigung, die an seinen ehemaligen Verein entrichtet wird.

Dieser Solidaritätsbeitrag bemisst sich nach Art. 1 des Anhangs 5 zum FIFA-Status-Reglement. Es werden 5 % jeglicher an den ehemaligen Verein gezahlter Entschädigung, mit Ausnahme der Ausbildungsentschädigung, vom Gesamtbetrag abgezogen. Diese sind vom neuen Verein an die Vereine zu zahlen, die in früheren Jahren zum Training und zur Ausbildung des betreffenden Spielers beigetragen haben.[517]

2. Innerdeutsche Wechsel nach der Lizenzordnung Spieler (LOS)

Für den Wechsel junger Spieler innerhalb Deutschlands besteht derzeit nach der LOS keine Entschädigungsverpflichtung des aufnehmenden Clubs gegenüber den Ausbildungsvereinen des Spielers.[518] Allerdings enthält die LOS in Anhang III die „Richtlinien[519] zur Festsetzung der Ausbildungsentschädigung für jüngere Lizenzspieler".

Wenn ein Club einen Amateur oder Vertragsspieler, der in der aktuellen Spielzeit höchstens sein 23. Lebensjahr vollendet hat, erstmalig als Lizenzspieler unter Vertrag nimmt oder in der vergangenen Spielzeit unter Vertrag genommen hat und der Spieler zudem in der aktuellen Spielzeit erstmalig als Lizenzspieler in einem Meisterschaftsspiel der Lizenzligen eingesetzt wird, erhalten die früheren Clubs für ihre Nachwuchsarbeit eine Ausbildungsentschädigung aus einem vom Ligaverband eingerichteten Solidaritätspool. Sie beträgt grundsätzlich in der Bundesliga 50.000 Euro und in der 2. Bundesliga 22.500 Euro.[520]

Der Anspruch ist gewahrt, wenn ihn der frühere Club als Antragsteller bei seinem Mitgliedsverband, dem Ligaverband oder dem DFB rechtzeitig schriftlich geltend gemacht hat.[521] Der Verzicht des Ligaverbandes auf die Regelung einer vom Club direkt zu leistenden Ausbildungsentschädigung ist wohl darauf zurückzuführen, dass seitens der deutschen Rechtsprechung derartigen Ausbildungsentschädigungen mehrfach eine Absage erteilt worden ist.[522]

In einer Entscheidung zu der damals in den Statuten des Niedersächsischen Fußballverbandes vorgesehenen Ausbildungs- und Förderentschädigung bei der Verpflichtung eines Vertragsamateurs, hat der BGH im Jahre 1999 die Nichtigkeit

---

517 Die weiteren Verteilungsschlüssel sind ebenfalls in Anhang 5 ausgeführt.

518 Die unter der entsprechenden Überschrift aufgeführten §§ 16 bis 18 LOS sind (vorerst) frei geblieben. Auch die ehemals in § 27 DFB-SpielO enthaltenen Ausbildungsentschädigungen sind durch Beschluss des DFB-Vorstandes vom 13.10.2006 aufgehoben worden.

519 Die Richtlinien beziehen sich jeweils auf eine konkrete Saison.

520 Vgl. Anhang III, Ziff. 1; hier finden sich Details zur Berechnung der Anspruchshöhe im Einzelfall.

521 Vgl. Anhang III, Ziff. 2, demnach sind Ausbildungsentschädigungen in der Spielzeit 2013/2014 bis zum 31. Dezember 2014 (Ausschlussfrist) geltend zu machen.

522 BGH, NJW 1999, 3552 ff.; OLG München, NJW-RR 1995, S. 1394; OLG Hamm, NJW-RR 1992, S. 121.

dieser Regelung wegen Verstoßes gegen § 138 Abs. 1 BGB in Verbindung mit Art. 12 Abs. 1 GG festgestellt. Die Verbandsnorm führe dazu, dass Amateurspieler den Beruf des Fußballspielers nur ergreifen und ausüben könnten, wenn sie einen Verein fänden, der bereit sei, für sie die Ausbildungs- und Förderentschädigung zu leisten.

Das Gericht sah die vorgesehene Entschädigung von 25.000 DM als geeignet an, Vereine von der Verpflichtung der Spieler abzuhalten.[523] Auf Seiten des Verbandes sah der BGH keine Rechte, die im konkreten Fall mit der Freiheit der Berufswahl konkurrieren könnten.[524] Zwar werde die Jugendarbeit und die Heranbildung fähiger Sportler bei einem Sportverein regelmäßig in den Bereich der grundrechtlich geschützten Vereinigungsfreiheit fallen, dies sorge aber nicht dafür, dass die „Aufwandsentschädigung" zwangsläufig mit dem Vereinszweck verbunden sei.

Im Übrigen komme der Vereinsautonomie nicht derselbe Stellenwert zu wie der Berufsfreiheit. Dem gemeinsam verfolgten Vereinszweck werde durch die Vereinsautonomie kein weiterreichender Schutz vermittelt als einem individuell verfolgten Zweck. Der Freiheit der Berufswahl käme Vorrang zu.[525] Dem Urteil des BGH ist zuzustimmen. Der Lizenzfußball basiert auf den Eckpfeilern einer Vertragsstabilität einerseits und der Freizügigkeit vertraglich ungebundener Spieler andererseits. Zwar wäre es aus Sicht eines Clubs wünschenswert, besondere Talente auch im jungen Alter bereits derart an sich zu binden, dass sich die Begleitung und Weiterentwicklung des Spielers in jedem Fall finanziell rentiert.

Andererseits ist aber zu bedenken, dass von der Ungebundenheit junger Spieler letztendlich jeder Club profitieren kann, der dem jeweiligen Talent eine bessere Perspektive für die – im Gesamtinteresse des Sports liegende – sportliche Ausbildung bieten kann. Wenn es einem Club gelingt, durch besonders gute Ausbildung und sportliche Erfolgen im Jugendbereich die Identifikation junger Spieler mit „ihrem" Club zu stärken, dann kann dies dazu führen, dass der Spieler nicht allzu frühzeitig wegen eines höheren Gehalts zu einem anderen Club wechselt.

Sobald der Club mit dem Spieler einen Arbeitsvertrag abgeschlossen hat, ist nach einem aktuellen Urteil des Bundesarbeitsgerichts die Verpflichtung zur Zahlung an einer Entschädigung an den Club zulässig. Dieses stelle im Verhältnis zwischen Club und Spieler keine (unzulässige) Transferentschädigung dar.[526]

VI. Transfer Matching System

Im Jahr 2009 hat die FIFA ein Transferabgleichungssystem, das so genannte Transfer Matching System (TMS), eingeführt.[527] Dieses ist nach der Begriffsbestimmung

523 BGHZ 142, S. 304 = NJW 1999, S. 3552, 3553.
524 BGH, NJW 1999, S. 3552, 3553 f.
525 BGH, NJW 1999, S. 3552, 3554.
526 Urteil des BAG vom 25. April 2013 – 8 AZR 453/12, abgedruckt in CaS 2014, S. 59 ff.
527 Am 30.10.2009 führte die DFL den ersten elektronischen Spielerwechsel durch, nämlich den Transfer des vertragslosen Torhüters Stefan Wessels zum FC Basel.

in Ziffer 13 FIFA-Status-Reglement ein webgestütztes Dateninformationssystem mit dem hauptsächlichen Zweck, bei internationalen Transfers von Spielern den Ablauf zu vereinfachen sowie die Transparenz und den Informationsaustausch zu verbessern. Ein wichtiger Bestandteil des Programms ist die Einrichtung einer Verrechnungsstelle („clearing house"), um die ordnungsgemäße Überweisung der Transfersummen zu überwachen.[528] Zunächst stand das TMS den Clubs auf freiwilliger Basis offen.[529] Zum 1. Oktober 2010 wurde das TMS als Anhang in das Regelwerk für den Status und den Transfer von Spielern aufgenommen und damit für alle internationalen Spielertransfers verbindlich.[530]

Ein Verstoß gegen das TMS Verfahren kann nunmehr nicht nur zu Sanktionen führen, sondern auch den Transfer insgesamt vereiteln. Nach Ziffer 1 Nr. 5 des Anhangs 3 zum FIFA-Status-Reglement ist im internationalen Spielertransfer jede Registrierung ohne TMS ungültig.

C. Fazit

Das Transferwesen hat einen Wandel vollzogen. Der in Zeiten der verbandsrechtlich vorgeschriebenen Transferentschädigungen entscheidende Solidaritätsgedanke, der einem Auseinanderklaffen der Einnahmen von armen und reichen Clubs entgegenwirken sollte, ist nach dem Bosman Urteil zunehmend in den Hintergrund getreten. Ausdruck des Solidaritätsgedankens sind nur noch die Ausbildungs- und Förderentschädigung. Die für das Transferwesen prägenden Transfererlöse sind hingegen maßgeblich durch wirtschaftliche Faktoren bestimmt. Hohe Ablösesummen lassen sich in aller Regel nur dann erzielen, wenn ein Spieler mit einem Club einen langfristigen Spielervertrag vereinbart hat.[531]

---

528 Auf weitere Details und Ziele des TMS wird vor dem Hintergrund der Auswirkungen dieses Systems auf das Transferinvestment noch näher eingegangen unter FÜNFTER TEIL, A.II.

529 Das Zustimmungsverfahren im Zusammenhang mit einer Erstregistrierung eines minderjährigen Spielers gemäß Art. 19 Nr. 3 FIFA-Status-Reglement oder einem internationalen Transfer eines minderjährigen Spielers gemäß Art. 19 Nr. 2, erfolgt nach dem Anhang 2 Art. 1 Nr. 1 schon seit dem Inkrafttreten des aktuellen FIFA-Status-Reglements (01.10.2009) zwingend über das TMS.

530 In der Praxis ersetzt das TMS damit in Zukunft weitestgehend den Postverkehr zwischen Clubs, der FIFA und den Nationalverbänden im Rahmen des internationalen Transfers. So müssen beispielsweise die Anträge auf Registrierung und Erteilung des internationalen Freigabescheins sowie der Spielervertrag nicht mehr wie bisher üblich an die FIFA übersandt werden.

531 Während für minderjährige Spieler die Arbeitnehmerzügigkeit durch die FIFA Statuten eingeschränkt wird, um diese Spieler zu schützen, sorgt die Arbeitnehmerfreizügigkeit umgekehrt dafür, dass junge Spieler nach Vollendung ihrer Volljährigkeit gerade nicht ohne Weiteres an den Ausbildungsclub gebunden werden, sondern eine weitestgehend freie Entscheidung hinsichtlich ihres ersten Arbeitgebers treffen können.

Insofern schützt zwar auch heute die Vertragsstabilität grundsätzlich alle Clubs gleichermaßen. Die Abhängigkeit der Transfererlöse vom Abschluss eines Spielervertrages und von dessen Dauer sorgt aber dafür, dass wirtschaftlich stärkere Clubs höhere Transfererlöse erzielen werden, weil sie talentierte Spieler längerfristig an sich binden können.

Vierter Teil: Rechtliche Bewertung der Beteiligung Dritter an Transferrechten

Die wirtschaftliche Prämisse des Transferinvestments ist, dass Unternehmen oder Einzelpersonen einem Fußballclub für die Übertragung eines Anteils am zukünftigen Transferwert eines Spielers Geld zahlen.[532]

In rechtlicher Hinsicht stellt sich die Frage, ob beim Transferinvestment eine Beteiligung an einem Transferrecht des Clubs stattfindet, ob es also eine konkrete Rechtsposition gibt, von deren Nutzung durch den Club der Investor profitiert oder an der er sogar selbst Nutzungsrechte erwirbt. Wenn es eine solche Rechtsposition nicht gibt oder wenn der Club diese nicht übertragen kann, dann kann das Recht des Transferinvestors sich immer nur unmittelbar aus dem schuldrechtlichen Verpflichtungsgeschäft mit dem Club ergeben, es fände keine Verfügung über etwaige Rechte des Clubs statt.

Für die zivilrechtliche Qualifikation eines jeden Transferinvestments als Rechtsgeschäft kommt es daher darauf an, ob sich das Investment im konkreten Fall auf eine rein prozentuale bzw. summenmäßige Beteiligung am Transfererlös beschränkt, oder ob der Club zusätzlich dem Investor eine Rechtsposition zu verschaffen versucht, die über den Beteiligungsanspruch hinausgeht.

Denkbar sind drei Varianten, nämlich erstens die Vereinbarung einer gegenüber dem Investor begründeten Verpflichtung des Clubs auf Zahlung einer am Transferwert orientierten Geldsumme, zweitens die Abtretung eines Teils des erwarteten zukünftigen Anspruchs auf Zahlung einer Ablösesumme gegen einen dritten Club oder drittens eine Vereinbarung, die neben der Beteiligung am Transferwert im Sinne der ersten beiden Varianten, eine weitere Verpflichtungen des Clubs gegenüber dem Transferinvestor und damit weitere Rechte des Transferinvestors begründet.

Die Auswahl der verschiedenen Gestaltungsmöglichkeiten kann wiederum Einfluss auf die verbandsrechtliche Bewertung des Transferinvestments haben.

1. Kapitel: Transferrecht

Wie im vorherigen Teil dargelegt,[533] resultiert die Möglichkeit einer Ablöseforderung aus der arbeitsvertraglichen Bindung, die im Lizenzfußball aufgrund der Besonderheiten des Transfersystems so sehr verstärkt wird, dass der Arbeitgeber für die Aufhebung des Spielervertrages im Rahmen der Transfervereinbarung eine hohe Transferentschädigung verlangen kann.

---

532 *Geey*, ESLJ 2/2009, Rn. 4.
533 Vgl. DRITTER TEIL, 2. Kap., C.VII.

A. Eingrenzung

Noch offen ist hingegen die für das Transferinvestment wichtige Frage, wie man die der Transferentschädigung zugrunde liegende Rechtsposition – das „Transferrecht“ – juristisch konkret fassen kann. Wenn in Presseberichten davon die Rede ist, ein Club sei nicht vollumfänglicher Inhaber der Transferrechte an einem Spieler, dann ist damit in der Regel gemeint, dass der Club nicht die volle Ablösesumme im Falle eines Transfers behalten darf, sondern dritte Parteien – meist ehemalige Clubs des Spielers mit einer vereinbarten Mehrerlösbeteiligung – Anspruch auf einen Teil der Transferentschädigung haben. Rechtlich beruhen die Probleme der Anerkennung eines Transferrechts und eines Spielerwertes insbesondere darauf, dass schon die Tendenz einer Behandlung von Menschen als Sachen vor dem Hintergrund der Menschen- und Grundrechte problematisch erscheint und Assoziationen zur Sklaverei weckt.[534] Das Transferrecht rechtlich exakt zu definieren bereitet auch deshalb Schwierigkeiten, weil dieses nicht im Sinne eines absoluten Rechts zu verstehen ist, welches einer Person zusteht und von ihr frei genutzt werden kann.

Das Transferrecht stellt einerseits eine wirtschaftliche Position dar. Der Spieler kann entweder im Spielbetrieb eingesetzt und entsprechend vermarktet oder aber gegen Zahlung einer Ablösesumme transferiert werden.[535] Aus wirtschaftlicher Sicht versteht man unter dem „Transferrecht“ insofern die Möglichkeit des Clubs, einen bei ihm beschäftigten Spieler – mit dessen Einverständnis – zu transferieren und aus diesem Transfer finanziellen Gewinn zu ziehen.

Zieht der aktuelle Club einen Transfer in Erwägung, wird das Transferrecht zu einer Art „Handelsobjekt“, das unter sportlichen und wirtschaftlichen Gesichtspunkten bewertet wird. Der Club stellt die Überlegung an, wie viel sportlichen Erfolg und welchen wirtschaftlichen Gewinn er aus den Arbeitsleistungen und Vermarktungspotentialen des Spielers ziehen kann.[536] Diesen Wert setzt der Club in Relation zu dem Geldbetrag, den er für den Spieler als realistische Ablösesumme in naher und ferner Zukunft prognostiziert.[537] Sofern das Ablösezahlungsangebot eines an einer Verpflichtung des Spielers interessierten Clubs die im Falle eines späteren Transfers[538] oder einer vollständigen Erfüllung des Vertrages vom

---

534 *Kessler*, BB 1996, S. 947, 948.

535 *Galli*, FB 2003, S. 810, 814.

536 In sportlicher Hinsicht ist beispielsweise die Verpflichtung eines teuren Starspielers mit Sicherheit eine Verstärkung für jeden Zweitligisten. Sinnvoll wird diese Verpflichtung aber erst, wenn durch Einsatz dieses Starspielers der Aufstieg in die erste Liga gelingt, womit aus dem sportlichen Erfolg auch ein – im Verhältnis stehender – wirtschaftlicher Erfolg resultiert.

537 Vgl. *Freyberg*, in: FS Gömmel, S. 317, 321.

538 Weil der Lizenzfußballspieler aufgrund des Wegfalls nachvertraglicher Entschädigungssysteme nach Vertragsablauf ablösefrei wechseln kann und der Club in diesem Fall keine Ablösezahlung mehr erhält, sinkt die zu erzielende Ablösesumme im Laufe des Vertragsverhältnisses kontinuierlich.

aktuellen Club erwartete sportlich-wirtschaftliche Wertschöpfung übersteigt, wird dieser sich in der Regel zu einem Transfer bereit erklären.[539] Ferner können die finanzielle Gesamtsituation des Clubs, die vorhandenen Spieleralternativen und die Höhe des Spielergehalts eine Rolle spielen.[540]

Der wirtschaftliche Wert der Transferrechte oder des „Spielervermögens", wie es häufig alternativ formuliert wird, lässt sich auch an den Bilanzen der Clubs ablesen. Faktisch wird in der Bilanz die „Arbeitskraft" des Spielers, vor allem im Sinne seiner sportlichen Leistungsfähigkeit sowie seiner Vermarktungsmöglichkeit zum Ansatz gebracht.[541] Tatsächlich bilanziert der Club aber nur die geleistete Ablösezahlung. Dies ist darauf zurückzuführen, dass sich die sportliche Leistungsfähigkeit nicht ohne weiteres bestimmen lässt. Insofern wird unterstellt, dass sich diese Leistungsfähigkeit in der gezahlten Ablösesumme manifestiert. Die häufig ein geringes, teilweise sogar ein negatives Eigenkapital aufweisenden Clubs bieten außerdem den im Transferrecht verkörperten Wert regelmäßig als Kreditsicherheit an, da ihnen alternativ nur wenige bilanzielle Sicherheiten mit hoher Bonität zur Verfügung stehen.[542]

B. Zweigeteilte Rechtsposition

Das Transferrecht lässt sich in zwei zentrale Rechtspositionen aufteilen, die im Ausgangspunkt beide dem Club als Rechtsinhaber zustehen. Diese werden in den Vereinbarungen zwischen Clubs untereinander oder mit Investoren[543] sowie in den hierzu ergangenen Entscheidungen des CAS[544] und in der internationalen

539 Zu bedenken sind etwaige sportspezifischen Besonderheiten, so z. B., dass ein Club ungern Spieler an einen direkten Konkurrenz-Club aus derselben Liga abgibt.

540 Vgl. FG Mecklenburg-Vorpommern, Urteil vom 10.11.2011, Az.: 1 K 466/07.

541 *Galli*, in: FS Gömmel, S. 345.

542 *Elter*, in: FS Gömmel, S. 296.

543 In Transfergeschäften unter südamerikanischer Beteiligung, findet sich diese Aufteilung häufig in der Transfervereinbarung. Diese beinhaltet a) die Zustimmung des südamerikanischen Clubs zum Vereinswechsel als föderativen Teil und b) die Vereinbarung der Ablösesumme sowie die Einigung des aufnehmenden Club mit dem Investor über die vollständige oder teilweise Übertragung der Transferrechte des Investors als wirtschaftlichen Teil. Außerdem besteht noch ein Vertrag zwischen dem südamerikanischen Club und dem Investor, in dem sich der Club verpflichtet, die ITC-Freigabe zugunsten eines europäischen Clubs nur dann zu ersteilen, wenn dieser zuvor den Investor befriedigt hat, vgl. Schickhardt, in: Galli/Elter/Gömmel/Holzhäuser/Straub (Hrsg.), Sportmanagement, S. 641, 643.

544 CAS 2004/A/635 RCD Espanyol De Barcelona Sad v Club Atletico Velez Sarsfield; CAS 2008/A/1453 Elkin Soto Jaramillo & FSV Mainz 05 v CD Once Caldas & FIFA and CAS 2008/A/1469 CD Once Caldas v FSV Mainz 05 & Elkin Soto Jaramillo; CAS 2004/A/662 RCD Mallorca v Club Atletico Lanus; CAS 2004/A/781 Tacuary

Rechtsliteratur[545] als „federative“ und „economic transfer rights“ bezeichnet. In der deutschen Rechtsliteratur ist insbesondere die Aufteilung in ein „Freigabe-„ und ein „Entschädigungsrecht“ vertreten worden.[546]

I. Erklärungsansätze in der internationalen Rechtsliteratur

Das föderative Recht wird als das nur einem einzigen Club zustehende Recht verstanden, auf der Grundlage eines Spielervertrages, einen Spieler bei einem nationalen Verband zu registrieren, um den registrierten Spieler in den vom Verband ausgerichteten Wettbewerben einsetzen zu können. Häufig wird insofern auch synonym von einem „registration right“ gesprochen.[547]

Das ökonomische Recht sei eng mit dem föderativen Recht verknüpft, weil es sich auf den finanziellen Erlös beziehe, der sich aus dem Transfer des föderativen Rechts an einem Spieler ergibt.[548]

Es handele sich um den vermögensrechtlichen Anspruch aus der Übertragung des föderativen Rechts von einem Club auf einen anderen[549]. Dieser könne zwischen mehreren Clubs aufgeteilt werden, wenn der Spieler dieser Aufteilung zustimmt.[550] Der vermögensrechtliche Anspruch resultiere aus der frühzeitigen Beendigung eines gültigen Spielervertrages durch den abgebenden Club und den Spieler, wobei die letztendliche Transferentschädigung auch Zahlungen von dritten Parteien (Clubs, Investoren oder Investorengruppen) beinhalten könne.[551]

II. Erklärungsansätze in der deutschen Rechtsliteratur

In der deutschen Rechtsliteratur wird die Aufteilung vor dem Hintergrund des Transferinvestments etwas anders formuliert. Teil des Transferrechts sei an erster Stelle das originäre, auf Verbandsrecht gegründete Recht des aktuellen Clubs, die Zustimmung beziehungsweise Freigabeerklärung im Hinblick auf einen Clubwechsel des Spielers zu erteilen – das „Freigaberecht“.[552] Vom originären Teil des

---

FBC v Club Atlético Cerro & Jorge Cyterszpiler & FIFA, CAS 2004/A/701 Sport Club Internacional v Galatasaray Spor Kulubu Dernegi; CAS 2005/A/848 Internacional v Bayer Leverkusen; CAS 2009/A/1756 FC Metz v Galatasaray Sk (Quelle: Internet).

545 *Abatan* EFPL SLB, S. 22 ff.; *Melero/Soiron*, EFPL SLB, S. 41 ff.; *Veiga Gomes*, EFPL SLB, S. 63 ff.; *Carlezzo* EFPL SLB, S. 73; *Reck*, EFPL SLB, S. 50 ff.;

546 *Holzhäuser/Körner*, causa sport 2009, S. 193 ff.; vgl. auch *Elter*, in: FS Gömmel, S. 297, die von einem Freigabe- und einem Transferrecht spricht.

547 *Abatan* EFPL SLB, S. 22; *Melero/Soiron*, EFPL SLB, S. 41; *Carlezzo* EFPL SLB, S. 73, 76.

548 *Melero/Soiron*, EFPL SLB, S. 41.

549 *Melero/Soiron*, EFPL SLB, S. 41.

550 *Veiga Gomes*, EFPL SLB, S. 63.

551 *Veiga Gomes*, EFPL SLB, S. 63, 63 f; *Carlezzo* EFPL SLB, S. 73.

552 *Holzhäuser/Körner*, causa sport 2009, S. 193, 194.

Transferrechts zu unterscheiden sei das geldwerte Recht des aktuellen Clubs, eine Entschädigung dafür zu erhalten, dass der transferierte Spieler vor Ende seines befristeten Arbeitsvertrages den Club wechselt, also das „Entschädigungsrecht".

1. Freigaberecht

Mit dem Freigaberecht ist auch das faktische Recht eines Clubs gemeint, darüber zu entscheiden, ob er den Vertrag mit einem Spieler aufrechterhält oder – auf Wunsch des Spielers – auflöst und diesen damit für die Registrierung durch einen anderen Club „frei gibt".[553] Das Freigaberecht unterscheidet sich insofern inhaltlich vom Registrierungsrecht, weil die beiden Rechtspositionen zu unterschiedlichen Zeitpunkten entstehen: Das Recht zur Registrierung folgt unmittelbar aus dem Spielervertrag, während das Freigaberecht als verbandsrechtlich abgesichertes Recht sich erst ergibt, wenn der Spieler auch beim jeweiligen Verband des Clubs registriert ist, der Club also das Registrierungsrecht ausgeübt hat.

Nach Entstehung des Freigaberechts bleibt das Registrierungsrecht des Clubs allenfalls in Form eines „negativen" Registrierungsrechts bestehen, also als Recht auf die Registrierung wieder zu verzichten. Dieses negative Registrierungsrecht entspricht dem Freigaberecht. Für eine rechtliche Bewertung des Transferinvestments ist nach der Übertragbarkeit des Freigaberechts zu fragen, weil nur insoweit eine Übertragbarkeit an dritte Parteien, die nicht Clubs sind, in Betracht kommt. Die Registrierung als solche kann nämlich nur ein Club vornehmen. Der Investor hat auch kein Interesse daran, auf diese Registrierung durch den Club Einfluss zu nehmen. Das Interesse des Investors bezieht sich auf die spätere Freigabe. Das Freigaberecht ist nicht mit einem Kündigungsrecht des Arbeitgebers zu verwechseln. Es verkörpert nicht nur die Befugnis des Arbeitgebers, den Vertrag einseitig zu beenden. Vielmehr geht es um das Recht des Arbeitgebers zu entscheiden, ob er auf seine Rechte aus dem Spielervertrag verzichtet, und zu welchen Konditionen er dies gegebenenfalls tut. Inhalt des Rechts ist damit die Möglichkeit zur Aufrechterhaltung des Arbeitsverhältnisses bis zum gewünschten Zeitpunkt.

Nach einer abweichenden Auffassung besteht auf der einen Seite das Transferrecht als „das – abtretbare – geldwerte Recht am Spieler" und auf der anderen Seite das „föderative Recht am Spieler". Das Transferrecht beinhalte das Recht, von einem am Spieler interessierten Club eine Ablösesumme (Transferauskaufsumme) für die vorzeitige Entlassung des Spielers aus dem Arbeits-/Vertragsverhältnis zu verlangen. Von diesem Transferrecht sei das föderative Recht an einem Spieler zu unterscheiden.[554] Diese Auffassung überzeugt nicht, weil das Transferrecht sich gerade aus einer Wechselwirkung von Freigabe- und Entschädigungsrecht ergibt.

553 *Holzhäuser/Körner*, causa sport 2009, S. 193, 194.
554 *Elter*, in: FS Gömmel, S. 297.

2. Entschädigungsrecht

Zum Entschädigungsrecht wird vertreten, dass es sich bei der Transferentschädigung um einen typischen Schadensersatzanspruch aus dem Arbeitsverhältnis handele.[555]

Der Arbeitgeber könne bei vorhandenem Interesse an einer Verpflichtung des Arbeitnehmers durch einen Drittarbeitgeber für das Einverständnis zur vorzeitigen Auflösung des Arbeitsverhältnisses eine Entschädigung verlangen.[556] Die Natur der Transferentschädigung als pauschalierter Schadensersatz werde auch anhand der Regelung des Art. 17 FIFA-Status-Reglement deutlich.[557] Art. 17 legt für den Fall des Vertragsbruchs eines Spielers die Zahlung einer Entschädigung fest und bestimmt die Kriterien, nach denen sich diese bei fehlender Einigung berechnet.[558] Das Entschädigungsrecht im Fall eines Transfers ist jedoch mehr als ein typischer Anspruch auf Schadensersatz aus dem Arbeitsverhältnis.[559] Zwar geht es auch beim Spielertransfer darum, dass ein Spieler seinen Vertrag nicht erfüllt und der Club im Gegenzug für die Nichterfüllung des Vertrages eine Ablösezahlung erhält. Da die Transfervereinbarung aber häufig in Fällen einvernehmlicher Vertragsaufhebung geschlossen wird, passt die Einordnung als „Schadensersatz" nicht. Teilweise wird es sogar so sein, dass nicht der Spieler sondern der Club auf eine Aufhebung des Spielervertrages drängt. Gegen die Heranziehung des Art. 17 zur rechtlichen Bewertung der Transferentschädigung spricht, dass die Regelung ausdrücklich den Fall fehlender Einigung, also eines Spielerwechsels gegen den Willen des abgebenden Clubs betrifft, und nur für diesen Fall die Kriterien der Entschädigungsbemessung festlegt.

Auch der Höhe nach ist die Transferentschädigung als Ausfluss des Entschädigungsrechts nicht mit dem Schadensersatz, den der Spieler selbst oder dessen neuer Club bei einem Vertragsbruch gemäß Art. 17 Nr. 1 an den ehemaligen Club zu leisten hätte, gleichzusetzen. Es geht in Art. 17 gerade nicht um den Fall der Einigung über eine Transferentschädigungszahlung im Rahmen einer Transfervereinbarung, sondern um den Sonderfall des Vertragsbruchs durch den Spieler, ohne dass eine Vereinbarung zwischen den Clubs geschlossen worden ist oder noch geschlossen wird. Zwar trägt die Transferentschädigung auch Züge einer auf der Vereinbarung zwischen zwei Clubs beruhenden pauschalierten Schadensersatzleistung für die vorzeitige Auflösung eines Arbeitsvertrages.

---

555 *Holzhäuser/Körner*, causa sport 2009, S. 193, 194; *Gerlinger*, in: Stopper/Lentze (Hrsg.), Handbuch Fußball-Recht, Kap. 12, Rn. 21.

556 *Scherrer*, zitiert im Artikel „Der erste Fußballfonds holt das „Rasen-Business" in deutsche Wohnzimmer" aus Finanzwelt 1/2002 (Quelle: http://www.finanzwelt.de); *Elter*, in: FS Gömmel, S. 295, 297.

557 *Gerlinger*, in: Stopper/Lentze (Hrsg.), Handbuch Fußball-Recht, Kap. 12, Rn. 21 unter Verweis auf CAS v. 19.05.2009 – 2008/A/1519, 1520, Rn. 63 – Matuzalem.

558 Vgl. DRITTER TEIL, 1. Kap., B.

559 Vgl. DRITTER TEIL, 2. Kap., B.II.2.a).bb).

Sie knüpft aber nicht nur an konkrete und nachweisbare Vermögensverluste des abgebenden Clubs an, also beispielsweise an Kosten für die Ausbildung oder an eine noch nicht amortisierte Ablösezahlung, sondern orientiert sich vor allem an prognostizierten Nutzungsmöglichkeiten des Spielers und daraus resultierenden Gewinnen. Neben dem entgangenen Gewinn des abgebenden Clubs wird dieser auch den vermuteten Mehrwert des Spielers für den aufnehmenden Club in seine Berechnung mit einbeziehen, also unter Umständen für den Spieler eine Ablösesumme fordern, die deutlich über das hinausgeht, was ihm durch eine eigene Nutzung des Spielers als Vermögensvorteil entstanden wäre.[560] Die Transferentschädigung kann die vom CAS nach einem echten Vertragsbruch festgesetzte Entschädigung deutlich übersteigen. Dies macht deutlich, dass der Transfervertrag insgesamt ein schuldrechtliches Austauschgeschäft ist, welches sich entscheidend nach Angebot und Nachfrage, weniger nach zu kompensierenden Verlusten, richtet. Damit ist auch das Entschädigungsrecht als Bestandteil des Transferrechts nicht etwa nur ein Schadensersatzanspruch aus einem Arbeitsvertrag, sondern das Recht, eine Auskaufsumme auszuhandeln. Entschädigungsrecht und Freigaberecht hängen eng zusammen, weil der Freigabezeitpunkt Einfluss auf die Höhe der Entschädigung hat.

Gegen eine Gleichsetzung des Schadensersatzanspruchs aus Art. 17 FIFA-Status-Reglement mit den ausgehandelten Transferentschädigungen spricht zudem ein systematisches Argument. Die FIFA hat in Art. 17 Nr. 2 geregelt, dass das Recht auf Entschädigung wegen Vertragsbruchs nicht an Dritte abgetreten werden kann. Die generelle Beteiligung von Dritten an Transferentschädigungsrechten, also an solchen, denen kein Vertragsbruch des Spielers zugrunde liegt, wird hingegen durch Art. 18bis FIFA-Status-Reglement bestimmt. Im Gegensatz zu Art. 17 Nr. 2 FIFA-Status-Reglement enthält Art. 18bis in Bezug auf diese Beteiligungen gerade kein Abtretungsverbot, sondern nur das noch näher zu analysierende Verbot, die Unabhängigkeit eines Clubs in Transfersachen zu beeinflussen.[561] Dies macht deutlich, dass die FIFA zwischen dem Schadensersatz bei Vertragsbruch und der vereinbarten Transferentschädigung differenziert.

III. Leitentscheidungen des CAS

Der CAS hat die Aufteilung des Transferrechts in einen föderativen und einen ökonomischen Teil mehrfach bejaht, so dass insofern von einer gefestigten sportgerichtlichen Rechtsprechung gesprochen werden kann. Die verbandsrechtliche Zulässigkeit der Übertragung ökonomischer Rechte knüpft der CAS an die Existenz eines Arbeitsvertrages zwischen dem Spieler und dem Club. Die ersten

---

560 Vom echten Schadensersatz unterscheidet die Transferentschädigung außerdem, dass hierin auch Erwartungen in die zukünftige sportliche Entwicklung des Spielers einfließen, die sich schwerlich im Wege einer Schadensersatzforderung als entgangener Gewinn substantiieren ließen.

561 Vgl. ausführliche Darstellung in FÜNFTER TEIL, A.I.

Entscheidungen betrafen hierbei allerdings nicht Investoren als Inhaber ökonomischer Rechte, sondern Clubs aus Argentinien, Brasilien und Paraguay.[562]

In der richtungsweisenden – allerdings zu einem Leihverhältnis getroffenen – Entscheidung CAS 2004/A/635 RCD Espanyol De Barcelona Sad v Club Atletico Velez Sarsfield vom 27. Januar 2005 hat der CAS sich dahingehend geäußert, dass im Profifußball eine grundlegende rechtliche Unterscheidung zu treffen sei zwischen der Registrierung eines Spielers und der an diesem Spieler bestehenden, vertraglich begründeten Rechte.

Die aus der Registrierung fließenden Rechte bewertet der CAS als föderative, die sich aus dem Spielervertrag ergebenden als ökonomische Rechte. Zwar könne die Spielerregistrierung nicht zwischen Clubs aufgeteilt werden, da der Spieler immer nur für einen Club spielberechtigt sei. Die ökonomischen Rechte könnten aber, jedenfalls bis zu einem ausdrücklichen verbandsrechtlichen Verbot ihrer Übertragung und mit Zustimmung des Spielers, als gewöhnliche Vertragsrechte teilweise übertragen und zwischen verschiedenen Rechteinhabern aufgeteilt werden.[563] Die Befugnis hierzu folge aus dem Arbeitsvertrag.[564]

Hintergrund des vom CAS zu beurteilenden Falles war eine Vereinbarung, die eine Aufteilung der Transferrechte an dem argentinischen Stürmer Martin Andres Posse vorsah. Der Spieler wechselte im Sommer 1998 für eine Ablösesumme von 4,5 Mio. USD auf Leihbasis vom argentinischen Club Verez Sarsfield zum spanischen Club Espanyol Barcelona. Während der Dauer des Leihvertrages wurden die Transferrechte zu jeweils 50 % zwischen den Clubs aufgeteilt und jeder der beiden Clubs hatte die Option, die restlichen Transferrechte zu kaufen oder zu verkaufen. Beide Clubs hatten weiterhin die Möglichkeit, ihre Transferrechte an einen dritten Club zu verkaufen. Etwaige Gewinne aus einem solchen Verkauf sollten zwischen

---

562 *Reck,* EFPL SLB, S. 50, dem vorgenannten Autor zufolge war in späteren Fällen auch die Beteiligung privater Gesellschaften und natürlicher Personen zu bewerten, wobei die Argumentationslinie des CAS dieselbe geblieben sei. Diese späteren Fälle legt der Autor aber nicht offen. Es handele sich um vertrauliche Verfahren, die unveröffentlicht geblieben seien.

563 Entscheidung des CAS, zitiert bei *Reck,* EFPL SLB, S. 50, der Autor verweist außerdem auf die Parallelentscheidungen CAS 2004/A/662 RCD Mallorca v Club Atletico Lanus; CAS 2004/A/781 Tacuary FBC v Club Atlético Cerro & Jorge Cyterszpiler & FIFA, CAS 2004/A/701 Sport Club Internacional v Galatasaray Spor Kulubu Dernegi; CAS 2005/A/848 Internacional v Bayer Leverkusen; CAS 2009/A/1756 FC Metz v Galatasaray Sk (wobei die letzten beiden Fälle analog anwendbar seien, weil es in der Sache nicht um eine klassische Übertragung ökonomischer Rechte, sondern um eine Weiterverkaufsbeteiligung gegangen sei.

564 Die wirtschaftliche Transaktion sei rechtlich nur im Hinblick auf unter Vertrag stehende Spieler möglich, denn vertragsfreie Spieler dürften sich jedem beliebigen Club anschließen, ohne dass ökonomische Rechte eines anderen Clubs tangiert seien.

den Clubs aufgeteilt werden. Der Spieler hatte sich mit dieser Vereinbarung einverstanden erklärt.

In der Folge kam es zum Streit, weil Espanyol den Spieler über die Dauer des Leihvertrages hinaus verpflichtete, ohne sich mit Velez hierüber geeinigt zu haben. Dies führte zu einer Einschaltung des Players' Status Committee der FIFA. Das Komitee befand, dass die Übertragung von weniger als 100 % der Transferrechte die FIFA Regularien verletzt habe, weil sie mit „Geist und Inhalt" des FIFA-Status-Reglements unvereinbar sei. In seiner Berufungsentscheidung trat der CAS dieser Bewertung entgegen. Zwar sähe das FIFA-Status-Reglement vor, dass ein Spieler immer nur für einen Club registriert werden könne. Dieses Erfordernis hindere Clubs aber nicht daran, die bezüglich eines Spielers bestehenden ökonomischen Rechte untereinander aufzuteilen, so lange der Spieler bei einem der beiden Clubs unter Vertrag stehe und der Aufteilung der Rechte zugestimmt habe. Das FIFA-Regelwerk differenziere zwischen der Registrierung (und dem hiermit zusammenhängenden Transferzertifikat) als administratives Instrument zur Klarstellung, für welchen Club der Spieler spielberechtigt ist, und der hiervon unabhängigen schriftlichen Vereinbarung zwischen den Clubs. Letztere sei ein privates Instrument, zur Regelung der ökonomischen Rechte an der Leistung des Spielers.

Als Argument für die Zweiteilung des Transferrechts zieht der CAS auch das Leihgeschäft heran. Auch in einer Leihsituation würden der Anspruch auf die ökonomischen Rechte und der Anspruch auf die Registrierung des Spielers aufgeteilt.[565]

In der Entscheidung[566] CAS 2008/A/1482 des Genoa Cricket and Football Club S.p.A. gegen den Club Deportivo Maldonado hielt der CAS fest, dass es im internationalen Registrierungsverfahren nur dem Club als Arbeitgeber möglich sei, einen Spieler auf Basis eines Arbeitsvertrages zu transferieren. Ob aber hierbei weitere interne Absprachen mit Investoren, dem Spieler oder dem abgebenden Club selbst bestünden sei für den Transfer und die Wirksamkeit der Transfervereinbarung unbeachtlich. Mit dieser Entscheidung hat der CAS etwaige Transferinvestmentvereinbarung und die hiermit verbundene Aufteilung des Transferrechts zumindest dem Grunde nach gebilligt, indem er diese nicht als Wirksamkeitshindernis für die Transfervereinbarung bewertet

C. Verkörperung des Transferrechts in der Spielerlaubnis?

Fraglich ist, ob die beiden Bestandteile des Transferrechts, also das Freigabe- und das Entschädigungsrecht, sich in einer Rechtsposition des Clubs vereinigen, die dieser dann zusammen oder einzeln auf einen anderen Club oder auf einen Investor übertragen kann. Aufschluss geben möglicherweise die Bilanzen der Clubs, die im Lizenzierungsverfahren der DFL vorgelegt werden. In den Bilanzen tauchen so

565 Bestätigt in der Entscheidung RCD Mallorca and Athletic Club Lanus (CAS 2004/A/662), zitiert bei *Goncalves*, EFPL SLB, S. 61, 62.

566 Zitiert bei *Reck*, EFPL SLB, S. 50, 51 f und *Goncalves*, EFPL SLB, S. 61, 62.

genannte „Spielerwerte" als Posten auf, die wiederum im Ausgangspunkt anhand der für die Spieler gezahlten Ablösesummen bemessen werden.

I. Bewertung der Spielerlaubnis als Wirtschaftsgut

Obwohl die Lizenzspieler bei wirtschaftlicher Betrachtung einen beträchtlichen Wert des Lizenzclubs darstellen, besteht in der deutschen Bilanzierungspraxis ein Vorbehalt, diese selbst als Vermögensgegenstand oder als Wirtschaftsgut[567], welches bei einem Transfer übertragen wird, einzustufen. In seinem zentralen Urteil aus dem Jahre 1992[568] hat der Bundesfinanzhof nicht den Spieler selbst, sondern die Spielerlaubnis als Anknüpfungspunkt herangezogen. Die Normen, vor deren Hintergrund die Rechtsqualität der Spielerlaubnis diskutiert wurde, waren § 266 HGB und § 5 EStG.

Nach § 266 HGB, welcher die Anforderung an die Gliederung der Bilanz enthält, zählen zum Anlagevermögen in Form immaterieller Vermögensgegenstände entgeltlich erworbene Konzessionen, gewerbliche Schutzrechte und ähnliche Rechte und Werte sowie Lizenzen an solchen Rechten und Werten.

Für immaterielle Wirtschaftsgüter des Anlagevermögens ist nach § 5 EStG ein Aktivposten nur anzusetzen, wenn sie entgeltlich erworben wurden.[569] Der BFH hat zu den – seinerzeit nach den Vorschriften des Lizenzspielerstatuts des DFB bei dem Wechsel eines Spielers von einem Verein der Bundesliga zu einem anderen Verein zu zahlenden – Transferentschädigungen entschieden, dass diese ihren wirtschaftlichen Grund in dem Vereinswechsel und der damit verbundenen Möglichkeit eine Spielerlaubnis zu erhalten hätten. Die nach § 29 LSpSt beim Vereinswechsel zu zahlenden Transferentschädigungen seien Anschaffungskosten der Spielerlaubnis.[570] Wirtschaftlich trete die Zahlung an die Stelle einer Gegenleistung für die Übertragung eines nach allgemeinen Rechtsgrundsätzen nicht bestehenden „Rechts am Spieler".[571] Die DFB-Spielerlaubnis bewertete der BFH als ein der Konzession „ähnliches" Recht, bejahte also die für die für eine Konzession kennzeichnende

567 Der steuerrechtliche Begriff „Wirtschaftsgut" und der handelsrechtliche Begriff „Vermögensgegenstand" werden, insbesondere in der Rechtsprechung des BFH, weitestgehend synonym verwandt, vgl. *Merkt*, in: Baumbach/Hopt, HGB, Einl. v. § 238, Rn. 69.

568 BFH DStR 1992, S. 1611.

569 § 248 Abs. 2 HGB enthielt ebenfalls ein Aktivierungsverbot: „Für immaterielle Vermögensgegenstände des Anlagevermögens, die nicht entgeltlich erworben wurden, darf ein Aktivposten nicht angesetzt werden." Dieses ist aber im Rahmen des Bilanzmodernisierungsgesetztes mit Wirkung ab 29.05.2009 gestrichen worden; nach Anhang VII zur LO sind „Spielerwerte" in der Bilanz der Clubs als „immaterielle Vermögensgegenstände" des Anlagevermögens auszuweisen.

570 BFH DStR 1992, S. 1611 (Leitsatz).

571 BFH DStR 1992, S. 1611, 1612 f.

Erlaubniswirkung.[572] Letztlich entstehe beim aufnehmenden Verein in Form der Spielerlaubnis ein neues immaterielles Wirtschaftsgut, das aktiviert werden müsse.[573]

Die Beurteilung der Spielerlaubnis als immaterielles Wirtschaftsgut wird bis heute in der Literatur kontrovers diskutiert.[574] Insbesondere wird vorgebracht, die Spielerlaubnis habe keinen Erlaubnischarakter. Der DFB gewähre mit der Spielerlaubnis keinem Verein der Fußball-Bundesligen das Recht, einen Fußballspieler als Arbeitnehmer in seinem Beruf zu beschäftigen.[575]

Der Verband könne keine Rechte verleihen, die bereits durch den Arbeitsvertrag zwischen Arbeitnehmer und Arbeitgeber entstanden seien; alleiniger Sinn der Spielererlaubnis sei es zu gewährleisten, dass eine sich etwa ein Jahr lang hinziehende Meisterschaftssaison sportlich ordnungsgemäß ausgespielt werde.[576] Ein „innerer Zusammenhang“ von Spielerlaubnis und Transferentschädigung bestehe nicht, weil die Mitwirkung des abgebenden Vereins bei diesem Vorgang wirtschaftlich völlig unbedeutend sei. Durch die Richtlinien zur Ermittlung der Höhe der Transferentschädigung sei der Verhandlungsspielraum des abgebenden Vereins wirtschaftlich ohne Bedeutung.[577]

Nach dem Bosman-Urteil wurde argumentiert, dass durch das Wegfallen der in den Verbandsnormen vorgesehenen Transferentschädigungen die Bezugnahme des BFH auf die Spielerlaubnis (erst recht) überholt sei. Die Wertung der damaligen Transferentschädigungen als „Anschaffungskosten“ der Spielerlaubnis durch den BFH könne nicht mehr aufrechterhalten werden.[578] Aktuell werde die Spielerlaubnis – nach Beachtung einiger unbedeutender Formalitäten – ohne nennenswerte Kosten erteilt. Die „Transferentschädigung“ werde lediglich für den vorzeitigen Wechsel eines Spielers gezahlt.[579]

---

572 BFH DStR 1992, S. 1611; vgl. *Hüttemann*, DStR 1994, S. 490, 491.

573 BFH DStR 1992, S. 1611, 1612; hierzu merkt der BFH in der o. g. Entscheidung von 2009 an, dass auch diese Entscheidung mithin gerade nicht von der „Überlassung“ eines Rechts, sondern vielmehr davon ausgehe, dass ein solches Recht beim aufnehmenden Verein neu entstehe.

574 Zustimmend *Hüttemann*, DStR 1994, S. 490; Teschke/Knipping/Sundheimer, DB 2012, M10;

575 *Jansen*, DStR 1992, S. 1785, 1786

576 Den Arbeitsvertragsschluss hingegen könne und wolle der DFB nicht verhindern. Damit sei die Spielerlaubnis i. S. d. § 26a LSpSt ihrem wirklichen Sinn nach nichts anderes als eine Bestätigung, dass die Erfordernisse für eine Spielberechtigung – nämlich die arbeitsvertragliche Regelung und die Sporttauglichkeit – erfüllt seien, vgl. *Jansen*, DStR 1992, S. 1785, 1786.

577 *Jansen*, DStR 1994, S. 1217, 1218. Dieses Argument greift heute nicht mehr, weil es die entsprechenden Richtlinien im Lizenzfußball nicht mehr gibt.

578 Die Spielerlaubnis kann ja bei Spielern mit beendeten Verträgen nunmehr kostenlos erworben werden, die zwingenden Anschaffungskosten für die Spielerlaubnis sind entfallen.

579 *Littkemann/Schaarschmidt*, StuB 2002, S. 372, 376; *Steiner/Gross*, StuB 2005, S. 531, 534.

Die Spielerlaubnis nach der LOS werde auch nicht dem Verein, sondern dem Spieler erteilt. Die Aktivierung nach § 5 Abs. 2 EStG setze aber voraus, dass das erworbene immaterielle Wirtschaftsgut Gegenstand eines gegenseitigen Vertrags sei, bei dem Leistung und Gegenleistung nach kaufmännischen Gesichtspunkten gegeneinander abgewogen würden und eine Leistung in der Übertragung eines Wirtschaftsgutes bestehe. Durch den Vertrag zwischen dem abgebenden und dem aufnehmenden Verein erwerbe jedoch nicht der aufnehmende Verein die Spielberechtigung.[580]

Schließlich wird der Spielerlaubnis die Verkehrsfähigkeit abgesprochen. Wirtschaftlich übertragbar im Sinne des Merkmals „Verkehrsfähigkeit" seien nur Sachen, Rechte oder Werte, die von einer Person auf eine andere Person durch Vereinbarung zwischen beiden übergehen könnten. Allein der Umstand, dass vor Ablauf der Vertragsdauer der alte Verein mitbestimmen könne, ob ein Vereinswechsel zustande komme, begründe nicht die wirtschaftliche Übertragbarkeit der Spielerlaubnis. Andernfalls müssten auch Abfindungen aktiviert werden, die der neue Arbeitgeber bei der vorzeitigen Auflösung des Arbeitsvertrags von Angestellten zahle; diese Konsequenz werde aber nach ständiger Verwaltungspraxis nicht gezogen.[581]

Das Urteil des BFH aus dem Jahre 1992 ist in einer aktuellen Entscheidung des BFH bestätigt und fortentwickelt worden.[582] Ablösezahlungen, die von Vereinen der Fußball-Bundesliga im Zusammenhang mit dem Wechsel von Lizenzspielern an die abgebenden Vereine gezahlt werden, sind demnach als Anschaffungskosten auf das immaterielle Wirtschaftsgut der exklusiven Nutzungsmöglichkeit „an dem Spieler" zu aktivieren und auf die Vertragslaufzeit abzuschreiben.[583] Betrachte man die Ablösesumme als Gegenleistung an den abgebenden Club, dann könne das zu aktivierende Wirtschaftsgut auch in der aufgrund der Transferpraxis im Profifußball faktisch bestehenden – und durch das Instrument der Spielerlaubnis verbandsrechtlich garantierten – exklusiven Nutzungsmöglichkeit des Vereins „am Spieler" gesehen werden[584]. Die Folgerung, dass eine Annahme der selbständigen Bewertbarkeit auf verfassungswidrige Weise zu einem Eingang des Wertes eines Menschen als Aktivposten in die Bilanz führe, sei unzutreffend. Aktiviert werde der vermögensmäßige Vorteil, der dem Verein daraus entsteht, dass er den jeweiligen Spieler in der Laufzeit des Arbeitsvertrags als Fußballspieler exklusiv in seiner Mannschaft einsetzen kann. Das sei nicht einer „Bewertung" des

---

580 Die Spielberechtigung entstehe erst mit Abschluss eines neuen Arbeitsvertrags und der danach erfolgenden Erteilung der Spielerlaubnis durch den Ligaverband an den Spieler, vgl. *Jansen*, FR 2007, S. 837, 838.

581 *Jansen*, FR 2007, S. 837, 838.

582 BFH, Entscheidung vom 14.12.2011, DStR 2012, S. 229.

583 BFH DStR 2012, S. 229 (Leitsatz).

584 BFH DStR 2012, S. 229, 231 unter Hinweis auf die insofern zustimmende Literatur: Lüdenbach/Hoffmann, DB 2004, S. 1442; Hoffmann, BC 2006, S. 129, 130.

jeweiligen Spielers als Mensch gleichzusetzen.[585] Darin liege keine gegen die durch Art. GG Artikel 1 GG geschützte Menschenwürde verstoßende Bilanzierung von „Humankapital".[586]

Sofern die Praxis des „Spielerhandels" im professionellen Sport selbst nicht generell als rechts- oder sittenwidrig angesehen werde, könne auch eine an diese Praxis anknüpfende Bilanzierung nicht als rechts- oder sittenwidrig bewertet werden.[587] Die beschriebene exklusive Nutzungsmöglichkeit „an" dem jeweiligen Spieler habe schließlich aus der Sicht eines gedachten Betriebserwerbers einen eigenständigen Wert und sei deshalb selbständig bewertbar. Das zeige sich in den unterschiedlich hohen Ablösebeträgen.[588]

Auch die neuerliche Entscheidung des BFH ist nicht unwidersprochen geblieben. So wird vorgebracht, dass die steuerrechtliche Behandlung des Sachverhaltes die Tür zur Frage der Rechts- und Sittenwidrigkeit aufstoße. Zudem werde der Arbeitnehmer „Spieler" durch das anzuwendende Steuerrecht zur Doppel-Person, weil ihm ein gesondertes „Recht am Spieler" und eine gesonderte „Nutzungsmöglichkeit" umgehängt werde, die angeblich in der Form der Spielerlaubnis ein immaterielles Wirtschaftsgut darstelle.[589] Die Spielerlaubnis sei nicht selbständig verwertbar, denn sie sei rechtlich nicht übertragbar, sondern vielmehr streng akzessorisch zum Bestand des Arbeitsvertrages zwischen Club und Spieler. Ende das Arbeitsverhältnis mit einem Club, erlösche die durch die DFL erteilte Spiellizenz.

Nicht dem Club, sondern dem Spieler selbst werde die Lizenz – durch einen Vertrag zwischen ihm und dem Ligaverband – erteilt (§ 1 DFL LOS).[590] Der aufnehmende Verein erlange für die Zahlung der Transferentschädigung nicht die Lizenz zum Einsatz des Spielers, sondern nur das Recht, die Lizenz neu zu beantragen.[591] Es sei auch nicht Zweck der Lizenzerteilung, dem Club ein exklusives Nutzungsrecht einzuräumen. Zweck der Spielerlizenzerteilung sei stattdessen, den Spieler allen Statuten und Ordnungen von DFB und DFL zu unterwerfen (§ 1 Abs. 3 DFL LO-Spieler).[592] Aus der verbandsrechtlichen Zuordnung des Spielers folge aber kein „subjektives Recht" des Clubs, dieser werde allenfalls „reflexhaft" geschützt.[593]

---

585 BFH DStR 2012, S. 229, 232.

586 BFH DStR 2012, S. 229, 231 unter Hinweis auf die insofern widersprechende Literatur: *Littkemann/Schaarschmidt*, StuB 2002, S. 372, 375; *Steiner/Gross*, StuB 2005, S. 531, 534.

587 BFH DStR 2012, S. 229, 231.

588 BFH DStR 2012, S. 229, 232.

589 *Koether*, FR 2012, S. 631, 634.

590 *Schülke*, DStR 2012, S. 45, 47, *Koether*, FR 2012, S. 631, 634.

591 *Schülke*, DStR 2012, S. 45, 47.

592 *Schülke*, DStR 2012, S. 45, 47 unter Hinweis auf *Hüttemann*, DStR 1994, S. 490, 491; *Jansen*, DStR 1994, S. 1217, 1218.

593 Dafür spreche auch der Umstand, dass Spieler bereits in der E-Jugend gemeldet sein müssten, um am Spielbetrieb teilnehmen zu dürfen, *Schülke*, DStR 2012, S. 45, 47.

Indem der BFH von einem „Recht am Spieler“ und von der „exklusiven Nutzungsmöglichkeit“ des Clubs am Spieler spreche und ein verkehrsfähiges Recht annehme, setze er sich in Widerspruch zu den Ausführungen des VIII. Senats in einem aktuellen Urteil[594] zur Vertragsarztzulassung.[595] Zu Recht habe der BFH hierin entschieden, dass die Vertragsarztzulassung als solche kein – auch nicht teilweise – wirtschaftlicher Vorteil sei.[596] Was für die viel höheren Anforderung an eine Arztberufsausübungszulassung gilt, müsse erst Recht für einen Profi-Fußballspieler gelten, der letztlich für den Abschluss des Lizenzvertrages mit dem Ligaverband lediglich einen Arbeitsvertrag mit einem lizenzierten Verein nachweisen müsse.[597]

II. Spieler selbst als Vermögenswert

Im Hinblick auf die Praxis der Bilanzierung von „Spielerwerten“ nach International Financial Reporting Standards und der deutschen Bilanzrechtsmodernisierung wird vereinzelt der Spieler selbst als Vermögensgegenstand in Betracht gezogen.[598] Danach handele es sich bei dem Recht am Fußballspieler um einen immateriellen Vermögensgegenstand, den man als Nutzungsrecht, als wirtschaftlichen Vorteil oder als „Wert“ bezeichnen könne.[599] Die Üblichkeit der Bezeichnung als „Spielerwert“ sei vor dem Hintergrund einer befürchteten Analogie zum Sklavenhandel zu sehen.[600] International scheine der Vermögensgegenstand jedoch so bezeichnet zu werden.[601] Hierfür spreche die Bilanzierung von Spielerwerten nach den IFRS. Die IFRS billigten die Bilanzierung von Humankapital nicht nur, sondern forderten diese unter bestimmten Bedingungen sogar. Insbesondere sei dies der Fall, wenn die Verfügungsmacht im Sinne der Kontrolle über den aus der Verfügbarkeit des Humankapitals erwachsenden Nutzen gegeben sei. Diese Kontrolle sei im Fußball durch entsprechende Gestaltung von Arbeitsverträgen zu erreichen.[602]

---

594 BFH NJW-RR 2012, S. 168 ff.
595 *Koether*, FR 2012, S. 631, 633.
596 *Koether*, FR 2012, S. 631, 633, vgl. BFH NJW-RR 2012, S. 168, 170.
597 *Koether*, FR 2012, S. 631, 633.
598 Vgl. *Kirsch/Weber*, DStR 2012, S. 1716 ff.
599 *Hoffmann*, BC 2006, S. 129, 130; *Hoffmann/Lüdenbach*, DB 2004, S. 1442, 1447.
600 *Hoffmann*, BC 2006, S. 129, 130; a. A. aber *Rade/Stobbe*, DStR 2009, S. 1109, 1110, wonach der Begriff „Spielerwert“ sich zwar in der betriebswirtschaftlichen Literatur in den letzten Jahren herausgebildet habe, eine allgemein anerkannte Definition und Begriffsabgrenzung jedoch bis heute nicht existiere. Bei der Abgrenzung würden teilweise synonym, teilweise mit unterschiedlicher Bedeutung, Begriffe wie „Spielerlaubnis“, „Transferentschädigung“, „Spielervermögen“ oder „Humankapital“ verwendet.
601 *Hoffmann*, BC 2006, S. 129, 130.
602 *Elter*, in: FS Gömmel, S. 295, 300.

Erworbenes Spielervermögen stelle nach IFRS somit einen aktivierungsfähigen immateriellen Spielerwert.[603]

Die den Spielerwert als Humankapital einordnende Auffassung[604] unterscheidet zwischen dem Grundlagenbereich[605]-, dem späteren Aufbaubereich[606] und dem Leistungsbereich[607]. Zwar bestehe von der F- bis zur D-Jugend aufgrund der Ausbildungsinhalte noch kein Bezug zu dem Objekt „Fußballspieler", da dessen Entstehung zu diesem frühen Ausbildungsstadium noch nicht prognostizierbar sei, wohl aber zu dem Objekt „Kind" oder „Mensch". Der konkrete Bezug sei durch die Person vorhanden und konkretisiere sich dadurch, dass das Kind bei dem Club trainieren dürfe und dass die Möglichkeit, in späteren Jahren den Durchbruch im Lizenzligateam theoretisch schaffen zu können, vorhanden sei; aufgrund der Beschränkung der Mannschaftsgröße bereits ab der D-Jugend (auf 20 Spieler) müsse der Club eine Auswahl treffen und werde Spieler ohne ein Potenzial auf künftige technische Verwertbarkeit und wirtschaftlichen Erfolg „aussortieren".[608]

Nach § 248 Abs. 2 S. 1 HGB[609] können selbst geschaffene immaterielle Vermögensgegenstände des Anlagevermögens als Aktivposten in die Bilanz aufgenommen werden. Ein selbst geschaffener Spielerwert liege vor, wenn die Ausbildung des Spielers innerhalb des Profivereins erfolge und seine fußballerischen Fähigkeiten laufend durch gezielte sportliche Förderung verbessert werde.[610] Folgerichtig wird in der neueren Literatur die Aktivierungsfähigkeit von Nachwuchsspielern eines Clubs bejaht.[611] Die Ausbildung und das Training von Fußballspielern könne dabei als Entwicklungs- bzw. Erstellungsprozess verstanden werden, weil dieser sich auch auf Humankapital beziehen könne.[612] Die frühzeitige Betreuung und Ausbildung junger Spieler begründe eine entscheidende Mitwirkung an der Leistungserstellung.[613]

Da der Rechtsverkehr Möglichkeiten entwickelt habe, (Nachwuchs-)Spieler wirtschaftlich zu übertragen und da im deutschen Profifußball mit Spielern zudem ausschließlich befristete Arbeitsverträge regelmäßig ohne ordentliches Kündigungsrecht abgeschlossen würden, sei der Spielerwert eines Nachwuchssportlers und die entsprechende exklusive Nutzungsmöglichkeit rechtlich hinreichend

603 *Hoffmann/Lüdenbach*, DB 2004, S. 1442, 1447.

604 *Kirsch/Weber*, DStR 2012, S. 1716, 1719.

605 F- und E-Jugend (die F-Jugend erfasst i.d.R. 7-8, die E-Jugend 8-10 jährige Spieler).

606 C- und D-Jugend (D-Jugend i.d.R. 11-13, C-Jugend 13-15-Jahre).

607 B-, A-Jugend und Amateurbereich (B-Jugend: i.d.R. 15-17, A-Jugend 17-19 Jahre).

608 *Kirsch/Weber*, DStR 2012, S. 1716, 1719.

609 Vorschrift neu gefasst durch Bilanzrechtsmodernisierungsgesetz vom 25.05.2009.

610 *Rade/Stobbe*, DStR 2009, S. 1109, 1110.

611 *Kirsch/Weber*, DStR 2012, S. 1716, 1717.

612 *Kirsch/Weber*, DStR 2012, S. 1716, 1717 unter Hinweis auf Hoffmann/Lüdenbach, NWB Kommentar Bilanzierung, § 255 HGB, Rn. 175.

613 *Kirsch/Weber*, DStR 2012, S. 1716, 1717.

geschützt, so dass der Spielerwert im Ergebnis als selbständig verwertbar und somit aktivierungsfähig einzuschätzen sei.[614]

Als relevanter Zeitpunkt für den Aktivierungsbeginn eines selbsterstellten Spielerwertes komme einzig der Abschluss des ersten rechtlich bindenden Vertrages infrage.[615] Erst durch den rechtswirksamen Vertragsabschluss sei der Spieler bzw. der damit verbundene wirtschaftliche Vorteil derart in die Kontrollsphäre und Verfügungsmacht des Clubs übergegangen, dass aus Sicht des Clubs ein Wert vorliege, der – durch Verzicht auf die Spielerlaubnis – selbständig verwertet werden könne.[616]

III. Stellungnahme

Im Rahmen der zivilrechtlichen Bewertung des Transferrechts als Gegenstand einer Übertragung sprechen die besseren Argumente dafür, den Übertragungsgegenstand nicht in dem jeweiligen Spieler, sondern in der Spielererlaubnis als Verkörperung des Spielerwertes zu sehen. Die Praxis des Einstellens der Spielerwerte in die Bilanz rechtfertigt ebenso wenig wie die Möglichkeit, diese Spielerwerte durch die Ausbildung junger Spieler zu schaffen, die Schlussfolgerung, dass aus zivilrechtlicher Sicht der Fußballspieler selbst der bei einem Transfer übertragene Vermögensgegenstand ist. Ein bestimmter Nutzen des Spielers für den Club wird erst durch den neuen Arbeitsvertrag konkretisiert.[617]

Das verwertbare, vermögensbildende Recht des Fußballclubs im Verhältnis zu seinem Spieler ist die Beständigkeit eines noch laufenden, fortzusetzenden Arbeitsvertrages und die damit verbundene Möglichkeit, der Entscheidung einer vorzeitigen, einverständlichen Beendigung dieses Vertrages zuzustimmen oder auf der Vertragserfüllung zu bestehen.[618] Der Club hat insofern kein Recht an dem Spieler als solchem, sondern das – aus Arbeitsvertrag und Spielerlaubnis folgende

---

614 *Kirsch/Weber*, DStR 2012, S. 1716, 1717 unter Hinweis auf *Söffing*, BB 1996, S. 523.

615 *Kirsch/Weber*, DStR 2012, S. 1716, 1719 stellen hier richtig fest, dass nach § 2 Nr. 3 LOS ein Spieler einen Lizenzvertrag mit der DFL erst unterschreiben darf, wenn er sein 18. Lebensjahr vollendet hat. Der deutsche Lizenzgeber gewähre den Clubs daneben aber die Möglichkeit, mit B- und A-Junioren Förderverträge abzuschließen, die dadurch als Vertragsspieler gälten. Über den Fördervertrag kann die erforderliche Bindung des Spielers an seinen Club also schon hergestellt werden. Eine Spielerlaubnis kann nach § 14 Nr. 1 Nr. 1 S. 4 LOS auch A-Junioren des jüngeren und älteren Jahrgangs erteilt werden. Im Juni 2013 kündigte die DFL an, das Mindestalter für die Erteilung der Spielerlaubnis möglicherweise weiter herabzusetzen.

616 *Kirsch/Weber*, DStR 2012, S. 1716, 1719 unter Hinweis auf *Lüdenbach/Hoffmann*, DB 2004, S. 1442, 1444; *Homberg/Eltenburg/Rothenberger*, KoR 2004, 249, 261.

617 *Elter*, in: FS Gömmel, S. 302.

618 *Schickhardt*, in: Galli/Elter/Gömmel/Holzhäuser/Straub (Hrsg.), Sportmanagement, S. 641, 646.

– Recht, den Spieler innerhalb der Lizenzmannschaft des Clubs im Rahmen des Spielbetriebs der jeweiligen Liga einzusetzen.[619]

Wenn in den Bilanzen Spielerwerte aufgeführt werden, dann sind hiermit, präziser formuliert, die jeweils an den Spielern bestehenden wirtschaftlichen Nutzungsmöglichkeiten gemeint, so wie sie sich aus Arbeitsvertrag und Spielerlaubnis ergeben. Vollumfängliche Verfügungsrechte über den Spielerwert hat der Club schon deshalb nicht, weil der Transfer des Spielers nicht ohne dessen Einverständnis erfolgt und weil der Spieler selbst seinen Wert für den neuen Club in den Gehaltsverhandlungen maßgeblich mitbestimmt.

Der vorgenannten Kritik an dem aktuellen BFH-Urteil zur Bilanzierung der Spielererlaubnis ist zuzugeben, dass die Spielerlaubnis tatsächlich primär eine ordnende Funktion hat und von der DFL nicht mit dem Hauptziel erteilt wird, den Clubs hiermit einen Spielerwert abzusichern. Dies ist primär die Aufgabe des Arbeitsvertrages.

In der weiteren Argumentation zum Inhalt der Spielerlaubnis wird fälschlicherweise deren Inhalt mit dem der Spielerlizenz vermengt. Nicht gefolgt werden kann insbesondere einer Ablehnung der Spielererlaubnis als Wirtschaftsgut, die sich auf Regelungen in § 1 der LOS stützt, also argumentiert, dass die Spielerlizenz dem Spieler und nicht dem Club erteilt werde. Die nach § 1 erteilte Spielerlizenz ist, wie bereits dargestellt, von der Spielerlaubnis nach § 13 getrennt zu betrachten. Die Spielerlaubnis dient vor allem der Zuordnung eines Spielers zu einem bestimmten Club. Hingegen regelt § 1die Unterwerfung unter die Verbandsregeln durch Erteilung der Spielerlizenz. Der Umstand dieser Unterwerfung kann insofern nicht für eine Bewertung der Spielerlaubnis herangezogen werden.

Allerdings können Amateure und Vertragsspieler im Gegensatz zu Lizenzspielern ohne Lizenz spielberechtigt sein, wenn für sie eine Spielerlaubnis erteilt worden ist. In diesem besonderen Fall hat die Spielerlaubnis dann tatsächlich auch eine Zulassungswirkung.[620]

Gegen die angeführte Vergleichbarkeit der Spielerlaubnis mit der Arztzulassung spricht aber, dass die Erteilung der Spielerlaubnis sowohl für Lizenzspieler (§ 13 LOS) als auch für Amateure und Vertragsspieler (§ 14 Nr. 1) von deren jeweiligem Club beim Ligaverband zu beantragen und diesem, also gerade nicht dem Spieler, zu erteilen ist. Die generelle Bindung an die Regeln des Berufsfußballs und eine vollumfängliche Zulassung des Spielers verkörpert die Lizenz, die Spielerlaubnis hingegen ordnet den Spieler einem konkreten Club zu. Gerade die Trennung zwischen Spielerlizenz und Spielerlaubnis sorgt dafür, dass die Spielerlaubnis ein Wirtschaftsgut für den innehabenden Club verkörpert.

Zwar ergibt sich aus § 13 Nr. 6, dass die Spielerlaubnis des Spielers mit dem Tag der Beendigung des Vertrages mit dem Verein oder der Kapitalgesellschaft erlischt. Die Spielerlaubnis ist somit in der Tat akzessorisch zum Bestand des

619 *Küting/Strauß/Tesche*, DStR 2010, S. 2646.
620 Vgl. hierzu ZWEITER TEIL, 6. Kap.

Arbeitsvertrages. Der Club handelt daher aber auch nicht mit der Spielerlaubnis als solcher[621], überlässt also kein eigenständiges und fortbestehendes Recht zur Nutzung, sondern räumt nur die Möglichkeit ein, aufgrund eines Arbeitsvertrages eine neue Spielerlaubnis zu beantragen.[622] Die Feststellung dieser Akzessorietät taugt aber nicht als Argument gegen die Verkörperung des Transferrechts und des Spielerwertes in der Spielerlaubnis. Denn es kann ohne weiteres dazu kommen, dass ein Spieler mehrere Arbeitsverträge parallel abschließt. Die Nutzungsmöglichkeiten ergeben sich aber stets nur für den Club, der die Spielerlaubnis innehat. Die Spielerlaubnis hat insofern für die Zuordnung des Spielers zu einem bestimmten Club größere Bedeutung als der Arbeitsvertrag. Ein mit einer Arztzulassung vergleichbares eigenständiges Recht des Spielers verkörpert die Spielerlaubnis nicht, denn sie ist immer an einen bestimmten Club gebunden. Mit der Arztzulassung wäre allenfalls die Spielerlizenz zu vergleichen.

Es besteht auch kein Recht des Spielers an der Spielerlaubnis. Dem steht bereits entgegen, dass er an der Übertragung seiner Spielerlaubnis im Rahmen des Transfervertrags zwischen den beiden Vereinen nicht unmittelbar beteiligt ist.[623] Den Verzicht auf die bestehende Spielerlaubnis und die Beantragung der neuen Spielerlaubnis vollziehen stets der abgebende und der aufnehmende Club. Übertragen wird nicht das Recht des Spielers auf einen Arbeitsplatzwechsel, sondern das Recht des Clubs, statt der Erfüllung des Arbeitsvertrages für dessen Aufhebung eine finanzielle Gegenleistung verlangen zu können. An diesem Recht hat der Spieler keinen Anteil. Er kann sich im Falle einer Auflösung seines Vertrages von einem neuen Club – als vorausgezahltes Gehalt – ein Handgeld zusichern lassen als Gegenleistung dafür, dass er sich gerade für diesen Club entscheidet. Die Ablösesumme hingegen kompensiert den erwarteten zukünftigen Verlust, den der abgebende Club durch die Nichterfüllung des Vertrages mit dem Spieler erleidet.

Wollte man sich darauf berufen, dass ohne den Spieler gar kein Transferrecht entstünde und dieser somit originärer Inhaber des Transferrechts sein müsse, so ist dem die Argumentation des LG Frankfurt in einer Entscheidung zur kommerziellen Verwendung von Spielernamen entgegenzuhalten.[624] Das LG hat festgestellt, dass die Mitgliedschaft in den Bundesligaclubs den Spielern überhaupt erst die Möglichkeit eröffne, ihr Recht am eigenen Namen oder am eigenen Bild in Deutschland zu vermarkten. Denn in der Regel bestehe ein kommerziell verwertbares Interesse an der Person des Spielers, gerade weil er in einem Bundesligaverein spiele.[625] Dies lässt sich auf das Transferrecht übertragen. Dieses ist trotz seiner wirtschaftlichen

621 *Gerlinger*, in: Stopper/Lentze (Hrsg.), Handbuch Fußball-Recht, Kap. 12, Rn. 23 unter Verweis auf BFH v. 27.052009, Az.: R 86/07 = NJOZ 2009, S. 3150.
622 *Gerlinger*, in: Stopper/Lentze (Hrsg.), Handbuch Fußball-Recht, Kap. 12, Rn. 23.
623 FG Köln, DStRE 1999, S. 308, 309.
624 LG Frankfurt a. M. SpuRt 2009, S. 207 ff.
625 LG Frankfurt a. M. SpuRt 2009, S. 207, 210.

Nähe zur Gehaltszahlung und des engen Bezuges zum Spieler primär der Sphäre des Clubs zuzuordnen.

Es ist interessengerecht, dass der Club, der einem Spieler durch dessen Einsatz in der Bundesliga Gewinnmöglichkeiten eröffnet, für seine Investitionen in den Betrieb einer Lizenzspielermannschaft und die Entwicklung des einzelnen Spielers entschädigt wird, indem er die Auflösung eines Spielervertrages von einer Ablösezahlung abhängig machen kann.

Dem Spieler selbst den vollen wirtschaftlichen Wert seines Schaffens zuzuordnen, würde – wie das LG Frankfurt richtig erkennt – den Umstand ignorieren, dass die entsprechende Wertschöpfung ohne einen Club nicht möglich wäre. Das Zusammenspiel aus Spielervertrag und Spielerlaubniserteilung sichert dem Club, der einem Spieler für einen gewissen Zeitraum die Tätigkeit im Lizenzfußball ermöglicht, die ihm aus sportlichen Gerechtigkeitserwägungen zustehende Ablösezahlung für einen späteren Verlust des Wirtschaftsguts Spielerlaubnis.

Die Spielerlaubnis ist auch keine bloße Formalie. Erst die Spielerlaubnis ermöglicht dem jeweiligen Club einen Einsatz des Spielers. Daher ist auch der Einwand nicht überzeugend, die Spielerlaubnis verleihe dem Lizenzverein keine weiteren Rechte als der mit dem Spieler geschlossene Arbeitsvertrag. Ganz im Gegenteil ist der Arbeitsvertrag ohne eine Spielerlaubnis nahezu wertlos. Der Spieler ist ohne diese Spielerlaubnis für keinen Club einsetzbar. Dies ergibt sich eindeutig aus § 1 des Lizenzvertrages, der zur Erteilung der Spielerlizenz zwischen DFL und Lizenzspielern geschlossen wird. Nach § 1 Abs. 3 dieses Lizenzvertrages bedarf der Lizenzspieler zur Ausübung der Berechtigung aufgrund des Lizenzvertrages einer gesonderten Spielerlaubnis durch die Deutsche Fußball Liga GmbH gemäß § 19 Nr. 2 der Satzung des Ligaverbandes. Auch die Wortwahl der zentralen Regelung in § 13 LOS („Spielerlaubnis für Lizenzspieler in Lizenzmannschaften") und die umfangreichen Erteilungsvoraussetzungen in § 13 Nr. 2 lit. a) bis g) LOS lassen erkennen, dass die Spielerlaubnis tatsächlich Erlaubnischarakter hat.

Zieht man eine Parallele zwischen dem Transfer eines Spielers und der Übertragung einer Sache nach dem Sachenrecht, dann verkörpert die Erteilung der neuen Spielerlaubnis in ihrer rechtlichen Wirkung einen mit der Übereignung einer Sache vergleichbaren Übergang des Rechts, einen Spieler im Lizenzfußball einzusetzen. Nach alledem wird also nicht der Spieler selbst zwischen den Clubs gehandelt und übertragen, sondern die seine Einsetzbarkeit verkörpernde Spielerlaubnis, welche wiederum nicht „körperlich", also beispielsweise durch Übergabe eines Dokuments, den Besitzer wechselt, sondern erlischt und neu entsteht.[626] Es gibt also mit der Spielerlaubnis einen Vermögensgegenstand, der zwischen den Clubs gehandelt werden kann, ohne dass man hierin einen „Menschenhandel" sehen muss.

626 Vgl. *Küting/Strauß/Tesche*, DStR 2010, S. 2646, 2647.

Die Spielerlaubnis bietet sich auch deswegen als zwischen den Clubs handelbares Wirtschaftsgut an, weil der Spieler an ihr keinerlei eigene Rechte erwirbt.[627]

D. Zwischenergebnis: Definition des Transferrechts

Das Transferrecht ist die sich aus einem Spielervertrag in Verbindung mit den Verbandsstatuen des Lizenzfußballs ergebende Befugnis, im Einverständnis mit dem Spieler eine Transfervereinbarung zu schließen, die eigene Spielerlaubnis zum Erlöschen zu bringen, einem anderen Club hierdurch die Beantragung einer neuen Spielerlaubnis zu ermöglichen und für den Abschluss der Transfervereinbarung eine Ablösezahlung zu verlangen. Dieses in der Spielerlaubnis verkörperte Transferrecht wird im Rahmen eines Transfers zwischen den Clubs übertragen.

2. Kapitel: Zivilrechtliche Bewertung einer Beteiligung Dritter am Transferrecht

Wirtschaftsgüter können grundsätzlich von einem Unternehmer auf einen anderen übertragen werden, sofern sie nicht höchstpersönlicher Natur sind.[628]Es stellt sich die Frage, ob das Transferrecht insgesamt oder teilweise nach §§ 398 ff. BGB an den Investor abgetreten werden kann. Alternativ kommen verschiedene schuldrechtliche Vereinbarungen mit dem Investors nach §§ 241 Abs. 1, 311 Abs. 1 BGB in Betracht. Problematisch ist im Hinblick auf das Transferrecht, dass möglicherweise durch das Verbandsrecht eine Art „Höchstpersönlichkeit" zugunsten der juristischen Person Lizenzclub begründet wird, die eine Übertragung auf Nicht-Clubs verbietet. Allerdings muss der Begriff der Übertragung nicht zwingend eine vollumfängliche Übertragung bedeuten, mit der Folge, dass der Club, der einem Investor Transferrechte einräumt, jegliches eigene Transferrecht aufgibt. Denkbar wäre eine Vereinbarung über das Transferrecht, die einen bei dem Club zu belassenden Rechtsanteil unberührt lässt.

Die Frage einer Übertragbarkeit des Transferrechts oder seiner beiden Bestandteile ist in Rechtsprechung und Literatur noch nicht vertieft untersucht worden. Als rechtliche Vergleichsmaterie bietet sich die Übertragung von Persönlichkeitsrechten an.

Zwar bestehen zwischen dem einer natürlichen Person zustehenden Persönlichkeitsrecht und dem Transferrecht eines Fußballclubs als juristischer Person gravierende strukturelle Unterschiede. Gemeinsamer Ansatzpunkt ist aber, dass bestimmte höchstpersönliche Rechte vom Rechtsinhaber einer wirtschaftlichen

627 Der Spieler hat kein Transferrecht, sondern ein Recht auf Arbeitsplatzwechsel, eingeschränkt durch die vertraglichen Abreden, die er sich gegenüber dem Club selbst auferlegt hat und ergänzt durch die Transferfristenregelungen des Verbandes.

628 *Nemeczek*, GRUR 2011, S. 292.

Nutzung durch eine Partei zugänglich gemacht werden soll, die keine höchstpersönliche Beziehung zu diesen Rechten geltend machen kann. Der BGH bezeichnet die Frage der Übertragbarkeit des allgemeinen Persönlichkeitsrechts als „umstritten", lässt sie aber offen.[629] In der Literatur wird argumentiert, dass das deutsche Privatrecht nicht allein die Veräußerung, also die unbeschränkte und endgültige Übertragung kenne, sondern auch eine beschränkte Übertragung.[630] Zu unterscheiden sei insofern zwischen so genannten translativen und konstitutiven Rechtsübertragungen; beide Varianten seien Übertragungen im Rechtssinn.[631] Bei der translativen Rechtsübertragung komme es zu einer rückhaltlosen, vollumfänglichen Entäußerung und Beendigung der Rechtszuständigkeit des Entäußerers, mit der Folge, dass der Erwerber „dasselbe Recht" erwerbe; bei der konstitutiven Rechtsübertragung spalte der Veräußerer ein bestimmtes, aus seinem subjektiven Recht fließendes, Interesse ab und räume dem Erwerber ein ausschließliches, gegenständlich wirkendes Teilrecht ein, so dass es gleichzeitig zu einem Verbrauch von Verfügungsmacht komme.[632]

Die Frage, inwieweit eine Übertragung der vermögensrechtlichen Bestandteile des allgemeinen Persönlichkeitsrechts an einen Dritten zur kommerziellen Verwertung zulässig ist, hatte das Landgericht Frankfurt a. M. in einem Verfahren der DFL gegen einen Computerspielhersteller zu beurteilen,[633] der ohne entsprechende Lizenz Spielernamen und -bildnisse verwendet hatte, an denen der Ligaverband exklusiv eingeräumte Gruppenvermarktungsrechte[634] für sich in Anspruch nahm.[635]

Unter Auseinandersetzung mit den Entscheidungen des BGH und des BVerfG erklärte das LG Frankfurt a. M. die rechtsgeschäftliche Übertragbarkeit der vermögensrechtlichen Bestandteile des allgemeinen Persönlichkeitsrechts für zulässig. Es entschied weiter, dass dem Spieler durch die im Mustervertrag der DFL

---

629 BGH, NJW-RR 1987, S. 231, 232 – „NENA"; dagegen: *Peifer*, GRUR 2002, S. 495, 499.

630 *Forkel*, GRUR 1988, S. 491, 493.

631 *Unseld*, GRUR 2011, S. 982, 983; *Nemeczek*, GRUR 2011, S. 292, die Begriffe wurden geprägt *von Thur*, Der Allgemeine Teil des Deutschen Bürgerlichen Rechts, 2. Bd. 1. Hälfte, 1914, S. 59 ff. und sind auch in der Rspr. zitiert worden, vgl. OLG Dresden, GRUR-RR 2011, S. 413, 417.

632 Das eingeräumte Recht sei ein partieller Ausschnitt der Befugnisse des Mutterrechts, das bestehen bleibe; der Erwerber des abgeleiteten Rechts dürfe seine Befugnisse nur unter Respektierung der Interessen des Mutterrechtsinhabers ausüben, *Unseld*, GRUR 2011, S. 982, 983.

633 LG Frankfurt SpuRt 2009, S. 207, 209.

634 Gegenstand des der DFL übertragenen operativen Geschäfts ist nach § 2 Ziff. 1.3 der DFL-GmbH-Satzung insbesondere die exklusive Vermarktung der Bundesligen. Nach § 16 der „Ordnung für die Verwertung kommerzieller Rechte (OVR)" soll die DFL im Rahmen von Maßnahmen der Gruppenvermarktung über die Persönlichkeitsrechte der Lizenzspieler an ihrer Vermarktung als Fußballspieler, soweit diese dem lizenzierten Verein zur Nutzung überlassen sind, verfügen.

635 LG Frankfurt SpuRt 2009, S. 207 f.

vorgesehene Rechteeinräumung[636] nicht in grundrechtswidriger Weise sämtliche persönlichkeitsbezogenen Rechte entzogen würden, da von der Übertragung *per se* alle Rechte ausgeschlossen blieben, welche der Privatsphäre zuzuordnen seien.

Die Lizenzierung des kommerzialisierbaren Anteils der Persönlichkeitsrechte greife insofern nicht in den Kernbereich der Grundrechtspositionen der Spieler ein, zumal hier nur die Betätigung als Lizenzspieler betroffen sei.[637] Auch die Rechtsprechung des BGH stehe der Annahme einer Übertragbarkeit der vermögenswerten Bestandteile des Rechts am eigenen Namen beziehungsweise am eigenen Bild nicht entgegen. Die Anerkennung eines selbstständigen, vom Persönlichkeitsrecht gelösten, vermögensrechtlichen Zuweisungsgehalts des Rechts am eigenen Bild[638] entspreche auch den wirtschaftlichen Erfordernissen der Zeit und der im Verkehr allgemein festzustellenden Üblichkeit.[639]

Ausschlaggebend sei, dass das allgemeine Persönlichkeitsrecht neben den ideellen Interessen des Rechtsinhabers auch die vermögenswerten Interessen der Person schütze und dass letztere Interessen nicht untrennbar mit dem Rechtsinhaber verbunden seien. Es sei angesichts der – von der höchstrichterlichen Rechtsprechung anerkannten – Kommerzialisierung dieser Bestandteile des Persönlichkeitsrechts davon auszugehen, dass die Rechte am eigenen Namen und am Bildnis mit dinglicher Wirkung auf Dritte übertragen werden könnten.[640] Die vermögensrechtlichen Bestandteile des Persönlichkeitsrechts betrachtet das LG Frankfurt a. M. also als echtes, mit dinglicher Wirkung übertragbares, Immaterialgüterrecht.

Alternativ lässt sich vertreten, dass hinsichtlich dieses Rechts allein eine schuldrechtliche Gestattung zur Ausübung und Nutzung der vermögensrechtlichen Bestandteile erfolgen kann, also keine dingliche Übertragung.[641]

Der Musterarbeitsvertrag der DFL differenziert zwischen verschiedenen Vermarktungsbereichen, die jeweils der beruflichen oder der privaten Sphäre des Spielers zuzuordnen sind. Er macht deutlich, dass eine Verwertung fußballbezogener Persönlichkeitsrechte dann erfolgt, wenn die berufliche Tätigkeit der Lizenzspieler

---

636 § 3a Mustervertrag der Saison 2005/2006: „Der Spieler räumt dem Club, sofern seine Tätigkeit als Lizenzspieler und nicht ausschließlich seine Privatsphäre berührt ist, das ausschließliche Recht ein, sein Bildnis, seinen Namen (...) sowie besondere fußballbezogene Persönlichkeitsmerkmale uneingeschränkt zu nutzen und zu verwerten."

637 LG Frankfurt a. M. SpuRt 2009, S. 207, 209.

638 LG Frankfurt a. M. SpuRt 2009, S. 207, 209 unter Hinweis auf BGHZ 20, 345 = NJW 1956, S. 1554, 1555; in diese Richtung auch BGH NJW 1987, S. 231 – „NENA"; BGHZ 143, 214 – „Marlene Dietrich" = NJW 2000, S. 2195.

639 So LG Frankfurt a. M. abgedruckt in BeckRS 2009, 26562 (in Spurt 2009, S. 207 ff. ausgelassen).

640 LG Frankfurt a. M. SpuRt 2009, S. 207, 209.

641 *Paepke/Blask*, in: Stopper/Lentze (Hrsg.), Handbuch Fußball-Recht, Kap. 11, Rn. 31 unter Hinweis auf *Fritzweiler*, in Praxishandbuch Sportrecht, 2. Teil, Rn. 84 ff.

direkt betroffen ist oder die Verwertung in unmittelbarem Zusammenhang mit dieser steht.[642] Eine Aushöhlung der Persönlichkeitsrechte des Spielers wird vermieden, indem der Club die Zustimmung zu Eigenvermarktungsmaßnahmen nur in begründeten Ausnahmefällen versagen kann.[643]

Die vorstehenden Ausführungen machen deutlich, dass im Hinblick auf die Frage, welche zivilrechtliche Vereinbarung der Investor mit einem Club im Hinblick auf das Transferrecht treffen kann, eine Differenzierung zwischen den beiden Bestandteilen des Transferrechts geboten ist. Auch für das Transferrecht ist zu fragen, welche Vereinbarungen im Hinblick auf die hierin enthaltenen Einzelrechte, also das Freigabe- und das Entschädigungsrecht zivilrechtlich möglich sind.

Auch für das Transferrecht könnte es einen kommerzialisierbaren Teil in Gestalt des Entschädigungsrechts und einen „ideellen" Teil in Form des Freigaberechts geben. Nur soweit diese Einzelrechte jeweils Gegenstand einer Abtretung nach §§ 398 ff. BGB sein können, käme auch eine Abtretung des Transferrechts insgesamt in Betracht.

A. Freigaberecht als Gegenstand einer Vereinbarung mit dem Investor

Zu untersuchen ist zunächst, ob ein Fußballclub nach dem deutschen Privatrecht über sein Freigaberecht verfügen kann.

I. Abtretung nach § 398 BGB

Die Abtretung gemäß § 398 BGB übernimmt für Forderungen funktional die Rolle der §§ 873, 925; 929 ff BGB, hat also sachenrechtlichen Charakter.[644] Eine Forderung ist das sich aus einem Schuldverhältnis ergebende Recht des Gläubigers, auf eine Leistung des Schuldners.[645] Die Abtretung des Freigaberechts nach § 398 BGB mit der Rechtswirkung, dass der Investor dieses sodann als ihm abgetretenes Recht gegenüber dem Verband erklären kann, ist schon deshalb nicht anzuerkennen, weil das Freigaberecht kein Recht auf Leistung aus einem Schuldverhältnis darstellt. Das Freigaberecht als „Recht zur Freigabe" berechtigt nicht den Inhaber, von einer dritten Person ein Tun, Dulden oder Unterlassen zu verlangen. Vielmehr begründet es eine Befugnis des Inhabers selbst etwas zu tun, nämlich den Spieler freizugeben. Gegenstück hierzu wäre das Recht des aufnehmenden Clubs, aufgrund einer Vereinbarung mit dem abgebenden Club von diesem die Freigabe zu verlangen, also praktisch der „Freigabeanspruch". Um dieses Recht geht es vorliegend aber nicht.

642 *Paepke/Blask*, in: Stopper/Lentze (Hrsg.), Handbuch Fußball-Recht, Kap. 11, Rn. 33.
643 *Paepke/Blask*, in: Stopper/Lentze (Hrsg.), Handbuch Fußball-Recht, Kap. 11, Rn. 33 f.
644 BeckOK-*Rohe*, BGB, § 398, Rn. 27.
645 Palandt-*Grüneberg*, BGB, vor § 241, Rn. 3.

II. Abtretung nach § 413 BGB

Fraglich ist, ob das Freigaberecht (des aktuellen Clubs) Gegenstand einer „Übertragung anderer Rechte“ nach § 413 BGB sein kann. In § 413 BGB ist geregelt, dass auch andere Rechte als Forderungen grundsätzlich übertragbar sind, soweit nicht das Gesetz ein anderes vorschreibt, was im Falle des Freigaberechts nicht erfolgt ist. „Andere Rechte“ sind gemäß § 413 BGB alle nicht unter § 398 BGB fallenden Rechte, vor allem Sachenrechte, Urheberrechte und gewerbliche Schutzrechte, Familien- und Erbrechte, Mitgliedschafts- und Gesellschaftsrechte.[646] So wie nach § 398 BGB künftige Ansprüche abgetreten werden können, sind auch die von § 413 BGB erfassten künftigen Rechte abtretbar.[647] Bei dem Freigaberecht des Clubs könnte es sich um ein Gestaltungsrecht handeln. Gestaltungsrechte verleihen ihrem Inhaber die Rechtsmacht, durch einseitigen Akt, meist durch empfangsbedürftige Willenserklärung, eine Veränderung der bestehenden Rechtslage herbeizuführen.[648]

Durch diese einseitige „Befugnis zum rechtlichen Können“[649] unterscheidet sich das Gestaltungsrecht von der Forderung im Sinne des § 398 BGB. Die Einordnung der Freigabe als Gestaltungsrecht liegt deshalb nahe, weil die Freigabe eines Spielers im Unterschied zum Transfer tatsächlich ein einseitiger Akt des abgebenden Clubs ist. Während bei der Transfervereinbarung alle drei beteiligten Parteien beteiligt sind, entscheidet der Club über die Freigabe allein. Bei den Gestaltungsrechten wird zwischen selbstständigen und unselbstständigen Rechten sowie innerhalb der unselbstständigen Rechte zwischen forderungsbezogenen und vertragsbezogenen unterschieden. Die Einordnung des Freigaberechts hat Auswirkungen auf die Abtretung.

1. Einordnung der Freigabe als vertragsbezogenes Gestaltungsrecht

Selbstständige Gestaltungsrechte sind dadurch gekennzeichnet, dass sie nicht auf eine andere Rechtsposition des Rechteinhabers bezogen sind.[650] Da bei diesen Rechten weder eine zwingende Zuordnung zu einer bestimmten Forderung noch zu einem Schuldverhältnis im weiteren Sinne besteht, können sie grundsätzlich gemäß §§ 413, 398 BGB eigenständig übertragen werden.[651] Diese Rechtsnatur entspricht nicht der des Freigaberechts, denn das Freigaberecht ist dem Schuldverhältnis des Arbeitsvertrages zwischen Club und Spieler zuzuordnen. Nach Ablauf des Arbeitsvertrages entfällt auch das Freigaberecht.

---

646 Palandt-*Grüneberg*, BGB, § 413, Rn. 1; Staudinger-*Busche*, BGB, § 413, Rn. 3.
647 BeckOK-*Rohe*, BGB, § 413, Rn. 7.
648 Vgl. hierzu statt vieler *Larenz/Wolf*, AT des BGB, § 15, Rn. 78.
649 BGH, NJW 2003, S. 1858, 1859.
650 *Schürnbrand*, AcP 204, S. 177, 180.
651 *Schürnbrand*, AcP 204, S. 177, 181, Staudinger-*Busche*, BGB, § 413, Rn. 11.

Forderungsbezogene unselbstständige Gestaltungsrechte sind diejenigen Hilfsrechte, die der Ausübung oder Durchsetzung einer Forderung dienen.[652] Sie sind mit einer Forderung unmittelbar verbunden, weil sie deren Inhalt selbst modifizieren. Im Falle einer Übertragung der Hauptforderung gehen diese Rechte ohne weiteres akzessorisch auf den Gläubiger über und sind daher nicht selbstständig abtretbar.[653] Dem liegt der Gedanke zugrunde, dass eine Forderung praktisch wertlos wäre, wenn der Inhaber nicht auch über Mittel verfügen würde, die für ihre zweckmäßige Realisierung erforderlich sind.[654]

Zwar kann das Entschädigungsrecht praktisch wertlos werden, wenn dem Zessionar nicht auch das Freigaberecht hinsichtlich des Spielers übertragen worden ist.[655] Das Freigaberecht ist aber kein Recht, das der Ausübung oder Durchsetzung des Entschädigungsanspruchs dient. Zudem erfolgt die Freigabe zeitlich vor der Entschädigung. Kaum ein aufnehmender Club wird sich zur Zahlung verpflichten, ohne dass der abgebende Club ihm die Auflösung des Vertrages mit dem Spieler zugesichert hat. Der Entschädigungsanspruch wird in der Regel sogar durch die Auflösung des Spielervertrages, also die „Freigabe", aufschiebend bedingt sein.

Vertragsbezogenen unselbstständige Gestaltungsrechte – wie Anfechtung, Rücktritt, Widerruf oder Kündigung – dienen der Umgestaltung des Vertragsverhältnisses.[656] Sie sind nicht wesensmäßig mit der Forderung verbunden und gehen daher nicht *ipso iure* auf den Zessionar über, sondern können vielmehr isoliert oder zusammen mit der Forderung durch privatautonome Vereinbarung übertragen werden.[657]

Als ein solches vertragsbezogenes Gestaltungsrecht ist das Freigaberecht anzusehen. Denn das Freigaberecht verleiht die Befugnis, im Einverständnis mit dem Spieler dessen Spielervertrag aufzuheben und dient damit der Umgestaltung des Vertragsverhältnisses. Zwar hat das Freigaberecht bestimmte Wechselwirkungen mit dem Entschädigungsrecht, es ist aber nicht wesensmäßig mit dem Entschädigungsrecht verbunden. Die Freigabe kann vielmehr auch im Falle einer Abtretung der Entschädigungsforderung nur von dem Club erteilt werden, der mit dem Spieler einen Spielervertrag hat, denn nur dieser kann als Vertragspartner Spielervertrag aufheben.

Für diese vertragsbezogene Unselbstständigkeit des Freigaberechts spricht auch, dass die Freigabe neben der Entschädigung in der Transfervereinbarung zwischen

652 *Schürnbrand*, AcP 204, S. 177, 189.
653 Staudinger-*Busche*, BGB, § 413, Rn. 13.
654 *Schürnbrand*, AcP 204, S. 177, 189.
655 Der Investor muss dann befürchten, dass der Spieler seinen Vertrag erfüllt und später ablösefrei wechseln kann.
656 BGH, NJW 1985, S. 2640, 2641; *Müller*, in: Prütting/Wegen/Weinreich (Hrsg.), BGB, § 398, Rn. 19.
657 Staudinger-*Busche*, BGB, § 413, Rn. 13;

den Clubs einen eigenen Leistungsgegenstand darstellt.[658] Das Freigaberecht geht folglich nicht zwingend mit dem Entschädigungsrecht über.

2. Abtretungsverbot nach § 413 i. V. m. § 399 BGB

Gemäß § 413 finden auf die Übertragung anderer Rechte die Vorschriften über die Übertragung von Forderungen, also auch § 399 BGB, entsprechende Anwendung. Nach § 399 BGB kann eine Forderung nicht abgetreten werden, wenn die Leistung an einen anderen als den ursprünglichen Gläubiger nicht ohne Veränderung ihres Inhalts erfolgen kann (1. Alt) oder wenn die Abtretung durch Vereinbarung mit dem Schuldner ausgeschlossen ist (2. Alt). Selbst bei einer Selbstständigkeit des Rechts sind bestimmte Gestaltungsrechte wegen der besonderen Natur des Rechtsverhältnisses unübertragbar.[659] Der Ausschluss der Abtretbarkeit im Hinblick auf die Natur des Schuldverhältnisses oder des Anspruches erfasst solche Fälle, in denen ein Anspruch nicht aus dem Kontext des Schuldverhältnisses gelöst oder gegenüber anderen Ansprüchen verselbstständigt werden kann.[660]

Der Inhalt des Freigaberechts würde sich durch die Abtretung an einen Investor ändern. Im Gegensatz zum Privatrecht, wo es zwar bindende Verträge mit Sanktionsmöglichkeiten im Verletzungsfall, nicht jedoch ein besonderes Freigaberecht des Arbeitgebers gibt, erzeugt das Freigabeerfordernis im Sport eine besondere Bindung des Spielers an einen Club. Nur aus sportlichen Gründen wird diese besondere, die Arbeitnehmerfreizügigkeit einschränkende, Bindung von den Verbänden ermöglicht und auch seitens der Rechtsprechung akzeptiert. Aus einem vor dem sportlichen Erfordernis der Vertragsstabilität zu sehenden Recht des Clubs, würde ein Recht des Investors, von dem er primär nach seinen wirtschaftlichen Erwägungen – ohne Rücksicht auf die Vereinsinteressen – Gebrauch machen würde. Bei einem hohen Transferangebot für den Spieler, könnte er diesen gegen den Wunsch des Clubs freigeben. Umgekehrt wäre auch denkbar, dass er trotz eines Transferwunsches von Spieler und beiden beteiligten Clubs, die Freigabe aufgrund einer seiner Meinung nach zu niedrigen Ablösesumme verweigern würde.

Gegen eine Übertragbarkeit des Freigaberechts spricht – ungeachtet der noch zu behandelnden Beschränkungsregeln[661] im Verbandsrecht – auch die Konstruktion des Spielertransfers in den Verbandsstatuten.

Adressaten der Transferregelungen sind die Clubs, insbesondere steht diesen die Antragsberechtigung für die Aufnahme eines Spielers in die Transferliste nach § 4 Nr. 4 d), e) LOS zu. Auch das FIFA-Status-Reglement sieht in den §§ 5 ff. eine Registrierung des Spielers durch den Club vor. Hieraus wird in der Literatur abgeleitet, dass originärer Rechtsinhaber des Freigaberechts der jeweilige Club sei, bei

---

658 Vgl. DRITTER TEIL, 2. Kap., B.III.2.a).aa).
659 Staudinger-*Busche*, BGB, § 413, Rn. 12
660 MüKo-*Roth*, BGB, § 399, Rn. 2.
661 Vgl. FÜNFTER TEIL.

dem der Spieler aktuell unter Vertrag stehe und das Recht nicht an Dritte abtretbar sei.[662] Bei jedem Clubwechsel eines Spielers, der systembedingt immer von einem Club zu einem anderen stattfinde, sei die Freigabeerklärung von dem den Spieler abgebenden Club zu erteilen.[663] Der Literatur ist dahingehend zuzustimmen, dass der Investor nicht das Freigaberecht in dem Sinne erwerben kann, dass er selbst gegenüber dem Verband die Freigabe hinsichtlich eines Spielers erklären kann. Eine solche Freigabeerklärung würde von den Verbänden als nicht den Statuten entsprechend zurückgewiesen werden.

Eine Übertragbarkeit des Freigaberechts auf einen Dritten entgegen dem Abtretungsverbot des § 413 i. V. m. § 399 BGB lässt sich auch nicht damit begründen, dass das Verbandsrecht im Falle der Spielerleihe zugunsten des verleihenden Clubs eine zeitweise Abspaltung des Freigaberechts von dem während der Spielerleihe mit dem entleihenden Club zu schließenden neuen Arbeitsvertrag des Spielers duldet. Die Möglichkeit eines Freigaberechts des verleihenden Clubs ohne einen bestehenden Spielervertrag ist durch die Verbandsregeln als Recht des verleihenden Clubs im Verhältnis zum entleihenden Club geregelt. § 5 Nr. 2 S. 3 LOS knüpft die Spielerleihe aber an das Bestehen eines Spielervertrages für den Zeitraum nach Ablauf der Leihfrist. Insofern stellt die LOS sicher, dass das Freigaberecht selbst im Falle der Spielerleihe immer bei dem Club verbleibt, der einen Spielervertrag mit dem Spieler nach der Leihfrist vorlegen kann. Gemäß § 5 Nr. 2 S. 6 LOS darf ein Club, der einen Spieler ausgeliehen hat, diesen nur dann zu einem dritten Verein transferieren, wenn dazu die schriftliche Erlaubnis des verleihenden Vereins und des Spielers vorliegt.[664]

In diesem Fall liegt in der Sache keine Übertragung des Freigaberechts auf den entleihenden Club vor, sondern die Parteien einigen sich auf einen endgültigen Transfer des Spielers mit der Folge, dass der ehemals entleihende Club nun das Freigaberecht aus dem seinerseits mit dem Spieler geschlossenen Spielervertrag ausüben und den Spieler an eine dritten Club weiter transferieren kann. Die Verbindung von Spielervertrag und Freigaberecht besteht also auch im Fall der Spielerleihe.

---

662 *Holzhäuser/Körner*, causa sport 2009, S. 193, 194.

663 *Holzhäuser/Körner*, causa sport 2009, S. 193, 194; *Scherrer*, zitiert in dem Artikel „Der erste Fußballfonds holt das „Rasen-Business" in deutsche Wohnzimmer" aus Finanzwelt 1/2002 (Quelle: Internet); *Elter*, in: FS Gömmel, S. 297; dieses Ergebnis lässt sich aber auch zivilrechtlich herleiten.

664 Es kommt auch vor, dass der den Spieler entleihende Club sich von dem verleihenden Club eine finanzielle Beteiligung an einem Transfererlös aus einem Transfer des Spielers unmittelbar nach der Leihzeit zusichern lässt, um eine Vergütung für die in der Leihzeit herbeigeführte Wertsteigerung des Spielers zu erhalten.

III. Schuldrechtliche Beschränkung des Freigaberechts nach §§ 311, 241 BGB

Es stellt sich die Frage ob der Club als Zedent bei einer Abtretung des Entschädigungsrechts trotzdem verpflichtet ist, auch das Freigaberecht nur mit Einverständnis des Investors auszuüben, ob also eine – im Folgenden noch zu analysierende – Abtretung des Entschädigungsrechts zwangsläufig auch eine bestimmte Handhabung des Freigaberechts bedingt.

Dafür könnte sprechen, dass der Zedent nach einer in Rechtsprechung[665] und Literatur[666] vertretenen Meinung nicht einseitig und eigenmächtig die Rechte des Zessionars aus der abgetretenen Forderung beeinträchtigen können darf. Dagegen spricht aber im vorliegenden Fall des Transferrechts, dass es sich wie dargelegt bei dem Freigabe- und dem Entschädigungsrecht um zwei vom Transferrecht abspaltbare Einzelrechte handelt. Es gibt in der Praxis durchaus auch Modelle, in denen der Investor die Freigabeentscheidung tatsächlich vollständig dem Club überlässt, diesem also ausdrücklich gestattet, seine Rechte aus der Entschädigungsforderung zu beeinträchtigen.

Wenn also der Investor eine bestimmte Handhabung des nicht an ihn abtretbaren Freigaberechts wünscht, dann muss er mit dem Club eine entsprechende schuldrechtliche Vereinbarung treffen, die dazu führt, dass der Club die alleinige Transferhoheit im Innenverhältnis zugunsten des Investors aufgibt.[667] Im Außenverhältnis bleibt es in diesem Fall bei einer Freigabe durch den Club.

1. Ausgestaltungsmöglichkeiten

Neben der schuldrechtlichen Einräumung des Rechts, über einen Transfer zu entscheiden unter Aufgabe des eigenen Rechts, ist eine abgeschwächte Variante denkbar, wonach die Entscheidungsfreiheit des Clubs nur teilweise zugunsten des Investors beschränkt wird.

Die Vereinbarung zwischen Club und Investor kann so aussehen, dass der Club die Interessen des Investors zu berücksichtigen hat und er die Entscheidung über eine Freigabe nicht ohne Abstimmung mit dem Investor treffen kann. Problematisch ist in derartigen Konstellationen allerdings die Frage, wie zu entscheiden ist, wenn Club und Investor über eine vom Club gewünschte Freigabe nicht befürwortet oder umgekehrt. Praxisgerechter sind vor diesem Hintergrund grundsätzlich[668] Vereinbarungen, die konkrete Bedingungen beinhalten. So könnte vereinbart werden, dass der Club einen finanzierten Spieler nicht freigeben darf, sofern die

---

665 BGHZ 111, S. 91 = NJW 1990, S. 1785, 1788.

666 MüKo-*Roth*, BGB, § 398, Rn. 99.

667 Menke, Fußballtransfermanagement aus Sicht der Manager, S. 4 (Quelle: Internet).

668 Diese Umsetzbarkeit dieser Ausgestaltungsmöglichkeiten im Rahmen der verbandsrechtlichen Verbotsregelungen wird noch näher untersucht unter SIEBTER TEIL, 1. Kap. A.III.3.

gebotene Ablösesumme einen bestimmten Mindestbetrag unterschreitet. Denkbar ist auch die Regelung, dass im Falle eines Transferangebots in bestimmter Mindesthöhe der Spieler entweder unter festgelegter Beteiligung des Investors zu transferieren ist oder der Club dem Investor optional einen festgelegten Betrag zu zahlen hat, um die Vereinbarung mit dem Investor aufzuheben.[669]

2. Ausschluss wegen Verstoßes gegen ein Verbotsgesetz

Nach § 134 BGB ist ein Rechtsgeschäft, das gegen ein gesetzliches Verbot verstößt, nichtig, wenn sich nicht aus dem Gesetz ein anderes ergibt. Verstößt ein Rechtsgeschäft zwar bei einer eng am Gesetzeswortlaut haftenden Auslegung nicht gegen ein gesetzliches Verbot, ist aber so konzipiert, dass im Ergebnis ein Erfolg eintritt, der dem Sinn des Verbotsgesetzes zuwiderläuft, spricht man von einem Umgehungsgeschäft,[670] das ebenfalls als nichtig anzusehen ist.

Fraglich ist ob in einer schuldrechtlichen Beschränkung des Freigaberechts eine unzulässige Umgehung des Abtretungsverbots wegen einer Inhaltsänderung zu sehen ist.

Im Einzelfall kommt sogar für unwirksame Abtretungen eine Umdeutung gemäß § 140 BGB in Ermächtigungen zur Geltendmachung im eigenen Namen in Betracht.[671] Dem Vorwurf der Umgehung ist diese dann schuldrechtliche Vereinbarung erst ausgesetzt, wenn sich feststellen lässt, dass der Zweck des Abtretungsverbots umgangen wird.[672] Nach ständiger Rechtsprechung darf jemand ein fremdes Recht aufgrund einer ihm vom Berechtigten erteilten Ermächtigung im eigenen Namen und auf eigene Rechnung im Prozess verfolgen, wenn er hieran ein eigenes schutzwürdiges Interesse hat.[673] Es müssen dann besondere Umstände vorliegen, die eine Umgehung des Abtretungsausschlusses ausnahmsweise als gerechtfertigt erscheinen lassen könnten.[674]

Die Rechtsprechung bezieht sich zwar auf eine Umgehung eines vertraglich vereinbarten Abtretungsverbots (§ 399 2. Alt.), nicht auf das vorliegend einschlägige gesetzliche Abtretungsverbot wegen Inhaltsänderung (§ 399 1. Alt.). Insofern ließe sich argumentieren, dass im Falle eines Verbots der Abtretung wegen Inhaltsänderung eines Rechts, über dieses Recht auch keine schuldrechtliche Vereinbarung getroffen werden kann, die letztendlich die gleiche Wirkung entfaltet, wie die (verbotene) Abtretung: Wenn die Abtretung eine Inhaltsänderung bewirkt, dann – so könnte man vertreten – sorgt eine Ermächtigung zur Geltendmachung

---

669 Der Club steht dann zwar unter dem wirtschaftlichen Zwang, den Betrag für den „Vollerwerb des Transferrechts" aufbringen zu müssen, bleibt aber zumindest Herr über die zentrale Entscheidung, ob er den Spieler – unter Beteiligung des Investors – transferiert, oder ihn – unter Auszahlung des Investors – behält.

670 *Armbrüster*, in MüKo, BGB, § 134, Rn. 1.

671 BGH NJW-RR 2003, 51, 800.

672 BGH NJW 1997, 3434, 3437.

673 BGHZ 96, 151 = NJW 1986, S. 850

674 BGH NJW 1997, 3434, 3437.

des betroffenen Rechts ebenfalls für diese Inhaltänderung. Andererseits deutet die Rechtsprechung an, dass statt einer unwirksamen Abtretung alternativ eine schuldrechtliche Vereinbarung in Betracht kommt, sofern die andere Partei an dieser Vereinbarung ein schutzwürdiges Interesse hat und sich besondere Umstände finden lassen, die eine Umgehung ausnahmsweise rechtfertigen. Die schuldrechtliche Vereinbarung muss also so ausgestaltet sein, dass dem Club nicht vollständig das Freigaberecht entzogen wird, sondern dessen Ausübung nur vor dem Hintergrund schutzwürdiger Interessen des Investors eingeschränkt wird.

Eine Umdeutung der unwirksamen Abtretung in eine Ermächtigung des Investors zur Geltendmachung des Freigaberechts im eigenen Namen gegenüber einem aufnehmenden Club kommt insofern nicht in Betracht, denn hierdurch würde der Inhalt des Freigaberechts verändert und das gesetzliche Verbot der Abtretung im Falle einer Inhaltsänderung ohne Vorliegen ausreichender besonderer Umstände umgangen. Durch eine derartige Vereinbarung würde die Prägung des Freigaberechts durch die verbandsrechtlichen Transferregeln faktisch aufgehoben.

Anders verhält es sich aber mit einer schuldrechtlichen Vereinbarung, die dahingehend ausgestaltet ist, dass das Freigaberecht des Clubs in bestimmten vertraglich definierten Konstellationen nicht uneingeschränkt ausgeübt werden darf. In dieser Ausgestaltung wird dem Club das Freigaberecht nicht zugunsten des Investors vollständig entzogen und durch eine Ausübungsermächtigung des Investors für den Club gänzlich unbrauchbar, sondern der Investor wird vor dem Hintergrund seines wirtschaftlichen Interesses an der Ablösesumme auch an der Freigabeentscheidung des Clubs beteiligt. Das Freigaberecht ist dann soweit dem Club belassen, dass die schuldrechtliche Beteiligung des Investors dieses Recht nicht in seinem Inhalt ändert.[675]

3. Ausschluss wegen Sittenwidrigkeit nach § 138 BGB

Die dem Einzelnen durch die Rechtsordnung eingeräumte Befugnis, Rechtsverhältnisse frei zu begründen und zu gestalten (Privatautonomie), findet ihre Grenze in den schutzwürdigen Interessen des jeweils anderen Teils.[676] Gemäß § 138 BGB ist ein Rechtsgeschäft, das gegen die guten Sitten verstößt, nichtig. Die Beschränkung des Freigaberechts könnte also trotz der im Rahmen der Privatautonomie gewährten Vertragsfreiheit letztendlich daran scheitern, dass sie sich als sittenwidrig darstellt. Unter den guten Sitten sind die sich aus der Sittenordnung ergebenden Verhaltensgebote im Rahmen der in der Gesellschaft herrschenden Rechts- und Sozialmoral zu verstehen, wobei ein objektiver Maßstab anzulegen ist, bei dem besonders strenge oder freizügige Moralvorstellungen Einzelner außer Betracht zu bleiben haben.[677]

---

675 Wie eine derartige Vereinbarung im Detail aussehen kann, wird im SIEBTEN TEIL näher analysiert.

676 BeckOK-*Wendtland*, BGB § 138, Rn. 1.

677 BGH, NJW 1999, S. 566, 568; Palandt-*Ellenberger*, BGB, § 138, Rn. 2.

Neben den sozialethischen Wertvorstellungen umfasst der Begriff der guten Sitten auch die der Rechtsordnung selbst innewohnenden rechtsethischen Werte und Prinzipien.[678] Ein etwaiger Eingriff in Rechte des Sportlers erfolgt vorliegend nicht durch den Staat, sondern durch den Club und den Transferinvestor. Angesichts der den Grundrechten infolge ihres objektivrechtlichen Gehaltes zukommenden Ausstrahlungswirkung auf das Zivilrecht im Wege einer mittelbaren Drittwirkung,[679] sind die Grundrechte aber auch in zivilrechtlichen Verträgen zu beachten,[680] vorliegend also bei der Bewertung der schuldrechtlich vereinbarten Beschränkung des Freigaberechts im Rahmen eines Transferinvestments.

Das im Grundgesetz verkörperte Wertesystem der Grundrechte findet insbesondere über den Maßstab der guten Sitten Eingang in das Privatrecht.[681] Zu den maßgeblichen Wertentscheidungen, die den Begriff der guten Sitten inhaltlich mitbestimmen, gehören unter anderem der Schutz der Menschenwürde (Art. 1 Abs. 1 GG), das Recht auf freie Entfaltung (Art. 2 GG), die Vereinigungsfreiheit (Art. 9 GG), die Berufsfreiheit[682] (Art. 12 Abs. 1 GG).[683] Die Grundsätze des Europarechts können zur inhaltlichen Bestimmung der guten Sitten ebenfalls herangezogen werden.[684]

a) Wertung des Art. 1, 2 Abs. 1 GG

Als höchster Verfassungswert unterliegt die Menschenwürde keinerlei Beschränkungsmöglichkeiten,[685] insbesondere ist die Möglichkeit eines Güterausgleichs von vornherein verwehrt.[686]

Es gibt Konstellationen im Spannungsfeld zwischen dem Sportler als Grundrechtsträger und als Wirtschaftsfaktor, die auf eine Vereinbarkeit mit der

---

678 Palandt-*Ellenberger*, BGB, § 138, Rn. 3.

679 BVerfGE 7, S. 198, 205 f. – „Lüth" = NJW 1958, 257; BVerfGE 73, S. 261, 269 – „Sozialplan" = NJW 1987, 827; BVerfGE 90, 27, 32 – „Parabolantenne I" = NJW 1994, 1147; MüKo-*Armbrüster*, BGB, § 134, Rn. 34 und § 138, Rn. 1.

680 Der Transfer von Fußballspielern ist stets auch unter verfassungsrechtlichen Gesichtspunkten bedeutsam, da die Fußballverbände im Rahmen ihrer privatautonomen Rechtssetzung zwar nicht unmittelbar an die Freiheitsrechte des Grundgesetzes gebunden sind, aufgrund der mittelbaren Drittwirkung der Grundrechte deren Wertentscheidung jedoch auch bei der Ausgestaltung ihrer satzungsmäßigen Ordnung zu berücksichtigen haben.

681 BVerfGE 89, S. 214, 229 – „Bürgschaftsverträge" = NJW 1994, S. 36, 38; BGH, NJW 1999, S. 566, 568.

682 Vgl. hierzu BGH, NJW 2000, S. 1028.

683 BeckOK-*Wendtland*, BGB, § 138, Rn. 17.

684 Palandt-*Ellenberger*, BGB, § 138, Rn. 5; Staudinger-*Sack*, BGB, § 138, Rn. 41, 44; vgl. insoweit auch BGH, ZIP 1998, S. 1084, 1087.

685 *Jarass/Pieroth*, GG, Art. 1, Rn. 10.

686 BVerfGE 75, S. 369, 380 – Strauß-Karikatur = NJW 1987, 2661, 2662; Sachs-*Höfling*, GG, Art. 1, Rn. 10 f.

Menschenwürde hin überprüft wurden. So ist etwa die Verfassungsmäßigkeit von Sportsponsoring-Verträgen, welche dem Sportler bestimmte Werbemaßnahmen vorschreiben oder andere untersagen, vor dem Hintergrund des Art. 1 GG in Frage gestellt worden. Wenn die Sportler durch Werbemaßnahmen zum Objekt herabgesetzt würden, indem sie sich als kommerziell verwertbare lebendige Werbeträger präsentierten, sei an eine Verletzung der Menschenwürdegarantie zu denken.[687] Andererseits steht den Vereinen ein Recht auf Gestaltung ihrer wirtschaftlichen Belange zu.Die externe wirtschaftliche Betätigung des Vereins wird durch Art. 9 Abs. 1 GG geschützt, soweit sie zum Kernbereich seines Vereinslebens gehört und dessen Existenzsicherung dient.[688] Da die Vereine als Veranstalter von Sportveranstaltungen die wirtschaftliche und organisatorische Verantwortung für diesen Teilbereich übernähmen und sie deshalb das Kostenrisiko trügen, sei es nachvollziehbar, ihnen die eigenverantwortliche Finanzplanung zu übertragen.[689]

Im Bereich des Sportsponsorings werden Fälle einschneidender Fremdbestimmung über die Persönlichkeit des Sportlers als stets verfassungswidrig angesehen.[690] In Bezug auf Güter, die besonders eng mit der Persönlichkeitssphäre des „Veräußerers", hier des Sportlers, verbunden sind, könne die im Gedanken an den „Verkauf" steckende völlige Trennung des Rechtsinhabers von jeder Einwirkungsbefugnis sittenwidrig sein.[691] Der dem Transferinvestment zugrunde liegende Tatbestand des „Herauskaufens" von Spielern aus laufenden Arbeitsverträgen wird in der Literatur aber als rechtmäßig erachtet,[692] sowohl nach den Maßstäben des Europarechts, als auch nach dem deutschen Zivil- und Verfassungsrecht.

Das deutsche Verfassungsrecht sei nicht tangiert, weil die Ablösesumme bei dem Herauskaufen aus einem laufenden Vertrag sich an dem vom Spieler selbst beeinflussbaren Marktwert orientiere und dieser unmittelbar an dem dreiseitigen Geschäft mitwirke. Da somit gar nicht der Anschein entstehen könne, ein Spieler

---

687 *Nolte/Polzin*, NZG 2001, S. 838, 841 unter Hinweis auf den Würdebegriff und die „Objekt-Formel" nach BVerfGE 27, S. 1, 6 – „Mikrozensus" = NJW 1969, 1707; BVerfGE 30, S. 1, 26 – „Abhörurteil" = NJW 1971, 275, 279; BVerfGE 50, S. 166, 175 – „Ausweisung I" = NJW 1979, 1100; BVerfGE 87, S. 209, 228 – „Tanz der Teufel" = NJW 1993, 1457, 1458; *Herdegen*, in: Maunz/Dürig, GG, Loseblatt, Art. 1 Abs. 1, Rn. 28; *Jarass/Pieroth*, GG, Art. 1 Rn. 4.

688 BVerfGE 80, S. 244, 253 – Vereinsverbot = NJW 1990, 37, 38; Sachs-*Höfling*, GG, Art. 9, Rn. 19 f.; *Murswiek*, JuS 1992, S. 116, 118; a. A. *Scholz*, in: Maunz/Dürig, GG, Art. 9, Rn. 86.

689 *Nolte/Polzin*, NZG 2001, S. 838, 841.

690 *Arens*, SpuRt 1996, S. 39, 41.

691 MüKo-*H. P. Westermann*, BGB, § 433, Rn. 17.

692 Vgl. *Trommer*, Die Transferregelungen im Profisport, S. 79 m.w.N.; *Arens*, SpuRt 1996, S. 39, 40; *ders.*, SpuRt 1997, S. 126, 127 m.w.N.; so auch teilweise in der Rechtsprechung, vgl. etwa LAG Köln SpuRt 1999, S. 77, wo es in Bezug auf laufende Verträge im ersten Leitsatz heißt: *„Insoweit wird das Recht auf Freizügigkeit durch die Pflicht zur Vertragstreue eingeschränkt"*.

würde ohne sein Zutun „verkauft", könnten Bedenken aus dem allgemeinen Persönlichkeitsrecht nicht bestehen.[693]

Das Freigaberecht des Clubs ist nicht gleichzusetzen mit der Entscheidung des Spielers über einen Vereinswechsel. Der Spieler hat mit dem Club einen Spielervertrag, der kein ordentliches Kündigungsrecht vorsieht. Statt des Clubs oder in Abstimmung mit diesem entscheidet nach einer entsprechenden Vereinbarung der Investor alleine oder gemeinsam mit dem Club über eine vorzeitige Freigabe. Solange der Spieler selbst darüber bestimmen kann, ob es zu einem Transfer kommt, verschlechtert sich seine Situation nicht gegenüber der generell im Lizenzfußball bestehenden Vertragslage.[694] Etwas anderes würde allenfalls gelten, wenn der Investor, beispielsweise als Vertreter eines nicht volljährigen Spielers handelnd, eine Vertragsgestaltung erwirken würde, wonach der Spieler sich einem Transferwunsch des Investors jederzeit zu beugen und seinen Arbeitsplatz zu wechseln hat. In diesem Fall würde der Spieler tatsächlich zur reinen finanziellen „Manövriermasse" des Investors und damit zum Objekt degradiert. Hier ist neben der Menschenwürde vor allem die Berufsfreiheit betroffen.[695]

b) Wertung des Art. 12 Abs. 1 GG

Als objektive Wertentscheidung wirkt Art. 12 Abs. 1 GG über die Generalklauseln der §§ 138 Abs. 1, 242 BGB auf das Zivilrecht und insbesondere auf das Arbeitsrecht ein. Daher müssen sich auch die Bestimmungen der Verbände über Transferentschädigungen und Transferperioden im Wege der Drittwirkung an den Wertenscheidungen des Art. 12 GG messen lassen.[696]

Die Beteiligung des Investors am Freigaberecht würde sich als sittenwidrig darstellen, wenn sie die Berufsfreiheit der Spieler tangieren würde und sich hierfür keine Rechtfertigung finden ließe. Nach deutschem Recht dürften sowohl die Übertragung der Befugnis des Spielers, über die Beendigung seines Spielervertrages zu entscheiden, auf einen Investor (ohne Widerspruchsmöglichkeit), als auch die dauerhafte Einschränkungen des Spielers bei der Gestaltung seiner sportbezogenen Verträge als Eingriff in die Berufsfreiheit und damit als sittenwidrig nach § 138 BGB zu bewerten sein.[697] In diesem Sinne hat das OLG Frankfurt a. M. in

---

693 *Arens*, SpuRt 1996, S. 39, 41.

694 *Räker* weist darauf hin, dass das Arrangement des Transferinvestments die Spieler nicht in ihrer Vertragsfreiheit beeinträchtigt, sondern lediglich ein rein wirtschaftliches Austauschverhältnis zwischen Club und Investor begründet, vgl. SPONSORs 2013, S. 22, 23.

695 Vgl. hierzu den Folgepunkt.

696 *Breucker/Wüterich*, in: Stopper/Lentze (Hrsg.), Handbuch Fußball-Recht, Kap. 8, Rn. 35.

697 An dieser Stelle soll nicht analysiert werden, ob nach englischem Recht die Möglichkeit bestanden hätte, die Verträge zwischen den Spielern und MSI zumindest teilweise für nichtig zu erklären. Es liefert aber durchaus Anlass zur Kritik, dass MSI auf der Basis der rechtlich äußerst problematischen Vereinbarung mit dem

einem Fall entschieden, dem ein dem Fall Tevez/Mascherano nicht ganz unähnlicher Sachverhalt zugrunde lag. Streitgegenstand war hier eine „Betreuungsvertrag“ zwischen einem ghanaischen Fußballspieler und zwei deutschen Beratern. Nach dem Vertragstext hing der Spieler hinsichtlich seiner gesamten beruflichen Karriere von dem Einvernehmen mit den Beratern ab, ohne deren Zustimmung er sich beruflich nicht verändern konnte. Insbesondere bezogen auf den Kernbereich seines Berufs, den ein Fußballspieler auch nur während einer gewissen Zeit seines Lebens ausüben könne, sei dies eine übermäßig starke Beschränkung, so das OLG. Für diese gebe es aus der Interessenlage der Berater, eine Gegenleistung für persönliche und wirtschaftliche Investitionen erhalten zu wollen, keine hinreichende Rechtfertigung.[698] Diese Rechtsprechung ist in einem weiteren Urteil des OLG Frankfurt a. M. fortgeführt worden.[699] Langfristige und durch Vertragsstrafen abgesicherte Bindungen beruflicher Entscheidungen an den Einfluss eines Beraters bedeuteten eine erhebliche Einschränkung der Berufsfreiheit.[700]

Zur Sittenwidrigkeit von Betreuungs- oder Sportmanagementverträgen ist in der Literatur festgestellt worden, dass sich der Sittenverstoß aus dem Inhalt, dem Zweck oder einer Gesamtwürdigung des Sportmanagementvertrags ergeben könne.[701]

Die Gestaltung fremder Arbeitsverhältnisse berühre in besonderem Maße schutzwürdige Belange der privaten Lebensführung des Sportlers, und die aufgrund der rechtsethisch bedeutsamen Ausstrahlungswirkung von Art. 12 GG zu beachtende Grenze dürfte jedenfalls dann überschritten sein, wenn so wesentliche Fragen wie der Abschluss und die Beendigung von Arbeitsverhältnissen vom Einvernehmen des Managers abhingen; hinsichtlich des Sportmanagements sei zu erwägen, ob nicht bereits die in einzelnen Erscheinungsformen zum Ausdruck kommende Kommerzialisierung ein Unwerturteil fordere.[702]

Vergleicht man die vorgenannten Verträge mit der Vereinbarung zwischen Club und Investor über eine Beschränkung des Freigaberechts muss jedoch konstatiert werden, dass letztere Vereinbarung zwar im Grundsatz keine direkten Auswirkungen auf die Berufsausübung des Spielers hat, sich aber indirekte Auswirkungen

---

Spieler Tevez, diesen noch an Manchester United „ausleihen“ und ihn danach für 28 Millionen Euro an Manchester City „transferieren“ durfte.

698 OLG Frankfurt a. M., NJW-RR 1996, S. 1333, 1334.

699 OLG Frankfurt a. M., Spurt 2007, S. 246.

700 Die diesem Grundrecht zugrunde liegende Wertentscheidung müsse auch bei der Beurteilung, ob eine vertragliche Vereinbarung als sittenwidrig zu beurteilen sei, herangezogen werden, vgl. OLG Frankfurt a. M. Spurt 2007, S. 246 unter Hinweis auf BGH, NJW 2000, S. 1028.

701 *Karakaya/Buch*, ZRP 2002, S. 193, 194 unter Hinweis auf den nach ständiger BGH-Rechtsprechung zu berücksichtigenden Gesamtcharakter einer Vereinbarung, vgl. BGH, NJW 1998, S. 2047; BGHZ 86, S. 82 = NJW 1983, S. 1851; BGHZ 120, S. 272 = NJW 1993, S. 322, 323; BGHZ 125, S. 206 = NJW 1994, S. 1278, 1279.

702 *Karakaya/Buch*, ZRP 2002 S. 193, 195.

nicht ausschließen lassen. Der Spieler wird den üblichen Mustervertrag mit dem Club abschließen. Es liegt hierbei allerdings nahe, dass die Clubs im Rahmen des verbands- und arbeitsrechtlich Möglichen tendenziell besonders langfristige Verträge mit den durch Investoren finanzierten Spielern abschließen werden, weil nur diese langfristigen Verträge die Erzielung einer hohen Ablösesumme ermöglichen. Durch die langfristige Vertragsbindung im Fall des Transferinvestments könnte der Spieler in seiner Mobilität eingeschränkt sein. In diesem Zusammenhang ist zu bedenken, dass die langfristige Vertragsbindung generell – also auch ohne Transferinvestment im Hintergrund – eine Einschränkung der Berufsfreiheit des Spielers darstellen könnte.[703] Das BAG hält ausnahmsweise eine Einschränkung des Rechts auf freie Arbeitsplatzwahl aus 12 Abs. 1 GG für rechtmäßig, wenn sie einem begründeten und zu billigenden Interesse des Arbeitgebers entspricht und unter Berücksichtigung aller Umstände des Einzelfalls nach Treu und Glauben dem Arbeitnehmer zuzumuten ist.[704]

Im Folgenden soll die Frage untersucht werden, ob die langfristige Vertragsbindung als solche eine ungerechtfertigte Einschränkung der Berufsfreiheit bedeutet und ob sich diese auch oder exklusiv für die durch das Transferinvestment motivierte Vertragsbindung feststellen lässt.

Der professionell betriebene Lizenzfußball stellt für die Beteiligten Spieler einen Beruf dar. Die Tätigkeit ist entsprechend der vom BVerfG aufgestellten Voraussetzungen[705] auf gewisse Dauer angelegt und dient der Schaffung und Erhaltung einer Lebensgrundlage. Indem Spieler durch die im Lizenzfußball üblichen unkündbaren Verträge gehindert werden, sich einen neuen Arbeitgeber zu suchen, wird die Berufsfreiheit der Spieler verletzt, soweit sich die vertraglichen Bindungen nicht rechtfertigen lassen.

aa) Rechtfertigung bei clubseitig veranlasster Bindung

Es ist zunächst zu beachten, dass das Verbandsrecht zwar die langfristige „Vertragsstabilität“ in besonderer Weise absichert, dass aber die Spieler keineswegs gezwungen sind, einen langfristigen Vertrag abzuschließen.

Die langfristige Vertragsbindung erfolgt vielmehr aufgrund einer zivilrechtlichen Einigung zwischen Club und Spieler. Jedem Spieler steht es grundsätzlich frei, sich nur für eine Saison an seinen Club zu binden. Vom Schutzbereich der allgemeinen Handlungsfreiheit aus Art. 2 Abs. 1 wird die Privatautonomie sowie die wirtschaftliche Betätigung erfasst. Art. 2 Abs. 1 GG schützt die „Privatautonomie als Selbstbestimmung des Einzelnen im Rechtsleben“[706] und als Bestandteil dieser

703 Vgl. *Neuß*, RdA 2003, S. 161, 169.

704 BAGE 13, 168, 179 = NJW 1962, 1981

705 BVerfGE 7, S. 377, 397 – „Apotheken-Urteil“ = NJW 1958, 1035; BVerfGE 54, S. 301, 313 – „Buchführungsprivileg“ = NJW 1981, 33.

706 BVerfGE 114, S. 1, 34; – „Übertragung von Lebensversicherungsverträgen“ = NJW 2005, 2363, 2365; BVerfGE 89, S. 214, 231 – „Bürgschaftsverträge“ = NJW 1994, 36, 38; *Jarass/Pieroth*, GG, Art. 2 Rn. 4.

Privatautonomie die Vertragsfreiheit, d. h. die Freiheit Verträge zu schließen und sich durch sie zu binden,[707] soweit nicht andere Grundrechte einschlägig sind.[708] Wenn jemand eine ihm lästige vertragliche Bindung eingeht, haben die Folgen dieser Bindung keine Eingriffs- oder Zwangsqualität, sondern sind Ausdruck der auf freiwilliger Entscheidung beruhenden Zustimmung zu dem Vertrag.[709] Eine Vertragskorrektur vor dem Hintergrund der Berufsfreiheit aus Art. 12 GG ist nur dann geboten, wenn die Privatautonomie ihre regulierende Kraft nicht zu entfalten vermag.

Dies wird angenommen, wenn ein Vertragspartner kraft seines – sozialen oder ökonomischen Übergewichts Vertragsbestimmungen einseitig setzen kann[710] und dies zu einer ungewöhnlich belastenden Regelung führt.[711] Die zentrale Frage ist dann, welche durch Sanktionen gesicherte Vertragslaufzeit im Hinblick auf die dadurch beeinträchtigte Mobilität als angemessen angesehen werden kann.[712] Bei der Klärung dieser Frage sind – vor dem Hintergrund des Gemeinschaftsrechts[713] – als maßgebliche Abwägungsaspekte die beschränkte Dauer der Fußballerkarriere, die Freiwilligkeit der Bindung, gegebenenfalls deren Honorierung durch Handgelder oder höhere Vergütung und die Tatsache zu berücksichtigen, dass der Club die längere Bindung durch solche Investitionen erkauft hat und auch das Risiko eines Fehleinkaufs oder einer längeren Verletzung trägt.[714]

Die längerfristige vertragliche Bindung insbesondere von jungen Spielern kann unangemessen sein, weil sie ihnen die Chance nimmt, ihr spielerisches Potential während der kurzen Zeit ihrer Karriere wirtschaftlich zu nutzen.[715] Andererseits ist festzustellen, dass gute Spieler den Clubs zunehmend als ebenbürtige Verhandlungspartner gegenübertreten. So gibt es zunehmend weniger Spieler, die sich bei langer Vertragsdauer auf für sie ungünstige Konditionen einlassen. Die Verhandlungsposition gerade der finanziell eingeschränkten Clubs wird zunehmend

707 BVerfGE 103, S. 197, 215 – „Pflegeversicherung I“ = NJW 2001, 1709; BVerfGE 89, S. 48, 61 – „Verlängerter schuldrechtlicher Versorgungsausgleich“ = NJW 1993, 2923.

708 BVerfGE 116, S. 202 – „Tariftreueerklärung II“ = NJW 2007, S. 42, 45; *Jarass/Pieroth*, GG, Art. 2 Rn. 4.

709 Vgl. Sachs-*Murswiek*, GG, Art. 2, Rn. 37a.

710 BVerfGE 103, S. 89, 101 – „Unterhaltsverzichtsvertrag“ = NJW 2001, 957, 958; BVerfGE 98, S. 365, 395 – „Versorgungsanwartschaften“ = NZA 1999, 194, 197; BVerfGE 89, S. 214, 231 – „Bürgschaftsverträge“ = NJW 1994, 36, 38 f.; BVerfGE 81, S. 242, 255 – „Handelsvertreter“ = NJW 1990, 1469, 1470.

711 *Jarass/Pieroth*, GG, Art. 12, Rn. 18a.

712 *Streinz*, ZEuP 2005, S. 340, 349.

713 Die Überlegungen zur Rechtfertigung einer Beschränkung der Arbeitnehmerfreizügigkeit können vorliegend auf die Rechtfertigung des Eingriffs in die Berufsfreiheit übertragen werden.

714 *Streinz*, ZEuP 2005, S. 340, 349.

715 *Schamberger*, SpuRt 2001, S. 134, 135.

schwächer.[716] Aus Sicht der Clubs und des Fußballs insgesamt ist aber eine längerfristige Spielerbindung notwendig, weil es eine gewisse Zeit erfordert, eine erfolgreiche Mannschaft aufzubauen.[717] Bei ständigem Austausch der Spieler gehen die Identifikationsfiguren verloren, was zu einem Verlust an Zuschauerzahlen und dies wiederum zu finanziellen Einbußen der Vereine führen könnte.[718]

Betrachtet man die Verweildauer von Spielern bei einem Club, erscheint aus der Sicht des Clubs die „ideale" Dauer einer Bindung des Spielers an den Club ca. drei Jahre zu betragen. Dieser Wert wird von den Top 5 Clubs in Europa erreicht. Bei den in mittleren Tabellenregionen befindlichen Clubs bleiben die Spieler ca. zweieinhalb Jahre, bei den in unteren Tabellenregionen befindlichen Clubs nur ca. zwei Jahre.[719]

Talentierte junge Spieler, die hierzu bereit sind, erhalten hingegen in der Regel mehrjährige Verträge, damit sie sich in der Mannschaft eingewöhnen sowie individuell verbessern können.Der Einjahresvertrag wird überwiegend mit „älteren" Fußballspielern geschlossen, die nur noch über einen absehbaren Zeitraum in der Lage sein werden, die körperlichen Anforderungen des Spitzensports zu erfüllen. Bei älteren Spielern kann die Befristung gemäß § 14 Abs. 1 Nr. 6 TzBfG, wonach eine Befristung aus in der Person des Arbeitnehmers liegende Gründe die Befristung sachlich gerechtfertigt sein kann, zulässig sein.[720]

Dagegen wird eingewandt, dass die Intention der Befristung im Fußball eine andere sei als bei den meisten anderen befristeten Verträgen. Das Ziel einer Befristung sei hier nicht die Beschränkung von Kündigungsschutzvorschriften, sondern der Ausschluss des bei unbefristeten Arbeitsverträgen grundsätzlich bestehenden Kündigungsrechte; je länger eine Befristung dauere, umso höher sei die zu erwartende Ablösesumme.[721] Dem wird entgegen gehalten dass die alleinige Absicht, sich eine Ablösesumme zu sichern, zwar kein legitimes Interesse des Clubs für

---

716 So ist zu beobachten, dass einige Clubs sich sogar eine Verpflichtung ihrer eigens ausgebildeten Jugendspieler bei Eintritt ins Profialter nicht mehr leisten können.

717 Entdeckt ein Club einen guten Spieler im Alter zwischen ungefähr 18 und 28 Jahren, dann ergibt es aus rein sportlichen Gesichtspunkten durchaus Sinn, diesen für die zulässige Höchstdauer von fünf Jahren zu verpflichten. Der eine größtmögliche Mobilität der Spieler sichernde denkbare Einjahresvertrag entspräche nicht den Interessen der Clubs.

718 *Neuß*, RdA 2003, S. 161, 169.

719 Vgl. die Statistiken des CIES Football Observatory: http://www.football-observatory.com/Indicators.

720 Dass die älteren Spieler trotz teilweise kürzerer Verträge im Schnitt die längsten Verweildauern bei einem Club erreichen, resultiert daraus, dass diese Spieler für andere Clubs nicht mehr so interessant sind. So ist es bspw. beim englischen Rekordmeister FC Liverpool seit Jahren Vereinsphilosophie, auch Verträge von verdienten Spielern immer nur um jeweils ein Jahr zu verlängern, sobald diese das 30. Lebensjahr erreicht haben, vgl. *Rüsing*, Sportarbeitsrecht, S. 42.

721 *Schamberger*, SpuRt 2002, S. 228, 230 f.

diese Vertragsbindung darstelle.[722] Dies rechtfertige allerdings nicht die Annahme, dass lange Befristungen mit der Eigenart der Arbeitsleistung und dem Bedürfnis nach Flexibilität generell nicht mehr zu rechtfertigen seien.[723]

Obwohl lange Verträge tatsächlich auch dazu dienen, dem Club für den Fall des Wechsels eine Ablösezahlung zu sichern, so ist doch zu berücksichtigen, dass die Clubs selbst bei – theoretisch gedachtem – vollständigen Wegfall von Transferzahlungen aus den oben genannten Gründen der Kontinuität kein Interesse daran haben, einen Großteil der Spielerverträge zeitlich wesentlich kürzer zu gestalten, also diese beispielsweise auf eine Saison zu beschränken.

Weiter wird für die Rechtfertigung langfristiger Vertragsbindung vorgebracht, dass auch der Spieler von dieser profitiere; diesem werde eine weitestgehende Absicherung seiner wirtschaftlichen Leistungsfähigkeit durch die Sicherheit einer langfristig angelegten Verdienstmöglichkeit gewährt.[724] Im Gegenzug dazu begründe diese Vertragspraxis die Sicherung der unternehmerischen Dispositionsfreiheit des Vereins. Deshalb stünden die entgegenstehenden Parteiinteressen in einem ausgewogenem Gleichgewicht zueinander, das bei der Zulassung der einseitigen Kündigung des Spielers aufgrund besserer Verdienstmöglichkeiten schwer beeinträchtigt würde.[725] Nicht selten wird der Spieler selbst eine möglichst langfristige Vertragsbindung wünschen. Außerdem wird den Clubs vielfach ein Anrecht auf die „Früchte ihrer Aufbauarbeit“ zuerkannt.[726] Der Einsatz an Förderung und Aufbau solle durch gute Leistungen wiederum vergütet werden, und das Talent der Spieler solle dem ausbildenden Verein noch während der Vertragslaufzeit zu Gute kommen, bevor ein anderer Verein sich die Dienste dieses Spielers sichert.[727] Die Nachwuchsarbeit kann durchaus auch mit der Intention erfolgen, einige ausgebildete Spieler nicht im eigenen Kader einzusetzen, sondern diese zu transferieren.[728]

---

722 *Schamberger*, SpuRt 2001, S. 134, 135; *Rüsing*, Sportarbeitsrecht, S. 43.

723 *Schamberger*, SpuRt 2002, S. 228, 231; Vgl auch *Lange*, SpuRt 2011, S. 98, 100 und BAG NZA-RR 2009, S. 298, 301: „Die einseitige Optionsklausel dient nur dazu, dem abgebenden Arbeitgeber eine zusätzliche Einnahme in Form einer Transferentschädigung zu verschaffen. Sie behindert damit erkennbar die Berufsfreiheit des Arbeitnehmers nach Art. 12 Abs. 1 S. 1 GG, wonach alle Deutschen u.a. das Recht haben, die Arbeitsstätte frei zu wählen.“

724 Sachs-*Mann*, GG, Art. 12, Rn. 102; *Steiner*, in: FS Stern, S. 513.

725 *Neuß*, RdA 2003, S. 161, 168; das Bosman-Urteil hat die Verhandlungsposition der Spieler gestärkt, da sie einer langfristigen Vertragsbindung, die dem Club eine hohe Ablösesumme einbringen kann, nur bei entsprechend hohem Gehalt zustimmen werden, so *Balzer*, ZIP 2001, S. 175.

726 *Schamberger*, SpuRt 2001, S. 134, 135; *Rüsing*, Sportarbeitsrecht, S. 43, erkennt dies zwar an, bezeichnet es aber im Hinblick auf das Erfordernis des „sachlichen Grundes“ als „eher problematisch“.

727 *Neuß*, RdA 2003, S. 161, 169.

728 Es steht zu vermuten, dass bei einem Wegfall der Möglichkeit, junge Spieler einige Jahre an den Club zu binden, die Nachwuchsarbeit reduziert würde, weil kein

Schließlich ist zu beachten, dass die Bindung des Spielers an den Club nur für drei Jahre vollumfänglichen Schutz nach dem FIFA-Status-Reglement genießt und danach gemäß Art. 17 Nr. 1, 3 FIFA-Status Reglement abgeschwächt ist.

So können dem Spieler nur im Falle eines Vertragsbruchs während der Schutzzeit von drei Jahren neben der Verpflichtung zu einer Entschädigungszahlung auch sportliche Sanktionen auferlegt werden.

Eine weitere Erhöhung der Mobilität würde zwar der Berufsfreiheit noch größere Geltung verschaffen, letztlich würde jedoch ein ständiger Spielerwechsel die Grundlage des Berufs insgesamt, den Profifußball, gefährden. Der mit der clubseitig veranlassten langen Vertragsbindung einhergehenden Einschränkung der Berufsfreiheit stehen nach alledem keine überwiegenden Interessen der Spieler gegenüber, die Interessenabwägung fällt zugunsten der Clubs aus, so dass Art. 12 Abs. 1 GG hierdurch nicht verletzt wird.

bb) Rechtfertigung bei investorenseitig beeinflusster Vertragsbindung

Angesichts der Rechtfertigung einer clubseitig veranlassten langfristigen vertraglichen Bindung des Spielers spricht zunächst vieles dafür, dass die Vertragsbindung auch dann gerechtfertigt ist, wenn das Angebot des Clubs an den Spieler durch einen Investor derart beeinflusst ist, dass der Investor mit dem Club abgestimmt hat, wie lange ein Spieler verpflichtet werden soll, sofern dieser sich hierzu bereit erklärt.

Zu bedenken ist jedoch, dass das Transferinvestment durch die Beschränkung des Freigaberechts des Clubs bezüglich eines zukünftigen Transfers neben der langfristigen Vertragsbindung ein gegenüber der herkömmlichen Vertragsbindung zusätzliches Mobilitätshindernis begründet. Die Investorenbeteiligung auf Seiten des abgebenden Clubs kann aufnehmende Clubs von einem Transfer abhalten, weil der Spieler häufig teurer sein wird als ein Spieler ohne Transferinvestmenthintergrund. Während der Club bei der Berechnung des gewünschten Transfererlöses nämlich auch das im Falle eines Verkaufs eingesparte Gehalt des Spielers einbezieht und die Ablösesumme dann niedriger ausfallen kann, fällt dieser Faktor für den Transferinvestor weg. Dieser partizipiert nur an der Ablösesumme und hat nicht die laufenden Kosten im Hinblick auf den Spieler zu tragen. Er wird daher auf eine höhere Ablösezahlung drängen und insbesondere nicht mit einem ablösefreien Wechsel des Spielers einverstanden sein.

Das Transferinvestment erfüllt Charakteristiken einer in der Transfervereinbarung zwischen zwei Clubs üblichen Weiterverkaufsklausel.[729] Hierbei handelt

---

Club bereit wäre eine Vielzahl von Spielern für andere Clubs auszubilden ohne hierfür eine Kompensation zu erlangen.

729 Vgl. *Geey*, ESLJ 2/2009, Rn. 58. Ein Unterschied der Weiterverkaufsklausel zum Transferinvestment besteht (neben der Beteiligung eines Clubs statt eines Investors) darin, dass die Weiterverkaufsklausel nicht den Charakter eines Investments haben, sondern für den – zumeist wirtschaftlich schwächeren – abgebenden Club

es sich um die Vereinbarung, dass ein aufnehmender Club im Fall eines späteren Weitertransfers des Spielers den abgebenden Club an der Ablösesumme zu beteiligen hat.[730] Weiterverkaufsklauseln sind in der Rechtsprechung als Mobilitätshindernisse gewertet worden.[731] Derartige Vereinbarungenkönnten als „latente Zahlungspflicht" die Berufsfreiheit des betroffenen Spielers beeinträchtigen, da sie zukünftige Arbeitgeber von einer Verpflichtung des Spielers abhalten könnten. Durch die Regelung werde die von einem zukünftigen Arbeitgeber des Spielers zu zahlende Transferentschädigung zumindest mittelbar erheblich erhöht, weil auch der vorherige Arbeitgeber des Spielers noch an der Entschädigung partizipiere und die Regelung insgesamt eher wirtschaftlichen Zielen einzelner Vereine als ideellen Zwecken diene.[732]

Der Einschätzung des OLG Hamm, dass Weiterverkaufsklauseln Clubs von einem Transfer abhalten, ist im Hinblick auf das heutige Transferwesen nicht zu folgen. Auf dem weitestgehend freien „Spielermarkt" ergibt sich aus Angebot und Nachfrage ein Marktwert, der vor allem durch die Faktoren der Spielstärke des Spielers, seines sonstigen Wertes als Werbeträger etc., seines Alters und der Restlaufzeit seines Vertrages bestimmt wird. Ein am Transfer interessierter Club wird in der Regel[733] nicht viel mehr für den Spieler ausgeben als den möglichst konkret bestimmten Marktwert. Nur hohe Beteiligungen des ehemaligen Clubs an der Ablösesumme dürften dafür sorgen, dass der aktuelle Club eine signifikant höhere Ablösezahlung als diesen Marktwert fordert. Weiterverkaufsklauseln sehen aber regelmäßig keine derart hohe Beteiligung vor, weil sonst der aktuelle Club keinen Transferanreiz mehr hätte.

Der Betrag, um den sich die Transferforderungen in der Praxis erhöht, ist nicht so hoch, dass Weiterverkaufsklauseln generell vor dem Hintergrund der Berufsfreiheit als nicht gerechtfertigtes Mobilitätshindernis zu bewerten sind. Die weitere Erwägung des OLG, wonach die Weiterverkaufsklauseln vor allem wegen ihres eher wirtschaftlichen als ideellen Zwecks abzulehnen seien,[734] beruht auch auf dem mittlerweile als überholt anzusehenden Verständnis, dass die Ablösezahlungen ideelle Leistungen im Hinblick auf Ausbildungsleistungen des aktuellen Clubs seien.

---

eine Art Nachzahlung auf die Transferentschädigung bei guter Entwicklung des Spielers beim aufnehmenden Club darstellt. Die Weiterverkaufsklausel hat also einen stärker ideellen Aspekt; vgl. auch DRITTER TEIL, 2. Kap., C.VII.2.b) und SIEBTER TEIL, 1. Kap., A.III.2.

730 Vgl. DRITTER TEIL, 2. Kap., B.III.2.a).cc).

731 OLG Hamm NZA-RR 2000, S. 461.

732 OLG Hamm aaO.

733 Leichte Mehrausgaben können sich ergeben, wenn der Club den Spieler beispielsweise aufgrund aktueller Verletzungsprobleme im Team besonders dringend benötigt.

734 OLG Hamm NZA-RR 2000, S. 461.

In ihrer heutigen Form sichern Ablösesummen weniger diese Ausbildungsleistungen, sondern vielmehr den aktuellen Wert des Spielers für den Club ab,[735] sie dienen also primär der Erfüllung eines wirtschaftlichen Zwecks. Vergleicht man die Situation der Weiterverkaufsklausel mit der gängigen Transfersituation, erscheint die Weiterverkaufsklausel sogar für die Erreichung ideeller Zielsetzungen vorteilhaft zu sein. Entweder wird der Spieler aufgrund der erhöhten Ablöseforderung nicht transferiert und erfüllt seinen privatautonom abgeschlossenen Vertrag mit dem aktuellen Club, oder er wechselt für eine – möglicherweise etwas erhöhte – Ablösesumme, an der aber sein ehemaliger Club partizipiert. Die erste Möglichkeit sorgt für eine stärkere Bindung des Spielers an seinen Club, die aus sportlicher Sicht durchaus gewollt ist. Die zweite Möglichkeit dient zwar in der Tat dem wirtschaftlichen Interesse. Bei einer Aufteilung der Ablösesumme auf mehr als einen Club wird aber gleichzeitig dem Gedanken der Solidargemeinschaft aller Fußballclubs untereinander Rechnung getragen, so dass die Regelung ideell sogar vorteilhaft ist gegenüber der Zahlung an nur einen Club.

Selbst wenn man schließlich dem OLG Hamm in der Bewertung der Weiterverkaufsklausel folgen würde, dürfte im konkreten Fall des Transferinvestments die latente Zahlungspflicht und daraus resultierende Transferbehinderung tatsächlich kaum eintreten. Ein ordnungsgemäß wirtschaftender Club wird in aller Regel – selbst bei Einräumung einer Weiterverkaufsklausel ihm gegenüber – keinen Spieler in der Hoffnung auf zukünftige Transfererlösbeteiligung deutlich unter Marktwert abgeben.

Grundsätzlich wird er sich vielmehr über eine Ablösezahlung den aktuellen Marktwert des Spielers zum Transferzeitpunkt möglichst vollständig kompensieren lassen.[736]

Hingegen bekommt der Investor – zumindest in der Grundkonstellation – nichts anderes geboten als die Chance auf eine spätere Erlösbeteiligung. Diese ist kein „Weiterverkaufsbonus“, sondern Kern des Geschäfts mit dem Club. Der Investor ist also darauf angewiesen, dass es tatsächlich zu einem Transfer kommt.

Die Trennung von rein vermögensrechtlicher Beteiligung auf der einen und der Entscheidungsfindung über den Transfer auf der anderen Seite führt zu dem Problem, dass kein Gleichlauf mehr zwischen dem Vermögensinteresse des Investors und dem Vermögensinteresse des abgebenden Clubs besteht.[737] Eine Erlösbeteiligung des Investors würde zu einer Transferunwilligkeit des Clubs führen und das Modell des Transferinvestments in Frage stellen. Wenn der Investor auf weitere Sicherungsmaßnahmen oder Rückzahlungsmodalitäten hinsichtlich des an den Club

735 Besteht dieser auf einer Vertragserfüllung, weil er nicht die vorgestellte Ablösesumme erzielen kann, ist dies nicht zu beanstanden.

736 Ein abgebender Club, der eine Weiterverkaufsklausel vereinbart, tut dies in der Regel nicht in der Absicht ein Investment zu tätigen, sondern er will lediglich vermeiden, dass er im Falle einer besonders guten sportlichen Entwicklung „seines“ ehemaligen Spielers hieran nicht beteiligt wird.

737 *Holzhäuser/Körner*, causa sport 2009, S. 193, 197.

geleisteten Geldbetrages verzichten würde, dann entstünde hierdurch tatsächlich eine Situation, in der der Club weniger geneigt sein dürfte, den Spieler abzugeben. Der Club hat schließlich kein Interesse an einer Abgabe des Spielers, wenn der ihm zufließende Ablösesummenanteil deutlich unter dem Marktwert liegt oder wenn ihm aufgrund einer vollständigen Übertragung des Entschädigungsrechts auf den Investor sogar gar keine Ablösezahlung mehr zuflösse. Aus ökonomischer Sicht des Investors ist es daher erforderlich, einen Anreiz für den abgebenden Club zu schaffen, einen Transfer vor Ablauf des Vertrages zu realisieren.[738] Deshalb ist eine Vertragsbindung, welche die Mobilität des Spielers einschränkt, nicht im Interesse des Investors. Diese Interessenlage spricht gegen einen durch eine Beschränkung der Mobilität des Spielers bedingten Eingriff in die Berufsfreiheit.

Dagegen, dass der Investor den Club in der Praxis zum Abschluss dieses langfristigen Vertrages bestimmen kann und wird, spricht außerdem, dass der Club generell nicht gewillt sein dürfte, sich vertraglich langfristig an einen Spieler zu binden, von dessen Entwicklung er nicht überzeugt ist.

Das Transferinvestment wird solche Spieler betreffen, die der Club ohnehin länger unter Vertrag nehmen möchte oder die er bereits langfristig verpflichtet hat. Dem Vorgehen, mit dem von einem Investor finanzierten Spieler einen längerfristigen Vertrag abzuschließen, steht also nicht die Wertung aus Art. 12 GG entgegen.

IV. Zwischenergebnis

Die Abtretung des Freigaberechts unterliegt wegen der hierdurch bewirkten Inhaltsänderung einem Abtretungsverbot nach §§ 413 i. V. m. 399 BGB. Dagegen verstößt eine schuldrechtliche Beschränkung des Freigaberechts, die dem Investor einen Einfluss auf die Freigabe durch den Club ermöglicht, weder gegen ein gesetzliches Verbot noch gegen die guten Sitten und zwar auch dann nicht, wenn der Investor – im Rahmen des rechtlich zulässigen – für eine längere Bindung des Spielers an den Club sorgt.

B. Entschädigungsrecht als Gegenstand einer Vereinbarung mit dem Investor

Als zivilrechtliche Möglichkeiten, dem Investor im Hinblick auf einen bestimmten Spieler einen Anspruch auf Zahlung der Ablösesumme oder eines Teils davon einzuräumen, kommen die Abtretung gemäß § 398 BGB oder eine schuldrechtlich vereinbarte Beteiligung des Investors an der Ablösesumme durch den Club gemäß §§ 311, 241 BGB in Betracht. Neben der Finanzierung eines konkreten Transfers kann das Interesse des Investors auch darauf gerichtet sein, sich generell, also unabhängig von einem konkreten Transfer, die Beteiligung an Ablösesummen aus einem oder mehreren Transfers gegen Zahlung einer bestimmten Summe zusichern

738 *Holzhäuser/Körner*, causa sport 2009, S. 193, 197.

zu lassen. Gerade im Fall von Clubs, die für eine gute Nachwuchsarbeit bekannt sind, kann diese Teilhabe an der Entwicklung bereits bestehender Transferwerte aus Sicht des Investors sinnvoller sein als eine Finanzierung von Transfers.

I. Abtretung der Entschädigungsforderung nach § 398 BGB

Die Abtretung bestehender oder zukünftiger Forderungen setzt voraus, dass eine bestimmte oder bestimmbare Forderung besteht und kein Abtretungsverbot eingreift.

1. Bestimmbarkeit der Forderung

Die Entschädigungsforderung basiert auf einem Spielervertrag zwischen Club und Spieler, konkretisiert sich jedoch erst im Transfervertrag zwischen zwei Clubs, in dem Zahlung einer Ablösesumme vereinbart wird. Im Fall einer Vorausabtretung ist es erforderlich, die künftige Forderung bereits bei der Abtretung so genau zu umschreiben, dass sie spätestens bei ihrer Entstehung nach Gegenstand, Umfang und Person des Schuldners bestimmbar oder als einzelne Forderung individualisierbar ist.[739] Hinsichtlich der früheren Transferentschädigungen ist diese Individualisierbarkeit bejaht worden. Es stehe fest, dass im Falle des Vereinswechsels des Spielers gemäß § 29 Nr. 1 LSpSt eine Forderung entstehe, deren Höhe nach den Richtlinien des DFB bestimmbar sei.[740] Die für eine Vorausabtretung erforderliche Bestimmbarkeit sei damit bereits aufgrund einer Bezeichnung des Spielers im Abtretungsvertrag in ausreichendem Maße gegeben.[741]

Nach Aufhebung des Transferentschädigungssystems wurde die Bestimmbarkeit des Abtretungsgegenstandes bezweifelt. So wurde damit gerechnet, dass den Banken die von Vereinsseite im Voraus abgetretenen Sicherungsforderungen an zukünftigen Transfererlösen nicht mehr als adäquate Sicherheit genügen würden.[742] Dies hat sich in der Praxis jedoch nicht bestätigt.[743] Auch in der Literatur wird die Abtretbarkeit der Entschädigungsforderung trotz des Wegfalls der verbandsrechtlichen Grundlage bejaht,[744] die Dauer von Spielerverträgen sei mitentscheidend für Darlehensvolumina und Laufzeit von Kreditverträgen, wobei ein Kredit zumindest

739 BeckOK-*Rohe*, § 398, Rn. 33; Palandt-*Grüneberg*, BGB, § 398, Rn. 11; *Holzhäuser/Körner*, causa sport 2009, S. 193, 195.

740 *Wertenbruch*, ZIP 1993, S. 1292, 1294.

741 *Wertenbruch*, ZIP 1993, S. 1292, 1294; vgl. auch *Westerkamp*, Ablöseentschädigung im bezahlten Sport, S. 161.

742 So *T. Groß*, Transferregelungen, S. 311 m.w.N.

743 Vielmehr haben die Banken auch weiterhin Kredite gegen Vorausabtretung prognostizierter Transfereinnahmen als Sicherheit eingeräumt. *Grodde*, S. 339 weist auf das Beispiel des 1. FC Kaiserslautern hin, der die potentiellen Einnahmen aus einem Transfererlös bei einem Wechsel des Spielers Miroslav Klose zur Aufrechterhaltung der Finanzierbarkeit des Spielbetriebs abtrat.

744 *Wertenbruch* EuZW 1996, S. 91, 92; *Holzhäuser/Körner*, causa sport 2009, S. 193, 195.

mit mehreren Vorausabtretungen von zukünftigen Ablöseforderungen abgesichert werden könne.[745] Die zukünftige Zahlung einer Ablösesumme erscheint also auch im heutigen Transfersystem bei langfristig vertraglich gebunden Spielern zumindest als möglich.

Die entsprechende Forderung ist bei ihrer Entstehung nach Gegenstand, Umfang und Schuldner individualisierbar. Daher ist auch die künftige Entschädigungsforderung bereits hinreichend bestimmbar. Abgetreten wird der Zahlungsanspruch aus einer zukünftigen vertraglichen Vereinbarung zwischen dem Zedenten und einem noch nicht bekannten Schuldner.

2. Kein Abtretungsverbot nach §§ 398, 399 BGB

Angesichts der seinerzeit weit verbreiteten Sicherungsabtretung zukünftiger Ansprüche auf Transferentschädigungen als Sicherheit für Kredite und Liquiditätsreserve ist bereits in den Achtzigerjahren kritisch festgestellt worden, dass die Spieler durch die Transferentschädigungen zu „Wertobjekten" geworden seien.[746] Die bilanzrechtliche Aktivierungsfähigkeit der gezahlten Ablösesummen und die Abtretbarkeit der zukünftigen Transferentschädigungen zur Kreditsicherung seien für die (damals so bewertete) „wirtschaftliche Krankheit" des Berufsfußballsports jedenfalls mitverantwortlich.[747]

Da auch der DFB die Abtretungen kritisch sah, wurde seinerzeit in §§ 29 Nr. 1 S. 3, 30 LSpSt geregelt, dass sowohl die Abtretung als auch die Verpfändung einer Transferentschädigungsforderung nur nach vorheriger Zustimmung des DFB wirksam sein sollten. Die Zustimmung sollte erteilt werden, wenn sichergestellt war, dass der den banküblichen Sicherungszweck übersteigende Betrag dem abgebenden Club zufloss und an ein Kreditinstitut im Sinne des § 1 KWG erfolgte.[748] Im Falle der Abtretung einer Transferentschädigung ohne vorherige Zustimmung des DFB sollte nicht nur die Abtretung unwirksam sein, sondern auch die Verpflichtung des aufnehmenden Clubs zur Transferentschädigungszahlung entfallen.[749] Streitig war die Frage, ob diese Beschränkungen ein Abtretungsverbot nach § 399 BGB oder nur eine verbandsinterne Regelung ohne Auswirkung auf die Abtretungsverträge selbst darstellten. Nach einer Auffassung wurden die Verbandsregelungen als rechtsgeschäftliche Vereinbarung gemäß § 399, 2. Alt BGB gesehen. Zwar ergäben sich die Abtretungsverbote nicht unmittelbar aus dem Vertrag zwischen den Clubs.

Sowohl die Pflicht zur Transferentschädigung als auch die Abtretungsverbote würden aber von allen Clubs im Lizenzvertrag mit dem Verband anerkannt und

745 *T. Groß*, Transferregelungen, S. 311; *Schwedonius*, Finanzierungskonzepte, S. 211 ff.

746 *Reuter*, NJW 1983, S. 649.

747 *Reuter*, NJW 1983, S. 649, 656.

748 *H. P. Westermann*, ZIP 1991, S. 705, 706.

749 *Wertenbruch*, ZIP 1993, S. 1292, 1295.

damit als Vereinbarungsbestandteil angesehen.[750] Nach anderer Ansicht entfalteten die Abtretungsverbote des DFB-Lizenzspielerstatus nur schuldrechtliche Wirkung im Verhältnis zwischen dem abtretenden Verein und dem Verband. Es fehle an einer Vereinbarung im Sinne des § 399, 2. Alt BGB zwischen Gläubiger und Schuldner.[751] Ein Streitentscheid kann dahinstehen, weil die verbandsrechtlichen Abtretungsverbote zwischenzeitlich aufgehoben wurden, so dass sie nicht als Gegenstand einer rechtsgeschäftlichen Vereinbarung zwischen den Clubs im Sinne des § 399, 2. Alt. BGB in Betracht kommen.

Auch bezüglich der Abtretung der Entschädigungsforderung stellt sich aber die Frage, ob hierdurch eine Inhaltsänderung eintritt und somit ein Abtretungsverbot im Sinne des § 399, 1. Alt. BGB besteht. Zweck der früheren Pflicht zur Transferentschädigungszahlung aus § 29 LSpSt war es, dem vom Weggang des Spielers betroffenen Club einen Ausgleich für den sportlichen und wirtschaftlichen Verlust zu verschaffen.[752] Dies legt den Gedanken nahe, dass die Transferentschädigung nicht etwa an einen Dritten fließen sollte, sondern beim Club dazu verwendet werden sollte, einen neuen Spieler zu verpflichten. Weder im Verhältnis zum aufnehmenden Club noch im Verhältnis zum DFB war der Club als Gläubiger jedoch dazu verpflichtet, mit dem Geld in bestimmter Weise zu verfahren. Das Geld konnte für die Verpflichtung neuer Spieler, aber auch zur Schuldentilgung oder für sonstige Zwecke verwendet werden.[753] Zur Frage nach der Zweckbindung der Ablösezahlung kann ein die Abtretung von Ausbildungsentschädigungen im Eishockey betreffendes Urteil des OLG München[754] herangezogen werden.[755]

Das OLG lehnte eine Sittenwidrigkeit der Abtretungsvereinbarung ab. Von einem Geschäft mit dem Recht an einem Menschen könne nicht gesprochen werden. Die Rechte des Spielers selbst seien durch die Vereinbarung in keiner Weise berührt

---

750 *Wertenbruch*, ZIP 1993, S. 1292, 1295.

751 *H. P. Westermann*, ZIP 1991, S. 705, 707 und 713.

752 BGH, NJW 1976, S. 565, 566; BFH, NJW 1993, S. 222, 223; *Buchner*, RdA 1982, S. 1, 12.

753 *Wertenbruch*, ZIP 1993, S. 1292, 1295.

754 OLG München, SpuRt 1996, S. 97 ff.

755 Es klagte ein Club gegen den Sponsor eines anderen Clubs. Der Kläger hatte mit dem Beklagten die Zahlung eines sechsstelligen Betrages durch den Beklagten im Hinblick auf den Wechsel eines Spielers des Klägers zu dem vom Beklagten gesponserten Club vereinbart. Als Gegenleistung hatte der Kläger die ihm zustehenden Aus- und Weiterbildungsentschädigungen gemäß Art. 59 der DEB-Satzung und -Ordnungen in vollem Umfang an den Beklagten abgetreten. Nachdem der Wechsel gescheitert war, erklärte der Beklagte die Anfechtung des Vertrages. Gerichtlich machte er einen Restbetrag aus der Vereinbarung geltend. Der Beklagte vertrat die Rechtsauffassung, die Abtretung habe gegen § 399 BGB verstoßen, weil sich aus der Spielordnung des DEB ein vertragliches Abtretungsverbot ergebe. Tatsächlich enthielt Spielordnung des DEB in Art. 1 Ziff. 1 S. 2 ein Übertragungsverbot von sich aus der Satzung des DEB ergebenden Rechten.

worden.[756] Nach Auffassung des Senats bezog sich das in Art. 1 Ziff. 1 Satz 2 der Spielordnung enthaltene Übertragungsverbot von Rechten, die sich aus der Satzung des DEB ergeben, nicht auf reine Geldleistungen. Es sei nicht der grundsätzliche Anspruch des Klägers auf Zahlung einer Aus- und Weiterbildungsentschädigung abgetreten worden, sondern der nach der Einigung des abgebenden und aufnehmenden Vereins über die Höhe der zu zahlenden Entschädigung festgestellte Zahlungsanspruch, der als solcher nicht zweckgebunden sei. Dessen Abtretung führe daher nicht zu einer Veränderung des Inhalts der abgetretenen Forderung.[757]

Die Ausführungen des OLG München lassen sich auf die Abtretung des zukünftigen Anspruchs auf eine Ablösezahlung übertragen. Die Entschädigungsforderung unterliegt keiner Zweckbindung, die im Fall der Abtretung zu einer Änderung des Leistungsinhalts im Sinne des § 399,1. Alt. BGB führen würde.[758] Dies gilt umso mehr seit die Ablösezahlung nicht mehr Gegenstand einer verbandsseitig normierten Verpflichtung ist, sondern zwischen den Clubs frei ausgehandelt wird. Bestehende und zukünftige Entschädigungsforderungen können somit ohne Inhaltsänderung an einen Dritten abgetreten werden.

II. Schuldrechtliche Beteiligung an der Entschädigungsforderung

Neben der Abtretung der Entschädigungsforderung nach § 398 BGB kommt eine schuldrechtliche Vereinbarung nach § 311, 241 BGB in Betracht, die den Club zur Beteiligung des Investors an den Entschädigungsforderungen für einen oder mehrere Spielern verpflichtet. Der wesentliche Unterschied gegenüber der Abtretung der Entschädigungsforderung besteht darin, dass sich der Anspruch des Investors nicht gegen den Schuldner einer zukünftigen Entschädigungsforderung richtet, sondern im Innenverhältnis gegen den aktuellen Club als seinen Vertragspartner.

Dies dürfte für den Investor in der Regel vorteilhaft sein, weil er sich nicht mit einem noch unbekannten Schuldner auseinandersetzen muss. Der Umstand, dass der Investor sich nicht eine oder mehrere zukünftige Forderungen abtreten lässt, sondern eine schuldrechtliche Verpflichtung zur Beteiligung an der Entwicklung von Entschädigungsrechten mit dem aktuellen Club vereinbart, hat für den Investor den weiteren Vorteil, dass er nicht an das Erfordernis der Bestimmtheit oder Bestimmbarkeit gebunden ist. Hierdurch ergeben sich deutlich flexiblere Ausgestaltungsmöglichkeiten des Investments.[759]

Eine generelle Sittenwidrigkeit der Beteiligungsvereinbarung ist ebenso zu verneinen wie eine Sittenwidrigkeit der Abtretung.[760]

---

756 Insbesondere habe er seinen eigenen „Marktwert" ohne jede Einschränkung bei seinen Verhandlungen mit dem Club einsetzen können.

757 OLG München, SpuRt 1996, S. 97, 98.

758 *Wertenbruch*, ZIP 1993, S. 1292, 1295.

759 Vgl. SIEBTER TEIL.

760 Vgl. VIERTER TEIL, 2. Kap., B.II.1.

C. Transferrecht insgesamt als Gegenstand einer Vereinbarung

Da eine Abtretung des Freigaberechts nach § 413 i. V. m. § 399 BGB wegen einer Inhaltsänderung des Freigaberechts unwirksam ist, kann auch das Transferrecht, welches das Freigaberecht beinhaltet, nicht insgesamt abgetreten werden. Die schuldrechtlich vereinbarte Beschränkung im Hinblick auf das Freigaberecht und eine schuldrechtliche Beteiligung an der Entschädigungsforderung sind hingegen zivilrechtlich möglich, so dass sich die Frage stellt, ob der Investor sich zumindest im Rahmen einer schuldrechtlich wirkenden Vereinbarung gemäß §§ 241 Abs. 1, 311 Abs. 1 BGB das Transferrecht einräumen lassen kann, ohne bestimmte Teilrechte abzuspalten oder diese näher zu konkretisieren.

Hier besteht aber für den Investor das Problem, dass die ihm eingeräumte Rechtsposition sich nicht eindeutig bestimmen lässt. Das Transferrecht als Kombination aus Freigabe- und Entschädigungsrecht resultiert aus dem Spielervertrag. An der aus dem Spielervertrag resultierenden Rechtsposition kann der Club Dritten bestimmte Rechte einräumen, er kann sie aber nicht vollständig aufgeben, weil er nach dem Verbandsrecht Partei des Spielervertrages sein muss. Würde der Investor sich eine Beteiligung „am Transferrecht" einräumen lassen, wäre diese Vereinbarung auslegungsbedürftig und bei unklarer Auslegung wäre der Investor dem Risiko ausgesetzt, seine Rechtsposition nicht durchsetzen zu können.

Eine schuldrechtrechtliche Vereinbarung ohne Differenzierung zwischen Freigaberecht und Entschädigungsforderung ist also wenig praktikabel. In Anbetracht der Rechtsnatur des Transferrechts als zweigeteiltes Recht, ist es vielmehr sinnvoll auch in einer schuldrechtlichen und damit konstitutiven Vereinbarung auf die beiden Teilrechte Bezug zu nehmen.

D. Ergebnis

Die vorstehenden Ausführungen haben gezeigt, dass das Transferrecht als zweigeteilte Rechtsposition in zivilrechtlicher Hinsicht differenziert betrachtet werden muss. Eine translative Übertragung des Transferrechts insgesamt ist nicht möglich. Die Entschädigungsforderung, als sich aus dem Entschädigungsrecht ergebender Anspruch des Clubs gegen einen anderen Club, kann Gegenstand einer Abtretung sein, das Freigaberecht ist nicht abtretbar. Sowohl das Freigaberecht als auch die Entschädigungsforderung können Gegenstand konstitutiv wirkender schuldrechtlicher Vereinbarungen sein.[761] Derartige Vereinbarungen zwischen Club und Investor sind nicht generell als sittenwidrig zu bewerten.

761 Grenzen werden derartigen schuldrechtlichen Vereinbarungen, insbesondere soweit sie das Freigaberecht des Clubs betreffen, jedoch durch die in den beiden folgenden Teilen näher analysierten Verbotsregeln der Verbände gesetzt.

Fünfter Teil: Transferinvestmentregeln der Verbände

Nachdem die vorstehenden Ausführungen belegt haben, dass die wirtschaftliche Beteiligung eines Investors am Transferrecht zivilrechtlich möglich ist, sind die das Transferinvestment beschränkenden Verbandsnormen, insbesondere Art. 18bis FIFA-Status-Reglement, rechtlich zu bewerten.

A. Art. 18bis FIFA-Status-Reglement

Die FIFA hat bislang kein explizites Verbot des Transferinvestments normiert, sondern nur ein Beeinflussungsverbot, ein Teilverbot für Spielervermittler und eine Vorschrift zur Offenlegung von Transferinvestments getroffen.

Als Reaktion auf den Fall Tevez/Mascherano und zur Vermeidung der unerwünschten Einflussausübung durch Drittparteien wurde das FIFA Reglement zum Status und Transfer von Spielern im Jahr 2007 um den neuen Artikel 18bis ergänzt, der am 1. Januar 2008 in Kraft getreten ist.

I. Wortlaut und Bindungswirkung

Unter der Überschrift „Beeinflussung durch Drittparteien" heißt es in Art.18bis:

1. „Ein Verein darf keine Verträge eingehen, die der anderen Partei oder einer dritten Partei die Möglichkeit einräumen, in Arbeitsverhältnissen oder Transfersachen seine Unabhängigkeit, seine Politik oder die Leistung seiner Teams zu beeinflussen.
2. Die FIFA-Disziplinarkommission kann gegen Vereine disziplinarische Sanktionen verhängen, wenn diese die obige Verpflichtung verletzen."[762]

Welche Auswirkungen diese zentrale Vorschrift auf das Transferinvestment insgesamt und die einzelnen Modelle hat, gilt es zu untersuchen.

II. Regelungsgehalt des Art. 18bis FIFA-Status-Reglement

Der Wortlaut von Art. 18bis ist mit seiner Vielzahl von unbestimmten Begriffen sehr weit gefasst, sein Regelungsgehalt daher nicht ganz eindeutig. Die Norm könnte ein vollständiges verbandsrechtliches Verbot jeglichen Transferinvestments bedeuten oder nur bestimmte unerwünschte Formen des Investments ausschließen.

Auszufüllen sind die Begriffe der „anderen oder dritten Partei", der „Möglichkeit der Beeinflussung" im Hinblick auf verschiedene Entscheidungsbereiche des Clubs,

---

762 Die Norm ist gemäß § 1 Nr. 3 lit. a) FIFA-Status-Reglement verbindlich und ohne jegliche Veränderung in das nationalen Verbandsreglements zu integrieren.

nämlich die „Unabhängigkeit in Arbeitsverhältnissen"; die „Unabhängigkeit in Transfersachen", die „Politik des Vereins" und die „Leistung der Teams des Vereins".

1. Bestimmtheit der Norm

Es stellt sich die Frage, ob Art. 18bis noch dem Bestimmtheitsgrundsatz des deutschen Zivilrechts genügt. Eine Verbandsnorm muss der Abwägung im Rahmen der für Monopolverbände geltenden besonderen Inhaltskontrolle[763] von Sportregelwerken am Maßstab von § 242 BGB standhalten.[764] Es muss gerade im Fall der Sanktionsbewehrtheit aus der Vorschrift ersichtlich sein, welche Pflichten die Clubs treffen und welche Sanktionen ein Verstoß zur Folge haben kann.[765]

Der Verband darf eine Sanktion gegen ein Mitglied nur dann verhängen, wenn das Mitglied unzweideutig aus der Satzung erkennen kann, dass die Missachtung einer bestimmten Verhaltenspflicht eine Sanktionsfolge nach sich zieht.[766] Unklarheiten können zu Lasten des Verbandes gehen. Der Bestimmtheitsgrundsatz ist auch im Rahmen des europäischen Gemeinschaftsrechts als rechtsstaatlicher Grundsatz anerkannt.[767]

Im Hinblick auf das vorliegende Problem des weiten Tatbestandes von Art. 18bis FIFA-Status-Reglement ist zugunsten des Verbandes zu berücksichtigen, dass die FIFA mit ihren Regelungen generell – und auch im Hinblick auf den konkreten Fall des Transferinvestments – eine Vielzahl von verschiedenen Sachverhalten erfassen muss. Als Weltverband befindet sich die FIFA insofern in einer noch schwierigeren Lage als die nationalen Normgeber. In der deutschen Rechtspraxis werden weite Satzungstatbestände von Vereinen und Verbänden vor diesem Hintergrund zwar als grundsätzlich zulässig erachtet. Es wird aber verlangt, dass der Inhalt einer Verbotsnorm im konkreten Fall durch eine Zusammenschau von Satzung, Vereinsübung sowie Gleichbehandlungsgebot und Übermaßverbot objektiv bestimmbar ist.[768]

Die im Folgenden vorzunehmende Auslegung soll klären, ob Art. 18bis als noch im Rahmen des Zulässigen weit gefasst, aber praktisch anwendbar und eindeutig oder mangels einer eindeutigen Auslegungsmöglichkeit als unbestimmt zu bewerten ist.

---

763 BGHZ 128, S. 93 ff. = NJW 2000, S. 1028; OLG Frankfurt a. M., SpuRt 2001, S. 28, 29; OLG München, SpuRt 2001, S. 64, 67

764 Hieran zweifelnd: *Holzhäuser/Körner*, causa sport 2009, S. 193, 195.

765 Vgl. zum Bestimmtheitsgrundsatz bei Sportregelwerken etwa LG Leipzig SpuRt 2005, 209, 210; OLG Dresden, SpuRt 2005, S. 210.

766 OLG München, SpuRt 1994, S. 89 ff; *Schimke/Eilers*, in: Horst/Nolte (Hrsg.), Handbuch SportR, S. 101 u. 103; *Reichert*, Vereins- und Verbandsrecht, Rn. 432.

767 Vgl. EuGH, Urt. v. 09.07.1981 – Rs. 169/80 – Slg. 1981, 1931, 1942 – „Gondrand Frères" (Ls.): „Der Grundsatz der Rechtssicherheit verlangt, dass eine den Abgabepflichtigen belastende Regelung klar und deutlich ist, damit er seine Rechte und Pflichten unzweideutig erkennen und somit seine Vorkehrungen treffen kann."

768 Vgl. BGHZ 47, S. 381, 384; AG Karlsruhe SpuRt 2008, S. 82, 83; MüKo BGB-*Reuter*, § 25, Rn. 45.

2. Auslegung nach der maßgeblichen schweizerischen Rechtspraxis

Unterstellt man den Fall, dass ein deutscher Club für ein Transferinvestment vom Verband sanktioniert würde und sich dagegen zur Wehr setzen wollte, so wäre die oberste Instanz des sportrechtlichen Rechtszuges der Internationale Sportgerichtshof Court of Arbitration for Sport (CAS) mit Sitz in Lausanne (Schweiz).

Dies ergibt sich aus Art. 66 der FIFA Statuten. Danach erkennt die FIFA, und damit auch die ihr angeschlossenen Verbände, den CAS als unabhängiges Schiedsgericht bei Streitigkeiten zwischen der FIFA, den Mitgliedern, den Konföderationen, Ligen, Clubs, Spielern, Offiziellen und lizenzierten Spiel- und Spielervermittlern an. Der CAS soll nach Art. 66 Nr. 2 S. 2 FIFA Statuten „in erster Linie die verschiedenen Reglements der FIFA sowie ergänzend das Schweizer Recht anwenden". Nach herrschender Auffassung erfüllt der CAS die Anforderungen an ein echtes Schiedsgericht mit der Folge, dass Klagen vor staatlichen Gerichten ausgeschlossen sind.[769]

In Deutschland sind die Schiedssprüche des CAS grundsätzlich gemäß § 1025 Abs. 4, 1061 ZPO i. V. m. den UN-Übereinkommen über die Anerkennung und Vollstreckung ausländischer Schiedssprüche anzuerkennen und gegebenenfalls zu vollstrecken.[770]

Im „Webster-Urteil" setzte sich der CAS mit der Frage auseinander, welche Rolle das nationale Recht – in diesem Fall das schottische Zivilrecht – neben den Regelwerken der FIFA und dem Schweizer Recht im Rechtsstreit vor dem CAS spielt. Der CAS gewichtete hierbei folgendermaßen: Die FIFA Regelwerke seien für die Bestimmung des Entschädigungsbetrages nach Art. 17 FIFA-Status-Reglement[771] maßgeblich. Das Schweizer Recht sei für die Auslegung der FIFA Regelwerke heranzuziehen und das schottische Recht, sofern das Schiedsgericht bei der Bestimmung der Entschädigungshöhe dessen Vorschriften als in Verbindung mit dem FIFA-Status-Reglement als anwendbar ansehen sollte.[772]

Zur Auslegung des FIFA-Status-Reglements entschied der CAS, dass der Spruchkörper im Einklang mit der schweizerischen Rechtspraxis bezüglich der Interpretation von Statuten des Verbandes zunächst den Text der Regelung, also seine sich aus dem Wortlaut ergebende Bedeutung zu betrachten habe; wenn der Wortlaut unklar sei, seien zur Auslegung die interne Logik der in der Bestimmung getroffenen Regelung, ihre Beziehung zu anderen Bestimmungen des FIFA-Status-Reglements sowie Sinn und Zweck unter Berücksichtigung der Entstehungsgeschichte der Regelung heranzuziehen.[773]

a) Wortlaut („grammatische" Auslegung)

Um Rechtssicherheit zu erlangen, hat der französische Fußballverband die FIFA ersucht, den Anwendungsbereich der Regelung klarzustellen. Die FIFA hat

---

769 *Tyrolt*, Sportschiedsgericht und zwingendes staatliches Recht, S. 36 m.w.N.
770 *Vogt*, in: Vieweg (Hrsg.), Facetten des Sportrechts, S. 174.
771 Überschrift: „Folgen einer Vertragsauflösung ohne triftigen Grund"
772 CAS SpuRt 2008, S. 114, 115
773 CAS 2007/A/1298, 3 Leitsatz und Rn. 50 (Quelle: Internet).

entgegnet, dass sie mangels eines konkreten anhängigen Rechtsstreits keine Hinweise zur Auslegung der Regelung geben könne.[774] Seitens der FIFA ist also keine praxistaugliche Klarstellung erfolgt.

Betrachtet man den Wortlaut des Art. 18bis FIFA-Status-Reglement, so fällt zunächst auf, dass der zu erwartende Begriff des „third-party ownership" bzw. seine deutsche Entsprechung in der Norm keinen Niederschlag gefunden hat. Insbesondere wird das Transferinvestment nicht etwa vollständig verboten – was nach der Vordebatte zu erwarten gewesen wäre.

Die Norm will, soweit durch einen Vertrag mit einer anderen oder dritten Partei

- die Unabhängigkeit des Vereins im Hinblick auf Arbeitsverhältnisse,
- die Unabhängigkeit des Vereins im Hinblick auf Transfersachen,
- die Politik des Vereins oder
- die Leistung der Teams des Vertragspartners

betroffen sind, der Gefahr der Beeinflussung begegnen.

aa) „andere oder dritte Partei"

Zu klären ist zunächst, wessen Beeinflussung Art. 18bis einschränken soll, also auf welchen Personenkreis die Formulierung „andere oder dritte Partei" abzielt.

Als „andere Partei" könnten zunächst die Vertragspartner in Betracht kommen, mit denen ein Club als Adressat des Art. 18bis Arbeitsverhältnisse (Spieler) oder Transferverträge (Clubs) begründet. Gegen ein Verständnis, wonach diese Vertragspartner als andere Partei anzusehen sind, spricht aber zweierlei.

Zum einen stellt Art. 18bis den Vertrag, der einer Partei die Möglichkeit der Beeinflussung eröffnet, der Unabhängigkeit im Hinblick auf Arbeitsverhältnissen und in Transfersachen gegenüber.

Dies macht deutlich, dass es sich bei dem die Beeinflussungsgefahr begründenden Vertrag und den Arbeits- oder Transferverträgen, auf die Einfluss genommen wird, in der Regel um separate Vereinbarungen handelt. Der Vertrag mit einer anderen Partei ermöglicht also einen Einfluss auf die bestehenden oder zu begründenden Arbeits- oder Transferverträge.

Zum anderen intendiert Art. 18bis FIFA-Status-Reglement weniger solche fest etablierten Praktiken im Transfergeschäft zwischen Clubs und Spielern, wie beispielsweise die Aufteilung der „ökonomischen Rechte" eines Spielers zwischen zwei Clubs oder die Beteiligung des abgebendem Clubs am zukünftigen Transfer des Spielers über eine Weiterverkaufsklausel einzuschränken.[775] Vielmehr soll dem Einfluss weiterer, außenstehender Parteien begegnet werden.

---

774 *Melero/Soiron*, EFPL SLB, S. 41, 43.

775 In der Praxis gibt es gerade im Fall von Spielerleihgeschäften von den Verbänden geduldete Vereinbarungen, die dem verleihenden oder entleihenden Club gewisse Einflussmöglichkeiten auf einen Spieler- oder Transfervertrag des anderen Clubs einräumen. Es ist nicht auszuschließen, dass beispielsweise die Vereinbarung,

Dass als „andere Partei" in aller Regel nicht Spieler und Clubs anzusehen sind, bedeutet aber keineswegs, dass sich nicht auch aus einem Arbeits- oder Transfervertrag die Möglichkeit der Beeinflussung durch eine „dritte Partei" ergeben kann. So ist denkbar, dass der Spieler in seinem Spielervertrag mit dem Club bestimmte Einflussmöglichkeit einer „dritten Partei" auf den Vertrag vereinbaren lässt. Gleiches gilt für den Transfervertrag zwischen zwei Clubs. Auch dieser kann die Einflussmöglichkeit des Investors, insbesondere auf einen zukünftigen Transfer, als Regelungsgegenstand haben. Der Wortlaut „andere oder dritte Partei" bezieht sich also auf natürliche oder juristische Personen, die gesellschaftsrechtlich außerhalb des Clubs anzusiedeln sind, also beispielweise[776] Einzelinvestoren, Spielerfonds, Mäzene, aber auch Spielerberater und entweder die unmittelbare Vertragspartner eines Clubs sind („andere Partei") oder denen durch eine Vereinbarung mit einem Vertragspartner aus dem Fußball mittelbar Einflussrechte auf die vorgenannten Bereiche eingeräumt werden („dritte Partei").

In der Literatur ist die Frage aufgeworfen worden, ob die Beschränkung außerdem auch Gesellschafter des Clubs erfasst.[777] Dies ist zu verneinen, weil der Gesellschafter eines Clubs nicht „andere oder dritte Partei" im Sinne von Art. 18bis ist.

Denn Art. 18bis will denjenigen Einfluss unterbinden, der von außen auf die Clubs ausgeübt wird. Der Einfluss von Gesellschaftern der Clubs ist demgegenüber ein Einfluss von innen, der Gegenstand anderer Verbandsregelungen ist.

Für den deutschen Fußball erfolgt eine clubinterne Begrenzung des Gesellschaftereinflusses durch die 50+1 Regelung in § 8 Nr. 2 Ligaverbands-Satzung. Die 50+1 Regelung gewährleistet den überwiegenden Einfluss des an einer Kapitalgesellschaft beteiligen Vereins, indem sie vorschreibt, dass eine Kapitalgesellschaft nur dann eine Lizenz für die Lizenzligen und damit die Mitgliedschaft im Ligaverband erwerben kann, wenn ein Verein mehrheitlich an ihr beteiligt ist.[778] Weitere Beschränkungen, in welchen Entscheidungsbereichen und in welchem Maß die Gesellschafter Einfluss nehmen dürfen, sieht die Satzung nicht vor. Die FIFA hat keine Regelung erlassen, durch die eine Beteiligung von Gesellschaftern

---

wonach ein Spieler vom entleihenden Club nicht gegen den verleihenden Club eingesetzt werden darf, in Zukunft als Verstoß gegen Art. 18bis bewertet werden könnte. Im Folgenden soll aber auf die Anwendbarkeit des Art. 18bis auf Spieler und Clubs als „andere oder dritte Partei" nicht näher eingegangen werden, weil die Norm primär die Beteiligung von Nicht-Clubs beschränken will.

776 Vgl. *Holzhäuser/Körner*, causa sport 2009, S. 193, 196.

777 *Elter*, in: Galli/Elter/Gömmel/Holzhäuser/Straub (Hrsg.), Sportmanagement, S. 691, 696.

778 (1) „Eine Kapitalgesellschaft kann nur eine Lizenz für die Lizenzligen und damit die Mitgliedschaft im Ligaverband erwerben, wenn ein Verein mehrheitlich an ihr beteiligt ist (...)" (2) „Der Verein („Mutterverein") ist an der Gesellschaft mehrheitlich beteiligt („Kapitalgesellschaft"), wenn er über 50 % der Stimmenanteile zuzüglich mindestens eines weiteren Stimmenanteils in der Versammlung der Anteilseigner verfügt."

prozentual begrenzt wird, die Anteile können also sogar vollständig von einem Investor übernommen werden. Dies macht deutlich, dass nach dem Konzept der FIFA die sich an einem Club als Gesellschafter beteiligenden Investoren nicht „andere oder dritte Partei" sind.

Der Transferinvestor ist – unabhängig von seinem Auftreten als andere oder dritte Partei – wegen der bei Spielertransfers typischen Vertragskonstellationen stets als außenstehend und somit als dritte Partei anzusehen. In Anlehnung an den Oberbegriff „third-party ownership" soll im Folgenden für den Transferinvestor der Terminus „Drittpartei" verwendet werden.

bb) Vertraglich begründete „Möglichkeit [...] zu beeinflussen"

Bei der Betrachtung von Transferinvestmentvereinbarungen ist die rechtliche von der faktischen Einflussmöglichkeit zu unterscheiden.[779] Die beiden zentralen Fragen sind zum einen, ob die Möglichkeit der Beeinflussung immer in einem Vertrag manifestiert sein muss und zum anderen, ob eine Drittpartei keinerlei Mitspracherechte im Zusammenhang mit der Transferentscheidung haben darf oder ob Art. 18bis lediglich mehrheitliche Mitspracherechte des Investors untersagt.[780]

Vertrag im Sinne von Art. 18bis FIFA-Status-Reglement sind sämtliche - auch formlose - rechtsgeschäftliche Vereinbarungen mit Auswirkungen auf die in Art. 18bis genannten Entscheidungsbereiche, die auf eine Weise manifest geworden sind, dass der Nachweis eines Verstoßes gegen die weiteren Voraussetzungen der Vorschrift geführt werden kann. Dabei wird sich nicht verhindern lassen, dass es Graubereiche gibt, in denen durch nicht manifeste Abreden oder durch unausgesprochene Erwartungen die Ziele des Art. 18bis unterlaufen werden. Der Wortlaut der Regelung gibt keinen eindeutigen Aufschluss darüber, ob auch in diesen Graubereichen ein Verstoß anzunehmen ist.

Das Tatbestandsmerkmal des Einräumens von Einflussnahmemöglichkeiten ist so unscharf und weit gefasst, dass zunächst jedweder Einfluss von außen davon erfasst wird. Auch insoweit ist der Wortlaut wenig aufschlussreich. Dem Wortlaut nach verbietet Art. 18bis externen Investoren nicht *per se*, Anteile an Spielern zu erwerben, sondern es werden nur bestimmte Formen der Einflussnahme untersagt.[781] Hierbei ist für die Clubs jedoch nicht ohne weiteres erkennbar, wann im Hinblick auf einen bestimmten Entscheidungsbereich die Grenze zur Beeinflussung überschritten ist. Aus dem Verbot von Verträgen, welche eine Beeinflussung durch Dritte ermöglichen, lässt sich – vom Wortlaut gedeckt – der Umkehrschluss ziehen, dass vertragliche Regelungen auch auf dem Gebiet des Transferinvestments

779 *Elter*, in: Galli/Elter/Gömmel/Holzhäuser/Straub (Hrsg.), Sportmanagement, S. 691, 696.

780 *Elter*, in: Galli/Elter/Gömmel/Holzhäuser/Straub (Hrsg.), Sportmanagement, S. 691, 696.

781 *Abatan* EFPL SLB, S. 22; *Goncalves*, EFPL SLB, S. 61; *Veiga Gomes*, EFPL SLB, S. 63, 64; *Couse* EFPL SLB, S. 75, 76.

erlaubt sind, solange die im Reglement aufgeführten Beeinflussungsmöglichkeiten der Drittpartei nicht vereinbart werden. Andererseits lässt der Wortlaut der Norm auch die Deutung zu, dass nicht nur die rein rechtliche, sondern auch die faktische Einflussnahme auf Transferfragen erfasst wird.[782] Die Auslegung des Wortlauts führt also zu keinem eindeutigen Ergebnis.

cc) Einzelne erfasste Entscheidungsbereiche des Clubs

Auch im Hinblick auf die einzelnen Entscheidungsbereiche des Clubs kann die reine Wortlautauslegung kein eindeutiges Ergebnis liefern.

Hinsichtlich der Unabhängigkeit in Arbeitsverhältnissen oder in Transfersachen lässt sich dem Wortlaut entnehmen, um welche Entscheidungsbereiche es sich handelt: „Transfersachen" sind alle Entscheidungen, die einen Transfer betreffen, „Arbeitsverhältnisse" sind die sich aus den Spielerverträgen ergebenden Rechtsbeziehungen.

Der Begriff der „Unabhängigkeit" ist hingegen unscharf. Die Unabhängigkeit des Clubs dürfte im Grundsatz dann gegeben sein, wenn der Club die seinem Handeln zugrunde liegenden Entscheidungen völlig selbstbestimmt treffen kann. Fraglich ist aber, ob für die Bejahung der Unabhängigkeit ein Letztentscheidungsrecht des Clubs über das „ob" eines bestimmten Entschlusses ausreicht. Man könnte den Wortlaut auch dahingehend auslegen, dass jeglicher vom Club bei seiner Entscheidungsfindung – aufgrund einer Vereinbarung mit einer externen Partei – zu berücksichtigender Aspekt dessen Unabhängigkeit beeinträchtigt, also die Entscheidungen gänzlich frei von etwaigen Transferinvestments oder ähnlichem zu treffen sind. Zu dieser höchstproblematischen Frage, ab welchem Grad der Einwirkung eine Partei die Unabhängigkeit eines Clubs in Transfersachen oder Arbeitsverhältnissen beeinflusst, gibt der Wortlaut der Vorschrift keinen Aufschluss, so dass weitere Auslegungsmöglichkeiten heranzuziehen sind.

Versteht man den Begriff der Unabhängigkeit in der Weise, dass nicht jegliche, auch indirekte, Einflussmöglichkeit auf Transfer- und Arbeitsverhältnisentscheidungen diese Unabhängigkeit in Frage stellt, dann ist die durch Art. 18bis FIFA-Status-Reglement begründete Beschränkung hinsichtlich „Leistung der Teams" und Vereinspolitik schärfer, weil sie ohne weitere Eingrenzung, insbesondere ohne Bezugnahme auf die Unabhängigkeit des Clubs, eine Beeinflussung untersagt. Mit den Entscheidungen über die Leistung der Teams sind sämtliche sportlichen Entscheidungen gemeint, die – unabhängig von etwaigen wirtschaftlichen Hintergründen – im Rahmen der Teilnahme des Clubs am sportlichen Wettkampf gefällt werden und die Auswirkungen auf die sportlichen Ergebnisse haben können. Bei der Politik des Vereins handelt es sich um die Grundausrichtung, um die Gesamtheit der wesentlichen Grundentscheidungen eines Clubs, die in erster Linie von sportlichen, aber auch von wirtschaftlichen Zielen und Interessen bestimmt sind.

782 Vgl. *Holzhäuser/Körner*, causa sport 2009, S. 193, 196.

Diese Vereinspolitik wird maßgeblich durch die Entscheidungen im Hinblick auf Transfers, Spielerverträge und die Leistung des Teams mitbestimmt, so dass hier nur noch ein begrenzter eigener Anwendungsbereich verbleibt. Sie dürfte dann beeinflusst sein, wenn sich aus einer Mehrzahl von Einzelvereinbarungen ergibt, dass ein Investor den Club mit dem Ziel der eigenen Renditeerzielung in eine bestimmte Richtung lenkt, also die gesamte Ausrichtung mitbestimmt.

b) Entstehungsgeschichte (historische Auslegung)

Zu den konkreten Umständen, welche die FIFA zur Verabschiedung des Art. 18bis FIFA-Status-Reglement veranlasst haben, sind bereits Ausführungen gemacht worden. Die Regelung wurde als Reaktion auf den Fall „Tevez/Mascherano" im Jahre 2007 getroffen, der eine vertraglich ausdrücklich begründete Einflussmöglichkeit des Investors auf die Entscheidungen des Clubs West Ham United hinsichtlich der Arbeitsverhältnisse und Transferentscheidungen im Hinblick auf die Spieler Carlos Tevez und Javier Mascherano zum Gegenstand hatte.

Es war allgemein erwartet worden, dass die FIFA ein vollständiges Transferinvestmentverbot erlassen würde. Die Haltung der FIFA zum Transferinvestment lässt sich bereits aus einer früheren Erklärung des FIFA-Präsidenten Joseph Blatter vom 12.10.2005[783] ablesen. Wenn die kommerziellen Rechte an jungen Spielern von Spekulanten gekauft würden, die bei jedem späteren Verkauf des Spielers einen Gewinn einstrichen, sei dies eine „neue Form der Sklaverei". Spätestens[784] nach dem Fall Tevez/Mascherano sah die FIFA akuten Handlungsbedarf[785] und machte die „Ausübung von Einfluss bestimmter Drittparteien auf Transfers" als zentrale Gefahr aus. Diese finde statt, wenn Drittparteien sich ganz oder teilweise im „Besitz" der Rechte an einem Spieler befänden.[786]

Die FIFA Fußballkommission[787] unter Vorsitz von UEFA-Präsident Michel Platini erhob in ihrer Sitzung am 16.11.2012 den Punkt „Spieler im Besitz von Dritten" auf die Tagesordnung. Die Kommission stellte sich ausdrücklich gegen diese Form

783 Vgl. Pressemitteilung „Die Gier bedroht das schönste aller Spiele" der FIFA vom 12.10.2005 mit dem Zitat von Joseph Blatter (Quelle: Internet).

784 Bereits im September 2005 hatte die FIFA eine Taskforce eingerichtet und diese u. a. mit der Aufgabe betraut, Erkenntnisse zum Thema „Rechte an Spielern" zu sammeln. Auf Beschluss des FIFA-Kongresses vom 31.05.2007 wurde die von der Taskforce begonnene Arbeit durch die sog. Strategiekommission unter der Leitung von Michel Platini übernommen, vgl. Meldung „Taskforce For the Good of the Game: Prinzipien verabschiedet" der FIFA vom 31.05.2007 (Quelle: Internet).

785 Vgl. Meldung „Zukunft des Fußballs und Fußball der Zukunft im Mittelpunkt" der FIFA vom 09.10.2007 (Quelle: Internet).

786 Vgl. Meldung „FIFA geht gegen neun Problembereiche vor" der FIFA vom 12.03.2008 (Quelle: Internet).

787 Die Fußballkommission beschäftigt sich mit Fragen des Fußballs, insbesondere mit seiner Struktur und der Beziehung zwischen Clubs, Ligen, Mitgliedern, Konföderationen und der FIFA.

von Beteiligungen und forderte die FIFA auf, ein entsprechendes allgemeines Verbot für den Fußball zu erlassen. Aus dem Umstand, dass mit Art. 18bis FIFA-Status-Reglement aber lediglich eine das Transferinvestment beschränkende Regelung getroffen wurde, ist zu schließen, dass es nach dem Willen der FIFA einen Bereich geben soll, der unterhalb der Schwelle unerwünschter Einflussnahme auf die Unabhängigkeit der Clubs liegt und in dem Investmententscheidungen zulässig sein sollen. Die FIFA hat sich in einer Pressemitteilung dahingehend geäußert, dass dank des neuen Reglements die Vereine in Zukunft Drittparteien kein Mitspracherecht mehr bei Transfer- oder Profiverträgen einräumen dürften, so dass diese keine Möglichkeit mehr zur Einflussnahme auf die Autonomie und den internen Betrieb der Vereine sowie auf die Leistungen der betroffenen Club-Mannschaften haben würden.[788] Als weiterer Zweck wurde die Vereinfachung der Vertragsbeziehungen zwischen Spielern, Spielervermittlern und Vereinen genannt.[789]

Die in Art. 18bis getroffene Regelung ist auch nicht als faktisches Übertragungsverbot zukünftiger Entschädigungsrechte zu bewerten. Denn das würde der aktuellen Verbandsübung zuwiderlaufen, die Übertragungen von Entschädigungsrechten an Dritte, insbesondere an Kreditgeber, noch zulässt. Auch nach Inkrafttreten des Art. 18bis hat die FIFA soweit ersichtlich keine Sanktionen gegen Clubs verhängt, die Spieler unter Beteiligung von Transferinvestoren transferiert haben. Dies legt nahe, die Regelung nur als ein Verbot der Beeinflussung von bestimmten Clubentscheidungen, nicht aber als ein Verbot jeglichen Transferinvestments aufzufassen.[790]

Zudem spricht die FIFA in einer Pressemitteilung zum Transfer Matching System[791] von einer Vorsorge des TMS gegen „verbotene Formen" des Drittparteieinflusses.[792] Es muss also auch erlaubte Formen geben, nämlich solche, die die Unabhängigkeit des Clubs wahren.

---

788 Meldung „FIFA geht gegen neun Problembereiche vor" der FIFA vom 12.03.2008 (Quelle: Internet).

789 Als Praxisbeispiel nennt die FIFA in der vorgenannten Pressemitteilung den Fall eines Geschäftsmannes, der die Rechte an einem Spieler „hielt" und über den Wechsel dieses Spielers zu einem neuen Verein verhandelte, ohne den bisherigen Club des betreffenden Spielers in die Transferverhandlungen einzubeziehen. Dies hatte einen Einspruch des Clubs gegen den Transfer zur Folge und ein Verfahren vor dem Sportschiedsgericht. Derartige Situationen wolle die FIFA in Zukunft mit Hilfe der nun erfolgten Präzisierung des FIFA-Status-Reglements vermeiden.

790 Ein möglicher Grund dafür, dass FIFA und UEFA (zunächst) keine strikteren Regeln implementiert haben, könnte darin liegen, dass das Transferinvestment beispielsweise in Spanien und Portugal und Südamerika nicht nur gelegentlich auftritt, sondern eine absolut gängige Finanzierungsform darstellt. Diese Praxis – ohne Übergangsphase – komplett zu verbieten, wäre insofern politisch und praktisch schwierig gewesen, vgl. *Geey*, ESLJ 2/2009, Rn. 40.

791 Vgl. FÜNFTER TEIL, A.II.

792 Meldung „Spielertransfers: schneller, leichter, transparenter" der FIFA vom 26.02.2010 (Quelle: Internet).

In der vorgenannten Weise, also als Beschränkung unerwünschter Beeinflussung, ist Art. 18bis FIFA-Status-Reglement auch im Rahmen einer ersten verbandsseitig erfolgten Sanktionierung ausgelegt worden. Im Jahr 20011 hat der finnische Fußballverband mit der Entscheidung überrascht, den finnischen Spitzenclub und Meister von 2007, Tampere United, wegen eines verbotenen Dritteinflusses in Transfersachen von allen nationalen Wettbewerben auszuschließen.

Der finnische Verband war damit der erste, der – mangels einer entsprechenden nationalen Regelung – den Art. 18bis direkt anwendete. Als Verstoß gegen Art. 18bis wurde eine Klausel bewertet, nach der ein Investment in den Club Tampere United nur erfolgen sollte, wenn der Trainer der Mannschaft die im „Besitz" der Investmentgesellschaft „Exclusive Sport" stehenden Spieler einsetzt. Der finnische Fußballverband berief sich ausdrücklich auf die zentralen Verbotsgegenstände des Art. 18bis; kein Club dürfe in eine Transferinvestmentvereinbarung dieser Regelung zuwiderlaufende Klauseln aufnehmen.[793]

c) Beziehung zu anderen Verbandsregeln (systematische Auslegung)

In Art. 17 Abs. 2 FIFA-Status-Reglement ist für den Fall der „Vertragsauflösung ohne triftigen Grund" ein ausdrückliches Abtretungsverbot des hieraus resultierenden Entschädigungsrechts geregelt.

Hätte die FIFA auch bei einvernehmlichem Wechsel des Spielers ein Abtretungsverbot für die Transferentschädigung begründen wollen, hätte es nahegelegen, ein solches Abtretungsverbot in Art. 18bis eindeutig zu normieren.

Die Existenz des Abtretungsverbots in Art. 17 FIFA-Status-Reglement und das Fehlen eines gleichermaßen ausdrücklichen Verbots der Beteiligung Dritter an Transferentschädigungen in Art. 18bis FIFA-Status-Reglement legt die Annahme nahe, dass in Art. 18bis für eine Beteiligung Dritter an der Transferentschädigung ohne Einräumung einer Einflussmöglichkeit bewusst kein Verbot normiert wurde. Hierfür spricht außerdem, dass die Entschädigung nach Art. 17 Abs. 2 wegen Vertragsbruchs – im Gegensatz zur Ablösesumme – einen echten Kompensationscharakter zugunsten des seinen Spieler verlierenden Clubs hat.[794]

Gegen die Bewertung des Art. 18bis als Transferinvestmentverbot spricht auch Art. 29 Spielervermittler-Reglement, der ein ausdrückliches Verbot der Zahlung von Transferentschädigungen durch einen aufnehmenden Club an Spielervermittler normiert. In Art. 29 Abs. 1 S. 2 ist hierbei die Beteiligung an zukünftigen Transferwerten ausdrücklich erfasst.[795] Aus der Tatsache, dass zwar ein Zahlungsverbot

---

793 *Veiga Gomes*, EFPL SLB, S. 63, 65.

794 Im Falle der Ablöseforderung wird nicht ein dem Club entstandener Schaden kompensiert, sondern der abgebende Club nutzt sein Transferrecht, um einen ihm angemessen erscheinenden Geldbetrag zu erlangen, vgl. VIERTER TEIL, 1. Kap., B.II.2.

795 *„Entschädigungszahlungen, einschließlich Transferentschädigungen, Ausbildungsentschädigungen und Solidaritätsbeiträge, die in Verbindung mit dem Transfer*

des aufnehmenden Clubs an einen an der Transferentschädigung beteiligten Spielervermittler, nicht aber auch ein Abtretungsverbot der Entschädigungsforderung des abgebenden Clubs geregelt wurde, lässt sich folgern, dass die Abtretung von Entschädigungsforderungen nicht grundsätzlich untersagt werden soll.

Seit dem 01.12.2012 gilt für das TMS der neu zum FIFA-Status-Reglement hinzugefügte Anhang 3. In Art. 1 Nr. 2 S. 2 und Art. 4 Nr. 6 des Anhangs 3 stellt die FIFA klar, dass sämtliche Zahlungen im Rahmen eines Transfers über das System erfolgen müssen, da nur so der Geldfluss im Zusammenhang mit diesen Transfers lückenlos[796] zurückverfolgt werden kann. Das TMS ist in den Definitionen zum FIFA-Status-Reglement enthalten.[797]

Die Verwendung des TMS durch Verbände und Clubs ist in mehreren Artikeln vorgesehen.[798] Sie ist zwingend für alle internationalen Transfers von männlichen Berufsspielern, da jede Registrierung solcher Spieler ohne TMS ungültig ist. Der Geldfluss bei einem Transfer darf ausschließlich von einem Bankkonto auf ein anderes erfolgen. Jede Verletzung der Regeln ist der FIFA-Disziplinarkommission zu melden. Ziel des TMS ist es, dass sämtliches Geld aus dem Fußball auch in diesen zurückfließe und dass talentierte U18 Spieler nicht aufgekauft würden.[799] Zudem soll das TMS es der FIFA ermöglichen, die Probleme der Geldwäsche und des third-party ownership in den Griff zu bekommen.[800] „Unter TMS werden sich Transfers

---

eines Spielers von einem Verein zu einem anderen Verein zu leisten sind, dürfen vom Schuldner (Verein) weder ganz noch zum Teil an den Spielervermittler gezahlt werden; dies gilt auch dann, wenn es sich um die Zahlung eines Betrags handelt, der dem Spielervermittler (Gläubiger) von dem Verein, von dem er beauftragt wurde, geschuldet wurde. Dies gilt u. a. auch für jegliches rechtliche Interesse an einer Transferentschädigung oder am künftigen Transferwert eines Spielers."

796 Gleichzeitig verpflichtet das System die Verbände, dafür zu sorgen, dass ein leibhaftiger Spieler und nicht ein fiktiver Spieler zwecks unerlaubter Tätigkeiten wie Geldwäsche transferiert wird, vgl. Art. 1 Nr. 2 S. 3 des Anhangs 3.

797 Vgl. Nr. 13 („Definitionen").

798 Art. 6 („Registrierungsperioden"), Art. 12 („Durchsetzung von Disziplinarstrafen"), Anhang 2 („Verfahren betreffend Gesuch um Erstregistrierung und den internationalen Transfer Minderjähriger (Art. 19 Nr. 4)").

799 „*(…) wir wollen sicherstellen, dass die Clubs das Geld bekommen und insbesondere, dass der fußballerische Wert des Spieler erworben wird, nicht sein Marketingwert oder sein kommerzieller Wert, der durch Dritte verkauft wird. (…) Eine Spielerregistrierung gehört dem jeweiligen Club, nicht dritten Parteien wie Gesellschaften oder Spielervermittlern. Niemand kann Spieler besitzen.*" So Mark Goddard, zitiert im The Telegraph Artikel „Fifa's new transfer system will cut through the ‚jungle'" vom 24.02.2010 (Quelle: Internet).

800 Hierbei geht es insbesondere um die Möglichkeit, überhöhte oder gar fiktive Spielerwerte anzusetzen, die angeblich transferiert werden. Dem Transferinvestment eine gewichtige Rolle in dem nur knapp verhinderten finanziellen Kollaps der argentinischen Primera Division zugeschrieben, die ihren Start in die Saison 2009/2010 verschieben musste, weil die Clubs teilweise nicht mehr in der Lage

nicht mehr im Verborgenen abspielen",[801] äußerte Mark Goddard, General Manager der TMS-GmbH.

Art. 4 Nr. 2 des Anhangs 3 stellt ausführlich die von den Clubs in das TMS einzugebenden Daten dar. Unter anderem müssen „Angaben über Zahlungen an Drittparteien und Beeinflussung von Drittparteien" gemacht werden. Der Anhang zum TMS verpflichtet die Clubs also dazu Zahlungen an Drittparteien offenzulegen.

Ob sich aus der Verpflichtung, Angaben über die Beeinflussung von Drittparteien zu machen, zwingend ergibt, dass der Club den Inhalt jeder Transferinvestmentvereinbarung gegenüber der FIFA im TMS offenzulegen hat, hängt maßgeblich davon ab, wie man diese „Beeinflussung von Drittparteien" auslegt.[802]

Gäbe es keine zulässigen Beeinflussungen, würde sich die Regelung in Art. 4 Nr. 2 des Anhangs 3 darin erschöpfen, dass der Club sich im TMS praktisch selbst anzeigt. Hierbei ist zu beachten, dass der Verstoß des Clubs gegen den Anhang 3 nach dessen Artikel 9.4 schwerwiegende sportliche und wirtschaftliche Sanktionen nach sich ziehen kann.[803] Sobald nämlich der Club eine Beeinflussung durch eine Drittpartei angäbe, wäre auch zwangsläufig der Verstoß gegen Art. 18bis FIFA-Status-Reglement festgestellt.

Die Beziehung zu anderen Verbandsregeln spricht also dafür, dass die FIFA ein generelles Abtretungsverbot im Hinblick auf Transferentschädigungen bisher nicht normieren wollte.

d) Interne Logik (teleologische Auslegung)

Zweck des Art. 18bis ist es, der Beeinflussung durch Drittparteien bestimmte Grenzen zu setzen. Zur näheren Eingrenzung sind Sinn und Zweck des Beeinflussungsverbots zu untersuchen. Hierbei ist zu bedenken, dass Investitionen in junge Spieler und Investitionen in Clubs auch im Sinne der FIFA sind, dass auf Seiten der Clubs ein Bedarf an Geldgebern besteht und dass es somit eine von Dritten – also beispielsweise Rechteagenturen, Kreditgebern oder Spielerberatern – gänzlich unbeeinflusste Entscheidung des Clubs tatsächlich nie geben wird.[804] Eine von der

---

waren, ihre Spielergehälter zu zahlen. Bestimmte Geldströme - vor allem handelte es sich um TV-Einnahmen aber auch Einnahmen aus Transfers - gelangten in Argentinien zu diesem Zeitpunkt überhaupt nicht mehr auf die Club-Konten, sondern flossen direkt an die dritten Parteien. Vgl. Daily Telegraph Artikel „Fifa's new transfer system will cut through 'jungle'" (Quelle: Internet).

801 Vgl. Artikel „TMS forces agents and clubs to play by new rules" mit einer Zusammenfassung des im März 2010 von Mark Goddard gehaltenen Vortrags (Quelle: Internet).

802 Vgl. hierzu FÜNFTER TEIL, A.I.2.b).

803 Als mögliche Sanktionen sind einzeln oder kumulativ vorgesehen: Verweis oder Ermahnung, Geldstrafe, Annullierung eines Spielergebnisses, Forfait-Niederlage, Ausschluss aus einem Wettbewerb, Abzug von Punkten, Zwangsabstieg in eine tiefere Spielklasse, Transfersperre, Rückgabe von Preisen.

804 Vgl. *Holzhäuser/Körner*, causa sport 2009, S. 193, 197.

internen Logik der Norm als Schutzmechanismus gegen Dritteinfluss ausgehende Auslegung gibt insofern keinen eindeutigen Aufschluss darüber, welche Vereinbarungen im Einzelnen die unerwünschten Beeinflussungsmöglichkeiten begründen.

Da Art. 18bis FIFA-Status-Reglement nicht jede vertragliche Einräumung von Einflussnahmemöglichkeiten untersagen will, erscheint eine solche solange als zulässig, wie hierdurch die Unabhängigkeit des Clubs, die Vereinspolitik oder die Leistung des Teams zwar berührt wird, die selbstbestimmte Entscheidungsfindung des Clubs aber weiterhin gewährleistet ist.

Es liegt nahe, insbesondere eine Unabhängigkeitsgefährdung in Transfersachen dann zu verneinen, wenn die Entscheidungsgewalt letztlich beim Club liegt und rechtliche oder faktische Zwänge so gestaltet sind, dass sie den Interessen des Clubs nicht entgegenstehen, sondern mit diesen übereinstimmen oder sie sogar fördern.

Zur schützenswerten Unabhängigkeit eines Clubs gehört auch die aus der Vereinsautonomie resultierende Freiheit, seine wirtschaftlichen Belange selbst zu regeln.

Da Entscheidungen auf dem Gebiet des Transferinvestments stets auch von wirtschaftlichen Erwägungen getragen werden, ergibt sich, dass eine Anwendung von Art. 18bis in aller Regel in wenig praktikable Abwägungs- und Einzelfallentscheidungen münden wird.

Allerdings hat die Literatur vor dem Hintergrund der Schwierigkeiten bei der Auslegung des Art. 18bis einige Fälle unzulässiger Einflussnahmemöglichkeit herausgebildet, die bei der Anwendung von Art. 18bis als Auslegungsansätze und Richtschnur herangezogen werden können.

e) In der Literatur entwickelte Beeinflussungsfälle

Die Unabhängigkeit des Clubs in Transfersachen ist demnach betroffen bei folgenden, mit einer Drittpartei vereinbarten, Vertragsklauseln:[805]

- im Falle eines Angebots in bestimmter Höhe für den finanzierten Spieler hat der Club diesen zwingend ohne eine weitere Handlungsoption zu transferieren oder zu verleihen;
- die Drittpartei kann entscheiden, wann und zu welchem Club ein Transfer des Spielers stattfindet;
- der Club muss sich in jedem Fall eines Angebotes für den Spieler mit der Drittpartei beraten.

Die Unabhängigkeit des Club in Arbeitsverhältnissen – und zusätzlich meist auch in Transfersachen – ist betroffen bei folgenden Vertragsklauseln:[806]

805 *Dios Crespo/Whyte,* EFPL SLB, S. 45, 46; *Goncalves*, EFPL SLB, S. 61, 62.

806 *Dios Crespo/Whyte,* EFPL SLB, S. 45, 46; *Goncalves*, EFPL SLB, S. 61, 62; *Veiga Gomes*, EFPL SLB, S. 63, 64 f.

- der Club darf den Spielervertrag eines finanzierten Spielers nicht ohne Einverständnis der Drittpartei beenden;
- der Spieler darf den Club verlassen bzw. der Spielervertrag endet automatisch, wenn der Spieler in einer Saison nicht eine festgelegte Mindestanzahl an Pflichtspielen bestritten hat;
- die Drittpartei hat das Recht, den Spielervertrag zu jedem beliebigen Zeitpunkt zu beenden oder der Spieler hat dieses Recht und übt es in Abstimmung mit der Drittpartei aus;
- die sportliche Leistung des Spielers, seine Vergütung durch den Club und das Investment der Drittpartei werden in Beziehung zueinander gesetzt, indem drohende Verluste der Drittpartei wegen ausbleibender sportlicher Entwicklung des Spielers von dessen Gehalt oder Siegprämien abgezogen werden.

Die Leistung des Teams eines Clubs ist betroffen bei folgenden Klauseln:[807]

- der Spieler muss eine bestimmte Anzahl von Pflichtspielen bestreiten, damit die Transferinvestmentvereinbarung in Kraft tritt; die Zahlungsverpflichtung der Drittpartei wird also an einen Einsatz des Spielers im Wettbewerb gekoppelt;
- die prozentuale Beteiligung der Drittpartei an den Entschädigungsrechten ist von der sportlichen Leistung des Spielers abhängig;
- der Spieler darf nicht gegen einen bestimmten anderen Club spielen;
- der Spieler darf nicht auf die Bank gesetzt werden;
- der Spieler muss oder darf nicht in bestimmten Pflichtspielen (bspw. DFB-Pokal, Europapokal etc.) eingesetzt werden.

Anhand dieser Beispiele wird deutlich, dass es für die Beantwortung der Frage, ob die Vereinbarung eines Transferinvestments mit Art. 18bis FIFA-Status-Reglement vereinbar ist, immer darauf ankommt, welche einzelnen Regelungen im Rahmen dieser Vereinbarungen getroffen werden.

Dabei lässt Art. 18bis FIFA-Status-Reglement ein Schlupfloch für indirekte Einflussnahmen in Form von mündlichen Zusagen, Kontrolle der Drittpartei über den Trainer, Vereinbarungen mit Spielervermittlern, in Abhängigkeit zum Transferinvestment stehenden Sponsoring Deals, Vereinbarungen mit dem Management des Clubs, Vereinbarungen über Beteiligungen am Club etc.[808] Da diese Graubereiche sich regelmäßig vertraglich nicht manifestieren, sind sie für die Verbände kaum zu erfassen. Das Problem besteht aber eher darin, dass bestimmte mündliche Vereinbarungen nicht offengelegt oder offenkundig werden, als dass es sich hierbei nicht um vertragliche Regelungen handeln würde, die sich unter den Tatbestand des Art. 18bis subsumieren ließen. Wenn beispielsweise ein Sponsor seine finanzielle Unterstützung davon abhängig macht, dass bestimmte Transfers, an denen er beteiligt ist, getätigt werden, dann lässt sich die entsprechende Vereinbarung als vertraglich bedingte Möglichkeit der Einflussnahme auf Transferentscheidungen des Clubs

807 *Goncalves*, EFPL SLB, S. 61, 62; *Veiga Gomes*, EFPL SLB, S. 63, 64.
808 *Veiga Gomes*, EFPL SLB, S. 63, 64.

bewerten – auch wenn sie nur mündlich vereinbart ist. Schwieriger wird es noch, wenn derartige Erwartungen des Investors stillschweigend im Raum stehen. Die Möglichkeit der Beeinflussung kann sich also auch aus Befugnissen des Vertragspartners ergeben, die nur indirekt mit den Entscheidungen in Zusammenhang stehen, aber Auswirkungen auf diese haben – wie die Fortsetzung oder Einstellung einer finanziellen Überstützung.

Es wird argumentiert, dass aus der Sicht des neutralen Außenstehenden ein Transferinvestment ohne irgendeine Form von direkter oder indirekter Einflussnahmemöglichkeit des Investors praktisch undenkbar sei.[809] Das Transferinvestment unterlaufe damit zwangsläufig die von der FIFA zum Leitprinzip erhobene Vertragsstabilität, denn das Transferinvestment rentiere sich nur bei einem Wechsel des Spielers.[810] Die Einflussnahme sei wäre damit dem Transferinvestment eines „echten" Investors immanent. Aus dem Vorliegen eines Transferinvestments würde sich zwangsläufig die entsprechende mit Art. 18bis FIFA-Status-Reglement unvereinbare Beeinflussungsmöglichkeit ergeben.

Gegen die Prämisse, dass der Transferinvestor zwangsläufig die Transferentscheidung des Clubs beeinflussen muss, spricht aber, dass es dem Investor durchaus möglich ist, auch ohne Einräumung einer fortlaufenden Einflussnahmemöglichkeit hinsichtlich der in Art. 18bis FIFA-Status-Reglement genannten Entscheidungsbereiche sein Investment durch bestimmte Ausgestaltungen der Transferinvestmentvereinbarung abzusichern.[811] Hierdurch wird das Transferinvestment zugegebenermaßen weniger attraktiv, aber für die Beteiligten keinesfalls gänzlich uninteressant.

III. Abschließende Bewertung

Für die von Art. 18bis untersagte Einräumung von Einflussnahmemöglichkeiten ist zu fordern, dass diese durch irgendeine konkrete vertragliche Abrede zwischen Club und Investor manifestiert, in sonstiger Form nachweisbar oder offenkundig sein muss. Hierbei kann nicht jeder unwesentliche Einfluss ausreichen, sondern es muss ein spürbarer Einfluss auf die in Art. 18bis genannten Entscheidungen des Clubs vorliegen, der die sportlichen Leistungen, die Clubpolitik oder die Unabhängigkeit des Clubs in den relevanten Entscheidungsbereichen betrifft. Als Maßstab

---

809 Wenn der Investor tatsächlich auf jeglichen Einfluss verzichte, müsse man annehmen, dass er sein Interesse aufgebe zu entscheiden, wann der Spieler an welchen anderen Club zu welchem Preis verkauft werde. Dass der Investor im Extremfall sogar das Auslaufen des Spielervertrages oder dessen stetige Verlängerung bis zum Karriereende und damit das Ausbleiben einer Transferentschädigung hinnehmen werde, sei aber unrealistisch. Ohne eine Einflussmöglichkeit des Investors sei das Investment schutzlos den Entscheidungen des Clubs ausgesetzt und damit für keinen rational agierenden Investor von Interesse, *Andrews* EFPL SLB, S. 33 f.

810 *Andrews* EFPL SLB, S. 33.

811 Vgl. SIEBTER TEIL.

für einen spürbaren Einfluss können insbesondere die in der Literatur entwickelten Beeinflussungsfälle herangezogen werden.[812]

Die Möglichkeit, die Unabhängigkeit eines Clubs in Transfersachen zu beeinflussen ist nicht bereits dadurch begründet, dass der Club gemäß einer Vereinbarung mit dem Investor in bestimmten Transfersituationen einem Einfluss des Investors unterliegt. Solange dieser Einfluss nicht die grundsätzliche Unabhängigkeit des Clubs in diesem Entscheidungsbereich antastet, wird durch den bloßen Einfluss nicht kein Verstoß gegen Art. 18bis verwirklicht. Insofern lässt sich vertreten, dass eine das Freigaberecht des Clubs beschränkende Vereinbarung mit dem Investor nicht zwangsläufig dem Beeinflussungsverbot unterfällt, so lange beispielsweise der Club vordefinierte Entscheidungsmöglichkeiten hat, die seine Unabhängigkeit gewährleisten.[813]

Art. 18bis FIFA-Status-Reglement verstößt auch nicht gegen den Bestimmtheitsgrundsatz. Es erscheint aufgrund der Vielzahl der Anwendungsfälle noch als sachgerecht, die Transferinvestmentbeschränkung weit zu fassen und die Anwendung im Einzelfall den Landesverbänden zu überlassen. Eine den Sport gefährdende Einflussnahme ist durch die einzelnen Verbände und durch eine strenge Lizenzierungspraxis besser in den Griff zu bekommen, als durch eine zentrale Regelung des Weltfußballverbandes. Allerdings wäre es im Interesse der Rechtsklarheit und Rechtssicherheit wünschenswert, den Anwendungsbereich der Vorschrift zu präzisieren. Hierbei sollte klargestellt werden, dass eine etwaige Benennung von Regelbeispielen für eine Beeinflussung nicht abschließend ist.[814]

B. Informationspflicht, Verrechnungsverbot und geplantes Verbot der UEFA

Die UEFA macht in den Regelungen zur Clublizenzierung deutlich, dass die lizenzierten Clubs, sie über entsprechende Investments in Kenntnis zu setzen haben.[815]

Anhang VI Ziff. E.1.m).ii) zum „UEFA-Reglement zur Clublizenzierung und zum finanziellen Fairplay“ sieht unter der Überschrift „Wirtschaftliche Rechte an Spielern (oder Ähnliches)“ vor, dass im Anhang zum Jahresabschlussberichts eines Clubs für jeden Spieler, dessen wirtschaftliche Rechte oder Ähnliches nicht vollständig Eigentum des Lizenzbewerbers sind, der Name des Spielers sowie der vom Lizenzbewerber zu Beginn der Periode (oder bei Erwerb der Registrierung) und am Ende der Periode gehaltene prozentuale Anteil der wirtschaftlichen Rechte oder

812 Vgl. FÜNFTER TEIL, A.II.2.e).

813 Vgl. SIEBTER TEIL, 1. Kap., III.3.

814 Die Formulierung für die Einleitung eines § 18bis Abs. 1 S. 2 könnte lauten: „Eine Beeinflussung der Unabhängigkeit in Transfersachen liegt insbesondere vor, wenn [...]“

815 Vgl. hierzu auch das offizielle UEFA-Dokument „Financial fair play: everything you need to know“ (Quelle: Internet); In diesem Leitfaden zum Financial Fair Play aus dem Februar 2014 bestätigt die UEFA auch die Einschätzung, dass das „third-party ownership“ nach dem aktuellen FIFA Regelwerk erlaubt ist.

Ähnliches anzugeben sind. Das neue UEFA-Clublizenzierungs-Reglement wird in der Literatur dahingehend interpretiert, dass es den Club im Falle einer Einbindung dritter Parteien zur vollständigen Offenlegung der entsprechenden Vereinbarungen verpflichtet.[816]

Nach Anhang VII Ziff. C.5.b) zum UEFA-Lizenzierungsreglement darf ein Gewinn im Zusammenhang mit einem Spieler, dessen Registrierung beim Lizenzbewerber verbleibt, nicht in der Gewinn- und Verlustrechnung ausgewiesen werden.[817] Wenn ein Club also Entschädigungsrechte an einem bei ihm unter Vertrag stehenden Spieler an einen Investor überträgt, dann darf er die eingenommen Investorengelder nicht als Gewinn ausweisen, sondern muss hiermit bis zu einem etwaigen Transfer des Spielers warten. Außerdem kann der Club die eingenommenen Investorengelder auch nicht einsetzen, um von vornherein niedrigere Akquisitionskosten für den Spieler geltend zu machen.[818] Die UEFA hat klargestellt, dass Clubs in UEFA-Wettbewerben die durch ein Transferinvestment eingenommenen Investorengelder nicht einsetzen können, um den Break-Even-Vorschriften im Rahmen des Financial Fair Play gerecht zu werden.[819]

Wie sich den Äußerungen des Präsidenten Michel Platini entnehmen lässt, soll die FIFA aus der Sicht der UEFA das Transferinvestment in Zukunft noch weiter einschränken.[820] Nach einer Pressemeldung aus dem März 2014 plant die UEFA ihrerseits parallel ein Verbot des Transferinvestments. Der Generalsekretär der UEFA, Gianni Infantino erklärte im Rahmen einer Pressekonferenz, dass die UEFA das third-party ownership in ihren Wettbewerben verbieten wolle und hierzu das eindeutige Mandat des Exekutivkomitees erhalten habe.[821]

---

816 *Dios Crespo/Whyte,* EFPL SLB, S. 45, 48.

817 „Gewinne aus der Veräußerung wirtschaftlicher Rechte an einem Spieler oder Ähnlichem an eine andere Partei sind abzugrenzen, und ein Gewinn darf erst in der Gewinn- und Verlustrechnung ausgewiesen werden, nachdem der dauerhafte Transfer der Spielerregistrierung an einen anderen Klub erfolgt ist."

818 Dios Crespo/Whyte, EFPL SLB, S. 45, 49.

819 Couse EFPL SLB, S. 75, 77.

820 Vgl. die Meldung „Platini supports ban of third-party ownership" (Quelle: Internet), wonach Platini auf einer Konferenz am 27./28.12.2012 äußerte: „Einige tun dieses System (Transferinvestment) als moderne Sklaverei ab, welche den Spielern das Recht verweigere, eine kritische Entscheidung über ihre zukünftige Karriere zu treffen. Ich würde nicht so weit gehen, aber ich bin der festen Ansicht, dass ein derartiges System unnötige Risiken für den Fußball begründet, indem es unsachgemäße Verbindungen zwischen Spielervermittlern, Spekulanten and Clubs herstellt, die letzten Endes die Fairness des Wettbewerbs beeinflussen und gleichzeitig die Integrität des Fußballs bedrohende Missbräuche im Bereich der Geldwäsche fördern. England und Frankreich haben das System verboten und ich befürworte, dass Europa dies ebenfalls tut."

821 Vgl. die Meldung „Financial Fair Play timetable outlined" (Quelle: Internet).

Das third-party ownership gefährde die Integrität der Wettbewerbe. Wenn eine Person oder Gesellschaft mehrere Spieler in verschiedenen Clubs (wirtschaftlich) besitze oder kontrolliere könne dies Auswirkungen auf die Ergebnisse haben.

Der Umstand, dass eine Drittpartei ökonomische Rechte an einem anderen Menschen besitze und diese als Wertgegenstand veräußern könne, bereite aus moralischen und ethischen Gesichtspunkten Sorge. Besonders besorgniserregend seien einerseits die hiermit verbundene Schwächung der Vertragsstabilität, denn Transfers würden von den Transferinvestoren aus reinem Profitstreben forciert, und andererseits die substantiellen Verluste für den Geldkreislauf des Fußball. Außerdem sei third-party ownership nicht mit dem Financial Fair Play vereinbar. Clubs könnten auf spekulative Investments einer Drittpartei zurückgreifen, um Spieler zu verpflichten, die sie sich ohne diese Unterstützung nicht leisten könnten.

C. Verbot des Transferinvestments durch nationale Verbände

Ein Verbot des Transferinvestments existiert unter anderem in den Verbandsregelwerken der englischen Premier League sowie der englischen Football League, also dem Verband der englischen Clubs unterhalb der Premier League,[822] in der französischen Ligue des Football Professional und in der polnischen Ekstraklasa.[823]

I. Transferinvestmentverbot in England

Das weitgehende Verbot des Transferinvestments durch die Premier League ab der Saison 2008/2009 ist eng mit dem bereits behandelten „Fall Tevez/Mascherano" verknüpft. Zuvor galten nur so genannte „material influence clauses", also Regeln, die einen erheblichen Einfluss Dritter auf bestimmte Entscheidungen der Clubs begrenzten. Art. B.13 der Rules Of The Premier League in der Fassung von 2006 („PL-Regeln a. F.") sah vor, dass jeder Club gegenüber allen anderen Clubs und der Liga insgesamt die Grundsätze von Treu und Glauben zu beachten hat. Nach Art. U.18 PL-Regeln a. F., der sich in der Sektion „Diverses" befand, durfte kein Club einen Vertrag eingehen, der es einer dritten Vertragspartei, die weder Mitglied der Premier League noch ihrer Regeln unterworfen oder anderweitig rechenschaftspflichtig ist, ermöglicht, Einfluss auf die Vereinspolitik oder die Leistung des Teams in Liga-Begegnungen und sonstigen (Pflicht-)Spielen zu nehmen. Hiergegen hatte West Ham United nach Ansicht der Premier League verstoßen.

Die Bestrafung von West Ham wurde zunächst seitens des Board of Directors, also des Ligavorstandes, ausgesprochen. West Ham wurde also nicht wegen des Verstoßes gegen ein – damals noch nicht existierendes –Transferinvestmentverbot

822 Vgl. The Football League, Regulations, Section 6 – Players, Regulation 48 (Quelle: Internet).

823 *Abatan*, EFPL SLB, S. 22, 24.

bestraft, sondern weil der Club MSI die Möglichkeit eingeräumt hatte, die Vereinspolitik zu beeinflussen und die Vereinbarung mit MSI verheimlicht hatte.[824]

Der damalige Premier League-Generalsekretär, Michael Foster, machte im Rahmen des Verfahrens insbesondere folgende Bedenken geltend:

- Es könne dem Investor möglich sein zu bestimmen, wann und zu welchem Club der in seinem „Eigentum" stehende Spieler transferiert werde.
- Dies wiederum stehe möglicherweise nicht im Einklang mit den Interessen des den Spieler beschäftigenden Clubs oder den Interessen des Spielers selbst.
- Es bestünde ein potentieller Einfluss auf die sportlichen Belange des Clubs.
- Es sei zu befürchten, dass der Investor versuchen werde, Einfluss auf die Leistung des Spielers zu nehmen.
- Es sei denkbar, dass der Investor einen Transfer des Spielers gegen die Interessen des Clubs verhindere.
- Schließlich könne der Investor auch die Beendigung des Spielervertrages gegen den Willen des Clubs blockieren und so die disziplinarische Kontrolle des Club über den Spieler gefährden.

Dem Club Sheffield United, der in der Saison 2006/2007 den drittletzten Tabellenrang und damit den ersten Abstiegsplatz belegte, ging die gegen West Ham verhängte Strafe nicht weit genug.[825]

Die Verantwortlichen von Sheffield United vertraten die Auffassung, dass West Ham für das Vergehen Punkte hätten abgezogen werden müssen, womit der eigene Abstieg verhindert worden wäre. Der Club forderte daher in einer Klage gegen

---

824 Die Bestrafung West Hams lässt nicht den Schluss zu, dass seinerzeit in England ein Verbot des „third-party ownership" bestand. Ganz im Gegenteil war das Transferinvestment erlaubt, nämlich so lange keine Einflussnahmemöglichkeit des Investors bestand. Bestätigt wird dies dadurch, dass die Transferrechte an dem Spieler Tevez auch nach dessen Transfer von West Ham zu Manchester United und der Aufhebung der Vereinbarungen zwischen MSI und West Ham nach wie vor von MSI gehalten werden durften. Manchester erwarb diese Rechte bei der Verpflichtung von Carlos Tevez im Jahr 2007 auch nicht etwa, sondern schloss mit MSI eine Leihvereinbarung über den Spieler. Ein endgültiger Erwerb der Transferrechte wurde vereinbart für den Fall einer Zahlung von 32 Millionen GBP an MSI (Kaufoption). Falls diese Zahlung nicht geboten würde, sollte MSI den Spieler an den nächsthöchsten Bieter verkaufen können, vgl. Artikel „Hammers on the ropes after Blades' legal win" aus The Guardian vom 27.11.2008 (Quelle: Internet).

825 Sheffield United sah in der irregulären Beschäftigung von Tevez den Grund für West Hams Klassenerhalt und den eigenen Liga-Abstieg. Tatsächlich schloss West Ham auf Platz 15 mit nur drei Punkten Vorsprung auf den ersten Absteiger Sheffield United ab, wobei allenthalben Einigkeit über die Verdienste insbesondere von Tevez im Hinblick auf den Klassenerhalt bestand.

West Ham eine Schadensersatzzahlung von rund 30 Millionen GBP.[826] Das spätere Verfahren vor dem CAS erledigte sich dann aber durch eine außergerichtliche Einigung zwischen den Parteien.[827]

Unter der Überschrift „Verbot von Investment dritter Parteien" („Prohibition of Third Party Investment") hat die Premier League erstmals zur Saison 2008/2009 eine Verbotsregelung zum Transferinvestment in das jährlich vor Saisonbeginn erscheinende und für die Clubs der ersten Liga verbindliche Premier League Handbook aufgenommen.[828]

In der Fassung zur Saison 2013/2014 befassen sich Art. U.36 und U.37 mit dem third-party ownership. Art. Art. U.36 bestimmt, welche Zahlungen und Verpflichtungen im Rahmen eines „Transfergeschäfts" von der Verbotsregelung in Art. U.37 nicht erfasst sind.

Art. U.37 besagt sinngemäß, dass die Clubs bei Registrierung eines Vertragsspielers einer Drittpartei deren etwaige Beteiligung an der Entschädigungsforderung aufkaufen müssen. Unter Drittpartei wird eine solche natürliche oder juristische Person verstanden, die ohne selbst ein Club der Premier League oder einer anderen Liga zu sein, eine Vereinbarung mit dem Club, bei dem der Spieler aktuell registriert ist, oder mit dem Spieler selbst getroffen hat, die ihr das Recht einräumt, von einem neuen Club für den der Spieler registriert wird, eine Geldzahlung zu erhalten.

Das Verbot des Transferinvestments besteht also darin, dass den Clubs der Premier League untersagt wird, die Beteiligung der Drittpartei am Transferrecht eines Spielers fortzuführen oder neu zu vereinbaren. Die Regelung verbietet insofern nicht die einmalige Zahlung an einen Investor, um dessen Rechte abzulösen, wohl aber jegliche zukünftige Zahlung. Es lässt sich festhalten, dass nach der neuen

---

826 Die Summe setzte sich zusammen aus den Mindereinnahmen aufgrund des Abstiegs. Hier ging es insbesondere um den Spieler Phil Jagielka, dessen Marktwert auf ca. 8 Millionen Pfund taxiert wurde, der aber aufgrund einer im Falle des Abstiegs greifenden Ausstiegsklausel für einen festen Betrag von vier Millionen GBP wechseln durfte und dies auch tat, vgl. Artikel „Hammers on the ropes after Blades' legal win" (Quelle: Internet).

827 Vgl. Artikel „West Ham and Sheffield United reach out-of-court settlement over Carlos Tevez affair" aus dem Daily Telegraph vom 13.03.2009; demnach verpflichtete sich West Ham zu einer Zahlung von über 10 Millionen GBP (Quelle: Internet)

828 Die Verbotsregeln entfalten keine Rückwirkung, vgl. *Geey*, ESLJ 2/2009, Rn. 16. Aus diesem Grund konnte Manchester United im Sommer 2007 den Spieler Tevez für zwei Jahre entleihen, obwohl MSI nach wie vor die ökonomischen Rechte an dem Spieler hielt. Als Manchester City den Spieler im Sommer 2009 verpflichtete, zahlte der Club zwecks Vermeidung eines Verstoßes gegen die Third-party ownership Regeln der Premier League, die Investoren mit kolportierten 28 Millionen Euro aus, vgl. Artikel „Manchester City und die gekaufte Revolution" aus der WELT vom 19.07.2009.

Regelung in der Premier League nur Clubs Inhaber von Transferrechten an den für sie registrierten Spielern sein dürfen.[829] Für Transferinvestments zugunsten von Premier League Clubs besteht folglich kein Raum mehr.[830]

Im Frühjahr 2011 – also nach Verabschiedung von Transferinvestmentverbotsregeln – kam es erneut zu einer umfangreichen Untersuchung im Zusammenhang mit dem behaupteten Verstoß des Transfers eines argentinischen Nationalspielers, Alejandro Faurlin, zum Zweitligisten Queens Park Rangers.[831]

Noch strengere und umfassendere Regeln als die PL hat die FA, also das englische Pendant zum DFB, hinsichtlich des Transferinvestments mit Wirkung zum 4. Juli 2009 erlassen. Die Regel B.8 der FA third-party ownership Regulations untersagt es den Clubs, ein Leihverhältnis oder irgendeine andere Form der Finanzierung oder des Investments zu vereinbaren, das durch den aktuellen oder künftigen Wert eines oder mehrerer bei dem Club angestellter Spieler abgesichert wird. Verboten ist es außerdem einen Gewinn zu versprechen, der in direkter Verbindung mit Spielerwerten steht, es sei denn, der Verband hat dieses Arrangement als mit der Regel A.2[832] vereinbar gebilligt.

II. Transferinvestmentverbot in Frankreich

Die französische Ligue de Football Professionnel hat bereits in den frühen Neunzigerjahren eine Regelung zum Transferinvestment erlassen. Art. 221 der Règlements 11/12 behandelt die Abtretung und den Erwerb von Besitzrechten an Spielern; er sieht vor, dass ein Club – außer einem anderen Club – mit keiner juristischen oder natürlichen Person eine Vereinbarung treffen kann, die direkt oder indirekt dazu

---

829 Ein Sprecher der Premier League äußerte: „Die Clubs haben entschieden, dass third-party ownership etwas war, das sie nicht in der Liga sehen wollten. Es wirft zu viele Fragen auf im Hinblick auf die Integrität des Wettbewerbs, die Entwicklung junger Spieler und die potentiellen Auswirkungen auf die Fußball-Pyramide." Zitiert in dem Artikel „Investors target profit from football's talented youth" aus The Guardian vom 10.12.2008 (Quelle: Internet).

830 *Geey*, ESLJ 2/2009, Rn.19.

831 Der Überprüfung dieses Falls durch den zur Entscheidung berufenen unabhängigen Schiedsspruchkörper des Verbandes lag schon das neue Transferinvestmentverbot zugrunde. Dieses basiere auf dem Gedanken, dass im sportlichen Wettbewerb ein Club nicht aufgrund einer Vereinbarung mit einer dritten Partei in die Position versetzt werden dürfe, dass diese dritte Partei das operative Geschäft des Clubs beeinflussen dürfe oder wie der Club in einzelnen Spielen und dem Wettbewerb insgesamt auftrete. Andernfalls sei die Integrität des Sports gefährdet. QPR wurde des Verstoßes schuldig gesprochen, kam aber mit einer – gegenüber der im Raume stehenden Punktabzug und damit verbundenen Nichtaufstieg – vergleichsweise milden Strafe von 875.000 GBP davon, vgl. hierzu Reck, EFPL SLB, S. 50, 52; Meldung „QPR crowned champions and promoted after escaping points deduction" in The Guardian vom 07.05.2011 (Quelle: Internet).

832 Die Regel A.2 entspricht im Wesentlichen den Rules L 37, 38.

führt, dass diese Person einen Anteil oder die gesamten ökonomischen Rechte erhält oder beanspruchen kann, die sich aus den verschiedenen Zahlungen im Rahmen des Transfers eines oder mehrerer Spieler ergeben.[833] Ziel dieser Regelung ist es sicherzustellen, dass ausschließlich Clubs vom ökonomischen Wert ihrer Spieler profitieren, um wiederum zu gewährleisten, dass sie die alleinige Kontrolle über die Teampolitik behalten.[834] Aufgrund der weiten Formulierung hat der französische Verband unlängst klargestellt, dass die Regelung nicht die Abtretung zum Zwecke der Besicherung, sondern lediglich Transferinvestments ohne derartigen Sicherungszweck verbietet.[835]

III. Transferinvestmentverbot in Polen

Schließlich hat auch die polnische Liga Ekstraklasa kürzlich ein Transferinvestmentverbot geregelt, wonach ein Club keinen Vertrag mit einer Drittpartei eingehen darf, der Auswirkungen auf Spielerleihen oder Transfers haben kann oder der eine Verpflichtung des Clubs gegenüber einer Drittpartei im Falle eines vorübergehenden oder dauerhaften Transfers begründet.[836]

D. Beschränkung des Transferinvestments durch nationale Verbände

In den meisten übrigen nationalen Fußballverbänden ist ein dem Art. 18bis FIFA-Status-Reglement entsprechendes Beeinflussungsverbot in die nationalen Regelwerke aufgenommen worden, teilweise existierte es bereits vorher.

I. Einflussbeschränkung in Deutschland

Der DFB hatte als Reaktion auf das Ommer-Modell[837] § 29 Nr. 1 Abs. 2 des damaligen Lizenzspielerstatuts dahingehend geändert, dass die Verpflichtung zur Zahlung einer Transferentschädigung entfiel, wenn der anspruchsberechtigte Verein den Anspruch „an einen Dritten abtritt, verpfändet oder treuhänderisch überträgt oder sich verpflichtet, an einen Dritten zu zahlen."[838] Eine ausnahmsweise Zustimmung sollte vom DFB nach § 29 Abs. 3 LSpSt erteilt werden können, wenn sichergestellt war, dass die in § 29 Nr. 1 Abs. 2 LSpSt genannten Rechtsgeschäfte gegenüber

833 Ligue de Football Professionnel, Règlements 2011/2012; vgl. englische Übersetzung bei *Melero/Soiron*, EFPL SLB, S. 41, 42.
834 *Abatan*, EFPL SLB, S. 22, 26; *Melero/Soiron*, EFPL SLB, S. 41, 42.
835 Decision of the LFP Bureau dated 4 March 2011 wiedergegeben von *Melero/Soiron*, EFPL SLB, S. 41, 42.
836 *Abatan*, in: Sport Law Bulletin number 10 (2012). S. 22, 27 f.
837 Vgl. hierzu ERSTER TEIL, C.II.2.
838 Wortlaut des § 29 LSpSt wiedergegeben in Wertenbruch, ZIP 1991, S. 705, 706.

einem Kreditinstitut im Sinne von § 1 KWG erfolgt waren und derjenige Betrag, der den bankküblichen Sicherungszweck überstieg, dem abgebenden Verein zufloss.

Ausgeschlossen wurde nach § 29 Nr. 3 LSpSt auch jegliche Beteiligung von ehren- oder hauptamtlichen Mitarbeitern von Vereinen an Rechtsgeschäften, an denen sie unmittelbar oder mittelbar ein persönliches Interesse hatten.[839] Diese Änderung des § 29 LSpSt sollte sicherstellen, dass der entschädigungspflichtige Club den Zahlungsempfänger in Gestalt des entschädigungsberechtigten Clubs kennt und dass dieser Zahlungsempfänger sich allein mit dem entschädigungspflichtigen Club auseinandersetzen muss.[840] Neben dem vorgenannten Problem der fehlenden Transparenz wurde es seitens des DFB kritisch beurteilt, dass Dritte sich überhaupt an der Transferentschädigung „bereicherten".

Der damalige Chefjustitiar des DFB, Goetz Eilers, argumentierte, dass zwar die Realisierung von Einnahmen durch Erzielung von Transferentschädigungen für die Vereine ein enorm wichtiges Finanzierungsinstrument ihres Spielbetriebes sei, das „zunehmende Schmarotzertum Dritter am Transferentschädigungssystem" aber Anlass zu der vorgenannten Ausnahmeregelung gegeben habe. Der Sinn dieses Systems müsse darin liegen, das durch Zahlung von Ablösesummen fließende Geld ausschließlich im Kreislauf der Vereine zu belassen. Das System sei unterlaufen und zum Nachteil der Vereine „denaturiert" worden.[841]

Im Hinblick auf das Ommer-Modell sah der DFB seinerzeit zudem die Gefahr, dass die nicht allein nach sportlichen Maßstäben entscheidenden Geldgeber unerlaubt auf den Spielbetrieb der Bundesligen Einfluss nehmen könnten. Insbesondere wurde befürchtet, dass sich die Macht über den deutschen Fußball auf eine Person konzentrieren könnte.[842] Sollte sich Ommers Idee durchsetzen, könne er marktbeherrschend werden und „die Figuren hin- und herschieben wie er will", äußerte seinerzeit DFB–Sprecher Rainer Holzschuh.[843] Auch seitens der Clubs waren Zweifel an der Zulässigkeit des Ommer-Modells laut geworden. Günter Siebert, der damalige Präsident des mit 3,8 Millionen Mark verschuldeten FC Schalke 04 und damit potentieller Ansprechpartner des Anlagestrategen, befürchtete den „Einfluss Außenstehender auf die Vereinsgremien". Willi Lemke, Manager von Werder Bremen, warnte davor, dass die „Anteilseigner entscheiden, ob und wohin ein Spieler verkauft wird".[844] Nach dem Bosman-Urteil wurde § 29 LSpSt gestrichen. Da es keine festgeschriebenen Transferentschädigungen mehr gab, sah der Verband offensichtlich auch keine Notwendigkeit, eine neue Regelung zu deren Abtretung einzuführen.

---

839 *Eilers*, in: Recht und Sport Bd. 15, Transferbestimmungen im Fußballsport, S. 25.
840 *Westerkamp*, Ablöseentschädigung im bezahlten Sport, S. 42.
841 *Eilers*, in: Recht und Sport Bd. 15, Transferbestimmungen im Fußballsport, S. 25.
842 *H. P. Westermann*, ZIP 1991, S. 705, 706.
843 Zitiert in dem Artikel „Profit mit dem Profi" aus DIE ZEIT, vom 26.06.1987 (Quelle: Internet).
844 Zitiert in dem Artikel: „Fußballerbeteiligungsfonds ein Schuss in den Ofen." Aus der Wirtschaftswoche vom 26.06.1987.

Der DFB hat den Art. 18bis FIFA-Status-Reglement in seine Spielordnung übernommen, die nunmehr gemäß § 28 SpielO die „Beeinflussung von Vereinen durch Drittparteien" im Einklang mit der FIFA Regelung einschränkt.[845] Auch die DFL hat die Regelung des Art. 18bis als § 5 Nr. 8 in die LOS[846] integriert.

Neben dieser Umsetzung des Art. 18bis gibt es in den deutschen Verbandsregelwerken weitere Regelungen, die Einfluss auf das Transferinvestment haben können.

In § 5 Nr. 7 LOS ist geregelt, dass „sämtliche Verträge mit Spielern und Transfervereinbarungen mit anderen Vereinen oder Kapitalgesellschaften sowie Vereinbarungen mit Spielervermittlern im Zusammenhang mit einem Spielertransfer" dem Ligaverband „in allen Ausfertigungen mit allen Anlagen und Zusatzvereinbarungen unverzüglich nach Abschluss beziehungsweise nach Aufnahme des Spielers in die Transferliste bei einem Spielertransfer" vorzulegen sind. Hier werden etwaige Drittparteien zwar nicht ausdrücklich angesprochen, die Vereinbarung der Zahlung an einen Investor könnte aber als Zusatzvereinbarung zu einer Transfervereinbarung zu bewerten sein, weil sie hierauf und insbesondere auf die Höhe der Ablösezahlung an den abgebenden Club Auswirkungen hat.

In der Lizenzierungsordnung finden sich ebenfalls Regelungen, die auf etwaige Transferinvestments anwendbar sein können. Nach § 2 Nr. 1 lit. h) LO ist zwingende Lizenzerteilungsvoraussetzung die Vorlage einer schriftlichen Erklärung des Lizenzbewerbers, dass er die maßgebliche Kontrolle über alle Fußballaktivitäten ausübt, die im Zusammenhang mit der Teilnahme an nationalen und internationalen Fußballwettbewerben und den zuvor aufgeführten Lizenzierungsanforderungen bestehen. Die DFL versteht den § 2 Nr. 1 lit. h) LO gegenüber Art. 18bis FIFA-Status-Reglement als die abstraktere Norm und als Generalklausel mit Auffangfunktion.[847] Daher steht ein mit der FIFA Regelung in Einklang stehendes Transferinvestment der Erklärung des Clubs nach § 2 Nr. 1 lit. h) LO nicht entgegen. Umgekehrt hätte ein Transferinvestment, welches gegen Art. 18bis verstößt, zur Folge, dass der Club nicht die schriftliche Erklärung seiner „maßgeblichen Kontrolle" im Sinne der LO abgeben könnte.[848]

---

845 Wortlaut des § 28 SpielO:
„1. Ein Verein darf keine Verträge eingehen, die der anderen Partei oder einer dritten Partei die Möglichkeit einräumen, in Arbeitsverhältnissen oder Transfersachen seine Unabhängigkeit, seine Politik oder die Leistung seiner Teams zu beeinflussen.
2. Verstöße gegen Nr. 1. können als unsportliches Verhalten geahndet werden.
3. Nrn. 1. und 2. gelten für Tochtergesellschaften entsprechend."

846 Wortlaut des § 5 Nr. 8 LOS: S. 1 entspricht § 28 SpielO, S. 2 lautet: „Soweit ihre Zuständigkeit gegeben ist, kann die FIFA-Disziplinarkommission gegen Clubs disziplinarische Sanktionen verhängen, falls diese die obige Verpflichtung verletzen."

847 *Holzhäuser/Körner*, causa sport 2009, S. 193.

848 Auf die Frage, inwieweit der Club den Investor einbeziehen kann, ohne die „maßgebliche Kontrolle" zu verlieren wird im SIEBTEN TEIL noch näher eingegangen.

Der Bewerber um eine Lizenz hat gemäß § 8 Nr. 2 lit. a) LO außerdem eine schriftliche Erklärung abzugeben, wonach er auf Verlangen des Ligaverbandes im Lizenzierungsverfahren wesentliche Verträge in den Bereichen der Vermarktung und des Spielbetriebes einreicht, sowie Dokumente, die für die Beurteilung der wirtschaftlichen Gesamtsituation erforderlich sind. Der Club müsste demnach eine Transferinvestmentvereinbarung vorlegen, sobald diese die wirtschaftliche Gesamtsituation des Clubs beeinflusst.

Nach § 8 Nr. 2 lit. g) LO hat der Bewerber außerdem eine rechtsverbindliche schriftliche Erklärung vorzulegen, in der er sich verpflichtet, eine Darstellung über die Beteiligungen an ihm selbst und über seine Beteiligungen an anderen Gesellschaften, insbesondere Vermarktungsgesellschaften, einzureichen.[849]

Schließlich verpflichtet § 8 Nr. 2 lit. m) LO den Club, eine rechtsverbindliche schriftliche Erklärung vorzulegen, wonach er die DFL über sämtliche Vorgänge von großer wirtschaftlicher Bedeutung, die mit erheblichen finanziellen Risiken verbunden sein können, sowie über damit zusammenhängende finanzielle Auswirkungen, insbesondere auf die Vermögens-, Finanz- oder Ertragslage, unverzüglich unterrichtet. Aufgrund ihres offenen Tatbestandes hat diese Norm weitreichende Konsequenzen für die Clubs, da sie die DFL über alle clubinternen Vorgänge mit potentiellen Konsequenzen für die wirtschaftliche Leistungsfähigkeit zu informieren haben.[850] Dagegen ergibt sich aus der Klausel keine Pflicht, Vorgänge mit geringem oder ohne Bezug zur wirtschaftlichen Leistungsfähigkeit zu melden; beispielsweise wäre eine Änderung der Gesellschafterstruktur aufgrund einer solchen Bestimmung grundsätzlich nicht mitzuteilen.[851] Ein Transferinvestment dürfte dagegen in aller Regel zu melden sein, denn es wird Einnahmen in Form einer Zahlung des Investors und es kann gegebenenfalls spätere Mindereinnahmen in jeweils beträchtlicher Höhe auslösen.

Selbst wenn ein Vorgang innerhalb eines Clubs nicht die Voraussetzungen des § 8 Nr. 2 lit. m) LO erfüllt, so kann sich auch aus der in § 5 des Lizenzvertrages[852]

849 In diesem Zusammenhang sind Auskünfte über die Beteiligungsverhältnisse zu erteilen und auf Verlangen dem Ligaverband die entsprechenden Gesellschaftsverträge oder Satzungen vorzulegen.

850 *Holzhäuser*, in: Stopper/Lentze (Hrsg.), Handbuch Fußball-Recht, Kap. 16, Rn. 160.

851 *Holzhäuser*, in: Stopper/Lentze (Hrsg.), Handbuch Fußball-Recht, Kap. 16, Rn. 160.

852 Nach § 5 des Lizenzvertrages (Anhang I zur LO) verpflichtet sich der Lizenznehmer unter anderem alle geschäftlichen Vorgänge, insbesondere alle Geldeingänge und Geldausgänge, auch von Privatpersonen aufgenommene Kredite, die an Dritte gezahlt sind und für die der Teilnehmer Sicherheiten gibt, zu verbuchen und durch Belege nachzuweisen, und die Buchungen längstens einen Monat nach Geschäftsvorfall vorzunehmen. Die Verpflichtung gilt „unabhängig von seiner Zugehörigkeit zum Ligaverband durch seine ordentliche Mitgliedschaft und die dadurch begründeten Verbindlichkeiten der in § 1 genannten Bestimmungen sowie der Entscheidungen der Organe und Beauftragten des Ligaverbandes, der DFL und des DFB".

zwischen Club und Ligaverband verankerten Treuepflicht gegenüber den anderen Wettbewerbern eine ungeschriebene Verpflichtung des Clubs zur Offenlegung gegenüber der DFL ergeben.[853]

Die Beteiligung eines Investors an Transferrechten mehrerer Clubs oder Transferrechten und Club-Anteilen erscheint weiterhin vor dem Hintergrund der §§ 10 Nr. 2 lit. e) und 4 Nr. 4 LO problematisch. Nach § 10 Nr. 2 lit. e) LO kann die Lizenz einem Club verweigert oder entzogen werden, wenn dieser in vertraglicher Beziehung zu einem Unternehmen steht, das auch zu anderen Bewerbern oder Lizenznehmern vertragliche Beziehungen unterhält, und durch eine Einflussnahme des Unternehmens der ordnungsgemäße Ablauf des Spielbetriebs gefährdet ist.[854]

Zudem dürfte eine clubübergreifende Beteiligung eines Investors an Spielern oder an Spielern und Clubs zur Folge haben, dass der Investor als Person nach § 4 Nr. 4 LO nicht Mitglied in Kontroll-, Geschäftsführungs- und Vertretungsorganen des Clubs sein darf. In § 4 Nr. 4 ist festgelegt, dass der Club in Satzung oder Gesellschaftsvertrag sicherstellt, dass Mitarbeiter oder Mitglieder von Organen von Unternehmen, die zu mehreren Clubs oder mit diesen verbundenen Unternehmen in wirtschaftlich erheblichem Umfang in vertraglichen Beziehungen im Bereich der Vermarktung oder des Spielbetriebs stehen und/oder an ihnen bedeutend beteiligt sind, nicht Mitglied in den vorgenannten Cluborganen sein können.[855]

Zwar ist die Beteiligung eines Investors an mehreren Clubs nicht mit der Beteiligung an Spielern mehrerer Clubs gleichzusetzen. Der in der Verbandsregel zum Ausdruck kommende Sinn und Zweck, Cluborgane von einem Interessenkonflikt frei zu halten, lässt sich aber auf die Beteiligung des Cluborgans an Spielern anderer Clubs übertragen. Auch diese ist aus Verbandssicht unerwünscht.

II. Einflussbeschränkung und Teilverbot in Brasilien und Argentinien

Nach Art. 27-b des brasilianischen Sportgesetzes 9.615/98 für Fußballclubs („Pelé Gesetz“) ist jede Klausel, die einer dritten Partei einen Einfluss auf transferbezogene Angelegenheiten oder die Leistung eines Spielers einräumt, nichtig.

Art. 27-c Pelé Gesetz sieht dieselbe Rechtsfolge vor für Verträge, Klauseln oder Vollmachten des Spielers oder eines Vertreters mit Spielervermittlern, natürlichen und juristischen Personen, welche

853 Vgl. *Holzhäuser*, in: Stopper/Lentze (Hrsg.), Handbuch Fußball-Recht, Kap. 16, Rn. 161.

854 Es reicht also unter Umständen schon das bloße Vorliegen vertraglicher Beziehungen zu einem an verschiedenen Clubs beteiligten Investor aus, um die Lizenz zu gefährden.

855 Der Lizenzbewerber muss eine Liste mit den Namen der Mitglieder der Kontroll-, Geschäftsführungs- und Vertretungsorgane sowie eine schriftliche Erklärung vorlegen, aus der sich ergibt, dass bei der Bestellung der betreffenden Personen die in Nr. 4 genannten Voraussetzungen beachtet worden sind, § 4 Nr. 5 LO.

a) der Drittpartei einen Anteil an Zahlungen zusprechen, die im Rahmen von nationalen und internationalen Transfers exklusiv den Clubs zustehen;
b) die Berufsfreiheit des Spielers beschränken oder
c) das Management eines Spielers unter 18 Jahren betreffen.

Art. 29 (1) bestimmt, dass Kompensationszahlungen, inklusive Transferentschädigung, Ausbildungsentschädigung oder Solidaritätsentschädigung, die im Rahmen eines Spielertransfers zwischen zwei Clubs fällig werden, weder ganz noch zum Teil vom aufnehmendem Club an einen Spielervermittler gezahlt werden dürfen; dies gilt auch dann, wenn die Zahlung erfolgt, um einen Anspruch des Spielervermittlers für seine Vermittlungstätigkeit zu tilgen. Das Verbot beinhaltet unter anderem jegliches Interesse am zukünftigen Transferwert des Spielers.

Im argentinischen Verbandsfußball ist ein Transferinvestment zulässig, allerdings müssen mindestens 30 % der Entschädigungsrechte in der Hand des ihn beschäftigenden Clubs sein.[856]

---

856 *Veiga Gomes*, EFPL SLB, S. 63.

Sechster Teil: Vereinbarkeit der Transferinvestmentregeln mit Unionsrecht und deutschem Recht

Da die Verbandsnormen zum Transferinvestment verbandsübergreifende Transfers erfassen, ist zunächst das Unionsrecht in den Blick zu nehmen, namentlich das Kartellrecht und die Grundfreiheiten. Im Spannungsfeld zwischen der autonomen Regelungskompetenz der Verbände einerseits und Einschränkungen wirtschaftlicher Betätigungsmöglichkeiten von Clubs und Investoren andererseits, stellt sich die Frage, anhand welcher Kriterien derartige Regelungen überprüft werden können.

1. Kapitel: Verletzung von Unionsrecht durch Transferinvestmenthindernisse

Eine Verletzung unionsrechtlicher Normen könnte sich sowohl aus Transferinvestmentverboten als auch aus Beeinflussungsverboten ergeben.

A. Verletzung durch ein national geltendes Transferinvestmentverbot

Als gegenüber einem Beeinflussungsverbot weiterreichende Regelung soll zunächst das nationale Transferinvestmentverbot überprüft werden, wobei für die folgende Begutachtung unterstellt werden soll, dass der Ligaverband ein über Art. 18bis FIFA-Status-Reglementhinausgehendes vollständiges Verbot des Transferinvestments erlassen hätte. Die von einem derartigen Verbot betroffenen Clubs sind im europaweiten Wettbewerb um die besten Spieler im Nachteil. Sie müssen im Falle eines Spielertransfers jeden an den Entschädigungsrechten beteiligten Investor ausbezahlen, während Clubs anderer Verbände diese Pflicht nicht trifft. Ein solches nationales Verbot könnte von einem Club, einem Investor oder den Kartellbehörden mit der Begründung angegriffen werden,[857] dass es sich als Verstoß gegen das europäische Wettbewerbsrecht und als Beschränkung der europäischen Grundfreiheiten darstellt.[858]

---

857 Das Kartellrecht ermöglicht es Clubs und Investoren, die Vereinbarkeit einer Verbandsregel mit Art. 101, 102 AEUV mittels einer Beschwerde gem. Art. 7 Abs. 2 der *Verordnung (EG) Nr. 1/2003 des Rates vom 16. Dezember 2002 zur Durchführung der in den Artikeln 81 und 82 des Vertrags* niedergelegten Wettbewerbsregeln überprüfen zu lassen, vgl. *Klees*, EuZW, S. 391 f.

858 Im Oktober 2011 vermeldete die BBC, dass der Bosman-Anwalt Jean-Louis Dupont eine Klage gegen das englische Transferinvestmentverbot erwäge. Der

I. Europäisches Wettbewerbsrecht

Aufgrund des Vorrangs des Gemeinschaftsrechts ist zunächst zu prüfen, ob ein Verstoß gegen Art. 101 f. AEUV vorliegt. Als verletzte Kartellrechtsnormen kommen Art. 101 AEUV als Verbot wettbewerbsbeschränkender Maßnahmen, und Art. 102 AEUV als Verbot des Missbrauchs einer marktbeherrschenden Stellung in Betracht.

Die ganz h. M. nimmt sowohl im europäischen als auch im nationalen Kartellrecht an, dass bei Vorliegen der tatbestandlichen Voraussetzungen die Kartellverbote und die Marktmissbrauchsverbote in Idealkonkurrenz stehen,[859] sie finden also nebeneinander auf denselben Sachverhalt Anwendung, sofern ihre jeweiligen Voraussetzungen erfüllt sind.[860]

Während Art. 101 die kooperative Gleichschaltung unternehmerischer Handlungsautonomie zu verhindern sucht, wendet sich Art. 102 gegen eine durch Wettbewerb nicht mehr kontrollierbare Ausübung jener Handlungsautonomie durch marktbeherrschende Unternehmen.[861] Einem marktbeherrschenden Kartell kann nach Art. 101 nur die Kartellvereinbarung als solche untersagt werden, während beispielsweise die einzelnen späteren Folgeverträge mit Dritten erst über Art. 102 sanktioniert werden können.[862]

Art. 102 kann also dann neben Art. 101 anwendbar sein, wenn ein marktmächtiges Unternehmen eine Kartellvereinbarung unter Einbeziehung des Wettbewerbs durchsetzt.[863]

Übertragen auf das Transferinvestment kann also das Transferinvestmentverbot von Art. 101 erfasst sein, während die Sanktionierung sich als marktmissbräuchliches Verhalten nach Art. 102 darstellen kann.

Verband habe ein fundamentales Prinzip der EU missachtet, wonach die unternehmerische Freiheit die Regel und deren Beschränkung die Ausnahme sei (Quelle: Internet).

859 *Holzhäuser*, in: Stopper/Lentze (Hrsg.), Handbuch Fußball-Recht, Kap. 16, Rn. 65; *Jung*, in Grabitz/Hilf/Nettesheim (Hrsg.), Das Recht der Europäischen Union, Art. 102, Rn. 22. *Fuchs/Möschel*, in: Immenga/Mestmäcker (Hrsg.), EU-Wettbewerbsrecht, AEUV Art. 102, Rn. 26; EuGH, Urt. v. 21.02.1973 – Rs. 6/72 – Slg. 1973, 215, 245 f. – „Continental Can“ = NJW 1973, 966, 967; EuG, Urt. v. 10.07.1990 – Rs. T-51/89 – Slg. 1990, II-309, 356 ff. – „Tetra Pak I“.

860 *Jung*, in Grabitz/Hilf/Nettesheim (Hrsg.), Das Recht der Europäischen Union, Art. 102, Rn. 22.

861 *Jung*, in Grabitz/Hilf/Nettesheim (Hrsg.), Das Recht der Europäischen Union, Art. 102, Rn. 22.

862 *Fuchs/Möschel*, in: Immenga/Mestmäcker (Hrsg.), EU-Wettbewerbsrecht, AEUV Art. 102, Rn. 26.

863 *Holzhäuser*, in: Stopper/Lentze (Hrsg.), Handbuch Fußball-Recht, Kap. 16, Rn. 65 f.; EuGH, Urt. v. 11.04.1989 – C-66/86 – Slg. 1989, 803, Rn. 34 ff. – „Ahmed Saeed Flugreisen“ = NJW 1989, 2192, 2193.

1. Keine generelle Bereichsausnahme

Nach der früheren Rechtsprechung stand das Unionsrecht solchen „Regelungen und Praktiken von Sportverbänden nicht entgegen, die aus nichtwirtschaftlichen Gründen getroffen werden“, „ausschließlich den Sport als solchen betreffen“ und die „mit dem spezifischen Charakter und Rahmen bestimmter Begegnungen zusammenhängen“.[864] Aufgrund dieser Formulierungen des Gerichtshofs und der Prüfung dieser Voraussetzung im Rahmen der Anwendbarkeit des EG-Vertrags bestand Unklarheit, ob es eine begrenzte „Bereichsausnahme“ für Verbandsregelungen rein sportlichen Charakters gäbe.[865] Es blieb unklar, was unter einer Regelung rein sportlichen Charakters zu verstehen ist und wie genau eine Abgrenzung zu wirtschaftlichen Gründen erfolgen könnte.[866]

In seiner neueren Rechtsprechung hat der EuGH von einer derartigen Abgrenzung Abstand genommen und für Art. 101, 102 AEUV eine grundsätzliche Anwendbarkeit auch auf rein sportliche Regeln festgestellt.[867] Zudem hat der EuGH wiederholt betont, dass angesichts der Ziele des Gemeinschaftsrechts jede sportliche Betätigung, die als Teil des Wirtschaftslebens zu qualifizieren ist, dem Unionsrecht unterfällt. Der Begriff des Wirtschaftslebens ist dabei weit auszulegen und umfasst grundsätzlich entgeltliche Tätigkeiten.[868]

Selbst wenn man für Regelungen rein sportlichen Charakters eine Bereichsausnahme annehmen wollte, müsste man deren Anwendbarkeit auf ein Transferinvestmentverbot ablehnen. Dieses Verbot betrifft trotz seines sportlichen Hintergrundes vor allem die wirtschaftliche Komponente des Profisports und hat keinen unmittelbaren Bezug zum sportlichen Wettkampf.

Fraglich ist jedoch, ob wegen des am 1. Dezember 2009 in Kraft getretenen Art. 165 AEUV, wonach die Union zur Förderung der europäischen Dimension des Sports beiträgt und dabei dessen besondere Merkmale sowie dessen auf freiwilligem Engagement basierende Strukturen berücksichtigt, eine andere Bewertung

---

864 Vgl. EuGH, Urt. v. 14.07.1976 – Rs. C-13/76 – Slg. 1976, S. 1331, Rn. 14/16 – „Donà/Mantero“ = NJW 1976, 2068; EuGH, Urt. v. 15.12.1995 – Rs. G-415/93 – Slg. 1995, I-4921, Rn. 76 – „Bosman“ = NJW 1996, S. 505, 509; EuGH, Urt. v. 11.04.2000 – verbundene Rs. C-51/96 u. C-191/97 – Slg. 2000, S. 2549, Rn. 43 – „Deliège“ = NJW 2000, S. 2011, 2013.

865 *Eichel*, Anm. zu EuGH, Rs. 325/08 – „Bernard“ in: EuR 2010, S. 685, 688; *Heermann*, WuW 2009, S. 394, 399; *Röthel*, Anm. zu EuGH, Rs. C-176/96 – „Lehtonen“ in: EuZW 2000, S. 375, 379; für eine Bereichsausnahme: *R. Scholz/J. Aulehner*, SpuRt 1996, S. 44 f.; *Palme*, Anm. zu EuGH, Rs. C-415/93 – Bosman, in: JZ 1996, S. 238 f.

866 *Eichel*, Anm. zu EuGH, Rs. 325/08 – „Bernard“, in: EuR 2010, S. 685, 688; *Schwarze/Hetzel*, EuR 2005, S. 581, 586 f.; *Heermann*, CaS 2006, S. 345, 353 ff.

867 EuGH, Urt. v. 18.07.2006 – Rs. C-519/04 – Slg. 2006, I/7006, Rn. 31 – „Meca-Medina“ = EuZW 2006, S. 593, 595.

868 EuGH, Urt. v. 11.04.2000 – verbundene Rs. C-51/96 u. C-191/97 – Slg. 2000, S. 2549, Rn. 54 ff. – „Deliège“ = NJW 2000, S. 2011, 2014.

gerechtfertigt ist.[869] Hieraus könnte sich eine Bereichsausnahme für den Sport ergeben.

In der Literatur wird vertreten, dass vor dem Hintergrund des Art. 165 eine direkte Anwendung der allgemeinen EU-Wirtschaftsregelungen auf den Sport nicht mehr möglich sei.[870] Es werde deutlich, dass sämtliche erörterten EU-Dokumente eine Übergabe der Regelungspriorität im Sport an die Sportorganisationen favorisieren; *de facto* werde anerkannt, dass der Bereich des Sports eine polyzentrische Netzwerk- und Verbundstruktur verschiedener europäischer, nationalstaatlicher und privater Akteure aufweise; in dieser Struktur müssten die Sportverbände als eigenständige horizontale Akteure – auch europarechtlich – angemessen wahrgenommen werden.[871] Das in Art. 165 verkörperte Unionsziel richte sich als Direktive für die Auslegung von Rechtsakten in Form einer Auslegungshilfe auch an den EuGH. Dieser habe wegen der Berücksichtigung der besonderen Merkmale des Sports künftig sportspezifische Ausnahmen vom allgemeinen Gemeinschaftsrecht zu ermöglichen. Die Verfolgung anerkannter Sportzwecke vermöge grundsätzlich Ausnahmen vom Gemeinschaftsrecht zu rechtfertigen. Dies habe der EuGH in seiner Bernard-Entscheidung[872] unlängst bestätigt und sich erstmals in seiner Rechtsprechung der Vorschrift des Art. 165 bedient, ohne diese jedoch näher zu konkretisieren.[873]

Allerdings hat der EuGH in seiner Bernard-Entscheidung[874] nicht gemäß Art. 165 die Prüfung der Grundfreiheiten abgelehnt,[875] sondern Art. 165 erst im Rahmen einer Abwägung auf der Rechtfertigungsebene herangezogen.[876]

Dies lässt den Schluss zu, dass der EuGH nicht von einer tatbestandsmäßigen Bereichsausnahme ausgeht, sondern die Besonderheiten des Sports vielmehr ausschließlich auf der Rechtfertigungsebene berücksichtigen will.[877] Der Auffassung des EuGH zum Regelungsgehalt des Art. 165 AEUV ist zuzustimmen. Gegen eine echte Bereichsausnahme im Sinne einer weitreichenden Regelungspriorität der

---

869 Vgl. zum Inhalt des Art. 165 AEUV

870 *Battis/Ingold/Kuhnert*, EuR 2010, S. 3 ff.

871 *Battis/Ingold/Kuhnert*, EuR 2010, S. 3, 9 f.

872 EuGH, Urt. v. 16.03.2010 – Rs. C-325/08 – Slg. I-2010, 2196 – „Bernard" = EuZW 2010, S. 342 ff.

873 *Persch*, NJW 2010, S. 1917, vgl. EuGH a.a.O., Rn. 40 = EuZW 2010, S. 342, 344.

874 Vgl. DRITTER TEIL, 2. Kap., V.1.

875 Die Vereinbarkeit der nationalen Regelung mit der Arbeitnehmerfreizügigkeit nach Art. 45 AEUV hat der EuGH nach wie vor geprüft, vgl. EuGH a.a.O., Rn. 30 = EuZW 2010, S. 342, 343.

876 Die Abwägung erfolgt unter der Überschrift: *„Zur Rechtfertigung der Beschränkung der Arbeitnehmerfreizügigkeit"* (Rn. 38 ff. a.a.O.).

877 *Eichel*, EuR 2010, 685, 689; GA Sharpston, Schlussanträge zu der Rs. C-325/08 – „Bernard", s. auch *Heermann*, CaS 2013, 21, 28: „Art. 165 AEUV kann insbesondere nicht als Grundlage dafür dienen, pauschale und umfassende Bereichsausnahmen oder rechtliche Vergünstigungen für den Sport in Bezug auf das EU-Recht zu fordern."

Verbände spricht, dass diese zu einer effektiven Lösung von außerhalb des Sports liegenden unionsrechtlichen Kollisionsproblemen vielfach nicht in der Lage sind.[878] Es ist in diesem Zusammenhang nicht anzunehmen, dass die Europäische Union durch den Erlass des Art. 165 der Abwägung zwischen sportlichen Belangen und Unionsrecht ein Ende setzen wollte. Transferinvestmentregeln sind insofern an den Grundfreiheiten und dem europäischen Wettbewerbsrecht zu messen.[879] Die Besonderheiten des Sports sind auf der Rechtfertigungsebene zu berücksichtigen.

2. Sachlich und räumlich relevanter Markt

Europaweit existieren Clubs, die im Bereich der Finanzierung von Spielertransfers um Investoren konkurrieren. Als räumlich relevanter Markt im Sinne der Art. 101, 102 AEUV kann also der gesamte europäische Markt für derartige Beteiligungen gesehen werden; auf diesem herrschen angesichts einheitlich geltender Bestimmungen von FIFA und UEFA homogene Wettbewerbsbedingungen.

3. Verstoß gegen das Kartellverbot des Art. 101 AEUV

Mit dem europäischen Binnenmarkt unvereinbar und verboten sind nach Art. 101 alle Beschlüsse von Unternehmensvereinigungen, Vereinbarungen zwischen Unternehmen und aufeinander abgestimmte Verhaltensweisen, welche den Handel zwischen Mitgliedstaaten zu beeinträchtigen geeignet sind und eine Verhinderung, Einschränkung oder Verfälschung des Wettbewerbs innerhalb des Binnenmarkts bezwecken oder bewirken.

a) Eröffnung des Anwendungsbereichs

Die nationalen Verbände, in denen die Profifußballvereine zusammengeschlossen sind, sowie die FIFA und UEFA als Zusammenschlüsse dieser Verbände, sind als Unternehmensvereinigungen im Sinne von Art. 101 AEUV anzusehen.[880]

Die Verbandssatzungen stellen Beschlüsse von Unternehmensvereinigungen dar,[881] denn die Verbände können durch Satzungsgestaltung auf die Geschäftspolitik ihrer wirtschaftlich tätigen Mitglieder Einfluss nehmen und deren Marktverhalten

---

878 Aktuell ist die FIFA tendenziell eher darum bemüht, sich aus den mit wirtschaftlichen Belangen kollidierenden Bereichen des Sportrechts teilweise zurückzuziehen. So war beispielsweise zwischenzeitlich geplant, das Spielervermittler-Reglement weitestgehend aufzugeben. Bislang ist dies aber nicht umgesetzt worden.

879 Vgl. auch *Strauf*, SpuRt 2011, S. 102, 103.

880 EuG, Urt. v. 26.01.2005 – Rs. T-193/02 – Slg. 2005 II-209, Rn. 72 – „Piau“ = Spurt 2005, S. 102, 103; *Deutscher*, SpuRt 2009, S. 97, 99; *Hannaman*, in: Strukturen des Sportrechts, S. 167; Verse CaS 2010, S. 28. 30; vgl. auch BGHZ 137, 297 ff. – „Europapokalheimspiele“ = NJW 1998, S. 756, 758.

881 *Weiß*, Spurt 1998, S. 97, 98; vgl. auch *Heermann*, in: Horst/Nolte (Hrsg.), Handbuch SportR, S. 63.

koordinieren.[882] Die Beschlussqualität von Regelungen der FIFA über die Tätigkeit von Spielervermittlern[883] oder der UEFA über Mehrheitsbeteiligungen an Profifußballvereinen[884] ist folgerichtig bejaht worden.[885]

Auch das Verbot des Transferinvestments in einer Verbandsregelung des Ligaverbandes als Nebenordnung zur Ligaverbands-Satzung koordiniert ein bestimmtes Marktverhalten innerhalb dieser Unternehmensvereinigung und ist insofern als Beschluss einer Unternehmensvereinigung zu bewerten.

Art. 101 setzt voraus, dass der Beschluss der Unternehmensvereinigung geeignet ist, den Handel zwischen den Mitgliedstaaten zu beeinträchtigen. Dies ist der Fall, wenn sich aufgrund einer Gesamtheit rechtlicher und tatsächlicher Umstände mit hinreichender Wahrscheinlichkeit voraussagen lässt, dass das infrage stehende Verhalten unmittelbar oder mittelbar, tatsächlich oder potentiell den Handel zwischen den Mitgliedstaaten in einer Weise beeinflussen kann, die für die Verwirklichung der Ziele eines einheitlichen zwischenstaatlichen Marktes nachteilig sein kann.[886]

Dies wird insbesondere angenommen, wenn die nationalen Märkte abgeschottet werden oder die Wettbewerbsstruktur im Gemeinsamen Markt verändert wird.[887] Absprachen im kommerzialisierten Sport sind regelmäßig dann geeignet, den Handel zwischen den Mitgliedstaaten zu beeinträchtigen, wenn sich die betroffene oder auch nur potentielle Maßnahme nicht von vornherein nur in einem Mitgliedstaat auswirkt.[888] Entscheidend hierfür ist die Nachfrage nach dem Gegenstand des Handels in anderen Mitgliedstaaten.[889]

Gegenstand des Handels ist vorliegend die Beteiligung an Transferwerten von Lizenzspielern des Ligaverbandes, für die eine Nachfrage auch in anderen Mitgliedstaaten besteht. Europaweit existieren Clubs, die als Anbieter von Beteiligungen an ihren Transferwerten miteinander um Investoren konkurrieren. Als räumlich relevanter Markt kann vor dem Hintergrund des Art. 101 AEUV der gesamte europäische Markt für Beteiligungen an Transferwerten gesehen werden.[890] Für eine

---

882 *Schwarze/Hetzel*, EuR 2005, S. 581, 589; *Bahners*, SpuRt 2003, S. 142, 143; *Heermann*, WRP 2003, S. 728, 730.

883 EuG, Urt. v. 26.01.2005 – Rs. T-193/02 – Slg. 2005 II-209, Rn. 73 – „Piau“ = SpuRt 2005, S. 102, 103

884 Entscheidung der Kommission in der Sache, COMP/37 806, ENIC/UEFA, Rn. 25.

885 *Schroeder*, SpuRt 2006, S. 1, 2 f.

886 Weiß, in: Calliess/Ruffert (Hrsg.), EUV/AEUV, Art. 101 AEUV, Rn. 124; *Stopper*, in: Stopper/Lentze (Hrsg.), Handbuch Fußball-Recht, Kap. 7, Rn. 26 unter Verweis auf EuGH v. 25.10.2001 – C-475/99 – Slg. 2001, I-8089, Rn. 48, – „Ambulanz Klöckner“.

887 EuGH, Urt. v. 01.07.2008, Rs. C-49/07, Rn. 41 m.w.N. – „MOTOE“ = EuZW 2008, S. 605, 609.

888 *Heermann*, WRP 2003, S. 724, 729.

889 *Heermann*, WRP 2003, S. 724, 729 f.

890 Auf diesem Markt herrschen in Bezug auf Spielertransfers hinreichend homogene Wettbewerbsbedingungen, was sich aus den einheitlich geltenden Bestimmungen von FIFA und UEFA ergibt.

Beteiligung an Transferwerten besteht eine Nachfrage auch in anderen Mitgliedstaaten, und das Verbot durch einen nationalen Verband wirkt sich damit nicht nur im entsprechenden Mitgliedstaat aus. Eine Zwischenstaatlichkeit ist damit gegeben. Eine Parallele kann zur Beteiligung an Fußballkapitalgesellschaften und zum Handel mit Spielern zwischen den Clubs gezogen werden. Die Annahme eines europaweiten Marktes für Beteiligungen an Fußballkapitalgesellschaften sorgt dafür, dass der 50+1 Regelung gemäß § 8 Abs. 2 Ligaverbands-Satzung den zwischenstaatlichen Wettbewerb beschränkende Auswirkungen attestiert werden,[891] weil sie die wirtschaftliche Handlungsfreiheit der veräußerungswilligen Anteilseigner und der potentiellen Investoren auf dem europäischen Markt für Beteiligungen an Fußballkapitalgesellschaften erheblich einschränke.[892]

Das Verbot des Transferinvestments als zwischenstaatliches Handeln muss eine spürbare Wettbewerbsbeschränkung bezwecken oder bewirken. Für ein „Bewirken" reicht die ursächliche eingetretene oder zu erwartende Wettbewerbsbeschränkung durch ein koordiniertes Marktverhalten aus.[893]

Einzelne, eine Wettbewerbsbeschränkung verkörpernde, Praktiken sind exemplarisch in Art. 101 Abs. 1 lit. a) bis e) AEUV genannt. Das Transferinvestment könnte nach Art. 101 Abs. 1 lit. c) eine wettbewerbsbeschränkende Koordination mehrerer in Form der Einschränkung von Investitionen darstellen. Dabei ist für die Wettbewerbswidrigkeit einer Verbandsregel nicht erforderlich, dass diese eine Wettbewerbsbeschränkung zwischen den Vertragsparteien, also Ligaverband und Lizenzclub, enthält. Vielmehr müssen auch alle Drittwirkungen einer Maßnahme berücksichtigt werden.[894]

Vereinbarungen, Beschlüsse und aufeinander abgestimmte Verhaltensweisen autonom handlungsfähiger Parteien, die eine wettbewerbliche Leistung ohne notwendige Unterstützung von Dritten an den Markt bringen, können eine verbotene

---

891 *Heermann*, WRP 2003, S. 724, 730 f.; *Klees*, EuZW 2008, S. 391, 393.

892 *Verse*, causa sport 2010, S. 28, 31; Auch ein „internationaler Markt für Lizenzfußballspieler" ist anerkannt, vgl.GA *Lenz*, Schlussantrag im Bosman Verfahren, EuGRZ 1995, S. 459, 502; folgerichtig wird in der Literatur weiter angenommen, dass beispielsweise die Einführung eines Salary Cap zu einer Einschränkung dieses Marktes führen würde, da die Lizenzfußballspieler mit den Ligaclubs als potentiellen Vertragspartnern ihre Vergütung nicht frei aushandeln könnten, vgl. *Bahners*, SpuRt 2003, S. 142, 143, was zu einer künstlichen Preissenkung und einem künstlichen Nachfragerückgang auf dem Spielermarkt führe, vgl. *Hannamann*, in: Spektrum des Sportrechts, S. 168 f.

893 Kommission, Entscheidung vom 15.07.1975, ABl. 1975 Nr. L 228/3, S. 8 – „IFTRA-Hüttenaluminium", EuGH Urt. vom 04.07.2009 – Rs. C-8/08 – Slg. 2009, I-4529, Rn. 28 – „T-Mobile Netherlands" = EuZW 2009, S. 505, 506 und vom 06.10.2009 – Rs. C-501/06 P, C-513/06 P, C-515/06 P und C-519/06 P – Slg. 2009, I-9291, Rn. 55 – „GlaxoSmithKline Services"; Kommissionsentscheidung vom 13.12.1989, ABl. 1990 Nr. L 21/71, 76; *Weiß*, in: Calliess/Ruffert (Hrsg.), EGV/AEUV, Art. 101 AEUV, Rn. 107; *Heermann*, in: Horst/Nolte (Hrsg.), Handbuch Sportrecht, S. 63.

894 *Bahners*, SpuRt 2003, S. 142, 143.

Wettbewerbsstörung darstellen, wenn dadurch die Freiheiten des Marktzugangs, der Wahl des Vertragspartners, des Abschlusses von Geschäften und deren inhaltlicher Ausgestaltung maßgeblich eingeschränkt werden. Dies wird beispielsweise für den Abschluss eines Sponsoring Vertrages angenommen.[895] Das Zusammenwirken eines Clubs mit einem Sponsor ist mit der Vereinbarung eines Clubs mit einem Investor vergleichbar. In beiden Fällen werden dem Club Finanzmittel bereitgestellt, wobei diese Bereitstellung mit bestimmten Gegenleistungen verknüpft ist.

Das Transferinvestmentverbot verhindert einerseits für den Transferinvestor den Marktzugang und hat andererseits zur Folge, dass für die Clubs die freie Wahl des Vertragspartners beeinträchtigt wird.

Darüber hinaus ergeben sich auch Auswirkungen auf den Wettbewerb der deutschen Clubs untereinander, da diese nur eingeschränkt um Investoren konkurrieren können:[896] Zwar trifft das Verbot formal alle Clubs gleichermaßen. Wie bereits festgestellt, gibt es aber Clubs, die gerade deshalb an der Finanzierungsform des Transferinvestments interessiert sind, weil sie keine Clubinvestoren finden oder diese aufgrund ihrer gesellschaftsrechtlichen Struktur nicht beteiligen können. Andere Clubs würden selbst bei Zulassung des Transferinvestments kategorisch hierauf verzichten. Es verschlechtern sich durch das Verbot also die Chancen derjenigen Clubs, die ein Transferinvestment in Anspruch nehmen wollen.

Die Wettbewerbsbeschränkung muss schließlich unter Berücksichtigung der Stellung und Bedeutung der Parteien auf dem betroffenen Markt „spürbar“ sein.[897] Dieses Kriterium ist regelmäßig im Hinblick auf Beschlüsse von Sportverbänden erfüllt, da die von den nationalen Verbänden getroffenen Beschlüsse den gesamten jeweiligen Bereich abdecken. Sportverbände verfügen in aller Regel über eine monopolartige Stellung auf dem jeweiligen Markt.[898]

b) Keine Bereichsausnahme nach Art. 106 Abs. 2 AEUV

Für Unternehmen, die mit Dienstleistungen von allgemeinem wirtschaftlichen Interesse betraut sind, gelten gemäß Art. 106 Abs. 2 AUEV die Vorschriften der Verträge, insbesondere die Wettbewerbsregeln – wie Art. 101 f AEUV – nur, soweit die Anwendung dieser Vorschriften nicht die Erfüllung der ihnen übertragenen besonderen Aufgabe rechtlich oder tatsächlich verhindert. Art. 106 Abs. 2 erlaubt also in definierten Grenzen Abweichungen von den unternehmensbezogenen Vorschriften der Verträge. Die europäischen Gerichte umschreiben „Dienstleistungen

---

895 *Stopper*, in: Stopper/Lentze (Hrsg.), Handbuch Fußball-Recht, Kap. 7, Rn. 13 unter Verweis auf EuGH vom 21.02.1984 – C-86/82 – Slg. 1984, 883, 908 – „Hasselbad“; EuGH v. 25.01.1986 – C-193/83 – Slg. 1986, 611, 653 – „Windsurfing International“.

896 Vgl. die Argumentation von *Verse*, CaS 2010, S. 28, 31 im Hinblick auf die 50+1 Regel.

897 *Weiß*, in: Calliess/Ruffert (Hrsg.), EUV/AEUV, Art. 101 AEUV, Rn. 131.

898 *Weiß*, Spurt 1998, S. 97, 99; *Schroeder*, SpuRt 2006, S. 1, 4.

von allgemeinem wirtschaftlichen Interesse“ als „Leistungen zugunsten sämtlicher Nutzer im gesamten Hoheitsgebiet des betreffenden Mitgliedstaats, [...] ohne Rücksicht auf Sonderfälle und auf die Wirtschaftlichkeit jedes einzelnen Vorgangs“.[899]

Die Kommission definiert diese als marktbezogene Tätigkeiten, die im Interesse der Allgemeinheit erbracht werden und deshalb von den Mitgliedstaaten mit besonderen „Gemeinwohlverpflichtungen“ verknüpft werden.[900] Für Art. 106 Abs. 2 Var. 1 AEUV ist entscheidend, dass das betreffende Unternehmen mit einer Dienstleistung „betraut“ ist. Dem Unternehmen muss hierzu von einem Mitgliedstaat eine Aufgabe im oben genannten Sinne kraft eines Hoheitsakts der öffentlichen Gewalt übertragen worden sein.[901] Der DFB und der Ligaverband sind auf Grundlage der Verbandsautonomie begründete Verbände, die ihre Aufgaben im Grundsatz gerade selbst beschreiben. Sie sind keine Unternehmen, die vom Staat mit bestimmten Aufgaben betraut sind. Eine Anwendbarkeit des Art. 106 Abs. 2 kann allerdings dann begründet sein, wenn von staatlicher Seite den Sportverbänden eine bestimmte Aufgabe gezielt durch Hoheitsakt übertragen wird. So könnte beispielsweise ein Gesetz vorsehen, dass in jeder Sportart ein Unternehmen damit betraut sein muss, Investoren auf bestimmte Kriterien zu überprüfen. Dieses Unternehmen fiele dann möglicherweise in den restriktiv auszulegenden Anwendungsbereich von Art. 106 Abs. 2. Eine derartige Fallgestaltung ist aber wenig wahrscheinlich. Gegenwärtig ist die Kontrolle des Transferinvestments – mangels entsprechender gesamtwirtschaftlicher Bedeutung – weder als „Dienstleistung von allgemeinem wirtschaftlichen Interesse“ zu bewerten noch ist staatlicherseits ein Unternehmen mit dieser Aufgabe betraut worden. Art. 106 Abs. 2 ist somit nicht einschlägig.

c) Keine Modifizierung der kartellrechtlichen Wertungen

In der Literatur wird unter Heranziehung verschiedener Begründungsansätze[902], über eine teleologische Reduktion[903] oder Modifizierung[904] des Art. 101 AEUV und somit über eine Kartellrechtsneutralität bestimmter Rechtsinstitutionen[905]

899 EuG, Urteil vom 11.07.1996, Rs. T-528/93 u.a., Slg. 1996, II-649, Rn. 116 – „Métropole télévision“; vgl. auch EuGH, Urteil vom 19.05.1993, Rs. C-320/91, Slg. 1993, I-2533, Rn. 15 – „ Corbeau“ = NVwZ 1993, 874.

900 Grünbuch zu DAI, KOM (2003) 270, S. 7 f.; Weißbuch zu DAI, KOM (2004) 374, S. 28.

901 *Jung*, in Calliess/Ruffert (Hrsg.), EUV/AEUV, Art. 106 AEUV, Rn. 40; Ständige Rspr.: EuGH, Urteil vom 27.03.1974, Rs. 127/73, Slg. 1974, 313, Rn. 19/22 – „SABAM II“;; EuGH, Urteil vom 23.10.1997, Rs. C-159/94, Slg. 1997, I-5815, Rn. 65 – „Kommission/Frankreich“ = EuZW 1998, 76; 79; EuG, Urteil vom 12.02.2008, Rs. T-289/03, Slg. 2008, II-81, Rn. 172, 181 – „BUPA“

902 Vgl. die Folgepunkte aa) und bb).

903 *Sasdi*, Sport im Spannungsfeld, S. 115, 136.

904 *Deutscher*, SpuRt 2009, S. 97, 99.

905 *Stopper*, ZWeR 2008, S. 412, 420.

nachgedacht, durch die den Besonderheiten des sportlichen Wettbewerbs gegenüber dem wirtschaftlichen Wettbewerb Rechnung getragen werden soll.

Ausgangspunkt ist hierbei die Überlegung, dass die Erstellung des vermarktungsfähigen Gutes „Wettkampfsport“ im Gegensatz zum sonstigen Wirtschaftsleben stets die Zusammenarbeit und den Verbund mehrerer selbstständiger Wirtschaftseinheiten voraussetzt, die sportlich miteinander konkurrieren,[906] so dass eine sog. assoziative Konkurrenz besteht.[907]

Aufgrund der Besonderheiten des Sports steht die Beurteilung sportlicher Betätigung anhand des europäischen Wettbewerbsrechts immer in einem Spannungsfeld zwischen der Errichtung eines Systems unverfälschten Wettbewerbs und der Erhaltung der wesentlichen sozialen und gesellschaftspolitischen Vorteile des Sports.[908] Diese Besonderheit hat auch Generalanwalt Lenz im Bosman-Verfahren herausgestellt: Jeder in einer Profiliga tätige Verein habe ein Interesse am Wohlergehen der anderen Vereine und daher nicht das Ziel, Konkurrenten aus dem Markt auszuschalten. Es sei deshalb notwendig, durch geeignete Maßnahmen dafür zu sorgen, dass ein gewisses Gleichgewicht unter den Mannschaften gewahrt werde.[909]

Bejaht man diese Befugnis der Verbände zur Modifizierung kartellrechtlicher Wertungen im Interesse des sportlichen Gleichgewichts, kann ein einzelner Club sich im Einzelfall nicht darauf berufen, dass eine bestimmte Maßnahme des Ligaverbands eine den Wettbewerb innerhalb des Ligaverbandes beschränkende Regelung darstellt, weil schon der Wettbewerb als Grundprämisse abgelehnt wird.

aa) Single Entity und Konzernprivileg

Der vorgenannte Gedanke findet sich in der im US-Recht entwickelten Single Entity Theorie wieder.

Es werden demnach in bestimmten Bereichen des Sports die für diesen Bereich getroffenen Verbandsregelungen nicht als Vereinbarung zwischen Unternehmen oder als Beschluss einer Unternehmensvereinigung angesehen, sondern als Regelung nur eines Unternehmens, der Single Entity.[910] In der Diskussion um die rechtlichen Zulässigkeit einer Zentralvermarktung von TV-Rechten wurde unter Berufung auf diesen Gedanken vertreten, der Ligabetrieb als vermarktbares

---

906 *Fleischer*, WuW 1996, S. 473, 476.

907 *Hannaman*, in: Strukturen des Sportrechts, S. 162.

908 *Schwarze/Hetzel*, EuR 2005, S. 581, 584; *Monti*, Competition and Sport the Rules of the Game, Rede vom 26.02.2001, S. 3 (Quelle: Internet); *Pons*, Sport and European Competition Policy, Rede vom 14.10.1999, New York, S. 6 (Quelle: Internet).

909 EuGH: Schlussanträge vom 20.09.1995, Rs. C-C041/93 – Slg. 1995 S. I-04921, Rn. 227 – „Bosman“, weiter führt GA Lenz aus: „Darin liegt [...] ein bedeutsamer Unterschied zu dem Wettbewerbsverhältnis, wie es zwischen Unternehmen auf anderen Märkten vorherrscht. [...] Wird die Liga von einem übermächtigen Klub dominiert, macht sich erfahrungsgemäß Desinteresse breit.“

910 *Summerer*, SpuRt 2008, S. 234, 239; *Stopper*, ZweR 2008, S. 412, 422.

Produkt könne nur durch eine Zusammenarbeit mehrerer, miteinander im Wettbewerb stehender Unternehmen geschaffen werden. Die Liga selbst sei daher ein Unternehmen, das erst durch das Zusammenwirken aller Beteiligten entstehe.[911] Dort, wo die Gemeinschaft der am Ligasport Beteiligten als Einheit zur vermarkten sei, weil es nur so wirtschaftlich sinnvoll sei, falle sie nicht unter das Kartellverbot.[912]

Die UEFA argumentierte im Streit mit der EU-Kommission um die Zentralvermarktung der Champions League, dass die Beziehungen zwischen Fußballvereinen nicht mit dem freien Spiel der Wettbewerbskräfte verglichen werden könnten, da die Vereine nicht völlig voneinander unabhängige Konkurrenten seien. Die Würdigung von Wettbewerbsbeschränkungen einer Vereinbarung im Vergleich zum uneingeschränkten Wettbewerb der Beteiligten untereinander sei nur dann sinnvoll, wenn es sich bei den Parteien um unabhängige Unternehmen handele, die unter normalen Umständen miteinander konkurrieren würden.[913] Die Kommission hielt dem entgegen, dass zwar eine gewisse Zusammenarbeit der Beteiligten zur Ausrichtung von Fußballligen notwendig und die Clubs in diesem Sinne voneinander abhängig seien; die gegenseitige Abhängigkeit erstrecke sich jedoch nicht auf sämtliche Tätigkeiten der Champions League Teilnehmer. Die Clubs würden um Sponsoren, Stadionwerbung, Fanartikelverkauf und um Spieler konkurrieren.[914] In einer Entscheidung zur Zentralvermarktung der Bundesliga ergänzte die Kommission, solche Erwägungen seien letztlich bei der Würdigung einer Legalausnahme[915] vom Wettbewerbsbeschränkungsverbot zu berücksichtigen.[916]

Es sprechen zwar durchaus gute Gründe dafür, bei der Zentralvermarktung von Ligawettbewerben die Single Entity Theorie anzuwenden. Bei der Champions League haben alle teilnehmenden Clubs ein Interesse daran, dass der sportliche Wettbewerb als solcher sich als ein möglichst gutes Gesamtprodukt präsentiert; hierzu ist eine gewisse Koordination der Vermarktung erforderlich. Die Situation der globalen Transferfinanzierung ist hiermit aber nicht vergleichbar. An einem Transfer können – im Gegensatz zum begrenzten Teilnehmerkreis der Champions League – alle Clubs des Weltfußballverbandes beteiligt sein, so dass – wenn überhaupt – auch nur die Gesamtheit aller am weltweiten Spielertransfer beteiligter Clubs als Single Entity in Betracht käme, was jedoch kaum praktikabel wäre. Das Fußballtransfergeschehen und die Finanzierung der Transfers sind von einem rein

911 *Bruder/Hellmann*, EuZW 2006, S. 359, 361; *Fleischer*, WuW 1996, S. 473, 477.

912 *Stopper*, ZweR 2008, S. 412, 423.

913 Kommission, Entscheidung vom 08.11.2003, ABl. 2003 L 291/25, Rn. 55 – „Champions League."

914 Deswegen sei der Beschluss, die gewerblichen Rechte gemeinsam zu vermarkten nicht im Sinne von Art. 81 EG (Art. 101 AEUV) erforderlich, um eine Fußballliga auszurichten, Kommission, Abl. L 291/25, Rn. 129 – „Champions League".

915 Seinerzeit war diese in Art. 81 Abs. 3 EG, nunmehr ist sie in Art. 101 Abs. 3 AEUV geregelt.

916 Kommission, Entscheidung vom 19.01.2005, Abl. L 134/46 – „Bundesliga"

marktwirtschaftlichen Verhalten aller Teilnehmer geprägt. Im Unterschied zum amerikanischen Spielermarkt, der im Interesse der gerechten Verteilung von „Spielerpotential" beispielsweise bestimmte Reihenfolgen des Zugriffs der Teams auf Nachwuchstalente vorsieht (Draft Pick), funktioniert der Spielermarkt nach dem Prinzip von Angebot und Nachfrage.[917] Einige Clubs würden das Transferinvestment in Anspruch nehmen würden, andere hierauf verzichten – es fehlt an einer einheitlichen Zielrichtung. Im Falle eines freien Agierens am Markt entfällt aber eine mögliche Legitimation der Wettbewerbsbeschränkung unter Heranziehung der Single Entity Theorie.[918]

Der Single Entity Theorie steht das „Konzernprivileg" nah. Hierbei wird jedoch weniger eine Einzelmaßnahme betrachtet, sondern das Verhältnis der Unternehmen untereinander.[919] Der EuGH hat das Kartellverbot für nicht anwendbar erklärt, wenn eine Absprache zwischen Unternehmen getroffen wird, die als Mutter und Tochtergesellschaft ein und demselben Konzern angehören und die Unternehmen eine wirtschaftliche Einheit bilden, in deren Rahmen die Tochtergesellschaft ihr Marktverhalten nicht wirklich autonom bestimmen kann.[920]

Beim Begriff der wirtschaftlichen Einheit stellt die Rechtsprechung darauf ab, ob eine Gesellschaft ihr Marktverhalten nicht autonom bestimmen kann, sondern Weisungen – etwa der beherrschenden Gesellschaft – unterliegt.[921] Aufgrund der bei den einzelnen Unternehmen fehlenden wirtschaftlichen Selbständigkeit, kann dann ein Wettbewerbsverhältnis zwischen diesen verbundenen Konzerngesellschaften nicht bestehen.[922]

Teilweise wird vertreten, dass der Ausschluss der Anwendbarkeit des Wettbewerbsrechts aufgrund eines Konzernprivilegs auch für Verbandsregeln Anwendung finden kann.[923] Der Gedanke, dass der Ligaverband als Zusammenschluss der Clubs sich auf das Konzernprivileg berufen kann, wird beispielsweise mit Blick auf die 50+1 Regelung[924] vertreten. Hierbei wurde hervorgehoben, dass Ligaverband und

---

917 Die Möglichkeit einen bestimmten Spieler zu verpflichten, richtet sich nicht nach den sportlichen Ergebnissen des Clubs, sondern nach dessen Finanzkraft, der Möglichkeit weitere Finanzmittel zu beschaffen, dem Finanzbedarf des abgebenden Clubs und den Gehaltsvorstellungen des Spielers.

918 *Sauer*, SpuRt 2004, S. 93, 96.

919 *Weiß*, in: Calliess/Ruffert (Hrsg.), EUV/AEUV, Art. 101 AEUV, Rn. 80. Immenga/Schweizer, in: Immenga/Mestmäcker (Hrsg.), GWB, § 8, Rn. 46; Stopper, ZweR 2008, S. 412, 420.

920 EuGH, Urteil vom 04.05.1988 – Rs. 30/87 - Slg. 1988, 2479, Rn. 19 – „Bodson" = NVwZ 1989, S. 949, 950; EuGH, Urteil vom 15.10.1974 – Rs. 15/74 - Slg. 1974, 1147, Rn. 41 – „Negram II" = NJW 1975, S. 516.

921 *W. Weiß*, in: Calliess/Ruffert (Hrsg.), EUV/AEUV, Art. 101 AEUV, Rn. 33.

922 So auch EuGH, Urteil vom 02.07.1984 - Rs. 170/83 - Slg. 1984, 2999, Rn. 11 – „Hydrotherm"; *W. Weiß*, in: Calliess/Ruffert (Hrsg.), EUV/AEUV, Art. 101 AEUV, Rn. 80.

923 *Summerer*, SpuRt 2008, S. 234, 239.

924 Vgl. FÜNFTER TEIL, A.I.2.b).aa).(1).

DFL einen weitreichenden Einfluss auf die wirtschaftliche Betätigung der Clubs ausüben würden. Mittels der von den Clubs vermittelten Leitungsmacht könne die DFL Maßnahmen im Rahmen der Lizenzerteilung und Umverteilung von Einnahmen sowie Vermarktungsfragen auch gegen innergesellschaftliche Widerstände durchsetzen.[925] Die Annahme einer Leitungsmacht ist aber im Hinblick auf das Transferinvestment nicht gerechtfertigt. Denn die Clubs sind nicht gewillt, ihre Autonomie auf dem Gebiet der Transferfinanzierung aufzugeben.[926]

Einen Ligakonzern, wie ihn die NFL, die NBA oder die NHL in den Vereinigten Staaten darstellen, begründen europäische Clubs durch ihre jeweiligen Zusammenschlüsse im Ligaverband nicht: Im Bereich des Spielertransfers akzeptieren die Clubs zwar die gemeinsamen Transferregeln, stehen sich aber im Übrigen als Wettbewerber um die besten Spieler und um die Geldmittel zur Finanzierung dieser Spieler gegenüber. Solange die Finanzierung der Lizenznehmer gesichert ist, räumt der Ligaverband den Clubs bei der Finanzmittelbeschaffung dementsprechend auch große Freiheiten ein.

bb) Immanenztheorie

Ferner gibt es den Ansatz, die wettbewerblichen Vor- und Nachteile schon im Rahmen des Tatbestandes des Art. 101 AEUV und nicht erst bei Art. 101 Abs. 3 gegenüber zu stellen.[927] Nach der sog. Immanenztheorie können bestimmte Wettbewerbsbeschränkungen einer im Übrigen kartellrechtsfesten Vereinbarung immanent sein. Der Kartellrechtstatbestand sei mit Blick auf solche Wettbewerbsbeschränkungen teleologisch zu reduzieren, die für die anerkennenswerte Zielsetzung eines Vertrags unerlässlich sind.[928] Die Rechtsprechung hat – ohne sich explizit zur „Immanenztheorie" zu bekennen – immer wieder die dargelegte Gedankenführung aufgenommen und berücksichtigt, dass eine für sich genommen wettbewerbsbeschränkend wirkende Klausel zur Durchführung einer im Ganzen wettbewerbsbelebenden Transaktion beitragen kann.[929] Ist ein Wettbewerbsverbot darauf gerichtet, den Bestand und die Funktionsfähigkeit einer ansonsten kartellrechtsneutralen Organisation zu erhalten[930] und geht es nicht über das Maß dessen

---

925 *Summerer*, SpuRt 2008, S. 234, 239.

926 *Stopper*, in: Stopper/Lentze (Hrsg.), Handbuch Fußball-Recht, Kap. 7, Rn. 43.

927 Vgl. EuGH, Urt. v. 08.06.1982, Rs. 258/78 – Slg. 1982, 2015 – „Maissaatgut" = NJW 1982, 1929 ff.; EuGH, Urt. v. 28.01.1986, Rs. 161/84 – Slg. 1986, 374 – „Pronuptia" = NJW 1986, 1415 ff.

928 Vgl. *Doehner/Hoffmann*, in: Gummert/Weipert (Hrsg.), Münchener Handbuch des Gesellschaftsrechts, Band 2, § 16, Rn. 71; *Zimmer*, in: Immenga/Mestmäcker (Hrsg.), GWB, § 1 Rn.175 ff.

929 *Zimmer*, in: Immenga/Mestmäcker (Hrsg.), GWB, § 1 Rn.177 unter Hinweis u. a. auf EuGH, Urteil vom 11.07.1985 – Rs. 42/84 – Slg. 1985, 2545, Rn. 19 – „Nutricia" = GRUR Int. 1986, S. 55, 56; BGHZ 38, S. 306; 104, S. 246; BGH NJW 1994, S. 384 und NJW-RR 1998, S. 1508.

930 BGHZ 89, S. 162, 169; 104, S. 246, 251.

hinaus, was zum Schutze dieser Organisation notwendig ist und von der Treuepflicht gefordert wird,[931] so ist dieses Verbot dem Privatrechtsverhältnis immanent und verstößt nicht gegen das Kartellrecht.

Die Immanenztheorie wurde auf europäischer Ebene mehrfach zugunsten des Sports herangezogen, um „sportimmanente“ Wettbewerbsbeschränkungen vor dem Zugriff des Art. 101 AEUV zu bewahren.[932] Beispielsweise hat sich die UEFA darauf berufen, dass eine von ihr erlassene Regelung zur Beschränkung der Mehrfachbeteiligung eines Investors an mehreren Clubs innerhalb eines sportlichen Wettbewerbs (Multi-Club-Ownership) unter die Bereichsausnahme für den Sport falle, also eine Sportimmanenz für die Regelung geltend gemacht.

Selbst bei Eintreten wirtschaftlicher Auswirkungen greife eine teleologische Reduktion, soweit die Regelung für die Organisation erforderlich sei oder aus nichtwirtschaftlichen Gründen gerechtfertigt werden könne.[933] Die Einführung von Regelungen, die dem Schutz der Integrität von Sportwettbewerben dienten, könnte keinen Missbrauch einer marktbeherrschenden Stellung darstellen.[934] Dem ist die EU-Kommission entgegen getreten. Allein die nicht auf eine Wettbewerbsbeschränkung – sondern auf die Integrität des Wettbewerbs und eine Vermeidung von Interessenkonflikten gerichtete Zielsetzung – lasse die UEFA-Regel nicht aus dem Anwendungsbereich des Wettbewerbsbeschränkungsverbots fallen.[935]

Diese Argumentation lässt sich auf ein Transferinvestmentverbot übertragen. Zwar können die Befürworter eines derartigen Verbotes für sich in Anspruch nehmen, dass ein Ausschluss des Transferinvestments – wie ein Verbot des Multi-Club-Ownership – die Integrität des Fußballs schützen soll. Hierbei handelt es sich jedoch nicht um eine Maßnahme, die für den Bestand und die Funktionsfähigkeit des Wettbewerbs im Fußball erforderlich ist. Denn der behauptete Nutzen für den Wettbewerb ist nicht so eindeutig, dass man von einer Erforderlichkeit des Verbots ausgehen könnte. Hiergegen spricht auch, dass das Transferinvestment in Portugal seit Jahren zum Einsatz kommt, ohne dass hierdurch der Wettbewerb in seiner Funktion erkennbar beeinträchtigt ist.[936]

---

931 BGHZ 70, S. 331, 335.

932 *Deutscher*, SpuRt 2009, S. 97, 100; *Weiler*, SpuRt 2007, S. 233, 239; *Schroeder*, SpuRt 2006, S. 1, 4; *Schwarze/Hetzel*, EuR 2005, S. 581, 592.

933 Kommission, Entscheidung vom 25.06.2002, Nr. 37806, Rn. 19 – „ENIC/UEFA“.

934 Kommission, Entscheidung vom 25.06.2002, Nr. 37806, Rn. 23 – „ENIC/UEFA“.

935 Vielmehr müsse auch ermittelt werden, ob die Auswirkungen der Regelung wettbewerbsbeschränkend und der Verfolgung der verfolgten Ziele inhärent seien, Kommission, Entscheidung vom 25.06.2002, Nr. 37806, Rn. 30 f. – „ENIC/UEFA“.

936 Vgl. auch *Deutscher*, SpuRt 2009, S. 97, 100, der die Anwendung der Immanenztheorie auf die 50+1 Regelung mit der Begründung ablehnt, die gesamte Betätigung deutscher Fußballclubs sei dermaßen wirtschaftlich geprägt, dass die umfassende Geltung des nationalen und europäischen Wettbewerbsrechts in jeder Hinsicht zwingend sei.

d) Kein Fall der Ausnahmeregelung des Art. 101 Abs. 3 AEUV

Das Verbot des Art. 101 Abs. 1 AEUV kann unter bestimmten Voraussetzungen, die sich im Einzelnen aus Art. 101 Abs. 3 ergeben, für nicht anwendbar erklärt werden. Dies ist der Fall, wenn eine wettbewerbsbeschränkende Vereinbarung zur Verbesserung der Warenerzeugung oder -verteilung oder zur Förderung des technischen oder wirtschaftlichen Fortschrittes beiträgt und die Verbraucher angemessen an einem entstehenden Gewinn beteiligt werden.

Zudem dürfen den beteiligten Unternehmen nur solche Beschränkungen auferlegt werden, die für die Verwirklichung der vorgenannten Ziele unerlässlich sind. Darüber hinaus darf ihnen keine Möglichkeit eröffnet werden, für einen wesentlichen Teil der betreffenden Waren den Wettbewerb auszuschalten. Diese vier Voraussetzungen müssen kumulativ vorliegen.[937]

Der Wortlaut des Art. 101 Abs. 3 AEUV passt erkennbar nur auf wenige Sachverhalte des Sports,[938] die Voraussetzungen der Freistellungsvorschrift sind auf die Dienstleistung bzw. das Produkt Ligasport nur entfernt zugeschnitten.[939] Gleichwohl wird argumentiert, dass bestimmte Verbandsmaßnahmen, beispielsweise die Zentralvermarktung, dem Ziel einer Förderung der finanziellen Solidarität unter den Clubs dienen würden, daher zur Verbesserung des Produktes beitrügen und gemäß Art. 101 Abs. 3 von der Kommission freigestellt werden könnten.[940] Das Verbot des Transferinvestments ist aber nicht primär eine Maßnahme zum Erhalt der finanziellen Solidarität, sondern soll vor allem die Integrität, Transparenz und Ethik des Fußballs schützen. Um hierin einen Vorteil für die Verbraucher auszumachen, fehlt es an Hinweisen, dass das Produkt „Fußball" unter dem Transferinvestment tatsächlich spürbar leidet. Eine Einschlägigkeit des Art. 101 Abs. 3 ist daher schwierig zu begründen. Die Rechtfertigung eines Verstoßes gegen Art. 101 Abs. 1 ohne Bejahung der Voraussetzungen des Art. 101 Abs. 3 ist problematisch, weil Art. 101 Abs. 1 dem Wortlaut nach im Falle des Verstoßes die Nichtigkeitsfolge anordnet. Für weitere Erwägungen zur Verhältnismäßigkeit bietet die Norm keinen Anknüpfungspunkt.

Losgelöst von den konkreten Freistellungsmöglichkeiten in Art. 101 Abs. 3 hat der EuGH aber in der Sache *Meca-Medina*[941] einen Abwägungsmaßstab definiert, auf dessen Grundlage eine Freistellungsmöglichkeit i. S. v. Art. 101 Abs. 3 zu beachten ist.[942]

---

937 *Holzhäuser*, in: Stopper/Lentze (Hrsg.), Handbuch Fußball-Recht, Kap. 16, Rn. 63 unter Verweis auf EuGH Urteil vom 13.07.1966, Rs. C-56/64 – Slg. 1966, 321, 399 – „Grundig/Consten".

938 So auch *Deutscher*, SpuRt 2009, 97, 100.

939 *Holzhäuser*, in: Stopper/Lentze (Hrsg.), Handbuch Fußball-Recht, Kap. 16, Rn. 63; *Heermann* WuW 2009, 394, 406.

940 *Weiß*, Spurt 1998, 97, 100; *Sauer*, SpuRt 2004, 93, 97.

941 EuGH, Urteil vom 18.07.2006, Rs. C-519/04 P – Slg. 2006, I-6991– „Meca-Medina" = EuZW 2006, 593 ff.

942 *Stopper*, in: Stopper/Lentze (Hrsg.), Handbuch Fußball-Recht, Kap. 7, Rn. 20.

Danach ist die Abwägung im Wege des sog. Drei-Stufen-Tests durchzuführen.[943] Bei der Anwendung des Wettbewerbsbeschränkungsverbotes im Einzelfall muss zunächst der Gesamtzusammenhang, in dem der fragliche Beschluss zu Stande gekommen ist oder seine Wirkungen entfaltet, und insbesondere seine Zielsetzung gewürdigt werden. Sodann ist zu prüfen, ob die mit dem Beschluss verbundenen wettbewerbsbeschränkenden Wirkungen notwendig mit der Verfolgung der genannten Ziele zusammenhängen und zuletzt ob sie im Hinblick auf diese Ziele verhältnismäßig sind. Denn die mit dem Beschluss auferlegten Beschränkungen fallen nur dann nicht unter das Wettbewerbsbeschränkungsverbot, wenn sie auf das zum ordnungsgemäßen Funktionieren des sportlichen Wettkampfs Notwendige begrenzt sind.

Eine Besonderheit dieser wettbewerbsrechtlichen Verhältnismäßigkeitsprüfung gegenüber der im Rahmen der Grundfreiheiten durchzuführenden besteht darin, dass der EuGH – zumindest dem Entscheidungswortlaut zufolge – nur solche Regelungen anerkennt, die ihrer Zielrichtung nach auf das ordnungsgemäße Funktionieren des sportlichen Wettkampfes gerichtet sind.[944] Hierdurch wird aber keine signifikant höhere Anforderung an die Verhältnismäßigkeit gestellt.

Für fast alle auf die Besonderheiten des Sports gestützten Regelungen lässt sich vertreten, dass diese im Ergebnis für das Funktionieren des sportlichen Wettkampfes erforderlich sind. Auch im Hinblick auf die Wettbewerbsfreiheit muss vor dem Hintergrund des Art. 165 AEUV den Sportverbänden eine gewisse Einschätzungsprärogative zugestanden werden. Dies gilt beispielsweise hinsichtlich der Frage, inwieweit sich – nicht unmittelbar auf die sportliche Betätigung bezogene – Regelungen zur Talentförderung oder zum Schutz minderjähriger Sportler letztlich nicht doch auf das Funktionieren des sportlichen Wettkampfes auswirken.

Die Frage, inwieweit neben der klassischen Verhältnismäßigkeitsprüfung, also der Feststellung eines legitimen Ziels des Sportverbandes, der Geeignetheit, Erforderlichkeit und Angemessenheit einer Maßnahme auch nach Einführung des Art. 165 AEUV noch die Feststellung eines „Allgemeininteresses“ verlangt werden kann, dürfte in Zukunft kontrovers diskutiert werden.

Im Bernard-Urteil hat der EuGH statt auf eigene Rechtfertigungsgründe für die Verbände einzugehen, die Rechtfertigung auch anhand zwingender Gründe des

---

943 EuGH a.a.O., Rn. 41 – „Meca-Medina“ = EuZW 2006, 593, 596; vgl. auch *Schroeder*, SpuRt 2006, S. 1, 4; *Stopper*, in: Stopper/Lentze (Hrsg.), Handbuch Fußball-Recht, Kap. 7, Rn. 20; *Holzhäuser*, in: Stopper/Lentze (Hrsg.), Handbuch Fußball-Recht, Kap. 16, Rn. 62.

944 In diesem Sinne *Streinz*, ZEuP 2005, S. 340, 348, dem zu folge die Kernaussagen zur Rechtfertigung von Beschränkungen der Freizügigkeit der Sportler sich auch auf das Kartellrecht insoweit übertragen ließen, als entsprechend dem Gedanken der *Rule Of Reason* die ökonomischen Besonderheiten des Profisports Beschränkungsmaßnahmen auch kartellrechtlich rechtfertigen, soweit sie erforderlich sind, um den spezifischen Sportwettbewerb aufrechtzuerhalten.

Allgemeininteresses geprüft.[945] In das Allgemeininteresse bezieht der EuGH die Interessen des Sports ein, die der EuGH im Bosman-Urteil als mit dem Allgemeininteresse vereinbar anerkannt hat. Auch den neuen Art. 165 Abs. 1 Unterabschnitt 7 AEUV will der EuGH im Rahmen der Abwägung zwischen Sport und Allgemeininteresse berücksichtigt wissen.[946]

aa) Legitimes Ziel

Im Bosman-Urteil hat der EuGH festgestellt, dass er „eine beträchtliche soziale Bedeutung" insbesondere des Fußballsports und den „Zweck der Aufrechterhaltung eines Gleichgewichtes zwischen den Vereinen unter Wahrung einer bestimmten Chancengleichheit und der Gewährleistung der Ungewissheit der Ergebnisse", anerkennt.[947] Als legitime Ziele eines Sportverbands, die im Rahmen der Überprüfung einer möglichen Verletzung des Unionsrechts zu berücksichtigen sein können, sind außerdem die „Organisation und ordnungsgemäße Durchführung des Wettkampfsports"[948] sowie die Gewährleistung einer einheitlichen und konsistenten Ausübung einer bestimmten Sportart anerkannt.[949]

Ein Transferinvestmentverbot verfolgt verschiedene Ziele, insbesondere:[950]

1. Schutz der finanziellen Stabilität der Liga,
2. Schutz des Fußballgeldkreislaufs,
3. Schutz der Integrität und Transparenz des Sports
4. Schutz minderjähriger Spieler

In der Diskussion um die Vereinbarkeit der UEFA Regeln zum Financial Fair Play mit dem Europarecht wird vorgebracht, dass in der Verhältnismäßigkeitsprüfung vor dem Hintergrund des *Meca-Medina* Urteils kein Rosinenpicken zulässig sei. Es

945 EuGH, Urteil vom 16.03.2010, Rs. C-325/08 – Slg. I-2010, 2196, Rn. 38 – „Bernard" = EuZW 2010, 342, 344; kritisch hierzu *Eichel*, EuR 2010, S. 685, 691.

946 EuGH a.a.O., Rn. 39 f = EuZW 2010, 342, 344.

947 EuGH, Urteil vom 15.12.1995, Rs. G-415/93 – Slg. 1995, I-4921, Rn. 106 – „Bosman" = NJW 1996, 505, 510.

948 Dieses Ziel kann beispielsweise die Sicherstellung fairer Sportwettbewerbe mit Chancengleichheit für alle Athleten, die Gewährleistung ergebnisoffener Wettkämpfe, den Schutz der Gesundheit der Athleten sowie der Zuschauer, die Ermunterung zur Ausbildung junger Athleten und die Sicherstellung der finanziellen Stabilität von Clubs oder Teams umfassen, vgl. *Klees*, EuZW 2008, 391, 393, unter Hinweis auf das Begleitdokument zum Weißbuch Sport, S. 77.

949 Dass der Ligaverband ein ausdrückliches Interesse an vorgenannten Zielen hat, kommt in der Präambel der Lizenzierungsordnung zum Ausdruck, wonach – im Einklang mit den Erfordernissen des Clublizenzierungsverfahrens der UEFA – unter anderem die Stabilität, Integrität und Glaubwürdigkeit der Lizenznehmer und der Liga als Ganzes zu fördern sind.

950 *Abatan* EFPL SLB, S. 22, 32; *Andrews* EFPL SLB, S. 33, 36; *Purdon*, EFPL SLB, S. 38 f.; *Melero/Soiron*, EFPL SLB, S. 41, 44.

dürfe von den Gegnern einer Verbandsregelung nicht ein Einzelziel herausgehoben werden und die Verbandsregelung insoweit als unverhältnismäßig eingestuft werden, sondern es sei eine Gesamtbetrachtung anzustellen.[951] Um diesem Ansatz gerecht zu werden, sollen im Folgenden alle vier Ziele auf ihre Angemessenheit hin überprüft werden, um so zu einer Gesamtbewertung der Verhältnismäßigkeit zu kommen.

(1) Schutz der finanziellen Stabilität der Liga

Grundsätzlich sind Investitionen in den Fußball auch von den Verbänden erwünscht. Für die Stabilität der Liga durch Investments allgemein werden allerdings zwei zentrale Gefahren angeführt. Eine erste Gefahr liegt darin, dass der Investor durch sein finanzielles Engagement eine Abhängigkeit des Clubs herstellt, die den Club in eine existenz- und vor allem lizenzbedrohende Lage versetzen kann, wenn der Investor sich zurückzieht. Zielvorstellung des Ligaverbandes ist ein Wettbewerb, für den alle Clubs ihre Lizenz ohne Auflagen erhalten. Der Lizenzentzug gegenüber einem Club sorgt immer auch dafür, dass sich das Gesamtbild und die Planbarkeit des sportlichen Wettbewerbs verzerrt, was wiederum auch die finanzielle Stabilität der Liga insgesamt beeinträchtigt. Die zweite Gefahr besteht darin, dass die Erhöhung von Möglichkeiten zur Kapitalisierung, wenn sie relativ zu schon bestehenden Werten erfolgt, zu einer Verschlechterung der Konkurrenzfähigkeit insgesamt führen kann.[952]

Ein wirtschaftlich erfolgreicherer Club erzielt in dieser Situation gewöhnlich Mehreinnahmen, die höher ausfallen als die Mehreinnahmen des weniger erfolgreichen Clubs. Die hieraus folgende Verschlechterung der Konkurrenzfähigkeit sorgt dann wiederum dafür, dass die finanzschwächeren Clubs noch mehr Geld aufnehmen müssen, um nicht den Anschluss zu verlieren. Diese Situation auf dem Spielermarkt wird gelegentlich als „Rattenrennen"[953] bezeichnet. Aus dem Bieterwettbewerb auf dem Spielermarkt mit dem Ziel einer Steigerung der relativen Spielstärke entwickle sich ein Auktionsmechanismus, der die Preisspirale immer höher drehe.[954] In der Diskussion um die 50+1 Regelung wird vertreten, dass die Freigabe von Kapitalinvestitionen das relative Verhältnis der Clubs kaum

951 *Heermann*, CaS 2013, 263, 271.

952 *Stopper*, WRP 2009, S. 413, 420.

953 *Meier/Weigel* beschreiben diesen ökonomischen Begriff folgendermaßen: „Für eine ist die Chance ein Stück Käse zu bekommen umso höher, je schneller sie relativ zu den anderen rennt. Weil die Gesamtmenge an Käse aber unabhängig von der Renngeschwindigkeit aller Ratten ist und die Ratten ihre Renngeschwindigkeit stetig steigern, verbrauchen sie letztlich mehr Energie als das zusätzlich erworbene Stückchen Käse liefert.", in: FS Gömmel, S. 377, 386 m.w.N.

954 Hierbei blieben die Gesamteinnahmen unberührt, während sich die Personalausgaben den Gesamteinnahmen immer weiter annähern würden, *Uhrich*, Der hyperaktive Spielermarkt, S. 14.

verändern würde, sondern nur das Ausgabenniveau erhöht würde, wenn die Möglichkeit zur Kapitalbeschaffung allen Teilnehmern zur Verfügung stehe.[955]

(2) Schutz des Fußballgeldkreislaufs

Investments in den Fußball erfolgen im Spannungsfeld zwischen der erwünschten Einbindung von Investoren in den Fußball und der nicht erwünschten Entziehung von bestimmten Einzelwerten. Zur Abgrenzung von erwünschten und unerwünschten Investments wird angeführt, dass beispielsweise groß dimensionierte Anleihen auf Verwertungsrechte, überdotierte Sponsorenverträge und auf Jahrzehnte angelegte Vermarktungsverträge zu einem „Herauskaufen" von Werten des Clubs durch Dritte führen würden, während dagegen der Verkauf von Gesellschaftsanteilen dazu führen würde, dass Werte „hereingekauft" würden.[956] Der Annahme des Verlusts von Werten aus dem Geldkreislauf des Fußballs durch die Einbindung von Transferinvestoren beruht auf der Prämisse, dass ein Club, der an einem Transfer verdient, seine Einnahmen eher in den Fußball reinvestiert als ein Investor.[957]

Die FIFA vertritt die Auffassung, dass eine Transferentschädigung ihrer Natur nach nur von einem Club beansprucht werden und nicht durch ein Transferinvestment „herausgekauft" werden dürfe.[958] Das Transferinvestment führe dazu, dass der Spielerwert dem Fußball teilweise entzogen würde;[959] es ermögliche dem Club, die Spielerlaubnis für einen Bruchteil des Marktwerts zu erwerben und aufrecht zu erhalten. Kurzfristig sei dies attraktiv und helfe insbesondere kleineren Clubs im Rennen um Talente. Langfristig gesehen, habe diese Praxis aber zur Folge, dass den Clubs und damit dem Fußball Geld entzogen würde. Denn die Transfererlöse der Clubs fielen niedriger aus, obwohl der Club die Wertsteigerung des Spielers und damit die Entstehung des Transferwerts herbeiführe.[960] Dabei seien Vermarktungsrechte oder Zuschauereinnahmen – als potentielle Vergleichsobjekte zu Transferrechten – nicht in dem Maße wie das Transferrecht unmittelbar an die Person des Sporttreibenden geknüpft. Wenn ein Investor von der Wertschöpfung im Fußball

955 *Hovemann/Wieschemann*, SpuRt 2009, S. 187, 191.

956 *Stopper*, WRP 2009, S. 413, 421.

957 *Melero/Soiron*, EFPL SLB, S. 41, 44; der heutige DFB-Justiziar *Englisch* erklärte, die Einführung von Fußballspielbetriebsgesellschaften mit ihren unternehmerischen Zielen tangiere die soziale Funktion des Fußballs und es bestehe die Gefahr des Aufkaufs durch einen ausländischen Club oder Investor, vgl. SpuRt 2005, S. 46, 48.

958 Der Weltfußballverband beansprucht insofern das Recht festzuschreiben, dass ein bestimmter im Fußball geschaffener Wert nicht „verkauft" werden kann.

959 TMS-GmbH-Geschäftsführer *Mark Goddard* verglich diesen Vorgang in dem mit dem Verfasser am 18.05.2010 geführten Telefongespräch mit der „Abgabe eines Schlüssels". Wenn Dritte diesen Schlüssel einmal hätten, könnten die Verbände diese nicht wieder aussperren.

960 *Andrews* EFPL SLB, S. 33, 35.

und vom Spielertransfer profitieren wolle, sei der richtige Weg der, einen Club oder Anteile hieran zu erwerben.[961]

Weiter wird vorgebracht, der Transfermarkt sei in seinem Kern ein Solidaritätsmechanismus. Er existiere und werde von den Verbänden geschützt, um einen „Durchsickereffekt" zu bewirken, also eine Finanzierung der Ausbildungsarbeit wirtschaftlich schwächerer Clubs durch die wirtschaftlich stärksten Clubs über die Transferentschädigungen. Deutlich wird diese Intention der FIFA insbesondere vor dem Hintergrund der Ausbildungsentschädigungen und der Solidaritätszahlungen.[962]

Der Solidaritätsmechanismus habe zwei zentrale Auswirkungen: Erstens gewährleiste er, dass die durch den sportlichen Wettbewerb generierten Gelder im Fußball verblieben und zur langfristigen Verbesserung von dessen Infrastruktur beitrügen; zweitens stelle er sicher, dass für die Clubs ein dauerhafter Anreiz bestehe, talentierte Spieler auszubilden. Das Transferinvestment untergrabe diese beiden Grundprinzipien des Transfermarkts.[963]

Externe Spekulanten seien im Unterschied zu den Akteuren des Fußball nicht an einer langfristigen Gesundheit und Lebensfähigkeit des Sports insgesamt interessiert; außerdem minderten die Zahlungen an Investoren die Transfergewinne der Clubs und damit die Gelder, die seitens des Clubs in die Ausbildung von Talenten reinvestiert werden könnten. Denke man das Modell zu Ende, müssten die Investoren noch nicht einmal mehr die traditionellen Club-Strukturen nutzen, um „ihre" Spieler auszubilden, sondern könnten diese Ausbildung in privaten Akademien erbringen, was wiederum tiefgreifende Konsequenzen für die Pyramidenstruktur des Fußballs weltweit haben könne.[964]

(3) Schutz der Integrität und Transparenz des Sports

Im Hinblick auf die Gefährdung der Integrität wird befürchtet, dass das Transferinvestment den sportlichen Wettkampf beeinträchtigt, indem der Investor entweder direkt die Club-Entscheidungen beeinflusst oder er aufgrund der Natur seines Investments ein Interesse verfolgt, das sich nicht mit dem Interesse des Clubs an einem möglichst großen sportlichen Erfolg deckt. Hierunter könne die Glaubwürdigkeit des sportlichen Wettkampfes leiden. Der Organisator eines Wettbewerbs müsse es kritisch betrachten, dass am Wettbewerb teilnehmende Spieler von Drittparteien kontrolliert werden könnten, die dem Organisator unbekannt seien und deren Motive er nicht kenne. Die Problematik werde verschärft, wenn derart kontrollierte Spieler ein und derselben Drittpartei sich im Spiel gegenüberstünden.[965]

---

961 So sinngemäß TMS-GmbH-Geschäftsführer *Mark Goddard* in dem mit dem Verfasser am 18.05.2010 geführten Telefongespräch.

962 *Andrews* EFPL SLB, S. 33, 35.

963 *Andrews* EFPL SLB, S. 33, 35.

964 *Andrews* EFPL SLB, S. 33, 35; *Purdon*, EFPL SLB, S. 38, 39.

965 *Andrews* EFPL SLB, S. 33, 35.

Außerdem könne die Integrität des Fußballs dadurch belastet werden, dass Transferinvestments als Mittel zur Geldwäsche[966] genutzt würden. Der Transfermarkt sorge für Geschäfte mit teilweise immensen Volumina, wobei sich die Transaktionen grenz- und jurisdiktionsüberschreitend sowie in einem Gesamtumfeld vollzögen, das nur lückenhaft reguliert sei und innerhalb dessen die wirtschaftlichen Werte der Investitions- und Handelsgegenstände nicht ohne weiteres objektiv bewertet werden könnten.[967]

Der Zugang zum Markt sei relativ direkt möglich, erst recht im Bereich des Transferinvestments, da der Transferinvestor nicht einmal einen Club besitzen müsse, um am Transfergeschäft beteiligt zu werden.[968] Aufgrund der vergleichsweise geringen gesetzlichen Regulierung des Fußballmarktes könnten sich Investoren unter Nutzung von Offshore-Vehikeln in die Anonymität zurückziehen, würden aber trotzdem extrem vertrauliche und sensible Informationen erhalten.[969] Das Transferinvestment eröffne die Möglichkeit eines Schattentransfermarktes. Weder Verbandsregelungen noch nationalstaatliche Regelungen hätten bisher verhindern können, dass Transferinvestoren ihre erworbenen Rechte frei weiter veräußerten.[970]

Zur Anfälligkeit des Fußballs für Geldwäsche liegt ein von der „Financial Action Task Force“[971] erstellter Bericht aus dem Juli 2009 vor, der folgende Feststellungen trifft:[972]

1. Der Fußball-Markt sei schrankenlos und einfach zugänglich.
2. Es bestehe ein kompliziertes Netzwerk der Akteure.
3. Vielen Clubs fehle es an professionellem Management.
4. Die (gesellschafts-)rechtlichen Strukturen der Clubs seien uneinheitlich und teilweise könnten die Clubs leicht übernommen werden.
5. Die Geldflüsse seien immens und kaum kontrollierbar.
6. Der Charakter der Zahlungen, insbesondere für Transfers, sei von einer gewissen Unvorhersehbarkeit und Irrationalität geprägt.
7. Viele Clubs seien dringend auf Kapital angewiesen.

---

966 Geldwäsche ist ein Vorgang, der darauf abzielt, die Spuren illegaler, d. h. aus Straftaten stammender Vermögensgegenstände zu verschleiern oder zu verwischen, um diese zu einem späteren Zeitpunkt wieder als scheinbar legales Vermögen im regulären Geschäftsverkehr zu verwenden, vgl. *Vogt*, in: Herzog/Mühlhausen (Hrsg.), Handbuch Geldwäschebekämpfung und Gewinnabschöpfung, § 1 Rn. 2.

967 *Andrews* EFPL SLB, S. 33, 34.

968 *Andrews* EFPL SLB, S. 33, 34 f;

969 *Purdon*, EFPL SLB, S. 38, 39.

970 *Purdon*, EFPL SLB, S. 38, 40.

971 Die FATF ist eine durch die G-7 Staaten gegründete Expertengruppe unter dem Dach der OECD, die national durch die Strafverfolgungs- und Finanzaufsichtsbehörden unterstützt wird.

972 Zu Punkt 1 bis 10 vgl. FATF Bericht „Money Laundering through the Football Sector“, S. 14 bis 16, Rn. 47-56 (Quelle: Internet).

8. Viele (junge) Spieler seien leicht zu manipulieren.
9. Die gesellschaftliche Bedeutung des Fußballs sorge für eine erhöhte Hemmschwelle gegenüber Negativberichterstattung.
10. Der Fußball biete auch nicht-materielle Vorteile, indem er den Zugang zu wichtigen Personen der Gesellschaft ermögliche.

Ein Abschnitt des Berichts beschäftigt sich mit dem Transfermarkt und dem „Ownership", also der Rechteinhaberschaft an Spielern.

In dem hierzu angeführten Beispielsfall schloss ein hochverschuldeter Fußballclub in Lateinamerika einen Vertrag mit einem Investmentfonds in einem Steuerparadies, der sich verpflichtete, Finanzmittel bereitzustellen, um einerseits Schulden des Clubs zu begleichen und andererseits an dessen zukünftigen Erträgen teilzuhaben. Der Club verpflichtete einen Spieler von einem Club in Argentinien für 20 Mio. USD und überwies das Geld auf ein Konto des argentinischen Clubs in einem Drittland. Die Zahlung erreichte Argentinien nie. So ließ sich weder ermitteln, woher das Geld stammte, noch wer auf das Konto tatsächlich Zugriff hatte.

(4) Schutz ethischer Werte des Sports

Bei bestimmten Ausgestaltungen des Transferinvestments kann sich eine knebelnde oder „sklavenähnliche" Bindung des Spielers an einen Investor ergeben. So kann der Investor beispielsweise mit dem Spieler vereinbaren, dass der Investor allein über die Vertragsabschlüsse mit Clubs entscheidet. Es wird außerdem befürchtet, dass Investoren besonders junge Spieler „exportieren" und sich bei schlecht verlaufender sportlicher Entwicklung nicht mehr um diese Spieler kümmern.

bb) Geeignetheit

Ein Verbot des Transferinvestments ist geeignet, die Erreichung der vorgenannten Ziele zu fördern: Wenn überhaupt kein Transferinvestment stattfindet, wird den hierin verkörperten Gefahren mit dem größtmöglichen Erfolg entgegen gewirkt.

cc) Erforderlichkeit

Als milderes Mittel gegenüber dem vollständigen Verbot kommt insbesondere der Art. 18bis FIFA-Status-Reglement und die Sanktionierung von Verstößen gegen diese Vorschrift in Betracht. Allerdings ist den Befürwortern des vollständigen Verbots zuzugestehen, dass Art. 18bis Raum für Unklarheiten und Umgehungen lässt. Kaum zu sanktionieren wären Clubs, wenn sich aus der Vereinbarung zwischen Club und Investor vordergründig keine Beeinflussungsmöglichkeit ergibt es jedoch tatsächlich zu einer Beeinflussung kommt.

Diese Fälle wären nach deutschem Rechtsverständnis zwar möglicherweise doch von Art. 18bis FIFA-Status-Reglement erfasst, weil der Einflussnahme zumindest ein konkludenter Vertrag zwischen Club und Investor zugrunde liegen dürfte. Es ist aber fraglich, ob dieses Rechtsverständnis auch in anderen Ländern in vergleichbarer Weise besteht. Außerdem sind auch nach deutschem Rechtsverständnis Grenzfälle denkbar, in denen das Vorliegen eines konkludenten Vertrages sich nicht ohne weiteres positiv oder negativ feststellen lässt, so z. B., wenn der Investor seinen Geldeinsatz unausgesprochen von einer bestimmten Vereinspolitik abhängig macht. Ein Investment mit Renditeerwartung erzeugt zwangsläufig einen „Verkaufsdruck“ auf den Club – dieser muss früher oder später einen Transfer tätigen, an dem der Investor beteiligt wird. Auch die Möglichkeit einer Auslegung des Art. 18bis, wonach faktische Einflüsse von der Verbandsregelung erfasst und gegebenenfalls werden, wäre insofern kaum ein probates Mittel, weil die faktischen Beeinflussungen von Investoren schwierig nachzuweisen sind. Insofern ist Art. 18bis kein milderes, gleich geeignetes Mittel gegenüber einem Rechteübertragungsverbot.

dd) Angemessenheit

Fraglich ist, ob die von einem Transferinvestment ausgehenden Gefahren – selbst wenn dieses ohne Einräumung einer Einflussnahmemöglichkeit erfolgt – ein vollständiges Verbot rechtfertigen, das auch die aus zivilrechtlicher Sicht möglichen schuldrechtlichen Vereinbarungen sowie eine Abtretung der Entschädigungsforderung erfasst. Ein derartiges Verbot würde dazu führen, dass der Wettbewerb im Bereich der Beteiligung an Transfererlösen nicht nur beschränkt, sondern ausgeschaltet würde. Im Hinblick auf die mit ähnlicher Zielrichtung erlassenen Regelungen zum Multi-Club-Ownership wird der auch auf den vorliegenden Fall übertragbare Grundsatz vertreten, dass je stärker der Eingriff in die Freiheit zum Erwerb einer (Club-)Beteiligung sei, es desto schwerer falle, eine Regel noch als verhältnismäßig einstufen zu können.[973] Zur Klärung der Angemessenheitsfrage sollen die besonderen Ziele der Verbotsregelung im Einzelnen auf ihre Angemessenheit hin überprüft werden.

(1) Bewertung des Stabilitätsarguments

Ein Verbot mit der Zielsetzung, eine befürchtete wirtschaftliche Destabilisierung durch wirtschaftliche Fehlentscheidungen sowie die Abhängigkeit einzelner Clubs von Investoren zu verhindern, bedarf eines besonders hohen Rechtfertigungsaufwandes, weil mit dieser Zielsetzung den Clubs die Fähigkeit abgesprochen wird, für sie wirtschaftlich vorteilhafte Entscheidungen zu fällen.

Diese Zielsetzung führt zu der Grundsatzfrage, ob den Verbänden als Organisatoren des Lizenzfußballs nur das Recht zusteht, die finanziellen Entscheidungen der Clubs im Falle von Fehlentscheidungen und Missbrauch zu sanktionieren – beispielsweise durch einen Lizenzentzug – oder ob die Verbände das darüber hinaus gehende Recht haben, bestimmte wirtschaftliche Entscheidungen der Clubs vorab zu bewerten, die Folgen abzuschätzen und dann die Entscheidung als solche auszuschließen.

---

973 Ein Verbot jeglicher oder unwesentlicher Beteiligungen werde demzufolge nicht als angemessen angesehen werden können, wenn die damit verbundenen Einflussnahmemöglichkeiten nicht geeignet seien, auch nur den Eindruck einer möglichen Wettbewerbsverzerrung zu erzeugen so *Weiler*, SpuRt 2007, S. 133, 137.

In Bezug auf das frühere Abtretungsverbot von Transferentschädigungen wurde argumentiert, der DFB müsse als Schöpfer der Einrichtung „Bundesliga“ befugt sein, die damit verbundenen Rechte und Pflichten der beteiligten Spieler und Vereine nach seinem Ermessen zu gestalten. Dem ist entgegengehalten worden, dass die Gestaltungsrechte der Verbände an den zwingenden Regeln des bürgerlichen Vermögensrechts enden würden.[974] Der Versuch, der Abtretung von Transfer-Forderungen an Dritte entgegenzuwirken, greife in den Finanzierungsbereich der betroffenen Clubs ein. Die Entscheidung, ob ein Club einen Bankkredit oder eine Vereinbarung mit einem Fonds zur Finanzierung seiner Lizenzspielermannschaft einsetzt, habe mit dem eigentlichen Spielbetrieb nur noch wenig zu tun.[975] Diese Argumentation wird auch für die heutigen Ablösezahlungen angeführt. Deren Vereinbarung werde zwar von der Verbandssatzung zugelassen, allerdings träten hier die Clubs in direkte vertragliche Beziehungen zueinander. Solche vertraglichen Rechtsbeziehungen ohne hinreichenden verbandsrechtlichen Bezug könne das Verbandsrecht nicht regeln.[976]

Solange im Falle die Transferinvestments die aus sportlicher Sicht erforderlichen Beschränkungen beachtet würden, die eine autonome Entscheidungsfindung des Clubs sowie Kontrolle über die Freigaberechte an dem Spieler sicherstellen, sei das Transferinvestment als ein rechtmäßiges Geschäft anzusehen, das nicht weiter reglementiert werden könne.[977]

Der vorgenannten Ansicht ist zuzustimmen. Das Transferrecht ist zwar keine Rechtsposition, der es völlig an einem verbandsrechtlichen Bezug fehlt,[978] vielmehr wird es in seiner Natur und Reichweite durch die Verbandsregelwerke geprägt. Es ist aber andererseits auch kein „Sportrecht“ in so engem Sinne, dass der Eingriff des Verbandes in die wirtschaftlichen Entscheidungsfreiheiten der Clubs mit der Begründung des Schutzes „sportlicher“ beziehungsweise „sportrechtlicher“ Werte begründet werden könnte. Dass das Transferrecht entsteht und teilweise eine beträchtlichen wirtschaftlichen Wert erlangt, folgt zwar auch aus dem Verbandsrecht, beruht aber in erster Linie auf der privatrechtlichen Vereinbarung über einen Spielervertrag.

Die Befürchtung, dass das Transferinvestment ein „Rattenrennen“ bewirkt, ist kaum überprüfbar und nicht so schwerwiegend, dass sie ein Verbot rechtfertigen könnte. So ist durchaus denkbar, dass die Übertragung von Transferrechten auch einen positiven Effekt für das Gesamtgefüge des Lizenzfußballs haben kann. Im Allgemeinen muss der Investor nämlich daran interessiert sein, seine Gewinne im früheren Karrierestadium des Spielers zu realisieren, weil mit zunehmendem Spieleralter die Chance auf einen hohen Transfererlös sinkt. Der Investor wird sich

974 *H. P. Westermann*, ZIP 1991, S. 705, 713.

975 *H. P. Westermann*, ZIP 1991, S. 705, 713.

976 *Reichert*, Vereinsrecht, Rn. 5920.

977 *Abatan* EFPL SLB, S. 22, 32.

978 Insofern geht die vorzitierte Auffassung von Reichert a.a.O. zu weit.

als Vertragspartner also einen Club aussuchen, der Verwendung für talentierte, aber eben auch „unfertige" Nachwuchsspieler hat, damit sich der Spieler optimal entwickeln kann. Dies können vor allem finanzschwächere Clubs und so genannte „Ausbildungsvereine" sein, was dem Gesamtgefüge sogar zuträglich wäre.

Das Lizenzierungsverfahren des Ligaverbandes und der UEFA enthält mittlerweile derart viele Einwirkungsmöglichkeiten, durch die die Verbände jeden einzelnen Club in die Pflicht nehmen können, dass eine abstrakte Gefährdung der finanziellen Stabilität durch Transferinvestments ein Verbot nicht zu rechtfertigen vermag.

Geht man von dem Idealbild eines Clubinvestors aus, der sich nachhaltig und mit besten Absichten an einem Club beteiligt, ist der FIFA zwar beizupflichten, dass ein solches Investment gegenüber dem Transferinvestment vorzugswürdig ist. Jedoch sind auch Club-Beteiligungen nicht frei von nachteiligen Abhängigkeiten der Clubs und können nicht jegliche missbräuchliche Nutzung der Investmentform sowie die daraus resultierenden Gefahren für die Stabilität verhindern. Beispielsweise stellt das Modell eines Clubs, in dem Spieler vom Investor als Clubeigentümer „geparkt" werden, für die Stabilität des Wettbewerbs eine im Vergleich zum Transferinvestment gefährlichere Alternative dar. Während der Transferinvestor – im äußersten Fall – einzelne Transferentscheidungen des Clubs kontrolliert und hierbei die sportlichen Interessen des Clubs seinem wirtschaftlichen Interesse unterordnet, hat der Clubinvestor die Möglichkeit, die sportlichen Interessen generell, also auch in anderen Entscheidungsbereichen, zurückzustellen und den Club insgesamt mit dem Ziel zu führen, über einen bestimmten Zeitraum möglichst hohe Transfererlöse zu erzielen.

Die Verbände haben den Sport zu schützen, damit wirtschaftliche Werte geschaffen werden können. Der „umgekehrte" Ansatz, dass der Handel mit bestimmten wirtschaftlicher Werten eingeschränkt wird, um den Sport zu schützen, kann nur im Falle eines besonders engen Zusammenhangs zwischen dem Wirtschaftsgut und dem Sport gerechtfertigt werden, der hier nicht gegeben ist. Der Investor kauft schließlich nicht den Spieler, sondern lässt sich Rechte im Hinblick auf eine Ablösezahlung einräumen.

Zusammenfassend ist festzustellen, dass ein auf die behauptete Gefahr einer durch das Transferinvestment begründeten Destabilisierung des Wettbewerbs gestütztes Verbot die Grenzen dessen, was dem Weltfußballverband und den Einzelverbänden an wirtschaftlicher Regelungskompetenz zuzubilligen ist, überschreitet.

(2) Bewertung des Geldkreislaufarguments

Die Gefahr, dass durch Transferinvestments dem Geldkreislauf des Fußballs Werte verloren gehen, erscheint als nicht schwerwiegend. Richtig ist, dass der Club im Falle des Transferinvestments in Zukunft nur einen Teil des Transfererlöses behalten darf. Allerdings wird dem Club hierdurch nicht das Entschädigungsrecht entzogen oder das gesamte System der Ablösesummen außer Kraft gesetzt oder „privatisiert". Vielmehr wird dem Club die Freiheit eingeräumt, das ihm aufgrund des Spielervertrages zustehende Entschädigungsrecht nach seinem Wunsch zu nutzen.[979] Was den Fußballspieler zum „most valuable asset“[980] – also zum wertvollsten Vermögensgegenstand der Clubs – macht, ist nicht sein „Transferwert“, sondern die Möglichkeit, ihn im sportlichen Wettkampf gewinnbringend einzusetzen. Die Einsatzmöglichkeit eines Spielers ist das zentrale Recht, durch welches die Clubs für sich, aber auch für den Fußball insgesamt, sportliche und wirtschaftliche Werte - Zuschauereinnahmen, Werbeeinnahmen, TV-Einnahmen, Einnahmen durch Club-Beteiligung usw. – schaffen. Dieses zentrale, aus dem Spielervertrag folgende „Recht am aktiven Fußballspieler“, lässt die Vereinbarung mit dem Investor unberührt. Es wird letztlich nur der Zeitpunkt der Verwertung dieses Rechts verlagert; das Recht selbst bleibt unangetastet.

Ein Eingriff der Verbände in eine Veräußerung von Werten der Clubs an Dritte ist auch vor dem Hintergrund der Charta der Grundrechte der EU problematisch. Nach Art. 17 S. 1 GRCh hat jede Person[981] das Recht, ihr rechtmäßig erworbenes Eigentum zu besitzen, zu nutzen, darüber zu verfügen und es zu vererben, wobei die Nutzung des Eigentums gemäß Art. 17 S. 3 GRCh gesetzlich geregelt werden kann, soweit dies für das Wohl der Allgemeinheit erforderlich ist. Der Eigentumsbegriff kann „sowohl gegenwärtige Vermögensgegenstände als auch Vermögenswerte einschließlich Forderungen umfassen“.[982] Daran, dass die Spielerwerte in den Bilanzen der Clubs als deren Vermögenswerte aufzuführen sind, wird deutlich, dass es sich bei den diesen Spielerwerten innwohnenden Entschädigungsrechten um grundrechtlich geschütztes Eigentum der Clubs handelt, über das diese verfügen können, solange dem nicht eine gesetzliche Regelung zum Schutz der Allgemeinheit entgegensteht.

Durch das Bosman-Urteil wurde der Kreislauf der Transferentschädigungen zwischen den Clubs aufgebrochen und die Ablösesummen zum Vertragsende *de facto* über Handgelder oder höhere Vergütungen an die Profisportler ausgezahlt.[983] Mit dem Transferinvestment schaltet sich nun eine weitere Partei in den Geldkreislauf ein und schöpft einen – ihr nach Meinung der FIFA nicht zustehenden – Teil ab. Tatsächlich war und ist der Geldkreislauf im Fußball aber nie geschlossen. Unabhängig vom Transferinvestment verdienen in vielfältiger Weise und stetig

979 Vgl. den BBC Artikel „Does third-party ownership benefit or hinder football?“ (Quelle: http://news.bbc.co.uk), in welchem der Bosman-Anwalt *Jean-Louis Dupont* mit der (rhetorischen) Frage „What is the difference between having a fund buying a player and a bank doing it?“ zitiert wird, vgl. hierzu auch SIEBTER TEIL, 5. Kap.

980 Formulierung im FATF Bericht, S. 13.

981 Hierunter sind natürliche und juristische Personen zu verstehen, vgl. *Mayer*, in: Grabitz/Hilf/Nettesheim (Hrsg.), Recht der Europäischen Union, Freiheiten (Kapitel II Charta der Grundrechte: „Freiheiten“), Rn. 199.

982 Vgl. EGMR, Urteil vom 06.10.2005, Draon gegen Frankreich, Beschwerde Nr. 1513/03, Rn. 65, abrufbar unter: http://echr.ketse.com/doc/1513.03-en-20051006/view/.

983 *Martin-Ehlers*, FC €uro AG, S. 123.

„Dritte“ am Fußball, investieren allerdings auch in diesen und sorgen dafür, dass er den wirtschaftlichen Stellenwert erreicht, den er derzeit innehat. Es kann insofern nur verlangt werden, dass die Transferzahlungen als solche zwischen den Clubs geleistet werden, damit die Transparenz gesichert ist. Wie aber die Clubs mit erhaltenen Zahlungen umgehen, ist ihnen seit jeher in gewissem Rahmen selbst überlassen.

Durch eine weitere Ausbreitung des Transferinvestments, welches sich auf eine reine Beteiligung an Transferausgaben und Transfererlösen beschränken würde, wird dem Fußball nicht zwangsläufig ein Wert entzogen. Es ist zumindest denkbar, dass einzelne Clubs sich durch die umfangreiche Übertragung von Transferrechten von einem Verlustgeschäft trennen, das sich unter Beteiligung der Investoren für diese zu einem gewinnbringenden Geschäft entwickelt. Wenn man hierbei nur die Auszahlungen an Investoren betrachtet, bleibt unberücksichtigt, dass der Club im ersten Schritt Zahlungen erhalten hat und sich nicht sicher sagen lässt, ob er die mit Hilfe des Investors erzielten Transferentschädigungen auch ohne dessen Hilfe erzielt hätte.[984] Dem Fußball entzogen wird folglich nicht ein Wert, sondern die Chance, einen bestimmten Gewinn zu erzielen. Es ist nicht ersichtlich, dass die Entziehung gerade dieser Chance gegenüber einer Beteiligung von Investoren an anderen Rechten, wie beispielsweise Vermarktungsrechten, nachteiliger wäre. Berechtigterweise wird gefragt, ob aus den genannten Gründen nicht auch weitere Formen der Drittfinanzierung wie z. B. kreditfinanzierte Spielertransfers, die bislang nicht zur Diskussion stünden, untersagt werden müssten.[985]

Während sich im Hinblick auf die Einnahmen aus der Vermarktung praktisch keine Grenzen ergeben und ein kontinuierliches Wachstum realistisch ist, stellt sich bei den Transfererlösen die Frage, ob der Fußball an einer Steigerung der Transferausgaben überhaupt interessiert sein kann. Ein Club muss für den erfolgreichen Einsatz eines Spielers diesen nicht „besitzen“ und erst recht nicht selbst „kaufen“; für den Club sind letztendlich nur der Spielervertrag und die Spielerlaubnis von Bedeutung. Der vollständige Erwerb der Entschädigungsrechte an einem Spieler durch den Club wird vor diesem Hintergrund in der Literatur sogar als nachteilig angesehen: Als Wirtschaftsunternehmen müsse ein Club sein Kapital so effektiv einsetzen wie möglich. Typischerweise sollten Finanzmittel in Umlaufvermögen und die Entwicklung von neuen Geschäften investiert werden. Folgerichtig müsse ein Club darauf hinarbeiten, eine Bindung von Kapital in bestimmten Vermögenswerten, wie zum Beispiel Spieler, zu vermeiden. Wann immer es finanziell

---

984 Vor diesem Hintergrund lehnt auch *Heermann*, CaS 2013, 21, 23 das im Englischen mit „money being taken out of the game“ umschriebene Argument ab. Denn zunächst werde durch die Zahlung von Ablösesummen aufgrund eines Drittinvestments dem Fußballsektor Geld zugeführt, so auch Räker, SPONSORs 2013, 22, 23.

985 Letztlich seien auch (Mehrheits-)Gesellschafter von Fußballkapitalgesellschaften nichts anderes als Drittinvestoren, sofern es sich bei ihnen nicht um den Mutterverein handelt, *Heermann*, CaS 2013, 21, 23.

sinnvoll sei, müsse der Club hinsichtlich derartiger Vermögenswerte eine Miete vorziehen. Eine Investition von Clubeinnahmen in Jungendakademien, Siegprämien oder den Komfort des Stadions sei sinnvoller als die Investition der Finanzmittel in Transfersummen.[986]

Dem Argument, dass den Clubs durch das Transferinvestment der Lohn für die erfolgreiche Ausbildung ihrer Talente entzogen wird, lässt sich entgegenhalten, dass die Clubs sich andererseits durch ein Transferinvestment vor den wirtschaftlichen Risiken von Transfermisserfolgen schützen können, soweit der Investor diese zu tragen hat.[987] Schließlich sind auch an der Bewertung des Transfermarktes als Solidaritätsmechanismus Zweifel angebracht. Tatsächlich fließt von den besonders hohen Transfererlösen nur ein Bruchteil den kleineren Ausbildungsclubs zu, der Hauptteil wird zumeist an einen abgebenden Club des Lizenzfußballs gezahlt, der einen Etat in zwei bis dreistelliger Millionenhöhe hat; ein nicht am Lizenzfußball teilnehmender Club kann Ablösesummen in Millionenhöhe in der Regel nicht erzielen. Das von den Verbänden gesehene Bedürfnis für Ausbildungsentschädigungen und Solidaritätszahlungen belegt insofern gerade, dass der Transfermarkt und die Transferentschädigung den erwünschten „Durchsickereffekt" kaum noch gewährleisten.

(3) Bewertung des Integritäts- und Transparenzarguments

Auch die Gefahr, dass sich der Investor in das konkrete sportliche Geschehen einmischt und dadurch die Integrität und Transparenz des sportlichen Wettbewerbs verletzt werden, stellt sich bei genauerer Betrachtung als eher gering dar.[988] Die Situation, dass ein Investor bei einem Aufeinandertreffen „seines Clubs" mit einem anderen, „seine Spieler" beschäftigenden, Club Einfluss nimmt,[989] wird vor dem Hintergrund der Interessenlagen aller Beteiligten und der Schwere drohender Sanktionen – zumindest in Deutschland – kaum auftreten. Sofern zwischen Investor und Spieler selbst keine entsprechenden vertraglichen Bindungen bestehen, ist nicht ersichtlich, auf welcher Grundlage der Investor den Spieler oder den Club zu einer bestimmten sportlichen Verhaltensweise bestimmen sollte.

---

986 *Ferrari*, EFPL SLB, S. 66; vgl. auch *Heermann*, CaS 2013, 21, 23: „Bevor sich Klubs zur Umsetzung von Spielertransfers, die sie aus sportlicher Sicht für zwingend geboten halten, überschulden [...], kann die Einschaltung von Drittinvestoren auch aus Gründen des Gläubigerschutzes ökonomisch durchaus sinnvoll

987 *Goncalves*, EFPL SLB, S. 61, 62.

988 Vgl. *Heermann*, CaS 2013, S. 21, 25 der darauf hinweist, dass es befremdlich anmute unter Hinweis auf mögliche Spielabsprachen die Drittinvestoren gleichsam auf eine Stufe mit den Netzwerken von Wettbetrügereien im Fußballsport zu stellen.

989 Diese Sorge wird auch in der englischen Literatur geteilt. Die gleichzeitige Rechteinhaberschaft an Transferrechten und Clubanteilen stelle eine erhebliche Bedrohung für das Ziel der Verbände dar, die Integrität und den Sportsgeist des Fußballs zu schützen, urteilen *Geey/Ross/Rotkvic*, WSLR 12/07.

Die deutsche Lizenzierungsordnung kennt ausreichende Sanktionsregelungen, um eine unerwünschte Einflussnahme von Investoren auf den sportlichen Wettbewerb zu verhindern. Sollte ein Investor einen Club beispielsweise auffordern, „seinen“ Spieler aufzustellen oder hierauf zu verzichten, könnte dem der Aufforderung des Investors nachkommenden Club nach § 10 Nr. 2 lit. e) LO die Lizenz entzogen werden. Zudem könnten gegen diesen Club auf Grundlage von § 6 des Lizenzvertrages sonstige Sanktionen, wie eine Geldstrafe oder ein Punktabzug, verhängt werden. Schließlich erfasst das Beeinflussungsverbot in Art. 18bis FIFA-Status-Reglement bzw. dessen Umsetzung in § 5 Nr. 8 LOS eindeutig einen derart klaren Fall der Beeinflussung des Clubs in sportliche Entscheidungen. Der Gedanke des Schutzes der Integrität, Verlässlichkeit und Glaubwürdigkeit des sportlichen Wettbewerbs und des Solidaritätsgedankens durch eine Begrenzung „fußballfremder Investments“ klingt auch in der aktuellen Diskussion um die 50+1 Regel immer wieder an.[990] Regelungsziel sei die Gewährleistung des Bestands und der Funktionsfähigkeit der Clubs durch einen Schutz vor externen, sportfremden Einflüssen.[991]

Übergeordnetes Ziel sei es, das Fußballspiel als sportlichen Wettkampf zwischen zwei Mannschaften zu erhalten, frei von jeglichen wirtschaftlichen Aspekten.[992] Die Ungewissheit des Spielausganges und die Authentizität des Ergebnisses sollten als Merkmal dieses sportlichen Wettkampfes gewährleistet bleiben.[993] Die Integrität, die Transparenz und das öffentliche Vertrauen in das rein sportliche Zustandekommen von Spielergebnissen sind Werte, denen auch seitens des CAS höchste Bedeutung zuerkannt worden ist und die im Einzelfall Beschränkungen der individuellen Freiheiten der Clubs rechtfertigen.[994] Ein „fußballfremdes Investment“ liegt beispielsweise vor, wenn ein Investor an einer am Lizenzfußball beteiligten Kapitalgesellschaft Anteile erwirbt, seine Investition allerdings ausschließlich einem kurzfristigen Renditestreben unterordnet. Es sei der kontinuierlichen Entwicklung eines Unternehmens und auch eines Fußballclubs grundsätzlich abträglich, wenn

---

990 *Deutscher*, SpuRt 2009, S. 97, 98; *Summerer*, SpuRt 2008, S. 234, 236; zu 50+1 vgl. auch FÜNFTER TEIL, A.I.2.b).aa).(1).

991 *Heermann*, WRP 2003, S. 724, 732.

992 *Summerer*, SpuRt 2008, S. 234, 236.

993 *Weiler*, SpuRt 2007, S. 133, 136; Wenn Drittparteien Anteile an Spielern von verschiedenen Clubs halten, dann werde es schwierig den Anschein des Bestehens derartiger Konflikte zu verhindern. In diesem Zusammenhang sei an die FIFA and UEFA-Verbote zum Multi-Club-Ownership zu erinnern, die denselben Konflikt verhindern sollen, vgl. *Melero/Soiron*, EFPL SLB, S. 41, 44.

994 CAS 98/200 AEK Athen und SK Slavia Prag v UEFA, Rn. 129. Der CAS zog hier eine Parallele zu Franchise Systemen und der hierzu ergangenen EuGH Entscheidung in Sachen Pronuptia, EuGH, Urt. v. 28.01.1986, Rs. 161/84 – Slg. 1986, 374 – „Pronuptia“ = NJW 1986, S. 1415 ff.

seine verkehrsfähigen Gesellschaftsanteile zu unternehmenszweckfremden „Spekulationen“ missbraucht würden.[995]

Diese Überlegungen hat auch die FIFA angestellt. Ein fußballfremdes Investment im Hinblick auf Spieler sei jedenfalls dann anzunehmen, wenn ein Investor den sportlichen Wert und den Spieler als Individuum überhaupt nicht mehr wahrnehme, sondern nur die „nackten“ Zahlen einer aktuellen „Spielerwertentwicklung“ beurteile. Dies sei zu befürchten, wenn Hedge Fonds neben anderen Waren auch „Spielerrechte“ in das Portfolio aufnähmen. Es liege in der Natur der Sache, dass die Fondsmanager sich nicht mit dem Einzelschicksal eines Spielers und erst recht nicht mit dem wirtschaftlichen Wohlergehen des den Spieler beschäftigenden Clubs auseinandersetzen würden.[996] Allerdings ist die Annahme, dass ein Transferinvestment nur wegen der wirtschaftlichen Zielsetzung oder der „Fußballfremdheit“ des Investors zwangsläufig nachteilig ist, keineswegs zwingend.

Auch wenn der Investor ein primär wirtschaftliches Interesse hat und die sportlichen Interessen des den Spieler beschäftigenden Clubs für ihn nur eine untergeordnete Rolle spielen, so wird er andererseits aus eben diesen wirtschaftlichen Gründen an einer positiven sportlichen Entwicklung des Spielers interessiert sein. Denn er möchte, dass sich der Marktwert „seines“ Spielers steigert. Diese Steigerung des Marktwertes deckt sich mit dem Interesse des Spielers. Viele Clubs hingegen nehmen es – allem Anschein nach - in Kauf, dass Spieler für eine lange Dauer beim Club bleiben, obwohl ihre Entwicklung stagniert. Das Interesse des Investors kann also in bestimmten Fällen dem Interesse des Spielers sogar eher entsprechen als dem Interesse des aktuellen Clubs.

Im Hinblick auf eine Abtretung von Aus- und Weiterbildungsentschädigungen in der DEB (damalige Eishockey-Bundesliga), die Gegenstand eines Urteils des OLG München war,[997] ist vertreten worden, dass die Abtretbarkeit dieser Entschädigungen den Wechsel von Spielern fördern könne und daher den Interessen der Mitgliedsvereine des DEB, seiner Spieler und nicht zuletzt sogar dem DEB als Veranstalter der Eishockey Bundesliga diene. Auch diesem müsse ja an der Bildung konkurrenzfähiger, möglichst gleichwertiger Vereine gelegen sein, da nur dies interessante Spiele und einen entsprechenden Publikumszuspruch gewährleiste.[998] Im Idealfall könnte das Transferinvestment für eine bessere Verteilung

---

995 Ein Anteilskauf, der darauf ausgerichtet sei, einen niedrig bewerteten Unternehmensanteil zu erwerben, um diesen nach kurzer Zeit aufgrund einer höheren Bewertung des Anteils wieder weiterzuverkaufen, solle vermieden werden, da dies darauf schließen lasse, dass das Investment nicht dem Fußball, sondern der erzielbaren Rendite diene, vgl. *Stopper*, WRP 2009, 413, 417.

996 So TMS Geschäftsführer Mark Goddard in einem mit dem Verfasser am 18.05.2010 geführten Telefongespräch, vgl. hierzu auch SIEBTER TEIL, 2. Kap.

997 OLG München, SpuRt 1996, 97 ff.

998 *Lüke*, JuS 1996, S. 10, 12.

der talentierten Spieler auf die Clubs sorgen, die diesen eine Einsatzmöglichkeit bieten.[999] Es könnten somit alle Seiten von diesem Arrangement profitieren.[1000]

Zu ergänzen ist, dass es auch Investoren geben wird, die das Transferinvestment als eine Form des „qualifizierten Sponsorings" sehen, also beispielsweise primär als Werbepartner des Clubs auftreten, hierbei aber eine besonders hohe Summe zur Verfügung stellen, die durch die Chance auf eine Transfererlösbeteiligung eher „begleitet" als abgesichert wird.

Das Anliegen, sein eigenes Produkt nach selbst definierten Integritätsmaßstäben zu gestalten, erscheint rechtfertigungsfähig. Allerdings fällt es schwer, abstrakte Rechtbegriffe wie Integrität oder die „Fußballfremdheit" eines Investments zu konkretisieren und sie rechtlich zu überprüfen. So wie Doping den Sport und damit mittelbar auch seine ökonomische Werthaltigkeit negativ beeinflussen kann, gilt dies auch für andere nicht „integere" Einflussnahmen, die sich schon im „schlechten Ruf" eines Investors verwirklichen können.[1001] Richtigerweise wird darauf hingewiesen, dass die Anwendung einer „Integritäts-Klausel" nur im Rahmen der Grundsätze von Geeignetheit, Angemessenheit und Verhältnismäßigkeit erfolgen dürfe.[1002]

Die entscheidende Frage im Hinblick auf die Geldwäschegefahr ist zum einen, wer tätig zu werden hat, und zum anderen, wie das Vorgehen zu erfolgen hat. Im Weißbuch Sport der Europäischen Kommission heißt es hierzu unter Punkt 4.6: „Korruption, Geldwäsche und andere Formen der Finanzkriminalität beeinträchtigen den Sport auf lokaler, nationaler und internationaler Ebene. Aufgrund der hohen Internationalisierung des Sektors macht die Korruption im Sport häufig nicht an den Grenzen Halt. Korruptionsprobleme mit einer europäischen Dimension müssen auf europäischer Ebene bekämpft werden. Die Mechanismen zur Bekämpfung der Geldwäsche sollten auch im Sportsektor wirksam angewendet werden."[1003]

Neben der Bekämpfung der Geldwäsche durch die europaweit zuständigen Organe der Europäischen Union gibt es staatlich angestoßene Initiativen im Fußballsport selbst.[1004] Frankreich hat die *Direction Nationale du Controle de Gestion* ins Leben

---

999 Akzeptiert der Investor den Umstand, dass er auf die Transferpolitik keinen Einfluss nehmen kann, wird er die Spielerfinanzierung gegen Erlösbeteiligung nämlich nur einem solchen Club anbieten, bei dem er eine gute sportliche Entwicklung des Spielers erwartet. Aus Sicht des Transferinvestors ist es durchaus sinnvoll, in Spieler zu investieren, die für einen kleineren Club spielen statt bei einem Top-Club auf der Bank zu sitzen.

1000 Selbst ein Leihgeschäft eines talentierten Spielers, also ein Geschäft, bei dem der Investor mangels einer Ablösesumme keinen Gewinn erzielt, kann für den Investor von Vorteil sein, weil der an einen sportlich weniger erfolgreichen Club verliehene Spieler bei diesem Club mehr an Wert gewinnt als bei dem verleihenden Club auf der Ersatzbank.

1001 *Stopper*, WRP 2009, S. 413, 418.

1002 *Stopper*, WRP 2009, S. 413, 419.

1003 Das Weißbuch ist abrufbar unter: http://ec.europa.eu.

1004 *Herzog/Hoch/Laustetter*, SpuRt 2010, S. 90, 93.

gerufen, eine hauptsächlich aus Wirtschaftsprüfern und Anwälten bestehende Institution innerhalb des französischen Fußballverbandes, die die „Fairness des Sports" überwacht. Die DNCG hat die Pflicht, verdächtige Transaktionen an die französischen Ermittlungsbehörden zu melden.[1005] In Italien wurde eine Aufsichtskommission geschaffen, die für die finanzielle Kontrolle der Proficlubs verantwortlich ist.[1006]

Der englische Fußballverband hat im Jahr 2008 Geldwäsche-Leitlinien für Fußballclubs veröffentlicht.[1007] Seit 2007 hat der englische Fußballverband außerdem eine Monitoring-Instanz eingerichtet, die den Transfermarkt und Zahlungen an die Spielervermittler überwacht. Dies ist unter anderem möglich, weil sowohl jegliche Transferzahlungen, die von englischen Clubs ins Ausland fließen, als auch Zahlungen von Clubs an Vermittler über ein bestimmtes Konto des englischen Fußballverbandes transferiert werden müssen.[1008] Der FATF-Bericht schlägt zum besseren Umgang mit Geldwäscherisiken vor, es müsse ein Weg gefunden werden, wie Geldflüsse, deren Zwecke und Hintermänner transparenter gemacht werden können. Hierzu tragen nach Einschätzung der FATF eine Professionalisierung des Managements und des Controllings bei.[1009] Bereits einfachste Verhaltensmaßregeln, wie das Insistieren auf konkreten und sauber dokumentierten vertraglichen Vereinbarungen und der Verzicht auf Bartransaktionen, würden zu einer Senkung der Risiken führen.[1010] Die vorgenannten Vorschläge sind als milderes Mittel einer Verbotsregelung vorzuziehen und stehen der Angemessenheit eines Verbots entgegen.

Es ist notwendig, aber aus Angemessenheitsgesichtspunkten auch ausreichend, den Clubs bestimmte Transparenzpflichten aufzuerlegen und das Transferinvestment kontrollierbar zu machen.[1011] Bei Auffälligkeiten, die auf Einflussnahmen eines Investors hindeuten, sollten die Zahlungen Gegenstand von Überprüfungen sein und die Clubs bei Verstößen sanktioniert werden. Die Zahlung an Dritte – aufgrund einer Verbreitung von Geldwäsche in einigen Ländern – für alle Clubs weltweit zu verbieten, erscheint hingegen angesichts des großen Interesses vieler seriös wirtschaftender Clubs an einem derartigen Investment durch ebenfalls seriös wirtschaftende Investoren als nicht angemessen.

(4) Bewertung des Ethikarguments

Im Hinblick auf das Ethikargument ist zu differenzieren zwischen der Vereinbarung eines Spielers und der Vereinbarung eines Clubs mit einem Investor.

1005 *Herzog/Hoch/Laustetter*, SpuRt 2010, S. 90, 93.

1006 *Herzog/Hoch/Laustetter*, SpuRt 2010, S. 90, 93., es handelt sich hierbei um die *Commissione di Vigilanza sulle Società di Calcio Professionistiche*, eine Art „Bilanzpolizei".

1007 „Money Laundering and the Proceeds of Crime Act" vom 13.03.2008 (Quelle: Internet).

1008 *Herzog/Hoch/Laustetter*, SpuRt 2010, S. 90, 93 f.

1009 *Herzog/Hoch/Laustetter*, SpuRt 2010, S. 90, 94.

1010 *Herzog/Hoch/Laustetter*, SpuRt 2010, S. 90, 94.

1011 Vgl. ACHTER TEIL.

Die von einem Spielervertrag unabhängige Bindung des Spielers an einen Investor ist bei näherer Betrachtung keine Investition in das Transferrecht. Denn das Transferrecht Im Sinne des Verbandsrechts erlischt mit dem Ablauf des Spielervertrages. Zwischen Spieler und Investor besteht somit eine vom üblichen Transferinvestmentkonzept abweichende schuldrechtliche Vereinbarung, die im Einzelfall durchaus sittenwidrig sein kann.[1012] Ein auf die Clubs abzielendes Transferinvestmentverbot beträfe eine solche Vereinbarung zwischen Spieler und Investor jedoch nicht und ist folglich nicht geeignet, derartige Fallkonstellationen zu erfassen.

Die Auffassung, dass ein Transferinvestment zwischen Club und Investor ethisch bedenklich sei, vermag – zumindest auf Basis der bisher hierzu vorgebrachten Argumente und Fallbeispiele – nicht zu überzeugen. Das zwischen Club und Investor vereinbarte Transferinvestment benachteiligt nicht *per se* den Spieler, denn die Erweiterung des Teilnehmerkreises auf der „Verkäuferseite" hat für ihn keine unmittelbaren Auswirkungen. Wer die Ablösesumme aufbringt, die der abgebende Club von dem aufnehmenden verlangt, kann dem Spieler letztlich gleichgültig sein, solange er nicht selbst in eine weitere als die schon bestehende Abhängigkeit von seinem Club gerät.[1013]

Eine weitergehende Abhängigkeit ist dem Transferinvestment aber keinesfalls immanent. Wenn der Spieler bei seinem bisherigen Club bleiben möchte, kann er während der Vertragslaufzeit weder vom Club noch vom Investor zum Wechsel gezwungen werden. Der umgekehrte Fall, nämlich dass der Investor einen vom Spieler gewünschten Vereinswechsel während der Vertragslaufzeit mit dem abgebenden Club zu verhindern versucht, ist nicht sehr wahrscheinlich. Grundsätzlich ist der Vereinswechsel der Moment, in dem sich das Investment auszahlt. Der Investor fördert als die Mobilität des Spielers. Denkbar wäre allenfalls, dass der Club, zu dem der Spieler wechseln möchte, eine geringere Ablösesumme anbietet als vom Investor erhofft. Allerdings besteht dann in aller Regel schon ein Interessenkonflikt zwischen bisherigem Club und dem Spieler, der durch den Investor nicht nennenswert verschärft wird.

Wenn man das Transferinvestment in jeglicher Form als „Menschenhandel" auffasst, muss man sich die Gegenfrage gefallen lassen, ob nicht jeglicher Spielertransfer ein „Menschenhandel" ist. Die Millionentransfers von Weltstars werden zum Großteil durch deren Vermarktung und Vereinbarungen mit diversen hieran interessierten Unternehmen refinanziert. Eine wirtschaftliche Betrachtung der „Ware Fußballspieler" ist insofern fester Bestandteil des Spielertransfers – ob mit Investor oder ohne.[1014]

Soweit der Vorwurf des „Menschenhandels" insbesondere auf minderjährige Spieler bezogen wird, ist hierzu zum einen zu sagen, dass in diesem Bereich

1012 Vgl. SIEBTER TEIL, 1. Kap., A.III.2.b).

1013 *H. P. Westermann*, ZIP 1991, S. 705, 709.

1014 *Heermann*, CaS 2013, 21, 26 fragt in diesem Zusammenhang (rhetorisch) ob nicht auch die Clubs vielfach die bei ihnen unter Vertrag stehenden Spieler – unabhängig von einer etwaigen Weiterveräußerungsabsicht – als „investment vehicle" betrachten würden.

Transferinvestments als Vereinbarungen mit Clubs weniger Missbrauchsgefahr bergen, als Vereinbarungen, die Investoren mit Spielern selbst treffen. Letztere Vereinbarungen werden von den FIFA-Regelungen bisher nicht erfasst. Zum anderen ist zu beachten, dass die FIFA umfangreiche Regeln zum Transfer Minderjähriger Spieler geschaffen hat. Im Weißbuch Sport der Europäischen Kommission heißt es hierzu: „Das größte Problem betrifft Jugendliche, die nicht zu Wettkämpfen ausgewählt und in einem fremden Land alleingelassen werden und so häufig in die Illegalität abrutschen, die ihrer weiteren Ausbeutung Vorschub leistet. Auch wenn dieses Phänomen meist nicht unter die rechtliche Definition von Menschenhandel fällt, so ist es angesichts der von der EU und ihren Mitgliedstaaten anerkannten Grundrechte nicht annehmbar und widerspricht den Werten des Sports. Die in den Einwanderungsvorschriften der Mitgliedstaaten vorgesehenen Schutzmaßnahmen für unbegleitete Minderjährige müssen rigoros angewendet werden."[1015] Im Hinblick auf die befürchtete Ausbeutung junger Spieler im Rahmen von Transferinvestments ist es insofern vorzugswürdig, die betroffenen nationalen Gesetzgeber, Verbände und Clubs stärker in die Pflicht zu nehmen,[1016] statt dem Problem durch allzu abstrakte Regeln zu begegnen.[1017]

Gerade im Hinblick auf die Ausbeutung minderjähriger Spieler wird die Schwierigkeit der Regelung globaler Probleme durch die FIFA deutlich.

Um beispielsweise zu verhindern, dass ein Hedge Fonds mit Sitz in einem Steuerparadies minderjährige Fußballtalente mit sittenwidrigen Verträgen ausstattet und die Entwicklung dieser Spieler nur anhand einer Zahlenkurve beurteilt,[1018] muss die FIFA Regelungen schaffen, die nicht zu starr sind, jedoch weltweit einen Mindeststandard sichern. Ein umfassendes Verbot würde allerdings dazu führen, dass den Clubs in bestimmten Landesverbänden mehr verboten wird, als in Anbetracht des hohen Standards ihrer nationalen Lizenzierungssysteme oder der Kontrolle durch den Nationalverband und nationale Behörden zu rechtfertigen ist.

e) Ergebnis

Ein vollständiges Transferinvestmentverbot weist nicht den erforderlichen Sportbezug auf und ist folglich unangemessen. Das nationale Transferinvestmentverbot verstößt gegen das Kartellverbot des Art. 101 Abs. 1 AEUV.

1015 Vgl. Punkt 4.5 „Schutz von Minderjährigen" des Weißbuchs Sport (Quelle: Internet).

1016 Vgl. Punkt 4.5 „Schutz von Minderjährigen" des Weißbuchs Sport (Quelle: Internet).

1017 Der Bosman-Anwalt Jean-Louis Dupont beschreibt das Transferinvestmentverbot etwas überspitzt als „Tötung eines Patienten, um sich der Krankheit zu entledigen", vgl. BBC Artikel „Third-party owner rule not ‚legitimate' – Bosman lawyer" (Quelle: Internet).

1018 Diese Befürchtung äußerte explizit TMS-GmbH Geschäftsführer *Mark Goddard* in dem mit dem Verfasser am 18.05.2010 geführten Telefongespräch.

4. Verstoß gegen das Missbrauchsverbot des Art. 102 AEUV

Ein Verstoß gegen das Missbrauchsverbot des Art. 102 AEUV kommt in Betracht, falls der Ligaverband den Verstoß eines Clubs gegen das Transferinvestmentverbot sanktionieren würde. Art. 102 Abs. 1 verbietet die missbräuchliche Ausnutzung einer beherrschenden Stellung auf dem europäischen Binnenmarkt oder auf einem wesentlichen Teil desselben durch ein oder mehrere Unternehmen, soweit sie zu einer Handelsbeeinträchtigung zwischen den Mitgliedstaaten führen kann.

a) Marktbeherrschende Stellung durch ein oder mehrere Unternehmen

Der Begriff der beherrschenden Stellung ist nach ständiger Rechtsprechung als wirtschaftliche Machtstellung eines Unternehmens zu verstehen, die dieses in die Lage versetzt, die Aufrechterhaltung eines wirksamen Wettbewerbs auf dem relevanten Markt zu verhindern, indem sie ihm die Möglichkeit verschafft, sich seinen Wettbewerbern, seinen Abnehmern und schließlich den Verbrauchern gegenüber in einem nennenswerten Umfang unabhängig zu verhalten.[1019]

Fraglich ist, wie der Umstand zu berücksichtigen ist, dass die Sportverbände vorliegend nicht selbst auf dem relevanten Markt tätig sind, sondern nur die Regeln für die Marktteilnehmer festsetzen. Wenn ein Unternehmen auf dem zuvor ermittelten sachlich relevanten Markt selbst weder als Anbieter noch als Nachfrager auftritt, wird es regelmäßig nicht über eine marktbeherrschende Stellung verfügen.

Aufgrund des aus dem Ein-Verband-Prinzip folgenden hierarchischen pyramidenförmigen Aufbaus des Sportverbandswesens kann aber im Einzelfall eine andere Beurteilung geboten sein, sofern eine sog. kollektive Marktbeherrschung seitens des Sportverbandes vorliegt.[1020] Hieran knüpft das EuG im Piau-Urteil an:[1021] Für die Anwendung des Missbrauchsverbots auf nationale oder internationale Sportverbände komme es nicht darauf an, ob diese selber auf dem betreffenden Markt als Wirtschaftsteilnehmer tätig seien.[1022] Eine „kollektive Marktbeherrschung" durch mehrere Unternehmen, die durch die institutionelle Verflechtung in einem oder mehreren Verbänden rechtlich und wirtschaftlich garantiert werde, sei ebenfalls vom Missbrauchsverbot erfasst.[1023]

1019 EuGH, Urteil vom 15.12.1994, Rs. C-250/92 – Slg. I-05641, Rn. 47 – „Dansk Landbrugs".

1020 *Heermann,* WuW 2009, S. 489, 494.

1021 EuG, Urteil vom 26.01.2005, Rs. T-193/02 – Slg. 2005 II-209, Rn. 111 ff. – „Piau"; zustimmend *Vetter*, SpuRt 2005, S. 233, 235.

1022 EuG, Urteil vom 26.01.2005 – Rs. T-193/02 – Slg. 2005 II-209, Rn. 115 – „Piau".

1023 Vgl. EuG, Urteil vom 08.101996, Rs. T-24/93 – Slg. 1996, II-1403, Rn. 33 ff. – „Compagnie maritime belge transports"; zur Anwendbarkeit auf sportverbandliche Regeln bereits Schlussanträge von GA Lenz, Rs. C-415/93 – Slg. 1995, I-5027, Rn. 285 f. – „Bosman"; mit dieser Argumentation können alle Rechtsregeln der Sportverbände an Art. 102 AEUV gemessen werden, vgl. *Schroeder*, SpuRt 2006, S. 1, 6.

Der Ligaverband muss also nicht selbst auf dem Markt für Beteiligungen an Entschädigungsrechten tätig sein, um diesen Markt zu beherrschen. Es reicht aus, dass der Ligaverband den Verzicht der einzelnen Clubs auf ein Transferinvestment durch die Verbotsregelung dauerhaft koordinieren und durchsetzen kann. Ein Transferinvestmentverbot des Ligaverbandes begründet also eine kollektive Marktbeherrschung.

Die Bestimmung des relevanten Marktes bei Art. 102 AEUV erfolgt gemäß der Grundsätze, die auch für Art. 101 AEUV gelten,[1024] Der vom Transferinvestmentverbot betroffene sachlich relevante Markt ist demnach der Markt für Beteiligungen an Entschädigungsrechten von Fußballclubs.

b) Missbrauch

Missbräuchlich im Sinne von Art. 102 AEUV sind generell Verhaltensweisen, „welche von den Mitteln eines normalen Produkt- oder Dienstleistungswettbewerbs auf der Grundlage der Leistungen der Marktbürger abweichen".[1025] Vorliegend könnte ein Missbrauch darin zu sehen sein, dass der Ligaverband den Verstoß gegen das Transferinvestmentverbot sanktioniert, obwohl das Transferinvestment als vom Investor angebotene und vom Club gewünschte Leistung in einem normalen Produkt- und Dienstleistungswettbewerb zugelassen werden müsste. Der Missbrauchstatbestand entfaltet weniger Wirkung auf der tatbestandlichen Seite, sondern vielmehr auf der Rechtfertigungsebene, denn jedes abstrakt missbräuchliche Verhalten kann wettbewerbsrechtlich rechtfertigungsfähig sein.[1026]

Den Maßstab dieser sachlichen Rechtfertigungsfähigkeit gibt Art. 102 AEUV im Unterschied zu Art. 101 AEUV nicht vor, in der Rechtsprechung wird aber für die vorzunehmende Abwägung ebenfalls Art. 101 Abs. 3 AEUV herangezogen.[1027] Auch die EU-Kommission vertritt die Auffassung, dass der im Rahmen der Abwägung zwischen einer vermeintlich missbräuchlichen Maßnahme und ihrer wettbewerbsrechtlich schützenswerten Wirkung der Grundsatz der Verhältnismäßigkeit

---

1024 *Stopper*, in: Stopper/Lentze (Hrsg.), Handbuch Fußball-Recht, Kap. 7, Rn. 29.

1025 EuGH, Urteil vom 13.02.1979, Rs. 85/76 – Slg. 1979, 461, Rn. 91 – „Hoffmann La Roche/ Kommission"

1026 *Stopper*, in: Stopper/Lentze (Hrsg.), Handbuch Fußball-Recht, Kap. 7, Rn. 33.

1027 *Stopper*, in: Stopper/Lentze (Hrsg.), Handbuch Fußball-Recht, Kap. 7, Rn. 34; in der Sache Piau führt das EuG aus: „Wie sich dagegen aus den vorstehenden Ausführungen zum geänderten Reglement und zu der Freistellung, die für dieses nach Artikel 81 Absatz 3 EG in Betracht kommt, ergibt, liegt die behauptete missbräuchliche Ausnutzung einer beherrschenden Stellung nicht vor. Es ist festgestellt worden, dass mit diesem Reglement keine wettbewerbsschädigenden quantitativen Beschränkungen des Zugangs zur Tätigkeit der Spielervermittler vorgeschrieben worden sind, sondern Beschränkungen qualitativer Art, die unter den gegenwärtigen Umständen als gerechtfertigt angesehen werden können.", EuG, Urteil vom 26.01.2005, Rs. T-193/02 – Slg. 2005, II-209, Rz. 117 – „Piau".

zu wahren ist, und zwar nach den Maßstäben des Drei-Stufen-Tests, der in der Sache Meca-Medina bei der Anwendung des Art. 101 AEUV festgelegt worden ist,[1028] und auch bei Art. 102 AEUV herangezogen werden soll.[1029]

Folglich kommt es auch für die Frage des Missbrauchs der marktbeherrschenden Stellung letztlich auf die Frage der Verhältnismäßigkeit an.

Eine missbräuchliche Ausnutzung gemäß Art. 102 AEUV liegt ebenso wie eine Wettbewerbsbeeinträchtigung dann vor, wenn es an einem sachlich gerechtfertigten Grund für das in Frage stehende Handeln fehlt.[1030] Hier kann auf die Ausführungen zum Verstoß des Transferinvestmentverbots gegen das Kartellverbot verwiesen werden. Sanktionen wegen eines Verstoßes gegen das Transferinvestmentverbot wären somit als missbräuchliches Verhalten nach Art. 102 AEUV anzusehen.[1031]

II. Grundfreiheiten

Es kommen außerdem Verstöße des Transferinvestmentverbots und seiner Sanktionierung gegen die Kapitalverkehrsfreiheit nach Art. 63 Abs. 1 AEUV und die Dienstleistungsfreiheit nach Art. 56 S. 1 AEUV in Betracht.

1. Abgrenzung Dienstleistungs- und Kapitalverkehrsfreiheit

Die Vorschriften über die Grundfreiheiten im Sinne des AEUV regeln die Freiheit eines Verhaltens unter einem bestimmten wirtschaftlichen Aspekt.[1032] Eine Abgrenzung zwischen Dienstleistungs- und Kapitalverkehrsfreiheit ist erforderlich, wenn Kapitalbewegungen im Rahmen von Dienstleistungen durch Unternehmen aus dem Finanzraum erfolgen. Die Dienstleistung und der Kapitalverkehr können in diesem Zusammenhang als „zwei unterschiedliche rechtliche Gesichtspunkte desselben Rechtsvorgangs" bezeichnet werden: Die Kapitalverkehrsfreiheit ist ein objektbezogener Tatbestand, bei dem es um den abstrakten Wertetransfer geht; die Dienstleistungsfreiheit ist eine personenbezogene Freiheit, die eine subjektive Berechtigung von Unionsbürgern bzw. Gesellschaften umfasst, innerhalb der

---

1028 EuGH, Urteil vom 18.07.2006, Rs. C-519/04 P – Slg. 2006, I-6991– „Meca-Medina" = EuZW 2006, 593 ff.

1029 Europäische Kommission, Begleitdokument zum Weißbuch Sport, „The EU and Sport: Background and Context" (Quelle: Internet).

1030 *Holzhäuser*, in: Galli/Elter/Gömmel/Holzhäuser/Straub (Hrsg.), Sportmanagement, S. 165, 177.

1031 Vgl. *Heermann*, CaS 2013, S. 21, 29, der feststellt, dass die im Rahmen des Drei-Stufen-Tests zur Feststellung einer Wettbewerbsbeschränkung im Sinne von Art. 101 Abs. 1 AEUV ermittelten Erkenntnisse auch auf den Missbrauchstatbestand „ausstrahlen" würden.

1032 Vgl. *Ress/Ukrow*, in: Grabitz/Hilf/Nettesheim (Hrsg.), Recht der Europäischen Union, Art. 63 AEUV, Rn. 209.

EU grenzüberschreitende Leistungen gegen Entgelt zu erbringen.[1033] Nach Art. 56 AEUV hat der EuGH Finanzdienstleistungen[1034], Kreditvergabe[1035], Leasing[1036], Wertpapierdienstleistungen[1037] bewertet.

Für eine mögliche parallele Anwendung der Vorschriften über die Kapitalverkehrs- und die Dienstleistungsfreiheit und gegen ein Exklusivitätsverhältnis spricht Art. 58 Abs. 2 AEUV, wonach „die Liberalisierung der mit dem Kapitalverkehr verbundenen Dienstleistungen der Banken und Versicherungen im Einklang mit der Liberalisierung des Kapitalverkehrs durchgeführt (wird)".[1038] Auch der EuGH hat festgestellt, dass eine nationale Regelung zugleich die Dienstleistungsfreiheit und die Kapitalverkehrsfreiheit behindern könne. Sei dies der Fall, so gelte es zu prüfen, ob eine Grundfreiheit hinter die andere zurücktrete.[1039] Im Übrigen gilt es zwischen dem Kapitalverkehr in Zwei- und dem in Dreipersonenverhältnissen zu unterscheiden: Nur im letztgenannten kommt neben einer Verletzung der Kapitalverkehrsfreiheit auch noch eine Verletzung der Dienstleistungsfreiheit in Betracht.[1040]

1033 Vgl. *Ress/Ukrow*, in: Grabitz/Hilf/Nettesheim (Hrsg.), Recht der EU, Art. 63 AEUV, Rn. 213.

1034 EuGH, Urteil vom 04.03.2004, Rs. C-334/02 – Slg. 2004, I-2229 – „Kom./Frankreich"; Urteil vom 11.06.2009, verbundene Rs. C-155/08 und C-157/08 – Slg. 2009, I-5093 – „X und E. H. A. Passenheim-van Schoot/Staatssecretaris van Financiën".

1035 EuGH, Urteil vom 14.11.1995, Rs. C-484/93 – Slg. 1995, I-3955 – „Svensson und Gustavsson"; Urteil vom 09.07.1997, Rs. C-222/95 – Slg. 1997, I-3899, – „Parodi"; Urteil vom 03.10.2006, Rs. C-452/04 – Slg. 2006, I-9521 – „Fidium" = EuZW 2006, S. 689 ff.

1036 EuGH, Urteil vom 21.03.2002, Rs. C-451/99 – Slg. 2002, I-3193 – „Cura Anlagen" = EuZW 2002, S. 444 ff.; Urteil vom 04.12.2008, Rs. C-330/07 Slg. 2008, I-9099, – „Jobra" = EuZW 2009, S. 83 ff.

1037 EuGH, Urteil vom 10.05.1995, Rs. C-384/93 – Slg. 1995, I-1141 – „Alpine Invest ments".

1038 Vgl. *Ress/Ukrow*, in: Grabitz/Hilf/Nettesheim (Hrsg.), Recht der Europäischen Union, Art. 63 AEUV, Rn. 215.

1039 Vgl. Urteil vom 03.10.2006, Rs. C-452/04 – Slg. 2006, I-9521, Rn. 30, 34.– „Fidium" = EuZW 2006, S. 689, 690.

1040 Eigene grenzüberschreitende Darlehensgeschäfte einer Bank unterliegen bspw. der Kapitalverkehrsfreiheit, da sie damit Geld einem anderen zur Verfügung stellt. Überweist demgegenüber eine Bank für Rechnung eines Kunden an dessen Vertragspartner einen Darlehensbetrag, so ist zwischen dem Rechtsgeschäft, das zwischen Darlehensgeber und -nehmer existiert, und dem Rechtsgeschäft, das zwischen Bank und Darlehensgeber besteht, zu unterscheiden. Ersteres fällt in den Anwendungsbereich der Kapitalverkehrsfreiheit, soweit es grenzüberschreitenden Charakter besitzt. Das zweitgenannte Rechtsgeschäft wird von der Bank demgegenüber allein unter dem Aspekt der Dienstleistungsfreiheit

Das Transferinvestment kann in verschiedenen Formen erfolgen, die der Kapitalverkehrsfreiheit, der Dienstleistungsfreiheit oder beiden Freiheiten unterfallen.

Im Fall eines Investors, der seine Leistung nicht für verschiedene Interessenten am Markt anbietet, sondern mit einem konkreten Club zusammenarbeitet und diesem Finanzmittel zur Verfügung stellt, besteht ein Zweipersonenverhältnis. Das Transferinvestmentverbot betrifft hier keine Dienstleistung des Investors. Es könnte vielmehr eine Beschränkung des Kapitalverkehrs darstellen und zwar hinsichtlich der Freiheit des Investors, sein Geld in Entschädigungsrechte zu investieren, zum anderen aber auch hinsichtlich der Freiheit des Clubs, die Gelder aus einem Transfer auf der Grundlage einer Transferinvestmentvereinbarung teilweise an einen Investor zu zahlen.

Etwas anderes gilt für die vorgestellten Formen von Spielerfonds, die ihre Leistung am Markt anbieten und potentiellen Investoren die Möglichkeit bieten, sich an einem Spielerfonds zu beteiligen. Hier besteht mindestens ein Dreipersonenverhältnis, in dem der Spielerfonds die Gelder der Investoren einsetzt, um mit (verschiedenen) Clubs Vereinbarungen über den Erwerb von Entschädigungsrechten zu treffen. Die hinter einem Spielerfonds stehenden Personen könnten durch ein Transferinvestmentverbot in ihrer Dienstleistungsfreiheit verletzt sein.

2. Verletzung der Kapitalverkehrsfreiheit nach Art. 63 Abs. 1 AEUV

Die Möglichkeit einer Verletzung der Kapitalverkehrsfreiheit durch ein nationales Transferinvestmentverbot setzt zunächst voraus, dass diese Grundfreiheit im Sportbereich überhaupt Anwendung findet.

a) Drittwirkung der Kapitalverkehrsfreiheit im Sportbereich

Art. 63 Abs. 1 AEUV schützt den freien Kapitalverkehr zwischen den Mitgliedstaaten, wobei Adressaten von Beschränkungsverboten und Rechtfertigungserfordernissen der Grundfreiheiten die Mitgliedstaaten sind.[1041] Durch den EuGH wurde noch nicht geklärt, ob die Kapitalverkehrsfreiheit eine unmittelbare Drittwirkung derart entfaltet, dass private Rechtssubjekte an das Verbot der Kapitalverkehrsbeschränkung unmittelbar gebunden sind.[1042] In der Literatur[1043] wird überwiegend vertreten, dass eine unmittelbare Drittwirkung dem Verbot von Kapital- und Zahlungsverkehrsbeschränkungen nicht zukommt; Beschränkungen des Kapital- oder

---

erledigt, vgl. Ress/Ukrow, in: Grabitz/Hilf/Nettesheim (Hrsg.), Recht der Europäischen Union, Art. 63 AEUV, Rn. 221.

1041 *Von Wilmowsky*, in: Ehlers (Hrsg.), Europäische Grundrechte und Grundfreiheiten, § 12, Rn. 25.

1042 cep Studie, Die europäische Dimension des Sports, S. 25; *Verse*, ZIP 2008, S. 1754, 1759.

1043 *Ress/Ukrow*, in: Grabitz/Hilf/Nettesheim (Hrsg.), Das Recht der EU, Art. 63 AEUV, Rn. 99; *Deutscher*, SpuRt 2009, S. 97, 101; *Summerer*, SpuRt 2008, S. 234, 240.

Zahlungsverkehrs durch Private, die den Mitgliedstaaten oder der Gemeinschaft nicht zurechenbar seien, würden von der Kapitalverkehrsfreiheit grundsätzlich ebenso wenig erfasst wie Beschränkungen des freien Warenverkehrs durch Private dem Verbot der Art. Art. 34, 35 AEUV unterlägen.[1044] Teilweise wird jedoch eine mittelbare Drittwirkung im Hinblick auf „intermediäre Gewalten“[1045] angenommen. Diese werden als privatrechtliche Organisationen definiert, die in fremdbestimmender Weise in den Rechtsverkehr eingreifen, indem sie – legitimiert durch eine staatlich garantierte Autonomie – einseitig Regeln erlassen, denen sich der Einzelne nicht entziehen beziehungsweise keine eigene Gestaltungsmacht entgegensetzen kann.[1046]

Sportverbände lassen sich als intermediäre Gewalten in diesem Sinne klassifizieren, denn der Staat verzichtet weitgehend auf eine Regulierung und überlässt es den Verbänden, sich in freier Selbstbestimmung eine eigene innere Ordnung zu geben.[1047] Der EuGH hat in einer Reihe von Urteilen die Bindung von Privaten an die personenbezogenen Grundfreiheiten festgestellt, wenn diese kollektive Regelungen erlassen können.[1048] Die Beseitigung der Hindernisse für die Freizügigkeit und den freien Dienstleistungsverkehr zwischen den Mitgliedstaaten sei gefährdet, wenn die Abschaffung der Schranken staatlichen Ursprungs durch Hindernisse ersetzt werden könnte, die nicht dem öffentlichen Recht unterliegende Vereinigungen und Einrichtungen im Rahmen ihrer rechtlichen Autonomie setzen könnten.[1049] In der Literatur wird ferner vertreten, dass es für die Anerkennung einer mittelbaren Drittwirkung im Bereich der Kapital- und Zahlungsverkehrsfreiheit darauf ankomme, ob Privaten eine mit staatlicher Rechtsetzung vergleichbare Möglichkeit zur generellen Rechtsetzung eröffnet sei.[1050] Die privaten Verbände müssten, sollen sie Adressat des Art. 63 Abs. 1 u. 2 AEUV sein, als „intermediäre

---

1044 *Ress/Ukrow*, in: Grabitz/Hilf/Nettesheim (Hrsg.), Das Recht der EU, Art. 63 AEUV, Rn. 99.

1045 Vgl. *Kingreen*, Die Struktur der Grundfreiheiten des Europäischen Gemeinschaftsrechts, 1999, S. 196 ff.; *Jaensch*, Die unmittelbare Drittwirkung der Grundfreiheiten, 1997, S. 83; kritisch: *Streinz/Leible*, EuZW 2000, S. 459 ff.; *Michaelis*, NJW 2001, S. 1841, 1842.

1046 cep Studie, Die europäische Dimension des Sports, S. 26; *Streinz/Leible*, EuZW 2000, S. 459, 465.

1047 Palandt-*Ellenberger*, BGB, § 25, Rn. 7.

1048 EuGH, Urt. v. 06.06.2000 – Rs. C-281/98 - Slg. 2000, I-4139 – „Angonese“ = EuZW 2000, 468 ff.; EuGH, Urt. v. 11.04.2000 – verbundene Rs. C-51/96 u. C-191/97 – „Deliège“, Urt. v. 15.12.1995,, Urt. v. 15.12.1995 – Rs. G-415/93 – Slg. 1995, I-4921 – „Bosman“.

1049 EuGH, Urt. v. 11.04.2000 – verbundene Rs. C-51/96 u. C-191/97 – Slg. 2000, S. 2549, Rn. 47 – „Deliège“ = NJW 2000, 2011, 2014; EuGH, Urt. v. 15.12.1995 – Rs. G-415/93 – Slg. 1995, I-4921, Rn. 83 ff. – „Bosman“ = NJW 1996, 505, 509.

1050 *Ress/Ukrow*, in: Grabitz/Hilf/Nettesheim (Hrsg.), Das Recht der EU, Art. 63 AEUV, Rn. 101.

Gewalten" der staatlichen Rechtsetzungsgewalt funktional gleichgesetzt werden können. Eine entsprechende funktionale Rechtsetzungsgewalt Privater sei derzeit nicht ersichtlich.[1051]

Fordert man zur Erfüllung des Merkmals „intermediäre Gewalt" eine funktionale Rechtsetzungsgewalt des privaten Verbandes, dann muss man eine Drittwirkung der Kapitalverkehrsfreiheit im vorliegenden Fall ablehnen.

Der Verband trifft nur eine Einzelregelung mit Auswirkungen auf den Kapitalverkehr, ist aber nicht mit einem Gesetzgeber für den Bereich des Kapitalverkehrs gleichzustellen. Lässt man dagegen ein Handeln als „quasi-staatliche Einrichtung" ausreichen, ist die Drittwirkung eher begründbar. Ob im vorliegenden Fall der EuGH die FIFA als „intermediäre Gewalt" bewerten würde, lässt sich kaum prognostizieren. Die Annahme einer mittelbaren Drittwirkung im Hinblick auf Transferinvestmentregeln erscheint zumindest als vertretbar und ist in der Literatur bejaht worden.[1052] Auch die Europäische Kommission will ausweislich einer Pressemitteilung vom 7. Februar 2013 die Regeln zum Transferinvestment und die hiermit verbundenen Behinderungen von Investitionen in den Sport an der Kapitalverkehrsfreiheit messen.[1053] Im Folgenden sollen daher die weiteren Voraussetzungen der Vereinbarkeit der entsprechenden Verbandsnormen mit der Kapitalverkehrsfreiheit überprüft werden.

b) Beschränkung des Kapitalverkehrs

Der Kapitalbegriff gemäß Art. 63 Abs. 1 AEUV erstreckt sich auf alle vermögenswerten Rechte.[1054] Freier Kapitalverkehr erfolgt bei über die Grenzen eines Mitgliedstaates hinausgehenden Wertübertragungen in Form von Sach- und Geldkapital.[1055] „Kapitalbewegungen" im Sinne von Art. 63 Abs. 1 AEUV sind insbesondere Direktinvestitionen, nämlich Investitionen jeder Art durch natürliche oder juristische Personen zur Schaffung oder Aufrechterhaltung dauerhafter und direkter Beziehungen zwischen denjenigen, die die Mittel bereitstellen und den Unternehmen, für die die Mittel zum Zweck einer wirtschaftlichen Tätigkeit bestimmt sind.[1056] Unter anderem werden vom Kapitalverkehr der Erwerb von Anteilen an Investmentfonds, die Gewährung von Darlehen, die Begründung und Abtretung

---

1051 *Ress/Ukrow*, in: Grabitz/Hilf/Nettesheim (Hrsg.), Das Recht der EU, Art. 63 AEUV, Rn. 101.

1052 *Heermann*, CaS 2013, S. 21, 27.

1053 Europäische Kommission, Pressemitteilung vom 7. Februar 2013, IP/13/95 (Quelle: Internet).

1054 *Von Wilmowsky*, in: Ehlers, Europäische Grundrechte und Grundfreiheiten, § 12, Rn. 2.

1055 *Bröhmer*, in: Calliess/Ruffert (Hrsg.), EUV/AEUV, Art. 63 AEUV, Rn. 8; Schürmann, in: Lenz/Borchardt, AEUV, Art. 63, Rn. 3.

1056 EuGH, Urteil vom 23.10.2007, Rs. C-112/05 – Slg. 2007, I-8995, Rn. 18 – „Kommission/ Bundesrepublik Deutschland" = NZG 2007, 942, 943.

von Forderungen und die Bestellung von Sicherheitsrechten erfasst.[1057] Bei einem Transferinvestment wird häufig der Fall vorliegen, dass eine Privatperson in einen Spieler eines Clubs in einem anderen Mitgliedstaat investieren möchte.

Auch weitere Kapitalübertragungen sind denkbar. So könnte der Dritte ein Darlehen einräumen und sich im Gegenzug Forderungen aus Transfers abtreten lassen oder sich an einem „Spielerfonds“ beteiligen. Derartige Rechteeinräumungen und Abtretungen sind nach dem weiten Verständnis des Kapitalverkehrsbegriffs von Art. 63 Abs. 1 AEUV erfasst.

Art. 63 Abs. 1 AEUV selbst enthält keinen Hinweis darauf, was unter „Beschränkungen“ des Kapitalverkehrs zu verstehen ist. Der EuGH geht in ständiger Rechtsprechung davon aus, dass es sich bei Beschränkungen des Kapitalverkehrs um solche Maßnahmen handelt, die geeignet sind, Gebietsfremde von Investitionen in einem Mitgliedstaat oder die dort Ansässigen von Investitionen in anderen Staaten abzuhalten.[1058] Das Verbot der Kapitalverkehrsbeschränkungen geht über die Beseitigung einer Ungleichbehandlung der Finanzmarktteilnehmer aufgrund ihrer Staatsangehörigkeit hinaus. Auch eine Regelung, die nicht zu einer Ungleichbehandlung führt, kann Anleger aus anderen Mitgliedstaaten davon abhalten, in das Kapital von Unternehmen zu investieren.[1059]

Im Schrifttum herrscht ebenfalls ein weites Verständnis des Beschränkungsbegriffs vor. Sinn und Zweck des Vertrages geböten es, den Begriff weit auszulegen, um Art. 63 Abs. 1 AEUV zur vollen Wirksamkeit (*effet utile*) zu verhelfen.[1060] Hierbei wird zum Teil die „Dassonville-Formel“[1061] auf den Kapitalverkehr übertragen. Danach sind unter Beschränkungen des Kapitalverkehrs unmittelbare oder mittelbare, aktuelle oder potentielle Behinderungen, Begrenzungen oder Untersagungen für den Zufluss, Abfluss oder Durchfluss von Kapital zu verstehen.[1062] Insofern entfällt die Beschränkungswirkung des Transferinvestmentverbots nicht etwa schon deshalb, weil das Verbot auch für deutsche Investoren gilt. Das Transferinvestmentverbot hält jedenfalls auch Anleger aus anderen Mitgliedstaaten von einem Investment ab.

1057 *Von Wilmowsky*, in: Ehlers, Europäische Grundrechte und Grundfreiheiten, § 12, Rn. 2.

1058 EuGH, Urteil vom 25.01.2007, Rs. C-370/05 – Slg. 2007, I-1129, Rn. 24 – „Festersen“ = EuZW 2007, 215, 216 m.w.N.

1059 Vgl. EuGH, Urteil vom 04.06.2002, Rs. C-367/98 – Slg. 2002, I-4731, Rn. 44 f. – „Goldene Aktien III“ = EuZW 2002, 437, 440 m.w.N.

1060 Ausdrücklich für ein weites Verständnis *Ress/Ukrow*, in: Grabitz/Hilf/Nettesheim (Hrsg.), Das Recht der EU, Art. 63 AEUV, Rn. 134.

1061 EuGH, Urt. v. 11.07.1974 – Rs. 8/74 - Slg. 1974, 837, Rn. 5 – „Dassonville“

1062 Ausführlich *Ress/Ukrow*, in: Grabitz/Hilf/Nettesheim (Hrsg.), Das Recht der EU, Art. 63 AEUV, Rn. 134 ff.; *Schürmann*, in: Lenz/Borchardt (Hrsg.), AEUV, Art. 63, Rn. 22; *Weber*, EuZW 1992, S. 561, 562 f.

c) Rechtfertigung

Beschränkungen des Kapitalverkehrs können zum einen aufgrund von Vorschriften gerechtfertigt sein, die von einzelnen Mitgliedstaaten oder durch die Gemeinschaft unter den in Art. 64 bis 66 AEUV genannten Voraussetzungen erlassen werden. Um eine derartige Vorschrift handelt es sich bei einer Regel des Ligaverbands nicht. Zum anderen können Beschränkungen auf der Grundlage der bisherigen Rechtsprechung des EuGH[1063] im Einzelfall gerechtfertigt sein.

Trotz ihrer unterschiedlichen sachlichen Reichweite und der strukturellen Abweichungen hat der EuGH für die einzelnen Grundfreiheiten eine in den Grundzügen gemeinsame Schrankensystematik entwickelt:

1. Es besteht – vorbehaltlich der ausdrücklichen Schrankenregelung des Art. 52 Abs. 1 AEUV ein Verbot von (offenen) Diskriminierungen aus Anlass der Staatsangehörigkeit;
2. sonstige Beschränkungen sind jenseits der Schranken des Art. 52 Abs. 1 nur aus zwingenden Gründen des Allgemeininteresses zulässig;
3. sie müssen geeignet sein, die Verwirklichung des mit ihnen verfolgten Zieles zu gewährleisten;
4. sie dürfen nicht über das hinausgehen, was zur Erreichung des Zieles erforderlich ist (Verhältnismäßigkeit).[1064]

Der EuGH hat für die Beschränkung des freien Kapitalverkehrs betont, dass diese zugelassen werden kann, wenn sie einem im Allgemeininteresse liegenden Ziel dient.[1065] Auch für Beschränkungen, die einem im Allgemeininteresse liegenden Ziel dienen, findet jedoch der Grundsatz der Verhältnismäßigkeit Anwendung.[1066]

Hieraus ergibt sich, dass eine Beschränkung der Grundfreiheiten im Sinne des AEUV durch eine nationale Verbandsregel keinen strengeren Anforderungen an die Rechtfertigung unterliegt als ein Verstoß gegen das Kartellrecht.[1067] Es kann daher auf die zu Art. 101 Abs. 3 AEUV vorgenommene Verhältnismäßigkeitsprüfung

---

1063 EuGH, Urteil vom 31.03.1993, Rs. C-19/92, Slg. 1993, I-1663, Rn. 32 – „Kraus" = NVwZ 1993, 661, 662; Urteil vom 30.11.1995, Rs. C-55/94, Slg. 1995, I-4165, Rn. 37 – „ Gebhard" = NJW 1996, 579, Urteil vom 11.11.1999, Rs. C-369/96– Slg. 1999, I-8453, Rn. 34 – „Arblade".

1064 *Kluth*, in: Calliess/Ruffert (Hrsg.), EUV/AEUV, Art. AEUV Art. 57, Rn. 72 unter Hinweis auf EuGH, Urteil vom 20.03.1997, Rs. C-3/95 – Slg. 1996, I-6511, Rn. 28 m.w.N. – „Reisebüro Broede"; *Kingreen*, Die Struktur der Grundfreiheiten des Europäischen Gemeinschaftsrechts, S. 168 ff.; *Holoubek*, in: Schwarze, EU-Kommentar, Art. 49/50, Rn. 115; *Heermann*, WRP 2003, 724, 733.

1065 EuGH, Urteil vom 03.02.1993, Rs. C-148/91 – „Veroncia" = EuZW 1993, 251.

1066 EuGH, Urteil vom 01.06.1999, Rs. C 302/97 – Slg. Slg. 1999, I-3099, Rn. 40 – „Konle" = EuZW 1999, 635, 637; EuGH, Urteil vom 23. 10. 2007 – C-112/05 – Slg. 2007, I-8995, Rn. 73 –Kommission/Bundesrepublik Deutschland" = EUZW 2007, 697, 701.

1067 Vgl. explizit *Verse*, CaS 2010, 28, 32; zustimmend Heermann, CaS 2013, 21, 28, so wohl auch *Weiler*, SpuRt 2007, S. 133, 135, *Stopper*, WRP 2009, 413 ff., die ohne

verwiesen werden,[1068] mit dem Ergebnis, dass ein Transferinvestmentverbot auch eine ungerechtfertigte Beschränkung der Kapitalverkehrsfreiheit darstellt. Denn ein vollständiges Transferinvestmentverbot geht über das hinaus, was zur Erreichung der angestrebten Ziele des Verbandes erforderlich ist. Ein Transferinvestmentverbot stellt sich somit als Verletzung der Kapitalverkehrsfreiheit nach Art. 63 Abs. 1 AEUV dar.

3. Verletzung der Dienstleistungsfreiheit nach Art. 56 AEUV

Auch die Dienstleistungsfreiheit wird durch ein Transferinvestmentverbot beeinträchtigt, weil mit dem Transferinvestment in Verbindung stehende Dienstleistungen, wie das Betreiben eines Spielerfonds, durch ein Verbot faktisch ausgeschlossen werden. Für die Rechtfertigungsvoraussetzungen gelten die gleichen Grundsätze wie bei den übrigen Grundfreiheiten,[1069] jedoch mit der Besonderheit, dass an die Geeignetheit und Erforderlichkeit von beschränkenden Maßnahmen in den so genannten sensiblen Dienstleistungssektoren geringere Anforderungen zu stellen sind. Unter „sensiblen Dienstleistungen“ versteht der EuGH solche, bei denen dem Verbraucherschutz eine erhebliche Bedeutung zukommt.[1070] Zwar ist der Sport ein Wirtschaftsbereich, der große Teile der Bevölkerung betrifft. Das Transferinvestment im Lizenzfußball spielt jedoch innerhalb dieses Wirtschaftsbereichs insgesamt eine derart untergeordnete Rolle, dass ein diesbezügliches Verbot keine verbraucherschützende Wirkung entfaltet. Dies gilt insbesondere im Hinblick darauf, dass schon die Verhältnismäßigkeit des Verbots zum Schutz des Sports im Ergebnis abzulehnen ist.

B. Verletzung durch ein europa- oder weltweit geltendes Verbot

Sollten die UEFA oder die FIFA sich dazu entschließen, ein europa- oder ein weltweit geltendes Verbot des Transferinvestments einzuführen, verstieße auch dieses Verbot gegen die Art. 56, 63 Abs. 1, 101 und 102 AEUV.

Art. 101 AEUV ist – in gleicher Weise wie oben gezeigt[1071] – einschlägig, denn auch durch das weltweite Transferinvestmentverbot wird ein grenzüberschreitender Markt für Beteiligungen an Entschädigungsrechten, an denen ein Interesse der Marktteilnehmer besteht, ausgeschaltet. Damit wird der freie Wettbewerb

---

den Prüfungsaufbau zu thematisieren eine Rechtfertigung für Beschränkungen der Wettbewerbsfreiheit und der Grundfreiheiten gemeinsam prüfen.

1068 Vgl. SECHSTER TEIL, 1. Kap., A.I.3.d).

1069 *Kluth*, in: Calliess/Ruffert (Hrsg.), EUV/AEUV, Art. AEUV Art. 56, Rn. 73.

1070 *Kluth*, in: Calliess/Ruffert (Hrsg.), EUV/AEUV, Art. AEUV Art. 56, Rn. 73 unter Hinweis auf entsprechende EuGH Rechtsprechung u.a. für den Bankensektor (Urteil vom 09.07.1997, Rs. C-222/95 – Slg. 1997, I-3899, Rn. 22 – „Parodi“) und Versicherungen (EuGH, Urteil vom 04.12.1986, Rs. 205/84, Slg. 1986, 3755, Rn. 30 – „Kommission/Deutschland“ = NJW 1987, S. 572, 574).

1071 Vgl. SECHSTER TEIL, 1. Kap., A.I.3.d).

entgegen dem Kartellverbot des Art. 101 AEUV beeinträchtigt. Auch der Missbrauchstatbestand in Art. 102 AEUV ist erfüllt.[1072] Da ein Transferinvestmentverbot der FIFA für die nationalen Mitgliedsverbände sowie die Clubs verbindlich ist und Verstöße hiergegen sanktioniert werden, sind diese Adressaten hinsichtlich ihrer Verhaltensweisen dauerhaft durch die von ihnen angenommenen Vorschriften gebunden. Die Transferinvestoren als übrige Marktteilnehmer können sich ihrerseits dieser Bindung nicht widersetzen. Eine solche Situation stellt eine kollektiv beherrschende Stellung der Clubs auf dem Markt der Beteiligungen an Transferentschädigungsrechten dar.[1073]

Das europa- oder weltweite Verbot erfüllt auch die für das nationale Verbot festgestellte Verletzung der Kapitalverkehrsfreiheit nach Art. 63 Abs. 1 AEUV und der Dienstleistungsfreiheit nach Art. 56 AEUV. Ein verbandsübergreifendes Verbot kann schließlich auch gegenüber dem verbandsinternen Verbot keine abweichende Beurteilung der Verhältnismäßigkeit für sich in Anspruch nehmen. Die Abwägung zwischen den von den Verbänden in zur Begründung eines Transferinvestmentverbots vorgebrachten Verbandszielen und den mit dem Verbot verbundenen wettbewerbsbeschränkenden Wirkungen ergibt in gleicher Weise wie oben dargelegt die Unverhältnismäßigkeit eines europa- oder weltweit geltenden Transferinvestmentverbots.

C. Verletzung durch das weltweit geltende Beeinflussungsverbot

Nachdem festgestellt worden ist, dass ein national, europaweit oder weltweit geltendes Verbot des Transferinvestments wegen eines Verstoßes gegen das europäische Wettbewerbsrecht, die Kapitalverkehrsfreiheit und die Dienstleistungsfreiheit nicht zulässig wäre, stellt sich die Frage, ob sich dies auch für Art. 18bis FIFA-Status-Reglement als vergleichsweise milderes Beeinflussungsverbot feststellen lässt, welches den zivilrechtlich zulässigen schuldrechtlichen Vereinbarungen über Beschränkungen des Freigaberechts zugunsten des Investors enge Grenzen setzt.

I. Europäisches Wettbewerbsrecht

Das Beeinflussungsverbot in Art. 18bis ist ebenso wie das Transferinvestmentverbot am Kartell- und des Missbrauchsverbot der Art. 101, 102 AEUV zu messen.

1. Eröffnung des Anwendungsbereichs von Art. 101, 102 AEUV

Eine von den obigen Ausführungen abweichende Beurteilung kann sich daraus ergeben, dass keine vollständige Untersagung des Transferinvestments erfolgt, sondern nur eine Einflussnahme des Investors auf bestimmte Clubentscheidungen

---

1072 Vgl. SECHSTER TEIL, 1. Kap., A.I.4.

1073 Vgl. EuG Urteil vom 26.01.2005 - T-J019/02, Leitsatz Nr. 10, Rn. 113 f. – „Piau“ = SpuRt 2005, 102 ff; EuGH, Urteil vom 16.03.2000 – C-J039/96 – Slg. 2000, I-1365, 1459 Rn. 41–45 – „Compagnie Maritime Belge Transports“.

unterbunden werden soll. Das Beeinflussungsverbot ist wie das Transferinvestmentverbot ein Beschluss der FIFA als Unternehmensvereinigung, der geeignet ist, den Handel zwischen Mitgliedstaaten zu beeinträchtigen und eine Verhinderung, Einschränkung oder Verfälschung des Wettbewerbs innerhalb des Binnenmarkts bewirken. Es erfüllt also den Tatbestand des Art. 101 AEUV. Ebenso wäre der Tatbestand des Art. 102 AUEV erfüllt, wenn die Verbände einen Club wegen eines Verstoßes gegen Art.18bis sanktionieren würden.

2. Verbotsausnahme

Insofern ist auch für die in Art. 18bis getroffene Regelung zu überprüfen, ob sie ein legitimes Ziel verfolgt und ob sie geeignet, erforderlich und angemessen ist.

a) Legitimes Ziel

Die generell mit einer Reglementierung des Transferinvestments verfolgte Zielsetzung ist bereits dargestellt worden, wobei die vier wesentlichen Ziele der Schutz der Stabilität der Ligen, des Fußballgeldkreislaufs, der Integrität sportlicher Wettbewerbe und der Ethik des Sports sind. Diese vier Ziele verfolgt auch Art. 18bis FIFA-Status-Reglement, wobei das vorrangige Ziel dieses Beeinflussungsverbots der Schutz der Integrität sportlicher Wettbewerbe ist, während die weiteren Ziele von nachgeordneter Bedeutung sind. Durch die Einschränkung der Befugnisse des Transferinvestors wird diesem das Investment nicht unmöglich gemacht wie bei einem vollständigen Transferinvestmentverbot. Der Schutz der Stabilität der Ligen, des Fußballgeldkreislaufs und der Ethik des Sports tritt beim Beeinflussungsverbot in den Hintergrund. Nur der Extremfall einer direkten Beeinflussung des Clubs und daraus folgende Bedrohungen für die Integrität des Wettbewerbs werden weitestgehend ausgeschlossen. Ein Beeinflussungsverbot dürfte aber auch das Fernziel verfolgen, die weiteren drei Gefahren praktisch „indirekt" zu reduzieren, indem das Transferinvestment weniger lukrativ gemacht wird.

b) Geeignetheit

Für den Investor sind das Stattfinden eines Spielertransfers und dessen Zeitpunkt von entscheidender Bedeutung. Er wird sich daher ein Mitspracherecht im Hinblick auf Transferzeitpunkt und -bedingungen vertraglich zusichern lassen wollen. Entscheidet aber ein Investor über einen Transfer mit, kann dies dazu führen, dass ein Transfer ausschließlich aufgrund der wirtschaftlichen Betrachtung des Investors erfolgt und sportliche Belange des Clubs außer Acht gelassen werden.[1074] Durch Art. 18bis wird dem Investor die Möglichkeit einer Einflussnahme auf die durch die Erfordernisse des Sports geprägten Entscheidungsbereiche des Clubs verwehrt, so dass die Regelung zur Erreichung des zuvor beschriebenen Ziels der Integrität der sportlichen Wettbewerbe förderlich ist. Indem dieser Form der

---

1074 *Mohr/Mader*, CaS 2013, S. 83, 85

Beeinflussung Grenzen gesetzt werden, fördert Art. 18bis mittelbar aber auch die Erreichung der weiteren vorgenannten Ziele.

c) Erforderlichkeit
Art. 18bis FIFA-Status-Reglementkann auch als erforderlich betrachtet werden. Ein milderes zur Erreichung der Verbandszwecke gleich geeignetes Mittel ist für das Transferinvestment nicht ersichtlich. Insbesondere kann es nicht als gleich geeignetes Mittel angesehen werden, die Beeinflussung der Clubs durch Dritte in sportliche Entscheidungen des Clubs zuzulassen und statt des Verbots lediglich einzeln aufgeführte „unlautere" Beeinflussungen zu verbieten. Es dürfte kaum möglich sein, sämtliche sportfremden, unerwünschten Einflussmöglichkeiten abschließend zu normieren. Eine solche Regelung wäre ein weniger verlässlicher Schutz, als wenn man die Kontrolle präventiv in der Hand des Sports belässt.[1075]

d) Angemessenheit
Gegen eine Angemessenheit des Beeinflussungsverbots könnte sprechen, dass die Beteiligung von Investoren an Clubs von den Verbänden anerkannt oder sogar gewollt ist und dass der an einem Club mehrheitsbeteiligte Investor nicht von Art. 18bis erfasst wird.[1076]

Fraglich ist, ob es gerechtfertigt ist, den von einem Transferinvestor auf Transferentscheidungen des Clubs befürchteten Einfluss in einer Verbandsregel zu untersagen, während der zumindest faktische Einfluss eines am Club beteiligten Investors auf denselben Entscheidungsbereich nicht eingeschränkt wird. Hierin könnte man einen Wertungswiderspruch erblicken, wenn sich die beiden Formen des Investments im Hinblick auf ihre Risiken weitestgehend entsprechen.[1077]

Ein wesentlicher Unterschied zwischen einem Club- und einem Transferinvestment liegt jedoch darin, dass es beim Transferinvestment nicht um die Teilhabe an einem sportlichen und wirtschaftlichen Erfolg des Clubs geht, sondern nur um Spielerwerte.

Der Transferinvestor würde im Falle uneingeschränkter Beeinflussungsmöglichkeiten kurzfristig sowie ohne Rücksicht auf die Interessen des Clubs in das Arbeitsverhältnis zwischen Club und konkretem Spieler eingreifen und eine

1075 Vgl. *Verse*, causa sport 2010, 28, 38.
1076 Vgl. FÜNFTER TEIL, A.I.2.b).aa).(1).
1077 Club-Investoren können – je nach Ausmaß ihrer Beteiligung – rein faktisch auf diverse Vereinsentscheidungen Einfluss nehmen. So kann ein Investor z. B. festlegen, welches Finanzvolumen einem von ihm kontrollierten Club für Spielertransfers zur Verfügung steht. Er kann auch durch bestimmte Entscheidungen (Sparmaßnahmen) dafür sorgen, dass der Club gezwungen ist, einige Spieler abzugeben. Außerdem geht es dem Club-Investor wie dem Transferinvestor darum, an den durch das Fußballspiel erzielten Gewinnen des Clubs zu partizipieren. Dies spricht für eine Vergleichbarkeit der Investments.

Transferentscheidung treffen können. Hierbei würde er die sportlichen Überlegungen und Ziele des Clubs seinem eigenen Interesse völlig unterordnen.[1078]

Es mag zwar durchaus auch Club-Investoren geben, die sich an einem Club beteiligen, um Zugriff auf das Transfergeschäft zu erhalten und die Transferentscheidungen zu treffen.[1079] In aller Regel werden Club-Investoren aber vom sportlichen und gesamtwirtschaftlichen Erfolg des Clubs profitieren wollen und insofern nur in Ausnahmefällen versuchen, einzelne Transferentscheidungen des Clubs zu beeinflussen. Vor diesem Hintergrund wird das Transferinvestment – zu Recht – von den Verbänden kritischer betrachtet als ein Club-Investment.

Die Angemessenheit des Art. 18bis FIFA-Status-Reglement als Beeinflussungsverbot lässt sich außerdem mit der Rechtsnatur des Freigaberechts begründen. Dieses stellt eine von den Verbänden zugunsten ihrer Mitglieder geschaffene Möglichkeit dar, im Interesse des Sports die Vertragsstabilität gegenüber privatwirtschaftlichen Arbeitsverhältnissen zu verstärken. Ohne dieses „Sportinteresse" an der Vertragsstabilität gäbe es das Freigaberecht nicht. Das Freigaberecht würde aber seinen sportrechtlichen Charakter verlieren, wenn die Freigabe einem rein nach wirtschaftlichen Gesichtspunkten entscheidenden Investor zustehen würde. Ließe man es zu, dass ein Investor einen oder mehrere bei einem Club beschäftigte Spieler nach dem ausschließlichen Kriterium ihrer aktuellen „Werthaltigkeit" freigibt, würde dies den vorgenannten anerkannten Zielen der Verbände, insbesondere der Stabilität der Liga zuwiderlaufen.

Unter „Ausverkäufen" von Spielerwerten ohne Rücksicht auf die Auswirkungen für den Club würde dessen Glaubwürdigkeit in der Öffentlichkeit als sportlich motivierter Ligateilnehmer und damit auch der Liga insgesamt leiden.

Wenn ein Teil der Clubs seine Transfers an wirtschaftlichen und sportlichen Kriterien ausrichtet, während der andere Teil die Transferentscheidung rein wirtschaftlich entscheidenden Dritten überlässt, bedroht dies auch die sportliche Balance. Könnte ein Investor beispielsweise die Freigaberechte aller Spieler eines bestimmten Clubs kontrollieren, dann stünde zu befürchten, dass er im Zweifel eher junge Spieler durch den Club verpflichten und einsetzen ließe, weil diese ihren Wert gegenüber älteren Spielern stärker und vor allem über einen längeren Zeitraum steigern können. Die „Club-Politik" dürfte insofern vor allem dann durch Investoreneinfluss beeinträchtigt sein, wenn dieser an einer Vielzahl von Spielern im Club die Transferrechte hält.[1080] Es ist auch zu befürchten, dass der Investor

---

1078 Als Beispiel lässt sich hier der im Fall Tevez/Mascherano geschilderte Sachverhalt des Clubs Corinthians anführen, der mit einer Vielzahl von durch Investoren finanzierten jungen Spielern Meister wurde und nach dem gewinnbringenden Verkauf eines Großteils dieser Spieler in die zweite Liga abstieg.

1079 Vgl. SIEBTER TEIL, 4. Kap.

1080 Aus Investorensicht ist die ideale Club-Politik eine solche, die primär auf die Entwicklung junger Spieler setzt. Spieler, die keiner wesentlichen finanziellen Wertsteigerung mehr unterliegen, also insbesondere solche jenseits des 30. Lebensjahres, sind aus Sicht des Investors uninteressant. Die Wertsteigerung

gegenüber dem Club auf einen Einsatz von ihm finanzierter Spielers drängt, ohne Rücksicht auf deren Form oder Fitness sowie auf taktische Überlegungen des Trainers zu nehmen.[1081]

Schließlich ist die Beschränkung des Investoreneinflusses auch vor dem Hintergrund des Schutzes minderjähriger Spieler angemessen. Der Schutz der körperlichen und geistigen Unversehrtheit junger Sportler ist ein Unionsziel, mit dem Charakter einer grundrechtsähnlichen Schutzpflicht als Ausdruck „unionaler Verantwortung".[1082] Ein Transferinvestment findet vor allem im Jugendbereich statt. Bestimmte privatrechtliche Vereinbarungen zwischen Transferinvestor und jungem Spieler lassen sich durch den Weltverband nicht untersagen, vielmehr sind hier die nationalen Verbände, Gesetzgeber und Gerichte gefragt. Wenn sich allerdings ein Club aufgrund des Art. 18bis FIFA-Status-Reglement in der Transferentscheidung nicht beeinflussen lassen darf, dann wird es dem Dritten auch schwer fallen, seinen Einfluss gegenüber einem (vertraglich) an ihn gebundenen Spieler durchzusetzen.

Dass die Verbände bestimmten negativen Auswüchsen von Vereinbarungen zwischen Sportler und Investor indirekt entgegentreten, indem sie den Clubs bestimmte Vereinbarungen untersagen, muss in Anbetracht der Interessen des Sports und der Schutzpflicht gegenüber minderjährigen Spielern als angemessen erachtet werden.

Zusammenfassend lässt sich sagen, dass die Interessen der einzelnen Clubs und der Investoren zu verschieden sind, um aus Sicht des gesamten organisierten Fußballsports einer dritten Partei, die nicht Teil des Clubs selbst ist, die in Art. 18bis FIFA-Status-Reglement genannten Einflussmöglichkeiten zuzugestehen. Den Verbänden kommt hinsichtlich der Regelung ihrer Belange eine Einschätzungsprärogative und ein verbandsrechtlicher Gestaltungsspielraum zu, innerhalb dessen bestimmte typische Wertungen des Sports im Sinne einer „Wertungsautonomie"

---

möglichst vieler Spieler ist aber nicht primäres Interesse des Clubs; dieser will vor allem eine sportlich möglichst erfolgreiche Mannschaft aufstellen. Hierzu wird auch ältere Spieler verpflichten und einsetzen wollen.

1081 Dem kann man zwar entgegenhalten, dass ein schlechter Auftritt des Spielers auch nachteilig für das Investment ist. Allerdings dürfte man sich zumindest dahingehend festlegen können, dass die größten Wertverluste sich bei fehlenden Einsätzen des Spielers im Wettkampf einstellen. Mit jedem Einsatz erhöht sich naturgemäß umgekehrt die Chance auf einen sportlichen Erfolg und eine kontinuierliche Weiterentwicklung des Spielers. Insofern besteht ein Interesse des Investors an häufigen Auftritten des Spielers. Sollte der Spieler sich – wie es in der Praxis gelegentlich vorkommt – bestimmte Spieleinsatzzahlen zusichern lassen, drängt sich der Verdacht auf, dass der Investor hierauf hingewirkt hat. Diese Überlegungen machen deutlich, dass der Investor, wie auch immer er sich die Club-Politik vorstellt, mit steigender Anzahl von Spielern in einer Mannschaft ein höheres Interesse an der Club-Politik hat.

1082 *Persch*, NJW 2010, S. 1917, 1919 f.

in die Ausgestaltung einer Satzungsregel einfließen können.[1083] Dies gilt seit der Einführung des Art. 165 AEUV[1084] umso mehr.

Das Interesse der Sportverbände an der Integrität im Sinne einer sportlich motivierten Entscheidung des Clubs über einen Transfer überwiegt das finanzielle Interesse des Investors, Einfluss auf Transfers auszuüben. Auch das Interesse des Clubs an einer freien Vertragsgestaltung kann nicht so weit gehen, dass er Rechte, welche ihm erst durch die Gemeinschaft der Clubs in Form des Verbandes zugestanden werden, zu Lasten dieser Gemeinschaft an Dritte überträgt. Die Regelung des Art. 18bis FIFA-Status-Reglement ist folglich insgesamt als verhältnismäßig zu bewerten.

II. Grundfreiheiten

Maßnahmen, die die Ausübung der durch den AEUV garantierten grundlegenden Freiheiten behindern oder weniger attraktiv machen können, sind unter Umständen gleichwohl zulässig, wenn sie einen mit dem AEUV zu vereinbarenden berechtigten Zweck verfolgen und aus Gründen des Allgemeininteresses gerechtfertigt sind.[1085]

Durch Art. 18bis FIFA-Status-Reglement ist die Freiheit des Kapitalverkehrs betroffen. Zwar schließt die Regelung das Investment sowie die Dienstleistung auf diesem Gebiet nicht gänzlich aus, sondern verbietet nur eine Einflussnahme des Investors auf den Club. Da es sich bei Art. 63 Abs. 1 AEUV um ein absolutes Beschränkungsverbot handelt, sind nicht nur unmittelbare, sondern auch mittelbare Beschränkungswirkungen mit umfasst. Indem Art. 18bis den Clubs verbietet, mit Investoren Vereinbarungen zu treffen, die ihre Unabhängigkeit in Transfersachen beeinträchtigen, macht die Regelung das Transferinvestment weniger attraktiv.[1086] Vergleichen kann man diese Regelung mit einer Stimmrechtsbeschränkung im Gesellschaftsrecht. Der Investor hätte einen bestimmten Anteil an dem Entschädigungsrecht erworben, dürfte aber nicht mitentscheiden, wann dieses Recht genutzt wird.

Die Reichweite des Beschränkungsverbots für die Dienstleistungsfreiheit gemäß Art. 56 AEUV ist demgegenüber noch nicht abschließend durch den EuGH geklärt. Teilweise wird davon ausgegangen, dass die Dienstleistungsfreiheit bloße Beschränkungen nur dann verbietet, wenn diese ein Hindernis für den

---

1083 *Deutscher*, SpuRt 2009, S. 97, 98.

1084 Vgl. zu Art. 165 AEUV: DRITTER TEIL, 2. Kap., B.II.1. und SECHSTER TEIL, 1. Kap., A.I.1.

1085 Vgl. EuGH: Schlussantrag der Generalanwältin v. 16.07.2009, Rs. C-325/08, Rn. 44 – „Bernard“ unter Bezugnahme u. a. auf EuGH, Urt. v. 15.12.1995, Rs. C-415/93 – Slg. 1995, I-4921, Rn. 104 – „Bosman“ = NJW 1996, 505, 510.

1086 Der Investor würde zweifellos – wenn er dürfte – die Befugnis zur Einflussnahme vereinbaren, um möglichst viel Gewinn mit seinem Investment zu erzielen.

Marktzugang errichten.[1087] Die Frage, inwieweit neben der Kapitalverkehrsfreiheit auch die Dienstleistungsfreiheit betroffen ist, kann vorliegend dahinstehen, weil – wie gezeigt – das in Art. 18bis geregelte Beeinflussungsverbot legitime Ziele verfolgt sowie geeignet, erforderlich und angemessen ist und sich damit sowohl im Hinblick auf Art. 63 Abs. als auch auf Art. 56 jedenfalls eine verhältnismäßige Beschränkung darstellt und somit weder eine Verletzung der Kapitalverkehrsfreiheit noch der Dienstleistungsfreiheit vorliegt.

2. Kapitel: Verletzung des deutschen Rechts durch Transferinvestment-hindernisse

Neben europarechtlichen Verstößen kommt auch eine Verletzung von deutschem Wettbewerbsrecht und von Grundrechten der Clubs durch das Beeinflussungsverbot und erst recht durch ein weitergehendes Transferinvestmentverbot in Betracht.

A. Deutsches Kartellrecht

§ 28 SpielO und § 5 Nr. 8 LOS als Implementierungen des Art. 18bis FIFA-Status-Reglement durch DFB und Ligaverband könnten an den Vorschriften des deutschen Wettbewerbsrechts zu messen sein, namentlich am Verbot wettbewerbsbeschränkender Vereinbarungen gemäß § 1 GWB und am Verbot des Missbrauchs einer markbeherrschenden Stellung gemäß § 19 GWB.

Der deutsche Gesetzgeber hatte für den Teilbereich des Kartellrechts vorübergehend eine „Bereichsausnahme Sport“ normiert. Im GWB existierte seit der am 01. Januar 1999 in Kraft getretenen 6. GWB-Novelle neben anderen Ausnahmebereichen vom Kartellverbot des § 1 GWB auch eine Bereichsausnahme für die zentrale Vermarktung von Rechten an der Fernsehübertragung satzungsgemäß durchgeführter sportlicher Wettbewerbe (ex-§ 31 GWB). Hintergrund der Einführung dieses Ausnahmetatbestands war der Beschluss des BGH zur Kartellrechtswidrigkeit der zentralen Vermarktung der Fernsehrechte für die Heimspiele der am UEFA-Pokal und am Pokal der Pokalsieger teilnehmenden deutschen Fußballvereine.[1088] Wettbewerbspolitisch war die Vorschrift jedoch höchst umstritten.[1089] Die Europäische Kommission lehnte in ihrer Stellungnahme zur 6. GWB-Novelle die

---

1087 *Randelzhofer/Forsthoff*, in Grabitz/Hilf/Nettesheim (Hrsg.), Das Recht der Europäischen Union, Art. 102, Rn. 22.

1088 Vgl. BGHZ 137, S. 297 = NJW 1998, 756 – „Europapokalheimspiele“; vgl. hierzu die Anmerkungen von *Heermann*, SpuRt 1999, S. 11 ff.; der Gesetzgeber befürchtete, dass auch die Vermarktung von Fernsehrechten an Bundesliga-Spielen wegen Verstoßes gegen § 1 GWB untersagt würde und begründete daher die Einführung des § 31 GWB auch ausdrücklich als Prävention gegen die Folgen des BGH-Beschlusses, vgl. BT-Dr. 13/9720 Nr. 8.

1089 Vgl. BKartA, Tätigkeitsbericht 1997/1998, BT-Dr. 14/1139, S. 42; *Mailänder*, in: FS Geiß, S. 611; *Heermann*, SpuRt 1999, S. 11, 14.

Einführung des § 31 GWB strikt ab.[1090] In der am 1. Juli 2005 in Kraft getretenen 7. GWB-Novelle wurde der Ausnahmetatbestand des § 31 GWB ersatzlos gestrichen.

Für eine Überprüfung der nationalen Beeinflussungsverbote am Maßstab des § 1 GWB besteht vorliegend praktisch kein Raum. Art. 3 der VO Nr. 1/2003 ordnet den Vorrang des Kartellverbotstatbestandes des Art. 101 AEUV gegenüber nationalem Recht an. Im Anwendungsbereich des Art. 101 darf das mitgliedsstaatliche Recht daher nicht zum Verbot von Vereinbarungen führen, die nach dem Unionsrecht nicht verboten sind.[1091]

Raum für eigenständige Regelungen verbleibt dem nationalen Gesetzgeber daher nur für solche Kartellvereinbarungen, -beschlüsse und aufeinander abgestimmte Verhaltensweisen, denen nicht die Eignung zur Beeinträchtigung des zwischenstaatlichen Handels zukommt,[1092] also Abreden von begrenzter regionaler Bedeutung.[1093] Da die Umsetzungen des Beeinflussungsverbots in den deutschen Verbandsregelwerken jedoch den zwischenstaatlichen Handel beeinträchtigen, impliziert ein Verstoß gegen Art. 101 Abs. 1 AEUV auch einen Verstoß gegen deutsches Kartellrecht.

Gleiches gilt für den Verstoß gegen das Marktmissbrauchsverbot gemäß § 19 GWB, weil die Norm abgesehen von der fehlenden Zwischenstaatlichkeitsklausel inhaltsgleich mit Art. 102 Abs. 1 AEUV ist.[1094] Wie dargelegt, ist das Beeinflussungsverbot aber verhältnismäßig. Daher ist auch ein Verstoß gegen das deutsche Wettbewerbsrecht abzulehnen.

B. Grundrechte

Die Beeinflussungsverbote von DFB und Ligaverband könnten die Grundrechte der Clubs und Grundrechte von Investoren beeinträchtigen.

I. Verletzung von Grundrechten der Clubs

Sportverbände sind trotz ihrer sozialmächtigen Stellung nicht als „öffentliche Gewalt" im Sinne des Art. 93 Nr. 4a GG anzusehen.[1095] Die Grundrechte enthalten aber über ihre staatliche Abwehrfunktion hinaus eine objektive Wertordnung, die auch auf die Rechtsbeziehungen zwischen Privaten ausstrahlt.[1096] Ansatzpunkte für die

---

1090 *Schwarze/Hetzel*, EuR 2005, S. 581, 584

1091 *Zimmer*, in: Immenga/Mestmäcker (Hrsg.), GWB, § 1, Rn. 6.

1092 *Zimmer*, in: Immenga/Mestmäcker (Hrsg.), GWB, § 1, Rn. 6.

1093 *Nordemann*, in: Loewenheim/Meessen/Riesenkampff, Kartellrecht, § 1, Rn. 17.

1094 Vgl. *Bahners*, SpuRt 2003, S. 142, 144.

1095 Träger öffentlicher Gewalt sind Bund, Länder und Körperschaften des öffentlichen Rechts sowie die von diesen beliehenen juristischen oder natürlichen Personen, vgl. *Maunz*, in: Maunz/Dürig, GG, Art. 93, Rn. 69.

1096 BVerfGE 7, S. 198, 204 – „Lüth" = NJW 1958, 257; BVerfG NJW 2013, 3086, 3087 – „Datenschutz im privaten Versicherungsrecht"; *Herdegen*, in: Maunz/Dürig, GG, Art. 1 Abs. 3, Rn. 57; *Fritzweiler/von Coelln*, in: PHB SportR, I/1, Rn. 11.

Berücksichtigung der Grundrechte sind insbesondere die privatrechtlichen Generalklauseln wie die §§ 138, 242, 826 BGB.[1097]

Da ein Club wegen der Verletzung seiner Grundrechte durch die verbandsseitige Beschränkung des Transferinvestments keine Klage vor dem Verfassungsgericht erheben könnte, ist der folgenden Untersuchung die Konstellation zugrunde zu legen, dass der Club wegen eines Transferinvestments vom Ligaverband sanktioniert wird und sich hiergegen zur Wehr setzt. Gemäß Art. 68 Nr. 3 FIFA-Statuten sind die Verbände verpflichtet, in ihre Statuten oder Reglemente eine Bestimmung aufzunehmen, wonach es bei Streitigkeiten mit Verbandsbezug verboten ist, an staatliche Gerichte zu gelangen, soweit die FIFA-Reglemente oder zwingende Gesetzesvorschriften die Anrufung staatlicher Gerichte nicht ausdrücklich vorsehen oder vorschreiben. Für Streitigkeiten innerhalb des nationalen Verbandes ist gemäß § 11 e) Ligaverbands-Satzung nach Ausschöpfung des DFB- bzw. Ligaverbandsinstanzenzugs in Ersetzung des ordentlichen Rechtsweges ein neutrales Schiedsgericht anzurufen. Die Parteien schließen gemäß § 13 Ligaverbands-Satzung dahingehende Schiedsgerichtsverträge, die eine Zuständigkeit des „Ständigen Schiedsgerichts für Vereine und Kapitalgesellschaften der Lizenzligen“ vorsehen.[1098] Die verbandsinterne Sportgerichtsbarkeit ist von der Vereinsautonomie gedeckt, denn die Verbandsautonomie erlaubt es, Streitigkeiten mit Bezug zur Mitgliedschaft zunächst Vereins- oder Verbandsgerichten zu unterbreiten.[1099]

Die Frage, ob die verbandsinterne Sportgerichtsbarkeit tatsächlich den ordentlichen Rechtsweg auszuschließen vermag, ist umstritten. Zuletzt hat das Landgericht München im Hinblick auf eine Athletenvereinbarung der Eisschnellläuferin Claudia Pechstein den Ausschluss der staatlichen Gerichtsbarkeit abgelehnt.[1100] Für die vorliegende Frage der möglichen Grundrechtsverletzung kann die Frage aber offen bleiben, weil auch das Schiedsgericht die Grundrechte der Parteien zu beachten hat.

1097 *Fritzweiler/von Coelln*, in: PHB SportR, I/1, Rn. 11.

1098 Den Mustervertrag hierzu enthält Anhang II zur LO.

1099 *Weller*, JuS 2006, 497, 499.

1100 Das LG München hat jüngst, obwohl Claudia Pechstein verschiedene Athletenvereinbarungen unterzeichnet hatte, die (auch) Verzichtsklauseln hinsichtlich der staatlichen Gerichtsbarkeit (zugunsten einer schiedsgerichtlichen Streitbeilegung, insbesondere durch das CAS) enthielten. Das LG München hielt fest, dass der Verzicht seitens der Athletin jeweils nicht freiwillig erfolgt sei, da sie – v.a. aufgrund der Monopolstellung der Sportverbände – keine andere Wahl gehabt habe, als die entsprechenden Klauseln zu akzeptieren, wenn sie an den durch die betreffenden Verbände organisierten Wettkämpfen teilnehmen wollte. In Anbetracht dieser Umstände qualifizierte das LG München die fraglichen Klauseln als unwirksam und wies es auch auf verschiedene Aspekte des CAS-Verfahrens hin, die den aus der Europäischen Menschenrechtskonvention (EMRK) resultierenden Anforderungen an ein faires Verfahren nicht genügten, LG München, CaS 2014, S. 91.

Richtigerweise darf nämlich die Anerkennung oder Vollstreckung eines Schiedsspruchs des Verbandes nicht zu einem Ergebnis führen, das den grundrechtlichen Vorgaben für das Zivilrecht widerspricht.[1101] Auch das Schiedsgericht ist grundsätzlich originär und abschließend aufgrund der Ausstrahlungswirkung der Grundrechte in das Privatrecht zur Abwägung zweier miteinander kollidierender Grundrechte berufen; dem staatlichen Gericht steht dann in der Regel nur eine Prüfung zu, ob das Abwägungsergebnis schlechterdings unerträglich ist.[1102]

Die Durchsetzung eines Beeinflussungs- oder Transferinvestmentverbots erfolgt direkt oder indirekt über die Lizenz, die gesellschaftsrechtliche Elemente aufweist.[1103] Die Lizenz begründet die Sanktionsgewalt des Verbandes über die Clubs; die Androhung einer Entziehung der Lizenz ist das stärkste Druckmittel des Verbandes gegenüber dem Club. Zu beachtende Schranken im Verhältnis zwischen dem Ligaverband als Lizenzgeber und den Clubs als Lizenznehmer sind die gegenseitigen Förder- und Treuepflichten[1104] als nicht normierte, aber allgemein anerkannte Rechtsinstitute des Gesellschaftsrechts.[1105] Die Treuepflicht wird überwiegend als Ausprägung des allgemeinen Grundsatzes von Treu und Glauben (§ 242 BGB) angesehen.[1106] Adressaten der Treuepflicht sind die Mitglieder im Verhältnis zum Verband.[1107] Eine Treubindung aufgrund des Mitgliedschaftsverhältnisses besteht aber auch umgekehrt und erzeugt Rücksichtspflichten des Verbands in Bezug auf die schützenswerten Belange der Mitglieder.[1108]

Der Ligaverband ist gehalten, im Falle von belastenden Maßnahmen das jeweils mildeste Mittel zu wählen und bei der Einflussnahme auf die Clubs auch deren Autonomie so weit wie möglich wahren.[1109]

Treuewidrige Klauseln in den Regelwerken eines Verbandes sind unwirksam und entfalten keine Wirkung für die gebundenen Verbandsmitglieder.[1110] Zu den im Rahmen der Treuepflicht zu schützenden Belangen der Verbandsmitglieder

1101 *Steiner*, SchiedsVZ 2013, 15, 19.

1102 *Steiner*, SchiedsVZ 2013, 15, 19.

1103 Vgl. hierzu ZWEITER TEIL, 3. Kap.

1104 *Holzhäuser*, in: Stopper/Lentze (Hrsg.), Handbuch Fußball-Recht, Kap. 16, Rn. 68; BGHZ 110, S. 323, 330 = NJW 1990, 2877, 2879.

1105 Grundlegend *Lutter*, AcP 180, 84, 102 ff.

1106 BGHZ 110, S. 323, 330 = NJW 1990, 2877, 2879; *Schlitt*, in Sudhoff (Begr.), GmbH & Co. KG, § 25 Die Treuepflicht, Rn. 2.

1107 *Reichert*, Vereins- und Verbandsrecht, Rn. 963.

1108 *Reichert*, Vereins- und Verbandsrecht, Rn. 964; BGHZ 110, 323 = NJW 1990, S. 2877, 2878 f.

1109 *Holzhäuser*, in: Stopper/Lentze (Hrsg.), Handbuch Fußball-Recht, Kap. 16, Rn. 70 unter Verweis auf *Reichert*, Handbuch Vereinsrecht, Rn. 986 und *Heermann*, WRP 2003, 724, 734.

1110 *Holzhäuser*, in: Galli/Elter/Gömmel/Holzhäuser/Straub (Hrsg.), Sportmanagement, S. 165, 177; Vgl. zur Nichtigkeit von Verbandsnormen wegen Verstoßes gegen §§ 138, 242 i. V. m. Art. 12 und 3 GG die Entscheidung des LG Stuttgart SpuRt 2004, 116, 117;

gehört auch die wirtschaftliche Freiheit eines Clubs selbst zu bestimmen, welche finanziellen Beteiligungen er zulässt.[1111] Die gesellschaftsrechtliche Förderpflicht lässt sich aus § 705 BGB ableiten.[1112] Die Förderpflicht kann sowohl positive Leistungsansprüche als auch Abwehr- oder Schadensersatzansprüche auslösen.[1113] Zur Ermittlung sachgerechter Ergebnisse sind bei der Konkretisierung der Förderpflichten sämtliche Umstände des Einzelfalls zu berücksichtigen.[1114] Im Rahmen der Beurteilung einer Verletzung der Förder- und Treuepflicht fließen grundrechtliche Wertungen in den Abwägungsvorgang mit ein.[1115] In Frage kommt vor allem eine Beeinträchtigung der Vereinigungsfreiheit aus Art. 9 GG und der Berufsfreiheit aus Art. 12 Abs. 1 GG.

1. Gesellschaftsrechtliche Treuepflicht i. V. m. Art. 9 Abs. 1 GG

Die allgemeine Treuepflicht und die Pflicht zur gleichmäßigen Behandlung wurden aus dem Grundsatz von Treu und Glauben (§ 242) hergeleitet und weiterentwickelt.[1116] Hiernach hat jeder Gesellschafter die Pflicht, seine gesellschaftsbezogene Tätigkeit im Gesellschaftsinteresse wahrzunehmen und alles zu unterlassen, was dieses Interesse beeinträchtigt. Darüber hinaus haben die Gesellschafter auf die Belange der Mitgesellschafter Rücksicht zu nehmen.[1117]

Inhaltlich kann die Treuepflicht Handlungs-, Duldungs- und Unterlassungspflichten hervorrufen, deren schuldhafte Verletzung gemäß §§ 280, 708 BGB gegenüber der GbR bzw. den Mitgesellschaftern eine Schadensersatzhaftung auslöst und entsprechend § 1004 Unterlassungsansprüche begründet.[1118]

Die Treuepflicht gegenüber den Mitgesellschaftern gebietet insofern zwar nicht, deren Interessen zu fördern oder deren persönliche Ziele zu unterstützen. Wohl aber begründet sie die Pflicht zur Rücksichtnahme auf die Belange der Mitgesellschafter bei der Verfolgung eigener Interessen. Dementsprechend sind die Gesellschafter nicht nur gegenüber der Gesellschaft, sondern auch im Verhältnis zu ihren Mitgesellschaftern gehalten, deren willkürliche Schädigung zu unterlassen und bei der Rechtsausübung das schonendste Mittel zu wählen.[1119] Die

---

1111 *Summerer*, SpuRt 2008, S. 234, 235.

1112 *Saenger*, in Schulze u.a. (Hrsg.), BGB §705, Inhalt des Gesellschaftsvertrags, Rn. 2.

1113 Soergel-*Hadding*, BGB Band 1, § 38, Rn. 19, 23 f.; MüKo-*Reuter*, BGB, § 38, Rn. 31 ff.; *Heermann*, causa sport 2004, S. 184, 189.

1114 *Reichert*, Vereins- und Verbandsrecht, Rn. 967.

1115 *Heermann*, causa sport, 2004, S. 184, 189.

1116 *Schöne*, in: Bamberger/Roth (Hrsg.), BeckOK BGB, § 705, R, 101.

1117 *Servatius*, in Henssler/Strohn (Hrsg.), Gesellschaftsrecht, § 705 BGB, Rn. 41; Palandt/Sprau, BGB, § 705, Rn. 27; BGH NZG 2003, 73; OLG Dresden NZG 2000, 1217.

1118 *Servatius*, in Henssler/Strohn (Hrsg.), Gesellschaftsrecht, § 705 BGB, Rn. 41.

1119 *Servatius*, in Henssler/Strohn, Gesellschaftsrecht, § 705 BGB, Rn. 42b; *Ulmer/Schäfer*, in: Münchener Kommentar zum BGB, § 705, Rn. 229.

gesellschaftsrechtliche Treuepflicht kann wegen ihres einer Generalklausel ähnlichen Charakters auch als Einfallstor der Grundrechte dienen, mit der Folge, dass die Treuepflicht im Lichte der Vorgaben der Grundrechte auszulegen ist.[1120]

Vorliegend stellt sich die Frage, ob ein Transferinvestmentverbot unter Berücksichtigung des Grundrechts der Vereinigungsfreiheit die Treuepflicht des Verbandes den Clubs gegenüber verletzt. Vom Grundrecht der Vereinigungsfreiheit geschützt wird das gesamte Spektrum von „Vereinen, Verbänden und Assoziationen aller Art"[1121], also auch Kapital- und Handelsgesellschaften bis hin zu Unternehmensfusionen und Konzernen.[1122] Art. 9 Abs. 1 GG entfaltet eine mittelbare Drittwirkung, ist also auch im Hinblick auf privatrechtliche Regelungen und Rechtsakte anwendbar.[1123] Vorliegend entsteht durch die Beschränkung des Transferinvestments ein Konflikt zwischen dem Verband, der die Beschränkung durchsetzt, und den einzelnen Clubs. Im Streitfall können sich sowohl Club als auch Verband auf das Grundrecht der Vereinigungsfreiheit berufen.[1124]

Zur inneren Betätigungsfreiheit der Vereine und Verbändegehört eine Vielzahl von Einzelbefugnissen. Hierzu zählt das Recht, rechtserhebliche Vereinbarungen schließen zu können, und zwar zum einen mit Blick auf die Gründung und Selbstorganisation der Vereinigungen, zum anderen hinsichtlich der Beziehungen der Korporation als solcher zu anderen Rechtssubjekten.[1125]

Letztlich geht es um die Grenzen des zulässigen Einflusses des Ligaverbandes auf das Innenleben der Clubs; der Höchstgehalt der Vereinsautonomie des Ligaverbandes wird durch den Mindestgehalt der Vereinsautonomie der zugehörigen Clubs begrenzt.[1126] Dem sonstigen rechtsgeschäftlichen Verkehr, auch und gerade soweit er auf die Verwirklichung des Vereinszwecks gerichtet ist (Unternehmenstätigkeit, Hilfs- und Hauptgeschäfte des Vereins), fehlt hingegen der spezifische Bezug zur korporativen Organisation.[1127] Er ist durch die allgemeine Vertragsfreiheit nach Art. 2 Abs. 1 GG oder – bei Unternehmensträgern – durch Art. 12 Abs. 1 GG[1128] und Art. 14 Abs. 1 GG geschützt.[1129] Das Transferinvestment ist aus Sicht der Clubs ein Geschäft dieses sonstigen rechtsgeschäftlichen Verkehrs.

1120 *Hofmann*, Der Minderheitsschutz im Gesellschaftsrecht, S. 121.

1121 BVerfGE 38, S. 281, 503 – „Arbeitnehmerkammern" = NJW 1975, 1265, 1266.

1122 Sachs-*Höfling*, GG, Art. 9, Rn.7 ff.; *Jarass/Pieroth, GG,* Art. 9, Rn. 3.

1123 *Scholz*, in: Maunz/Dürig, GG, Art. 9, Rn. 98; BeckOK-*Cornils,* GG, Art. 9, Rn. 15.

1124 Vgl. *Fritzweiler/von Coelln*, in: PHB SportR, II/1, Rn. 22, wo schon die Überschrift „Das Grundrecht auf Sport in den Vereinen und Verbänden (Art. 9 I GG)" den Konflikt andeutet.

1125 BeckOK-*Cornils,* GG, Art. 9, Rn. 14; *Scholz,* in: Maunz/Dürig (Hrsg.), GG, Art. 9, Rn. 84.

1126 *Holzhäuser*, in: Stopper/Lentze (Hrsg.), Handbuch Fußball-Recht, Kap. 16, Rn. 75.

1127 BeckOK-*Cornils,* GG, Art. 9, Rn. 14

1128 BVerfGE 116, 202 – „Tariftreueerklärung" = NJW 2007, 51, 54; BVerfGE 123, 186 – „Basistarif" = NJW 2009, 2033, 2042.

1129 BeckOK-*Cornils*, Art. 9, Rn. 14.

Die Auswirkungen der Transferinvestmenthindernisse auf die Teilnahme am sportlichen Wettbewerb führen nicht dazu, dass hierdurch die korporative Organisation des betroffenen Clubs in Frage gestellt würde.[1130] Durch die Einschränkung der Möglichkeit zum Transferinvestment wird nicht der Kernbereich des Vereins berührt, denn die ungehinderte Verfolgung wirtschaftlicher Interessen bildet nicht den Schwerpunkt des Sportvereins. Etwas anderes könnte allenfalls gelten, wenn ein Verbot des Transferinvestments die deutschen Clubs vor elementare wirtschaftliche Probleme stellen würde, die sogar die Lizenz bedrohen könnten. In einem offenen Brief an die FIFA haben Vertreter einer Vielzahl von südamerikanischen Clubs darauf hingewiesen, dass ein vollständiges Verbot des Transferinvestments die Finanzen der der Clubs sowie den Spielerverkehr zwischen Südamerika und Europa nachhaltig negativ beeinflussen könnte.[1131] Derartige Bedeutung hat das Transferinvestment für deutsche Clubs allerdings nicht. Die Explosion der Erlöse aus Werbung und Vermarktung hat die Bedeutung des Transfergeschäfts zurückgedrängt.[1132]

Selbst ein vollständiges Verbot des Transferinvestments würde die einzelnen Clubs folglich nicht in ihrer Existenz bedrohen und damit ihre Vereinigungsfreiheit nicht verletzen. Die gesellschaftsrechtliche Treuepflicht ist somit nicht dahin auszulegen, dass sie im Lichte der Vereinigungsfreiheit Transferinvestmenthindernissen entgegensteht.

2. Gesellschaftsrechtliche Treuepflichten i. V. m. Art. 12 GG

Nach der Rechtsprechung des Bundesverfassungsgerichts können sich auch juristische Personen des Privatrechts auf Art. 12 Abs. 1 GG berufen, soweit sie eine Erwerbszwecken dienende Tätigkeit ausüben.[1133] Die Tätigkeit der Ligaclubs sind zumindest auch wirtschaftlich und damit als Beruf im Sinne des Art. 12 Abs. 1 GG zu qualifizieren.[1134]

Prüft man eine Verbandsbestimmung oder Sanktion auf ihre Vereinbarkeit mit Art. 12 Abs. 1 GG, ist zunächst der Zweck zu ermitteln, welcher mit dieser Maßnahme bzw. Bestimmung erreicht werden soll; dieser Zweck ist dann im Sinne

---

1130 Es handelt sich um eine von mehreren Möglichkeiten für einen Club, sich Kapital im Zusammenhang mit Spielertransfers zu beschaffen.

1131 Open Letter Ref: Ban / Regulation of Economic Rights in Football "TPO" (Quelle: Internet). Von noch gravierender Bedeutung sei der Umstand, dass die Clubs gezwungen sein könnten bestehende und aktuell rechtskonforme Verträge mit Investoren zu annullieren.

1132 Vgl. DFL-Bundesligareport 2013, S. 7, wonach die Einnahmen aus Werbung in der Saison 2011/2012 bei 26,6 %, aus der Vermarktung der Medienrechte bei 26,2 % und aus Transfers bei 10,1 % der Gesamteinnahmen lagen.

1133 BVerfGE 30, S. 292, 312 – „Erdölbevorratung" = NJW 1971, 1255; BVerfGE 97, S. 228 – „Kurzberichterstattung" = NJW 1998, 1626, 1627; BVerfGE 105, S. 252, 265 – „Glykolwein" = NJW 2002, 2621, 2622.

1134 *Holzhäuser*, in: Stopper/Lentze (Hrsg.), Handbuch Fußball-Recht, Kap. 16, Rn. 72.

der abgeänderten Drei-Stufen-Theorie mit dem Interesse der Ligaclubs an der unbeschränkten Ausübung ihres Berufs abzuwägen.[1135] Die Beschränkung des Transferinvestments durch den Verband resultiert aus dessen autonomer Regelungsbefugnis aufgrund der Verbandsautonomie. Durch eine solche Beschränkung werden die Clubs in ihrer Berufsfreiheit betroffen. Zur Auflösung von Grundrechtskollisionen hat sich generell die Lehre von der „praktischen Konkordanz" durchgesetzt.[1136]

Auch bei einer Konkretisierung des Pflichteninhalts der Treuepflicht sind die Autonomie des Verbands mit der Autonomie der Clubs, ihrer Berufsfreiheit – und ihrer allgemeinen Handlungsfreiheit (Art. 2 Abs. 1 GG) – im Wege der praktischen Konkordanz zum Ausgleich zu bringen.[1137]

Ziel ist es, die gegenläufigen Interessen schonend miteinander auszugleichen, so dass jedes von ihnen die optimale Wirksamkeit erlangt.[1138] Erst wenn ein solcher Ausgleich nicht möglich ist, muss entschieden werden, welches Interesse im konkreten Fall verdrängt wird. Die hierzu ergangenen zivilrechtlichen Gerichtsentscheidungen erwähnen die Lehre von der praktischen Konkordanz größtenteils nicht, legen diese aber erkennbar zugrunde.

Der BGH hatte mehrfach in Konfliktfällen zwischen der Verbandsautonomie und den Grundrechten anderer Grundrechtsträger abzuwägen.[1139] In seinem für das Vereins- und Verbandsrecht grundlegenden „Reiter-Urteil"[1140] vom 28. November 1994 entschied der BGH unter Bezugnahme auf seine bisherige Rechtsprechung zum Kontrollmaßstab, dass die Normen sozialmächtiger Verbände nicht unbillig sein dürfen und durch sachliche Gründe gerechtfertigt sein müssen.[1141]

1135 Vgl. *Holzhäuser*, in: Galli/Elter/Gömmel/Holzhäuser/Straub (Hrsg.), Sportmanagement, S. 165, 178.

1136 BVerfGE 28, S. 243, 260 f – „Dienstpflichtverweigerung" = NJW 1970, 1729, 1730; BVerfGE 41, S. 29, 50 – „Simultanschule" = NJW 1976, 947.

1137 *Heermann*, causa sport, 2004, S. 184, 189.

1138 *Nolte/Polzin*, NZG 2001, S. 838, 839.

1139 So erklärte der BGH beispielsweise die ehemals in den Rahmenbedingungen der Regionalliga des Niedersächsischen Fußballverbandes vorgesehene Verpflichtung zur Zahlung einer Ausbildungs- und Förderungsentschädigung bei der Verpflichtung eines Amateurspielers als sog. Vertragsamateur durch einen Verein der Regionalliga (vgl. BGHZ 142, S. 304 = NJW 1999, S. 3552) und die in der Spielordnung des Deutschen Eishockeybundes i. V. m. den einschlägigen Transferbestimmungen getroffene Regelung über die Aus- und Weiterbildungsentschädigung bei der Verpflichtung eines Amateurspielers durch einen Verein der Bundesliga (vgl. BGH, NJW 2000, 1028) wegen Verstoßes gegen § 138 BGB i. V. m. Art. GG Art.12 Abs. 1 GG für nichtig.

1140 BGHZ 128, 93 = NJW 1995, S. 583.

1141 BGH, NJW 1995, S. 583, 585 unter Hinweis auf BGHZ 102, S. 265, 276 = NJW 1988, S. 552, 555; so auch OLG Oldenburg NZA-RR 1999, S. 9; *Fritzweiler*, NJW 2000, S. 997; *Oberthür*, NZA 2003, S. 462, 468; *Arens*, SpuRt 1994, S. 179; *Nasse*, SpuRt 1999, S. 140.

Die Kontrollbefugnis bei sozial mächtigen Verbänden ist dem BGH zufolge insbesondere auf die inhaltliche Angemessenheit und Bestimmtheit der angewandten Regelungen zu beziehen, die einen angemessenen Ausgleich zwischen den berechtigten Interessen des Verbandes und den schutzwürdigen Interessen der Mitglieder herstellen müssen.[1142]

Die Abwägung eines Zivilgerichts zwischen dem Interesse des Clubs an einem Transferinvestment und dem Interesse der Verbände an der Beschränkung desselben kann nicht anders ausfallen als die Verhältnismäßigkeitsprüfung im Rahmen des Unionsrechts: Die auf der Grundlage der Verbandsautonomie geschaffenen Verbandsregelungen und etwaige Sanktionen im Falle eines Verstoßes gegen diese Regelungen sind sachlich gerechtfertigt.

Sie lassen sich auch nicht als unbillig anzusehen. Zudem begründet die bloße Beschränkung der Einflussnahme des Investors keinen Verstoß gegen Treuepflichten des Verbandes. Das Zugeständnis der Verbände an die Clubs liegt darin, dass ein Transferinvestment in bestimmten Grenzen zugelassen wird. Anders wäre bei Geltung eines vollständigen Verbots in Deutschland zu entscheiden; in diesem Fall könnte sich der betroffene Club im Rahmen eines Zivilverfahrens auf eine Verletzung der Treuepflichten des Verbands in Verbindung mit seinen Grundrechten, insbesondere 12 Abs. 1 GG, berufen. Auch insoweit lassen sich die Ausführungen zur Unverhältnismäßigkeit des vollständigen Übertragungsverbotes nach Unionsrecht übertragen.

II. Verletzung von Grundrechten der Investoren

Eine Verletzung von Grundrechten der Investoren ist selbst durch ein Totalverbot des Transferinvestments nicht anzunehmen. Die Vereinigungsfreiheit gemäß Art. 9 GG ist nicht betroffen. Zwar können auch Investoren in einer Vereinigung zusammengeschlossen sein. Durch ein Transferinvestmentverbot wird aber nicht der Kernbereich der Vereinigung dieser Investoren betroffen, sondern es entfällt der Geschäftszweck. Hierin ist auch keine Verletzung der Berufs- oder Handlungsfreiheit oder des Eigentums zu sehen. Denn das Berufsbild des Transferinvestors hat sich in Deutschland noch nicht verfestigt. Die Investoren sind zwar an einer finanziellen Aktivität im Fußball interessiert, können sich aber in zumutbarer Weise auf andere Geschäftsfelder umstellen. Ein wie in England und Frankreich vom Ligaverband normiertes Verbot stellt auch keinen enteignungsähnlichen Eingriff dar, da Investoren zwar nicht weiter beteiligt werden dürfen, aber auszubezahlen sind. Investoren können sich gegenüber den Verbänden nicht auf gesellschaftsrechtliche Treue- oder Förderpflichten berufen, da diese ihnen gegenüber nicht bestehen.

1142 BGHZ 105, S. 306 f. = NJW 1989, 1724; BGHZ 128, S. 93 = NJW 1995, 583; *Vieweg*, NJW 1991, S. 1511 ff.; *Röhricht,* in: Röhricht (Hrsg.), Sportgerichtsbarkeit, Recht und Sport, Bd. 22, S. 28 f.

Dass ein Club seine vertraglichen Verpflichtungen gegenüber bestimmten Investoren nicht mehr erfüllen kann, mag – je nach Vertragsgestaltung zwischen Club und Investor – zu Schadensersatzverpflichtungen des Clubs führen. Eine Pflicht des Verbandes die Geldanlage des Investors zu schützen besteht jedoch nicht. Der Verband steht zu dem Investor in keinerlei Rechtsbeziehung, die im Lichte der Grundrechte auszulegen wäre.

C. Ergebnis

Der zivilrechtlich möglichen Beschränkung des Freigaberechts sind durch Art. 18bis FIFA-Status-Reglement und die entsprechenden nationalen Umsetzungen in zulässiger Weise Grenzen gesetzt. Das Beeinflussungsverbot verstößt weder gegen Unionsrecht noch gegen nationales Recht.

Ein weitergehendes vollständiges nationales oder internationales Verbot von Übertragungen zukünftiger Transferentschädigungsforderungen, also ein Verbot, das auch die Abtretung der Entschädigungsforderung und die Beteiligung am Entschädigungsrecht unmöglich macht, ist hingegen als Verstoß gegen das Kartellverbot nach Art. 101, die Kapitalverkehrsfreiheit nach 63 Abs. 1 AEUV und die Dienstleistungsfreiheit nach 56 AEUV zu bewerten. Die Sanktionierung von Verstößen gegen ein vollständiges Verbot des Transferinvestments würde das Missbrauchsverbot nach Art. 102 AEUV verletzen.

Das vollständige Verbot stellt sich außerdem als Verletzung der gesellschaftsrechtlichen Treue- und Förderpflichten aus § 242 BGB und § 705 BGB in Verbindung mit den Grundrechten der Clubs aus Art. 12 Abs. 1 GG dar, was bei der Überprüfung von Verbandsregelungen und -maßnahmen durch das Ständige Schiedsgericht oder ein Zivilgericht zu berücksichtigen wäre.

Siebter Teil: Bewertung einzelner Modelle nach deutschem Zivil- und Verbandsrecht

Die vorstehenden Ausführungen haben deutlich gemacht, dass sich die Vereinbarung zwischen einem Club und einem Investor am deutschen Zivilrecht und am Verbandsrecht zu orientieren haben. Eine Abtretung des Freigaberechts ist schon nach dem Zivilrecht nicht und eine schuldrechtliche Einschränkung des Freigaberechts vor dem Hintergrund des zulässigen verbandsrechtlichen Beeinflussungsverbots nur in engen Grenzen möglich.

Ausgangpunkt für die Gestaltung des Transferinvestments ist zunächst die Interessenlage des Investors. Er kann an den Club einen bestimmten Betrag zahlen, den er – gegebenenfalls erhöht um eine „Rendite“ aus einem Transfer des Spielers – zurück erhalten möchte; er kann aber auch auf eine Rückzahlung ganz oder teilweise verzichten, möchte dann aber gesichert wissen, dass er eine seinem Einsatz entsprechende Gewinnchance aus einem Spielertransfer erhält und gegen Verlustrisiken soweit möglich geschützt wird.[1143]

Wegen des Beeinflussungsverbotes in Art. 18bis ist das Investment so zu gestalten, dass der Investor keinen direkten Einfluss auf die Club-Belange nehmen kann, dies aus seiner Sicht aber auch nicht muss, weil er selbst bei unerwünschter Entwicklung seines Investments und Gefährdung seiner Gewinnchancen kein zu hohes Verlustrisiko eingeht; dies kann z. B. durch eine vorab getroffene Regelung bestimmter Rückzahlungen im Fall des ausbleibenden oder verlustreichen Transfers erfolgen.

Im Folgenden sollen im Hinblick auf die – insbesondere im 1. Teil vorgestellten –Konstellationen des Transferinvestments mögliche zivilrechtliche Vereinbarungen zwischen Club und Transferinvestor unter Berücksichtigung der im 5. Teil dargestellten verbandsrechtlichen Transferinvestmenthindernisse ausführlich dargestellt werden.

1. Kapitel: Investment in Spieler

Die Übertragung der Entschädigungsforderung ist so auszugestalten, dass sie keinen Verstoß gegen Art. 18bis FIFA-Status-Reglement begründet. Insofern ist zu untersuchen, welches der im 1. Teil vorgestellten Grundmodelle sich vor dem Hintergrund des Art. 18bis verbandsrechtssicher umsetzen lassen könnte und welche

1143 Geht es um die Finanzierung eines jungen und – aus Sicht des Investoren – talentierten Spielers, der für eine sehr geringe Ablösesumme oder sogar ablösefrei unter bloßer Zahlung der Ausbildungsentschädigung verpflichtet werden kann, ist auch denkbar, dass der Investor sich mit der reinen Gewinnchance ohne irgendwie geartete Absicherung begnügt. Dies wird aber der Ausnahmefall sein.

der aktuell existierenden Erscheinungsformen diese Verbandsrechtssicherheit genießt (Kapitel 1). Neben der Einschränkung der Beeinflussungsmöglichkeiten kann es sinnvoll sein, die Stellung des Investors als „Dritter“ zu vermeiden, indem dieser in den Club eingebunden wird (2. Kapitel).

A. Direkte Beteiligung des Investors an Transferentschädigungen

Die im 4. Teil zivilrechtlich eingeordnete und für möglich befundene Übertragung von Entschädigungsforderungen auf einen Investor als Zessionar und die ebenfalls für möglich befundene schuldrechtliche Beteiligung des Investors an Entschädigungsrechten sollen im Folgenden auf ihre Umsetzbarkeit vor dem Hintergrund der verbandsrechtlichen Verbote hin untersucht werden.

I. Abtretung der Transferentschädigungsforderung nach § 398 BGB

Tritt der Club ohne weitere Sicherungsabrede die Entschädigungsforderung ab, so ist dies nach Art. 18bis möglich, so lange keine Nebenabreden getroffen werden, die einen Einfluss des Investors auf sportliche Belange des Clubs ermöglichen. Die Abtretung ist aber nur bedingt geeignet, den Interessen des Investors Geltung zu verschaffen, weil der nach erfolgter Abtretung zukünftige Schuldner des Investors häufig aus einem anderen Rechtsraum kommen wird, und der Anspruch des Investors gegen ihn möglicherweise im Land des Schuldners schwierig durchzusetzen ist. Schließlich ist die Abtretung auch gegenüber einer schuldrechtlichen Vereinbarung zwischen Club und Investor nachteilig, weil sie sich nur auf einen künftigen Transfervorgang bezieht und nicht auf weitere Transfervorgänge. Eine Beteiligung an weiteren Transfervorgängen kann der Investor sich nur dadurch sichern, dass er den aktuellen Club zur Vereinbarung dieser Beteiligung gegenüber einem zukünftigen Club verpflichtet.

In Betracht zu ziehen sein wird die Abtretung insofern vor allem da, wo der Investor eine Rückzahlung von Finanzmitteln gegenüber dem Club zusätzlich absichern will und deshalb auch einen Anspruch gegen den zukünftigen Schuldnern der Ablösesumme erhalten möchte. Grundsätzlich wäre in derartigen Rückzahlungskonstellationen auch eine stille Zession[1144] denkbar. Der Zessionar erhält hierbei die volle Gläubigerstellung, allerdings mit der schuldrechtlichen Abrede, von der Zession erst im Sicherungsfall Gebrauch zu machen. Im Zweifel bleibt der Zedent aufgrund einer entsprechenden Ermächtigung zur eigenen Einziehung der Forderung berechtigt.[1145] In Fällen der Abtretung als Sicherungsinstrument handelt es sich aber weniger um ein Investment mit Gewinnerzielungsabsicht, also nicht um ein Transferinvestment im engeren Sinne. Im Übrigen läuft das Modell der stillen Zession auch den Bestrebungen der Verbände zuwider, das Transferinvestment möglichst transparent zu machen.

1144 Vgl. BGHZ 26, 185 = NJW 1958, S. 457, 458.

1145 Palandt-*Grüneberg*, BGB, § 398, Rn. 24 f.

Erfolgt die Abtretung nach § 398 im Rahmen eines Rechtskaufs gemäß § 453 BGB, sichert sie nicht die Rückzahlung eines Geldbetrages des Investors ab, sondern die Entschädigungsforderung ist hier echter „Kaufgegenstand“, also die im Verpflichtungsgeschäft zwischen Club und in Investor vereinbarte Leistung des Clubs im Gegenzug für eine Zahlung des Investors. Es stellt sich die Frage, ob der Club als Verkäufer der Entschädigungsforderung im Hinblick auf das Beeinflussungsverbot seinen etwaigen Nebenpflichten nachkommen kann. Als Nebenpflichten treffen den Verkäufer beim Rechtskauf grundsätzlich die Pflichten zur Aufklärung, Auskunft, Beratung und Rechnung.[1146] In der Literatur ist die Einräumung informatorischer Rechte zugunsten eines Club-externen Dritten auch vor dem Hintergrund der FIFA Regelung zum Transferinvestment als zulässig bewertet worden.[1147] Aus zivilrechtlicher Sicht steht einer Erfüllung dieser Pflichten nichts entgegen. Selbst eine Beschränkung der übrigen Nebenpflichten durch das Verbandsrecht stünde aber einem Rechtskauf nicht entgegen. Der Umfang des verkauften Rechts richtet sich nach der Parteivereinbarung[1148] und die konkreten Nebenpflichten des Verkäufers ergeben sich aus den Umständen des Kaufvertrages.[1149]

Es steht den Parteien also bis zu einem gewissen Grad frei, die informatorischen Rechte einzuschränken. Wenn ein Club einem Investor – unter entsprechender Einkalkulierung der Risiken – eine Entschädigungsforderung verkauft, aber das Freigaberecht behält, dann kann sich aus der Parteivereinbarung und den Umständen des Vertrages ergeben, dass keine weiteren Nebenpflichten eingeräumt werden und auch nach Interessenlage nicht eingeräumt werden müssen. Der Investor kann sich dementsprechend darauf einstellen, dass der Club nach eigenen Erwägungen völlig frei über einen Transfer entscheidet und ihn in diese Entscheidung nicht einbindet. Allerdings ist ein derartiger Rechtskauf aus Sicht des Investors weniger attraktiv als ein Investment mit verschiedenen Absicherungen im Rahmen einer schuldrechtlichen Vereinbarung. Wenn der Investor kein Einflussrecht hat, dann helfen ihm auch Informationspflichten des Clubs nicht in seinem Bestreben, das Investment zu sichern. Er kauft ein Recht, dessen Wertsteigerung und vor allem dessen Wertverlust er in die Hände des Clubs legt. Insofern kommt der Rechtskauf primär in Konstellationen in Betracht, in denen der Investor für einen verhältnismäßig geringen Entschädigungsrecht-Kaufpreis eine – aus seiner Sicht – besonders hohe Gewinnchance erhält, die das Risiko eines Totalverlusts aufwiegt. Schließlich kann der Rechtskauf, dessen Gegenleistung die Einräumung einer reinen Chance ist, auch zu einer steuerrechtlichen Problematik führen, auf die im Folgenden[1150] noch eingegangen wird.

1146 Palandt-*Weidenkaff*, BGB, § 453, Rn. 16.
1147 *Holzhäuser/Körner*, causa sport 2009, S. 193, 197.
1148 Staudinger-*Beckmann*, BGB, § 453, Rn. 5.
1149 Palandt-*Weidenkaff*, BGB, § 453, Rn. 18.
1150 Vgl. SIEBTER TEIL, 1. Kap., A.I.4.b).

II. Schuldrechtliche Beteiligungsvereinbarung nach §§ 241, 311 BGB

Vorzugswürdig ist aufgrund der weitgehenden Gestaltungsmöglichkeiten die schuldrechtliche Einräumung eines Anspruchs auf anteilige Beteiligung an künftigen wirtschaftlichen Erlösen aus der Verwertung des Entschädigungsrechts.[1151] Durch die Beteiligungsvereinbarung wird nicht die Entschädigungsforderung oder ein Teil hiervon abgetreten. Vielmehr wird dem Investor nur gegenüber dem aktuellen Club und von diesem als seinem Vertragspartner ein Anspruch auf eine Beteiligung an der im Fall eines Transfers des Spielers an den Club gezahlten Ablösesumme eingeräumt. Ein Recht gegenüber dem aufnehmenden Club wird nicht begründet. Zwischen abgebendem Club und Investor sind unterschiedliche Vertragsgestaltungen möglich.

1. Beteiligung an der Entschädigungsforderung aus einem Transfer

Vorteil der Beteiligung an nur einem Transfer ist insbesondere, dass weder der aufnehmende Club noch die FIFA sich mit einem „fußballfremden Dritten" auseinandersetzen muss; die Vereinbarung entfaltet nur Wirkung zwischen den vertragsschließenden Parteien. Das Modell der Beteiligung an nur einem Transfer wurde in der Literatur im Hinblick auf eine Beteiligung von Sportlervermittlern an der künftigen „Marktwertentwicklung" des Sportlers als zulässig angesehen; der Vermittler könne, um an Transfererlösen mitzuverdienen, mit dem bisherigen Arbeitgeber des Sportlers als Empfänger der Zahlung eine (prozentuale) Beteiligung an der vom neuen Arbeitgeber oder vom Sportler zu leistenden Auskaufsumme vereinbaren.[1152]

2. Beteiligung an Entschädigungsforderungen auch aus weiteren Transfers

Beteiligt ein Club einen Investor am Entschädigungsrecht, muss dies nicht zwingend zur Folge haben, dass die Beteiligung im Falle des nächsten Transfers beendet und der Investor ausgezahlt wird. Gegenstand einer Vereinbarung zwischen Investor und Club oder zwischen Investor und Spieler kann neben der einmaligen Beteiligung an einem Transfer auch eine dauerhafte Beteiligung an zukünftigen Ablösesummen sein.

Für eine fortgesetzte Beteiligung des Investors an den Ablösesummen eines Spielers ist die Abtretung nach § 398 BGB untauglich. Eine solche Vereinbarung im Abtretungsvertrag wäre als Vertrag zu Lasten des künftigen Schuldners mit dem Grundsatz der Privatautonomie unvereinbar und unzulässig.[1153]

1151 Die Möglichkeit einer derartigen Rechteeinräumung bejahend: *Mohr/Mader*, CaS 2013, S. 83.

1152 *Modl*, in: Sportvermittlung & Sportmanagement, S. 43, 67 f.

1153 Palandt-*Grüneberg*, BGB, Einf. v.§ 328, Rn. 10.

a) Vereinbarung mit dem aktuellen Club

Um das Problem der noch nicht bekannten zukünftigen Transferrechtsinhaber vertraglich zu lösen, muss der Investor die fortgesetzte Beteiligung durch eine dahingehende schuldrechtliche Vereinbarung mit dem aktuellen Club als Vertragspartner festlegen und bestmöglich absichern.

Nachteil für den Investor ist hierbei, dass er nur den aktuellen Club als Verhandlungspartner und Schuldner hat. Wenn ein zukünftiger Club sich weigert, die Forderungen des Investors zu erfüllen und der aktuelle Club als Vertragspartner des Investors den Spieler – unter Ignorierung der Wünsche des Investors – für eine geringe Ablösesumme transferiert, wird der Investor Schwierigkeiten haben, sein Recht gegen einen der Clubs durchzusetzen. Insbesondere wird ein auf Verbandsregeln gestütztes Vorgehen gegen den zukünftigen Club nicht in Frage kommen, weil dieser sich nur mit dem aktuellen Club und dem Spieler einigen musste. Allenfalls wird der Investor gegen den ehemaligen Club als seinen Vertragspartner zivilrechtlich vorgehen können. Auch hier sind die Erfolgschancen aber ungewiss. Soweit der aktuelle Club dem Investor einen Anteil an den Entschädigungsrechten übertragen hat, könnte er sich dazu verpflichten, eine Transfervereinbarung mit einem zukünftigen Club nur unter der Voraussetzung abzuschließen, dass auch der zukünftige Club dem Investor die entsprechende Beteiligung am Entschädigungsrecht einräumt.

Hierbei kommen verschiedene Varianten in Betracht. Der aktuelle Club könnte sich verpflichten, gemeinsam mit dem Investor gegenüber einem neuen Club über die zukünftige Transferbeteiligung des Investors zu verhandeln (Var. 1.). Denkbar wäre in diesem Zusammenhang, dass der Investor von einem zukünftigen Club, der den Spieler unbedingt verpflichten möchte, eine höhere Beteiligung an der von zukünftigen Club an den aktuellen Club zu zahlenden Ablösesumme bezahlt, damit er diesen nach erfolgtem Transfer nicht weiter beteiligen muss. Nachteil dieser Variante ist, dass der Investor in der Lage wäre, den Transfer deutlich zu erschweren, zu verteuern oder sogar komplett zu verhindern. Eine zweite Variante könnte so aussehen, dass der Investor zwar nicht an den Transferverhandlungen beteiligt wird, der aktuelle Club sich aber ihm gegenüber dazu verpflichtet, mit dem neuen Club eine Transferbeteiligung zu vereinbaren, die eine bestimmte Höhe nicht unterschreitet (Var. 2). Diese Vereinbarung scheint auf ein Einbehalten von Anteilen am Entschädigungsrecht hinauszulaufen. Rechtlich stellt diese Vereinbarung eine schuldrechtliche Verpflichtung des aktuellen Clubs dar, mit einem zukünftigen Club eine weitere schuldrechtliche Verpflichtung zur Beteiligung an einer zukünftigen Ablösesumme zu begründen. Hierin ist kein Vertrag zu Lasten Dritter zu sehen.

Die Möglichkeit das Entschädigungsrecht vom Transferrecht abzuspalten und die Entschädigungsforderung zum Gegenstand von schuldrechtlichen Vereinbarungen mit einem Investor machen zu können, ist festgestellt worden. Der Vertrag zwischen Investor und aktuellem Club sieht nicht etwa vor, dass die Verpflichtung zur Beteiligung an der Transferentschädigung auf einen zukünftigen Club übergeht, sondern dass der aktuelle Club als originärer Inhaber des Transferrechts mit dem zukünftigen Club eine weitere Beteiligung des Investors neu vereinbaren oder deren Vereinbarung durch den Investors zulassen muss. Sofern er dies nicht tut, verletzt er seine Vereinbarung mit dem Investor.

Beide Varianten bergen im Hinblick auf ein Transferinvestmentverbot Konfliktpotential. Zumindest ein Club der Premier League wäre aufgrund des für ihn bestehenden Verbots daran gehindert, einen Spieler unter fortlaufender Beteiligung des Investors unter Vertrag zu nehmen. Wenn sich in der erstgenannten Variante ein Investor weigert seine Beteiligung aufzugeben, müsste der Premier League Club von einem Transfer absehen. Man könnte also argumentieren, dass die Blockademöglichkeit des Investors im Hinblick auf Transfers in Verbände mit Transferinvestmentverboten dafür sorgt, dass eine diese Möglichkeit begründende Vereinbarung mit dem aktuellen Club dessen Unabhängigkeit in Transfersachen beeinflusst. Ein Ausweg könnte darin bestehen, dass formal nicht der Investor vom zukünftigen Club die Beteiligung erhält, sondern der aktuelle Club. Dies wäre nach dem Reglement der Premier League nicht verboten. Der aktuelle Club würde dann etwaige aus der ihm eingeräumten Beteiligung erhaltene Ablösezahlungen an den Investor weiterleiten. Da die Verbände einer langfristigen Beteiligung und Hinzuziehung des Investors bei Verhandlungen kritisch gegenüberstehen, könnte die fortgesetzte Beteiligung praktisch so vollzogen werden, dass der aktuelle Club sich verpflichtet, (formal) zu eigenen Gunsten mit dem neuen Club eine Beteiligung an kommenden Transfers zu vereinbaren, wobei zwischen Investor und aktuellem Club die weitere Vereinbarung getroffen worden ist, dass der aktuelle Club den Erlös aus dieser Weiterverkaufsklausel weiterleitet.[1154]

b) Vereinbarung mit dem Spieler

Um die Dauerhaftigkeit des Investments und die Beteiligung an jedem Transfer bestmöglich sicherzustellen, könnte die Vereinbarung einer fortgesetzten Beteiligung auch zwischen Spieler und Investor erfolgen. Als Gegenleistung für eine finanzielle Förderung könnte der Investor mit dem Spieler vereinbaren, dass dieser bei Abschluss eines Profi-Vertrages oder in alle zukünftigen Spielerverträge eine Klausel aufnimmt, wonach dem Investor ein bestimmter Prozentsatz von etwaigen zukünftigen Transferzahlungen zusteht, der jeweils vom aufnehmenden Club an den Investor zu zahlen ist.[1155] Diese Möglichkeit der Beteiligung eines Investors, der – ohne weitere Beeinflussungsmöglichkeit – eine Beteiligung an einem

---

1154 Die Vereinbarung zwischen zwei Clubs, dass der abgebende Club dem aufnehmenden Club nur einen bestimmten Anteil am Entschädigungsrecht überträgt, wird in der Praxis von den Verbänden geduldet. Hier kann es also durchaus zu der Konstellation kommen, dass der aufnehmende Club nicht nur an den abgebenden Club, sondern auch an einen ehemaligen Club des Spielers Teile der Ablösesumme zahlt oder dessen Beteiligung weiterhin duldet.

1155 *Geey*, ESLJ 2/2009, Rn. 5.

zukünftigen Transfererlös hält, lässt sich mit der zwischen Clubs üblichen Weiterverkaufsklausel vergleichen.[1156] Im Hinblick auf die Beteiligung eines Spielervermittlers an zukünftigen Transfererlösen ist argumentiert worden, solche vom Arbeitsvermittlungsverhältnis externen Regelungen hätten für den Vermittler den Vorteil, dass er auch ohne Vermittlungsmandat an künftigen lukrativen „Ablösetransfers" nach wie vor beteiligt sein könne.[1157] Entsprechendes könnte auch für die fortgesetzte Beteiligung eines Investors gelten.

Die dauerhafte finanzielle Bindung des Spielers an einen Investor oder Spielervermittler wird von den Verbänden jedoch kritisch gesehen. Wie bereits dargestellt, enthält Art. 29 Nr. 1 Spielervermittler-Reglement ein Verbot der Zahlung von Transfererlösen an den Spielervermittler durch den aufnehmenden Club. In Art. 29 Nr. 2 ist normiert, dass es Spielervermittlern im Rahmen eines Spielertransfers untersagt ist, über die in Kapitel IV des Spielervermittler-Reglements erwähnten Fälle hinaus weitere Vergütungen anzunehmen. Kapitel IV des Spielervermittler-Reglements sieht für die vom Spieler an den Vermittler zu zahlende Vergütung ausschließlich das Gehalt des Spielers als Berechnungsgrundlage an. Dem Spielervermittler ist es also nicht gestattet, sich eine Beteiligung an der Ablösesumme einräumen zu lassen.

Betrachtet man den Zweck des Art. 29 FIFA-Spielervermittler-Reglement, dann lässt sich der Schluss ziehen, dass ein für lizenzierte Spielervermittler geltendes Verbot einer Vereinbarung mit dem Spieler über eine in den Spielervertrag aufzunehmende Beteiligung des Spielervermittlers an Transferentschädigungen erst recht für nichtlizenzierte Spielervermittler und für solche Investoren gelten muss, die sich – ohne Lizenz – durch eine Vereinbarung mit dem Spieler an den für ihn zukünftig gezahlten Transferentschädigungen zu beteiligen versuchen.

Es besteht zwar für derartige Vereinbarungen zwischen Investor und Spieler eine Regelungslücke, weil diese weder unter Art. 18bis FIFA-Status-Reglement noch unter Art. 29 FIFA-Spielervermittler-Reglement fallen. Das mit dem Spieler vereinbarte Transferinvestment läuft aber derart eindeutig den von den Verbänden geäußerten derart Regelungszielen zuwider, dass es nicht als Alternativmodell empfohlen werden kann.

Neben dem Risiko einer Sanktionierung durch den Verband besteht die Gefahr, dass eine langfristige Bindung des Spielers an den Investor von einem Zivilgericht als Verstoß gegen § 138 BGB bewertet werden könnte. Zwar ist der konkrete Fall des Transferinvestments durch eine Vereinbarung mit dem Spieler von der Rechtsprechung noch nicht bewertet worden; die im Umfeld der Spielerberatung ergangenen Urteile lassen jedoch eine entsprechende Tendenz erkennen. So ist beispielsweise nach einem Urteil des LG München II ein Beratervertrag zwischen Spielerberater und Fußballprofi, in dem eine 5-jährige Laufzeit, ein Honorar von 1,5 % sämtlicher Spieler-Einnahmen, sowie eine Zustimmungspflicht des Beraters

1156 *Geey*, ESLJ 2/2009, Rn. 58.
1157 *Modl*, in: Sportvermittlung & Sportmanagement, S. 43, 67 f.

bei Verträgen des Spielers vereinbart wurde, nach § 138 Abs. 1 BGB als sittenwidrig bewertet worden.[1158] Überträgt man die Argumentation der Rechtsprechung zu den Beraterverträgen auf entsprechende Vereinbarungen zwischen Spieler und Investor, dann müssten die Parteien zumindest sicherstellen, dass der Beteiligung eine angemessene Gegenleistung des Investors gegenübersteht, dass der Spieler in seiner Berufsfreiheit nicht beeinträchtigt wird und dass nicht dessen Unerfahrenheit ausgenutzt wird.[1159]

3. „Kaufoption" des Clubs

Um der Gefahr einer verbandsrechtswidrigen Beeinflussung von Clubentscheidungen durch den Investor zu begegnen, andererseits aber im Investoreninteresse zu gewährleisten, dass der Club die Wahrnehmung vorteilhafter Transfergelegenheiten nicht unterlässt und so den Erfolg des Transferinvestments vereitelt, könnten Club und Investor möglicherweise die Abwandlung eines Modells nutzen, welches zwischen Clubs untereinander im Rahmen der Spielerleihe vereinbart wird, nämlich das Modell der „Kaufoption". Die Kaufoption eröffnet dem entleihenden Club die Möglichkeit, den bis dahin nur entliehenen Spieler gegen Zahlung einer festgelegten Ablösesumme fest zu verpflichten, der verleihende Club verzichtet im Falle der Ausübung dieser Option auf die vereinbarte Wiedereinstellung des Spielers.

Mit dem Investor könnte vereinbart werden, dass sein Anteil an der Entschädigungsforderung mit einer Kaufoption zugunsten des Clubs behaftet ist, der Club den Anteil des Investors also unter bestimmten Voraussetzungen zurückerwerben kann oder muss. Das Erfordernis, über die Ausübung der Kaufoption zu entscheiden, kann hierbei insbesondere an eine sich bietende Transfergelegenheit gekoppelt werden. Sobald das Gebot einer bestimmten Summe durch einen am Transfer interessierten Club erfolgt und der Spieler sich zum Wechsel bereit erklärt, müsste der aktuelle Club den Spieler entweder unter prozentualer Beteiligung des Investors an der Ablösesumme transferieren oder er könnte alternativ den Anteil des Investors zu einem vorab bestimmten Preis selbst erwerben und so die Beteiligung des Investors durch eigene Geldleistung ablösen mit der Folge, dass er den Spieler nicht transferieren muss.[1160]

1158 OLG München II, SpuRt 2012, S. 34

1159 Zu diesen Kriterien vgl. OLG München II, SpuRt 2012, S. 34; OLG Frankfurt a. M., SpuRt 2007, 246.

1160 In der Praxis kann ein Investment nach diesem Modell folgendermaßen ablaufen: Ein Spieler, dem ein derzeitiger Marktwert von 2 Millionen Euro attestiert wird, spielt bei Club A. Der Club B erwirbt 50 % der Entschädigungsrechte für 1 Millionen Euro von Club A und nimmt den Spieler für 4 Jahre unter Vertrag. Die restlichen 50 % erwirbt (oder hält bereits) ein Investor. Club B verpflichtet sich gegenüber dem Investor, im Falle eines Gebots von mindestens 3 Mio. Euro für den Spieler, die restlichen Transferrechte von dem Investor zu kaufen oder den Spieler zu verkaufen und von dem Transfererlös 50 % an den Investor auszuzahlen.

a) Zivilrechtliche Gestaltung

Die Kaufoption könnte sich zivilrechtlich durch Einräumung eines Optionsrechts regeln lassen.

Das Optionsrecht ist im BGB nicht geregelt, wird aber anerkannt. Hierbei handelt es sich um das Recht, durch einseitige Willenserklärung einen Vertrag, insbesondere einen Kauf- oder Mietvertrag, zustande zu bringen.[1161] Es unterscheidet sich vom Vorvertrag dadurch, dass es keinen schuldrechtlichen Anspruch auf Abschluss des Hauptvertrages, sondern ein Gestaltungsrecht begründet.[1162] Dem Erwerbsrecht entspricht dabei eine Veräußerungspflicht des anderen Teils.[1163]

Während sich bei einem Vorvertrag ein Vertragspartner zum Abschluss eines Vertrages mit bestimmtem Inhalt verpflichtet, so dass dem anderen ein Anspruch auf Abgabe einer entsprechenden Willenserklärung erwächst, wird bei einem Optionsvertrag einer Partei das Recht eingeräumt, innerhalb einer bestimmten Frist den entsprechenden Vertrag mit bereits festgelegtem Inhalt durch einseitige Willenserklärung zustande zu bringen.[1164] Die Parteien könnten vorliegend somit vereinbaren, dass im Falle eines Angebotes einer bestimmten Summe für den finanzierten Spieler durch einen interessierten Club der aktuelle Club das Recht hat, den Anteil des Investors an der Entschädigungsforderung zu übernehmen, indem er einseitig den Erwerb erklärt. Es wird also ein Optionsrecht begründet.

Allerdings ist die Begründung des Optionsrechts nur ein Teil der Vereinbarung, denn gleichzeitig verpflichtet sich der Club, im Falle der Nichtausübung der Option den Transfer auf Wunsch des Investors durchzuführen. Insofern ist mit dem Investor die Verpflichtung des Clubs vereinbart, von dem Freigaberecht unter einer bestimmten Bedingung (Optionsverzicht) nach Wunsch des Investors Gebrauch zu machen.

b) Bewertung der Optionsregelung vor dem Hintergrund des Verbandsrechts

Die Optionsregelung könnte gegen Art. 18bis FIFA-Status-Reglement verstoßen. Denn die Entscheidung gegen eine Freigabe des Spielers löst für den Club eine Zahlungspflicht aus. Vor dem Hintergrund dieser Verpflichtung gegenüber dem Investor ist der Club nicht mehr unbeeinflusst in seinen Transferentscheidungen.

Dem lässt sich entgegenhalten, dass der Club auch durch die Optionsregelung sein verbandsrechtliches Freigaberecht nicht aufgibt, sondern die Ausübung oder

1161 Palandt-*Ellenberger*, BGB, Einf. v. § 145, Rn. 23; *Larenz/Wolf*, AT d. BGB, § 23, Rn. 104; MüKo -*Kramer*, BGB, vor § 145, Rn. 50; Erman-*C. Armbrüster*, BGB, vor § 145, Rn. 52.

1162 Palandt-*Ellenberger*, BGB, Einf. v. § 145, Rn. 23; Jauernig-*Jauernig*, BGB, vor §§ 145-156, Rn. 6.

1163 *Larenz/Wolf*, AT d. BGB, § 23, Rn. 104.

1164 Ermann-*C. Armbrüster*, BGB, vor § 158, Rn. 14.

der Verzicht hierauf weiterhin möglich ist, wenn auch verbunden mit finanziellen Konsequenzen.[1165]

In der Literatur wird vorgebracht, dass ein Club, der einem Investor die Beteiligung an einer Entschädigungsforderung einräume, hiermit konkludent äußere, dass er zumindest die Absicht habe, den Spieler in Zukunft zu transferieren und einen Profit hieraus zu erzielen.[1166] Der Vertragspartner, der den Anteil an dem potentiellen Transfer erwerbe, könne in gutem Glauben von dieser Absicht des Clubs und der Möglichkeit eines Transfers ausgehen. Wenn dann die Möglichkeit eines lukrativen Transfers eintrete, könne der Club zwar entscheiden, dass er auf den Transfer verzichte, dies könne aber im Verhältnis zum Investor nicht ohne finanzielle Konsequenz erfolgen.[1167] Klauseln, die den Club dazu verpflichten, die Beteiligung des Investors im Falle eines Transferangebotes ab einer bestimmten Höhe – zu einem festgelegten Preis oder zu dem Preis, der sich aus der prozentualen Beteiligung des Investors am abgelehnten Transferangebot ergeben hätte – zu erwerben, seien prinzipiell wirksam und seien nicht als verbotene Beeinflussung des Clubs anzusehen.[1168] Insofern ist zumindest festzustellen, dass der Club die Transferentscheidung aufgrund des Optionsrechts selbst in der Hand hat. Es ist auch keinesfalls ungewöhnlich, dass ein Club aufgrund von Zahlungspflichten gegenüber Drittparteien, beispielsweise aus Darlehensverträgen, der Freigabe eines Spielers zustimmen muss, den er aus sportlichen Gesichtspunkten lieber weiter beschäftigt hätte.

Ein Unterschied zwischen der Spielerleihe mit Kaufoption und dem Transferinvestment mit Kaufoption liegt darin, dass das Leihgeschäft in aller Regel kürzer laufen wird als der Vertrag, den der Club mit einem finanzierten Spieler schließt. Der Vertrag des finanzierten Spielers muss zumindest so lange laufen, dass es zur Zahlung einer Ablösesumme durch einen aufnehmenden Club kommen kann.

Der Leihvertrag mit einem Spieler wird meist nur über ein Jahr, gelegentlich auch über zwei Jahre geschlossen. Zum anderen hat der den Spieler entleihende Verein grundsätzlich nicht nur ein eingeschränktes, sondern überhaupt noch kein Transferrecht.[1169] Während des Leihvertrages kann der Spieler nicht transferiert werden. Nach dessen Ablauf lebt der Spielervertrag zwischen Spieler und ehemals verleihendem Club wieder auf oder wird neu geschlossen, so dass der ehemals ver-

---

1165 Auch bei der weit verbreiteten Spielerleihe mit Kaufoption hat der entleihende Club kein Freigaberecht, kann dieses aber – soweit vereinbart – bei Zahlung des festgelegten „Optionsbetrages“ erlangen

1166 *Reck*, EFPL SLB, S. 50, 52.

1167 *Reck*, EFPL SLB, S. 50, 52.

1168 *Reck*, EFPL SLB, S. 50, 52.

1169 Auch wenn das Leihgeschäft – wie mittlerweile von der DFL verlangt – so abläuft, dass der verleihende Club den Spielervertrag mit dem Spieler auflösen und der entleihende Club einen Vertrag mit dem Spieler schließen muss, vereinbaren die Parteien in der Regel, dass das Recht zum Transfer nach Ablauf des Leihvertrages wieder vollumfänglich beim verleihenden Club liegt.

leihende Club erneut das Transferrecht innehat. Schließlich unterscheiden sich die Parteien. Das Leihgeschäft wird zwischen zwei Clubs vereinbart, der Teilerwerb der Entschädigungsforderung zwischen Club und Investor. Beim Leihvertrag mit Kaufoption hat der entleihende Club die Gewissheit, dass er den Spieler – so dieser es denn will – für einen bestimmten Betrag verpflichten kann und damit vollumfänglicher Inhaber des Transferrechts wird.[1170]

Die Option des Clubs gegenüber dem Transferinvestor funktioniert letztlich ähnlich. Der Club weiß von vornherein, dass er die Entschädigungsrechte an dem Spieler vollumfänglich für einen bestimmten Betrag erwerben kann. Er weiß aber auch, dass ein anderer Club nach der ersten Saison den festgelegten Betrag bieten kann und er damit vor die Entscheidung gestellt wird, entweder seine Entschädigungsrechte an dem Spieler aufzugeben und dessen Vertrag aufzulösen oder die Entschädigungsrechte selbst zu erwerben. In einer Entscheidung der Queen's Bench Division des High Court of Justice (England and Wales) beurteilte das Gericht eine derartige Optionsregelung als rechtskonform. Der Club habe ein wirtschaftliches Risiko begründet, dass er sich die Ausübung der Option möglicherweise nicht würde leisten können. In dieser Optionsregelung sei aber kein Verstoß gegen die „Restrain of Trade" Doktrin[1171] zu erblicken. Die Klausel sei nicht ungewöhnlich, Geschäftsleute gingen derartige Risiken tagtäglich ein.[1172]

c) *Abschließende Bewertung*

Die Vereinbarung einer Kaufoption, die unter bestimmten, zwischen Club und Investor vereinbarten, Bedingungen greift, ist das tragfähigste Modell, um einerseits den Investor davor zu schützen, dass ihm eine tatsächlich erfolgende Marktwertsteigerung des Spielers nicht zu Gute kommt und um andererseits dem Club eine gewisse Entscheidungsfreiheit zu erhalten

Dass man in dem „Zwang", sich für oder gegen eine Ausübung der Option zu entscheiden, eine Beeinflussung der Unabhängigkeit des Clubs in Transfersachen sehen kann, lässt sich nicht von der Hand weisen. In der mit dem Investor vereinbarten Transfersituation handelt der Club nicht so wie er ohne eine Optionsregelung handeln würde. Allerdings ist hierbei zu berücksichtigen, dass die Optionsfälle häufig Spieler betreffen werden, die sich der Club ohne den Investor

---

1170 Die Vereinbarung mit dem Spieler, dass er im Falle der Ausübung der Kaufoption einen dauerhaften Spielervertrag mit dem Club abschließt, wird der Club schon vor Vereinbarung der Kaufoption treffen, ansonsten wäre der Transfer durch die spätere Zustimmung des Spielers bedingt und die Kaufoption damit wertlos.

1171 Die Doktrin steht der deutschen Privatautonomie nahe. Sie besagt, dass der Händler sein Geschäft nach eigenem Ermessen ausüben darf, so lange nicht ein Gesetz ihn einschränkt und dass keine Instanz unterhalb des Gesetzes ihn in seiner Ermessensausübung behindern darf.

1172 Rio Football Services Hungary KFT and Sevilla Futbol Club SAD [2010] EWHC 2446 (QB), Rn. 23.

von vorherein nicht hätte leisten können. Insofern wird zunächst der Handlungsspielraum des Clubs deutlich erhöht und nur teilweise wieder eingeschränkt.

In einer Gesamtbetrachtung kann man gut vertreten, dass der Club letztlich durch dieses Modell nicht in seiner Unabhängigkeit beeinflusst wird – jedenfalls nicht nachteilig. Die Clubs müssen in der Regel auch jungen Spielern bereits ein hohes Gehalt zahlen. Alternativ bleibt ihnen nur Möglichkeit, Kompromisse im Hinblick auf die vertragliche Bindung einzugehen, die darin bestehen, dass der Spieler nur für eine kurze Vertragslaufzeit verpflichtet wird oder der Club dem Spieler „Ausstiegsklauseln" einräumen muss, die beispielsweise vorsehen, dass der Club sich im Falle des Angebots einer festgelegten Ablösesumme oder im Fall des Ligaabstiegs zum Abschluss einer Transfervereinbarung verpflichtet.

Im Vergleich zur Ausstiegsklausel ist der Entscheidungsbereich des Clubs aber weiter, denn dieser muss den Spieler bei einem entsprechenden Transferangebot nicht transferieren, sondern kann den Transfer durch Zahlung seinerseits an den Investor abwenden. Die Entscheidungsfreiheit der Clubs in Transfersachen wird durch ein Transferinvestment mit Optionsregelung somit nicht in im Sinne von Art. 18bis FIFA-Status-Reglement unzulässiger Weise beeinflusst.

4. Rückzahlungsverpflichtung des Clubs

Als wichtigste weitere Leistung des Clubs kann – neben der Beteiligung des Investors an der Ablösesumme – die Rückzahlung bestimmter Beträge an den Investor vereinbart werden.

a) Praktischer und verbandsrechtlicher Hintergrund

Soll der Investor auf Wunsch des Clubs einen hohen Betrag bereitstellen, dann muss aus Sicht des Investors auch ein hoher Gewinn möglichst sicher sein oder der investierte Betrag muss unter bestimmten Voraussetzungen zumindest teilweise zurückzuzahlen sein.[1173]

Eine ratenweise Rückzahlungsverpflichtung des Clubs sah das Ommer-Modell vor; die Investoren sollten durch die erheblichen Jahresraten auch von einer Fortdauer des Vertragsverhältnisses zwischen dem Verein und dem Spieler profitieren.[1174] Derartige Rückzahlungen reduzieren den Transferdruck.[1175] Vor diesem Hintergrund ist eine vollständige oder teilweise Rückzahlung des eingesetzten Betrages ein wirksamer Schutz gegen Einflussnahmen des Investors auf Transferentscheidungen und aus Sicht des Verbandsrechts positiv zu bewerten.

1173 Die naheliegende Lösung, eine etwaige Transferunwilligkeit des Clubs als Vertragspartner des Investors zu vermeiden, besteht darin, dem Club einen so hohen Anteil an der Ablöseforderung zu belassen, dass der Transfer auch abzüglich der Beteiligung des Investors noch attraktiv ist. Diese sorgt umgekehrt naturgemäß dafür, dass der Investor seine Finanzierung reduziert.

1174 *H. P. Westermann*, ZIP 1991, S. 705, 711.

1175 *H. P. Westermann*, ZIP 1991, S. 705, 711.

Ferner könnte das Transferinvestment als unverzinsliches Darlehen[1176] nach § 488 BGB mit Gewinnbeteiligung des Darlehensgebers im Fall eines gewinnbringenden Weitertransfers des Spielers ausgestaltet werden. Der Club hätte dann grundsätzlich die bloße Darlehenssumme zurückzuzahlen und nur im erfolgreichen Transferfall den Investor an einem Mehrerlös des Transfers gegenüber der vom Club bei der Verpflichtung gezahlten Ablösesumme zu beteiligen. Diese Vereinbarung wäre für den Club interessanter als ein Bankdarlehen und im Hinblick auf Art. 18bis FIFA-Status-Reglement wirkt die Rückzahlungsverpflichtung der Gefahr entgegen, dass das Transferinvestment zu einer unzulässigen Beeinflussung führt.

Wenn der Club sich entscheiden kann, ob er den Spieler gewinnbringend unter Beteiligung des Investors transferiert oder ihn „abbezahlt" und auf einen Transfer verzichtet, dann trägt der Investor zwar das Risiko, dass der Club einen für ihn reizvollen Gewinn nicht realisiert, gleichzeitig hat er aber ein geringeres Verlustrisiko, denn er erhält zumindest den eingesetzten Betrag zurück. Ein Drängen des Investors auf einen Transfer ist in dieser Konstellation weniger wahrscheinlich.[1177] Für die Clubs stellt die Rückzahlungsverpflichtung gegenüber einem reinen Transferinvestment in Form der Geldhingabe durch den Investor gegen Erhalt der bloßen Chance auf eine Beteiligung die weniger attraktive Variante dar, weil sie in jedem Fall den vom Investor erhaltenen Geldbetrag zurückzahlen müssen.

b) Steuerrechtliche Auswirkungen

Die Vereinbarung der Rückzahlung – zumindest eines Teils – der investierten Summe ist aber auch aus steuerrechtlichen Gründen ratsam.

aa) Mögliche Schenkungsbesteuerung bei bloßer Gewinnchance

Wirtschaftlich betrachtet handelt es sich bei der Investorenbeteiligung ohne Rückzahlungsverpflichtung des Clubs für den Fall, dass der Spieler nicht vor Ende der Vertragslaufzeit transferiert wird, um eine einseitige finanzielle Unterstützung ohne (unbedingte) Gegenleistung. In einem solchen Fall entsteht eine Zahlungsverpflichtung gegenüber dem Investor nur bei Vereinbarung einer Ablösesumme im Rahmen einer Transfervereinbarung – deren Abschluss allerdings alleine im Entscheidungsbereich des Fußballclubs liegt – sowie in einem wenig wahrscheinlichen Invaliditäts- oder Todesfall des Spielers.[1178] Sofern der Investor dem Club

1176 Vgl. hierzu Palandt-*Weidenkaff*, BGB, § 488, Rn. 18.

1177 Etwas anderes könnte gelten, sollte der Club in so große finanzielle Schwierigkeiten geraten, dass auch die Darlehensrückzahlung gefährdet ist. Allerdings wird der Club in dieser Situation auch aus eigenem Antrieb in der Regel Transfers tätigen, um an fehlendes Kapital zu kommen. So lange der Investor nicht die ganz überwiegenden Anteile der Entschädigungsforderungen hält, sollte es hier nicht zu einer Interessenkollision kommen.

1178 *Küting/Strauß/Tesche*, DStR 2010, S. 2646.

einen Geldbetrag für einen Transfer zuwendet und sich als Gegenleistung einzig die Chance auf eine Beteiligung an etwaigen Transfererlösen zusichern lässt, kann die Zuwendung des Investors als Schenkung unter Lebenden nach § 7 Nr. 1 Erbschaftssteuer- und Schenkungssteuergesetz zu bewertet sein.

Im Jahr 2007 urteilte der BFH über die Zuwendung eines „Gönners", der Spieler finanziert hatte und sich (nur) für den Fall des Transfers vom Club eine Rückzahlung des eingesetzten Betrages aus Transfererlösen hatte zusichern lassen, als Schenkung.[1179] Die Leistung des Gebers sei als „unentgeltlich" anzusehen: „Außerordentliche [...] Leistungen des Förderers eines Vereins an einen Sportverein unterliegen als freigebige Zuwendungen der Schenkungsteuer, soweit ihnen keine Gegenleistung des Vereins gegenübersteht. Das Recht des Zuwendenden, auf die Zusammensetzung einer Vereinsmannschaft Einfluss nehmen zu können, ist keine Gegenleistung des Vereins im schenkungssteuerrechtlichen Sinne."[1180] Ein diese Vereinbarung überlagerndes Darlehen bestand im konkreten Fall nicht. Außerdem hatte der Kläger sich nach Auffassung des Gerichts mit seinen Zuwendungen auch keine gleichwertige Gewinnchance erkauft. Die Vereinbarungen, die bei Hingabe der für den Erwerb von Spielern benötigten Beträge über die Rückzahlung etwaiger Erlöse aus den späteren Verkäufen dieser Spieler getroffen worden waren, seien vom Finanzamt und vom Kläger in rechtlich nicht zu beanstandender Weise „als aufschiebend bedingte Rückzahlungsverpflichtungen" im Sinne des § 6 Abs. 1 Bewertungsgesetz[1181] angesehen worden.[1182] Trete diese Bedingung ein, sei die Schenkungssteuerfestsetzung, die die vormalige Zuwendung des für den Erwerb des Spielers benötigten Betrages betrifft, auf Antrag zu berichtigen (§ 6 Abs. 2[1183] i. V. m. § 5 Abs. 2 BWG).[1184]

Dieser Teil der Entscheidung ist in der Literatur auf Widerspruch gestoßen. Für einen festgestellten schenkungssteuerrelevanten Tatbestand, z. B. eine freigiebige Zuwendung i. S. d. § 7 Abs. 1 Nr. 1 ErbStG, seien aufschiebend bedingte Gegenleistungen aufgrund der zwingenden Verweisung in § 12 Abs. 1 ErbStG auf §§ 4 ff. BewG bis zum Eintritt der Bedingung auszuscheiden.[1185]

1179 Zum Sachverhalt führte das Gericht aus: „Der Kläger und Revisionskläger (Kl.) engagierte sich seit vielen Jahren finanziell bei einem Sportverein [...]. Den Rahmen seines finanziellen Engagements stimmte er mit dem ersten Vorsitzenden des Vereins jeweils vor Beginn einer neuen Spielzeit ab. Dabei ging es in erster Linie um die Finanzierung der Ablösesummen für Spielereinkäufe [...]. Welche Spieler verpflichtet werden konnten, hing maßgeblich davon ab, zu welchen finanziellen Zugeständnissen der Kl. bereit war. Der konkrete Vertragsabschluss mit den Spielern war dann Aufgabe der Vereinsführung.", BFH DStR 2007, S. 799.

1180 BFH DStR 2007, S. 799.

1181 § 6 Abs. 1 BWG: *„Lasten, deren Entstehung vom Eintritt einer aufschiebenden Bedingung abhängt, werden nicht berücksichtigt."*

1182 BFH DStR 2007, 799, 803.

1183 § 6 Abs. 2 BWG: „Für den Fall des Eintritts der Bedingung gilt § 5 Abs. 2 entsprechend."

1184 BFH DStR 2007, 799, 803.

1185 *Jülicher*, jurisPR-SteuerR 25/2007

Etwas anderes gelte bei einer von Verkehrswerten nach bürgerlich-rechtlichen Grundsätzen ausgehenden Abgrenzung zwischen einem vollentgeltlichen Rechtsgeschäft und einem zumindest teilunentgeltlichen Rechtsgeschäft. Hierbei hätten nämlich auch aufschiebend bedingte Gegenleistungen einen wirtschaftlichen Wert, wie sich beim Abschluss von Versicherungsverträgen zeige.[1186]

Das Vorliegen des Zuwendungswillens wird auf Grundlage der allgemeinen Lebenserfahrung bei sog. gemischten Schenkungen vermutet, wenn Leistung und Gegenleistung in einem offenbaren und erheblichen Missverhältnis stehen.[1187] Wann dies der Fall ist, ist bislang von der finanzgerichtlichen Rechtsprechung nicht eindeutig entschieden worden.[1188] Im vom BFH entschiedenen Fall handelte es sich um eine Sonderkonstellation, in der sich der Mäzen tatsächlich keinen Gewinn erhoffte. Die Zahlung des Investors an den Fußballclub erfolgt zwar im Grundmodell des Transferinvestments zunächst unabhängig von einer konkreten Gegenleistung, der Investor enthält nur die Gewinnchance.[1189]

Wenn der Geldhingabe des Investors aber die Chance auf einen diese Geldhingabe deutlich übersteigenden Gewinn gegenübersteht und das Verlustrisiko des Investors durch weitere Sicherungsmaßnahmen gestärkt wird, dann wird man der aufschiebend bedingten Gegenleistung des Clubs einen nicht in erheblichem Missverhältnis stehenden Wert zuerkennen müssen, also eine Schenkung ablehnen müssen.

Dass eine erhebliche Geldzahlung des Investors an einen Club mit zweifelhafter Gewinnaussicht nicht zwangsläufig zu einer Bewertung als Schenkung führen muss, hat auch ein Urteil des LG Karlsruhe zu einem „Rechteverwertungsvertrag" zwischen dem Karlsruher Sportclub und der Firma MK Medien gezeigt. Gegen Zahlung eines siebenstelligen Geldbetrages übertrug der KSC einer Gesellschaft, an der er selbst mit 49 % und die MKM mit 51 % beteiligt war, unter anderem ein so genanntes Basisverwertungsrecht zur Verwertung seiner audiovisuellen Rechte.

Die Firma MKM erwarb eine Beteiligung an den Erträgen aus der Verwertung von TV-Rechten und übernahm für den Club die Vermarktung und Abwicklung der Vermarktung „soweit (...) im Rahmen einer zentralen Vermarktung rechtlich zulässig".[1190]

Das LG Karlsruhe stellte fest, dass dem erheblichen Liquiditätszuwachs nach dem Wortlaut der damaligen Vereinbarungen die sich über viele Jahre erstreckende und im Einzelnen noch nicht absehbare Möglichkeit des künftigen

---

1186 *Jülicher*, jurisPR-SteuerR 25/2007.

1187 BFH BStBl II 1987, 80, BFH, DStR 1997, 2018; FG München, EFG 2001, 701.

1188 *Benz/Böing*, DStR 2010, 1157, 1160 Zum Teil wird bereits eine Wertdifferenz von 20 bis 25 % als ausreichend erachtet, vgl. FG Münster EFG 1998, 673; teilweise werden Wertdifferenzen von über 50 % für erforderlich gehalten, vgl. FG München EFG 2001, 701.

1189 Küting/Strauß/Tesche, DSTR 2646, 2648.

1190 § 1 Nr. 1 des Verwertungsvertrages, abgedruckt in LG Karlsruhe, SpuRt 2009, S. 124, 125.

Liquiditätsabflusses in Form von Teilen der TV-Entgelte gegenüber gestanden habe. Für den Kapitalgeber sei ein derartiges Geschäft im Falle der Besserung der wirtschaftlichen Situation des Kapitalnehmers zwar mit erheblichen Renditechancen verbunden. Bei einem Verbleib in der (damaligen) Regionalliga oder gar einem weiteren Abstieg habe aber auch das Risiko eines Totalverlustes bestanden. Mit einer solchen Vertragsgestaltung seien derartige Risiken verbunden, dass es unwahrscheinlich erscheine, dass ein Kreditinstitut vergleichbare Vereinbarungen getroffen hätte. Vom gewöhnlichen Darlehensvertrag weiche der zentrale Vermarktungsvertrag ab. Es fehle an dem klassischen Gegenseitigkeitsverhältnis und es seien keine Regeln über die Rückforderung des Kapitals aufgestellt worden.[1191] Trotzdem erblickte das LG Karlsruhe in dem Rechteverwertungsvertrag nicht etwa eine Schenkung, sondern einen atypischen Geldüberlassungsvertrag.[1192] Bei der Vereinbarung zwischen KSC und MKM handele es sich in wirtschaftlicher Hinsicht um ein Kreditgeschäft.[1193]

Ein Ausweg aus der Schenkungssteuerproblematik wird in der Literatur darin gesehen, dass die Parteien eine berücksichtigungsfähige Gegenleistung des Empfängers vereinbaren, die in einem synallagmatischen Verhältnis oder zumindest einem konditionalen Verhältnis zur Leistung der Gegenseite steht; dabei komme es nur darauf an, ein möglichst umfangreiches Leistungsgeflecht der Leistungen beider Beteiligten aufzuzeigen und nachzuweisen.[1194]

Es kann also eher ein der Schenkung entgegenstehendes Gegenseitigkeitsverhältnis anzunehmen sein, wenn der Club nicht nur eine bloße Chance auf eine Transferentschädigungsbeteiligung einräumt, sondern weitere Leistungen erbringt, wie beispielsweise Rückzahlungen. Denkbar wäre zur Begründung des umfangreichen Leistungsgeflechts auch eine Vereinbarung, nach der im Falle des Ausbleibens des Transfers die Transferbeteiligung des Investors an einem bereits bestimmten oder einem vom Investor auszuwählenden Spieler des Clubs fortgesetzt werden muss.[1195] Die Motivation des Transferinvestors ist mit der eines Mäzens nicht zu vergleichen. Der Investor nimmt zwar einen Verlust in Kauf, zielt aber auf einen deutlichen Gewinn ab, den er für wahrscheinlicher hält. Es ist also zu bezweifeln, dass die Finanzämter ein von erkennbarem Gewinnstreben des Investors motiviertes Transferinvestment als Schenkung bewerten würden. Trotzdem ist die nach der Rechtsprechung des BFH[1196] bestehende Gefahr einer Schenkungsbesteuerung

---

1191 Auch ein so genanntes partiarisches Darlehen liege nicht vor, da anders als beim partiarischen Darlehen hier keine Gewinnbeteiligung vereinbart wurde, sondern die Teilhabe an bestimmten Umsatzerlösen, LG Karlsruhe SpuRt 2009, 124, 127; vgl. auch Kichhof-*von Beckerath*, EStG, § 20, Rn. 95.

1192 LG Karlsruhe, SpuRt 2009, S. 124 ff.; der jahrelange Rechtsstreit zwischen dem KSC und MKM ist mittlerweile durch einen Vergleich beendet worden.

1193 LG Karlsruhe SpuRt 2009, S. 124, 126.

1194 *Jülicher*, jurisPR-SteuerR 25/2007.

1195 Vgl. SIEBTER TEIL, 1. Kap., A.III.6.

1196 BFH DStR 2007, S. 799 ff.

gemäß § 7 Abs. 1 Nr. 1 ErbStG bei Ausgestaltung der konkreten Transferinvestmentvereinbarung zu berücksichtigen. Die Frage, ob eine Schenkungssteuerbelastung im Einzelfall tatsächlich droht, könnte mit den Finanzbehörden vorab mittels einer verbindlichen Auskunft nach § 89 Abs. 2 AO geklärt werden.

Eine Rückzahlungsvereinbarung dürfte das probateste Mittel sein, die Schenkungsbesteuerungsgefahr zu umgehen, sie senkt aber auch die Attraktivität des Investments. Wenn eine Rückzahlungsverpflichtung besteht, werden die Clubs dem Investor eine geringere Beteiligung an der Transferentschädigung einräumen als bei einem Investment mit vollem Verlustrisiko des Investors. Das Transferinvestment mit Rückzahlungsverpflichtung nimmt der Geldanlage zwar weitestgehend die Komponente des Risikogeschäfts, macht es aber auch weniger attraktiv. Diese Ausgestaltung wird weniger echte Kapitalanleger, sondern vielmehr solche Investoren anziehen, die das Investment mit einem Sponsoring-Gedanken verbinden und auch nach außen eine Unterstützung des Clubs deutlich machen wollen. Andererseits mindert jede Form der – auch nur teilweisen – Rückzahlungsverpflichtung den Eindruck einer Beeinflussungstendenz des Investors und ist daher vor verbandsrechtlichem Hintergrund vorteilhaft. Folglich sollten Club und Investor die Vereinbarung von Rückzahlungen in bestimmten Konstellationen in Betracht ziehen.

Dabei vermindern Teilrückzahlungen das Risiko des Investments, ohne die Belastung des Clubs zu sehr zu erhöhen.

bb) Mögliche Besteuerung bei Darlehenserlass

Der Investor könnte dem Club den Geldbetrag für die Spielerverpflichtung auch als Darlehen zur Verfügung stellen und im Falle des ausbleibenden Transfers auf eine Rückzahlung des Darlehens durch einen – formfrei möglichen – Erlassvertrag nach § 397 BGB verzichten. Eine solche Vereinbarung liegt nahe bei den Investoren, die vor allem an einer Unterstützung des Clubs interessiert sind und Verluste in Kauf nehmen. Auch eine solche Vertragsgestaltung kann aber zu einem steuerrechtlich unerwünschten Effekt führen. Nimmt der Verein Drittmittel auf, dann führt dies zunächst zu einer Bilanzverlängerung.[1197] Neben weiteren Voraussetzungen ist im Lizenzierungsverfahren der Nachweis der wirtschaftlichen Leistungsfähigkeit des Clubs zu erbringen. Im Rahmen dieser Überprüfung haben die Clubs eine Bilanz zum 31.12. des vorherigen Kalenderjahres, eine Gewinn- und Verlustrechnung (GuV) für das abgelaufene sowie für die erste Hälfte des aktuellen Spieljahres, eine Plan-GuV für die zweite Hälfte des Spieljahres und die kommende Spielzeit, einen Lagebericht und den Bericht eines Wirtschaftsprüfers einzureichen.[1198] Nach Anhang VII[1199] zur LO erfolgen die Rechnungslegung und

1197 Bei der Bilanzverlängerung nehmen einzelne oder mehrere Aktiv- und Passivposten im jeweils gleichen Maße zu.

1198 § 8 Nr. 1 lit. a) bis e) LO.

1199 Anhang VII zur LO: „Anforderungen an die Berichterstattung durch Wirtschaftsprüfer über die Prüfung des Jahres-/Zwischenabschlusses von Vereinen und Kapitalgesellschaften“

die Prüfung der Bewerber für die Zwecke des Lizenzierungsverfahrens nach den Vorschriften der §§ 264 bis 289 i. V. m. §§ 242 ff. HGB und §§ 317, 321 bis 323 HGB sowie den ergänzenden Bestimmungen nach der Satzung, den Ordnungen und den Bestimmungen des Ligaverbandes. Auf der Aktivseite wird der „Spielerwert“[1200] als „immaterieller Vermögensgegenstand“ des Anlagevermögens eingestellt und auf der Passivseite das Darlehen als „sonstige Verbindlichkeit“[1201] gegenüber dem Dritten. Die nach § 275 HGB aufzustellende Gewinn- und Verlustrechnung wird nicht berührt, das Geschäft wäre ergebnisneutral. Lediglich die Darlehenszinsen, die der Verein schuldet, sind Gegenstand der Gewinn- und Verlustrechnung.

Wenn der Investor aber auf den Rückzahlungsanspruch verzichtet, muss der Club die Darlehensverbindlichkeit ausbuchen, und zwar ergebniswirksam über die GuV. Der Gewinn, der durch den Erlass von Verbindlichkeiten (Betriebsvermögensmehrung) bei der Schuldnergesellschaft entsteht, stellt grundsätzlich eine steuerpflichtige Vermögensmehrung dar.[1202] Die Finanzbehörden können Steuern, die durch sog. Sanierungsgewinne[1203] entstehen, aus sachlichen Billigkeitsgründen stunden, erlassen oder eine abweichende Steuerfestsetzung treffen.[1204] Dies setzt allerdings voraus, dass eine Sanierungssituation des Clubs vorliegt, was im Lizenzfußball in der Regel nicht anzunehmen sein wird.

Die Ausgestaltung des Transferinvestments als Darlehensvertrag mit späterem Erlass der Rückzahlung kann daher aus steuerrechtlicher Sicht nicht empfohlen werden. Im Übrigen dürfte sie auch nur in Ausnahmefällen dem Interesse des Transferinvestors entsprechen. Sofern dieser sich nicht anderweitig gegen einen Verlust seines Investments abgesichert hat, würde der Erlass eines an den Club gewährten Darlehens den durch den ausbleibenden Transfer drohenden Verlust manifestieren, statt ihn abzuwenden.

5. Sale-And-Lease-Back

Als ein mögliches Modell wurde in der Literatur und wohl auch bei einigen Clubs das „Sale-And-Lease-Back“ der Spielerlaubnis in Betracht gezogen. Als „Sale-And-Lease-Back“ werden Geschäfte bezeichnet, bei denen der Verkäufer Vermögensgegenstände, deren Eigentümer er ist und die üblicherweise bereits von ihm genutzt werden, an einen anderen verkauft, um sie von diesem sogleich wieder zu mieten.[1205] So wurde vorgeschlagen, die Spielerlaubnis könnte – auf der Grundlage des

---

1200 Vgl. S. 6 des Anhangs VII zur LO.

1201 Vgl. S. 8 des Anhangs VII zur LO.

1202 *Töben/Lobeck/Specker*, NWB 2009, S. 15591, 15593; *Hierstetter*, DStR 2010, 882.

1203 Eine Sanierung ist eine Maßnahme, die darauf gerichtet ist, ein Unternehmen oder einen Unternehmensträger vor dem finanziellen Zusammenbruch zu bewahren und wieder ertragsfähig zu machen, vgl. BMF, Schreiben vom 27.03.2003, BStBl 2003, S. 240

1204 *Töben/Lobeck/Specker*, NWB 2009, S. 15591, 15593 unter Hinweis auf BMF, Schreiben vom 27.03.2003, BStBl 2003, S. 240.

1205 Palandt-*Weidenkaff*, BGB, vor § 433, Rn. 16.

Urteils des BFH vom 26. August 1992 – zum Gegenstand einer Sale-And-Lease-Back Transaktion gemacht werden.[1206]

Derartigen Überlegungen steht aber entgegen, dass der Spielervertrag nach § 2 Nr. 2 LOS zwischen Spieler und Club geschlossen werden muss und dass auch die hierauf basierende Spielerlaubnis nicht an einen Dritten übereignet werden kann. Ein Sale-And-Lease-Back Geschäft ist also nicht umsetzbar.

6. Ersetzung des Spielers bei ausbleibendem Transfer

Der Verlust, den ein Investor durch das Ausbleiben eines Transfers des finanzierten Spielers erleidet, ließe sich dadurch abwenden, dass für diesen Fall eine Fortsetzung der Transferrechte an einem anderen Spieler vereinbart wird.

Denkbar wäre zum einen, dass der oder die Alternativspieler bereits bei Begründung der Transferinvestmentvereinbarung festgelegt werden. Hierdurch würde das Risiko des Transferinvestments reduziert, allerdings nicht gänzlich ausgeschlossen. Wenn ein Transferinvestment mit einem Spieler und mehreren festgelegten „Alternativspieler" festgelegt wird und der finanzierte Spieler seinen langfristigen Vertrag erfüllt, dann ist es durchaus wahrscheinlich, dass die Alternativspieler über die Vertragslaufzeit den Club verlassen haben und nicht mehr als Alternative zur Verfügung stehen. Vor diesem Hintergrund wäre es auch denkbar, dass der Club erst im Fall eines Verlusts des Transferentschädigungsrechts durch Vertragserfüllung des Spielers etc. einen Alternativspieler zu benennen hat oder der Investor sich – nach bestimmten Kriterien wie Alter, Vertragslaufzeit, Marktwert – einen Alternativspieler aussuchen darf. Aus Sicht des Investors stellt sich das Problem, dass der Club möglicherweise keinen Spieler im Kader hat, dessen Entschädigungsrecht so renditeträchtig ist, wie das des ursprünglichen Spielers. Allerdings erhielte der Investor immerhin eine neue Renditechance statt eines endgültigen Verlusts.

Während das Risiko des Investors durch die Möglichkeit eines von ihm bestimmten Alternativspielers also sinkt, erhöht es sich für den Club. Wenn sich der Investor einen Alternativspieler frei auswählen kann, dann besteht die Möglichkeit, dass er einen deutlich talentierteren Spieler findet als den ursprünglich finanzierten. An dieser Stelle kommt es entscheidend darauf an, dass beide Seiten ihren Interessen durch weitblickende Vertragsgestaltung ausreichende Berücksichtigung verschaffen.

Für den Club kann dies bedeuten, dass er die Wahlmöglichkeiten des Investors dahingehend einschränkt, dass er für die Auswahl bestimmte Kriterien aufstellt oder sich – bei grundsätzlich freier Auswahl – ein Vetorecht vorbehält; so kann er sicherstellen, dass der Investor nicht für einen finanzierten Durchschnittsspieler ersatzweise die Entschädigungsbeteiligung an einem „Jahrhunderttalent" des Clubs erhält. Zudem kann die Höhe der Beteiligung an dem Alternativspieler von vornherein begrenzt werden. Sofern ein Club derartige Grenzen nicht setzt, macht er sich

---

1206 *Martin-Ehlers*, FC €uro AG, S. 124.

möglicherweise für Investoren interessanter, begibt sich aber in die Gefahr, dass die von ihm praktizierte Investorenbeteiligung als Verstoß gegen Art. 18bis FIFA-Status-Reglement bewertet wird. Denn die Erhöhung der Wahlmöglichkeiten des Investors und der Risiken für den Club schränkt zumindest mittelbar dessen Entscheidungsfreiheit in Transferentscheidungen spürbar ein. So könnte z. B. die Situation entstehen, dass der Club sich gegen sein sportliches Interesse vom durch einen Transferinvestor finanzierten Spieler trennt, um zu verhindern, dass der Investor Entschädigungsrechte an einem oder mehreren noch wertvolleren Alternativspielern erhält.

Derartige Konstellationen erzeugen zwangsläufig neue Zwänge und Unwägbarkeiten für den Club, wobei stets zu bedenken ist, dass diese Einschränkungen mit einer Erweiterung der wirtschaftlichen Möglichkeiten des Clubs durch die Unterstützung des Investors einhergehen und dass der Club im Rahmen der Möglichkeiten der Privatautonomie Wege finden kann, den Einfluss des Investors so gering wie möglich zu halten.

III. Beteiligung eines Investors an Transfers mehrerer Spieler eines Clubs

Einen Ausweg aus der durch die Transferinvestmentbeschränkungen begründeten Konfliktlage könnten auch Modelle bieten, nach denen der Investor nicht an einem konkreten Transfer verdient, sondern an mehreren Transfers eines Clubs. Im Falle einer Abtretung nach § 398 BGB müssen die Parteien die abgetretenen Rechte klar definieren. Die Wirksamkeit der Abtretung setzt die Bestimmbarkeit der abgetretenen Forderung voraus.[1207]

Bei Abtretung einer Forderungsmehrheit hat die Rechtsprechung die Bestimmbarkeit unter anderem bejaht bei Abtretung aller Forderungen aus einer bestimmten Art von Rechtsgeschäft,[1208] aus einem bestimmten Zeitraum, auch wenn einzelne Forderungen ausgenommen werden[1209] und im Hinblick auf „alle künftigen Forderungen“[1210]. Unwirksam ist hingegen die Abtretung mehrerer Forderungen in Höhe eines Teilbetrages, wenn nicht erkennbar ist, auf welche Forderungen und Teilforderungen sie sich bezieht.[1211] Entsprechendes gilt für die Abtretung aller Forderungen bis zu einem Höchstbetrag, soweit sie künftige Forderungen betrifft und unbestimmt ist, welche Forderungen jeweils „nachrücken“ sollen.[1212]

Die Abtretung könnte also so gestaltet werden, dass der Club dem Investor an allen künftigen Transferforderungen im Laufe eines bestimmten Zeitraums

---

1207 BGH, NJW 1995, S. 1668, 1669; BGH, NJW 2000, S. 276, 277; BGH, NJW 2011, S. 2713.

1208 BGHZ 30, S. 149, 151 = NJW 1959, S. 1533; BGH, WM 1961, S. 348, 350, OLG Frankfurt a. M., WM 2005, S. 2134.

1209 BGH, WM 1966, S. 13.

1210 BGHZ 98, S. 303, 314 = NJW 1987, S. 487; BGH, NJW 1999, S. 940.

1211 BGH, WM 70, S. 848, OLG Köln MDR 2005, S. 975.

1212 BGHZ 71, S. 75, 78 f = NJW 1978, S. 1050; BGH, NJW 2011, S. 2713, 2714; OLG Hamm ZIP 2008, S. 1110.

(beispielsweise fünf Jahre) einen bestimmten prozentualen Anteil einräumt. Hierbei könnten Club und Investor die Vereinbarung auf die aktuell im Kader stehenden Spieler begrenzen oder bestimmte Spieler ausdrücklich von der Vereinbarung ausnehmen. Wie die Beteiligung an den Entschädigungsrechten im Hinblick auf einen Spieler ist auch hinsichtlich der Beteiligung an den Entschädigungsrechten mehrerer Spieler die schuldrechtliche Beteiligungsvereinbarung in der Regel gegenüber der Abtretung der Entschädigungsforderung vorzuziehen.

Die Lösung einer Beteiligung des Investors an Entschädigungsrechten mehrerer Spieler hat den Vorteil, dass der Fokus des Investors nicht mehr so stark auf dem Transfer eines einzelnen finanzierten Spielers liegt und damit der Transferdruck des Investors sinkt. Ob diese Lösungen von den Verbänden gebilligt werden, darf bezweifelt werden. Den jeweiligen Club belastet die Erhöhung der Gewinnchancen des Investors durch eine Streuung des Risikos naturgemäß mehr als die Übertragung der Rechte an nur einem Spieler. Es wird eine größere Anzahl von Transferentscheidungen des Clubs betroffen und damit auch die Möglichkeit der Einflussnahme erhöht.

IV. Beteiligung eines Investors an einer Ausbildungsentschädigung

In den letzten Jahren kam es nicht selten vor, dass Spieler schon vor Erlangen der Volljährigkeit und vor Abschluss ihres ersten Spielervertrages Marktwerte im Millionenbereich entwickelten. Die Abtretung einer Entschädigungsforderung oder die Beteiligung an einem Entschädigungsrecht ist vom Bestehen eines Spielervertrags abhängig, weil nur bei Aufhebung eines bestehenden Spielervertrages eine Transferentschädigung fließt. Fraglich ist aber, ob das Transferinvestment auch die – vom Spielervertrag losgelöste – Verpflichtung zur Zahlung einer Ausbildungsentschädigung an den Club zum Gegenstand haben kann. Die zu derartigen Ausbildungsentschädigungen ergangenen Entscheidungen sind auch für das Transferinvestment von Relevanz, weil ein denkbares Modell so gestaltet werden könnte, dass der Investor die Ausbildung junger, vertraglich noch nicht gebundener Spieler unterstützt und sich bei deren ersten Transfer hierfür entschädigen lässt.

Der aktuelle Fall des französischen Profifußballers Olivier Bernard hatte nicht die Regelungen zur Ausbildungsentschädigung der FIFA, sondern Regelungen des französischen Verbandes zum Gegenstand.[1213] Der französische *Cour de Cassation* legte dem EuGH die Fragen zur Vorabentscheidung vor, ob einer Bestimmung des französischen Fußballverbandes, nach der ein Nachwuchs- bzw. „Espoir“ Spieler sich einer Verurteilung zur Schadensersatzleistung aussetzt, wenn er nach Abschluss seiner Ausbildungszeit einen Vertrag mit einem Verein in einem anderen Mitgliedstaat schließt, die Arbeitnehmerfreizügigkeit nach Art. 45 AEUV

1213 EuGH, Urteil vom 16.03.2010, Rs. C-325/08 – Slg. I-2010, 2196 – „Bernard“ = EuZW 2010, 342 ff.

entgegensteht und ob eine solche Regelung gegebenenfalls mit der Förderung der Anwerbung und Ausbildung von Nachwuchsspielern gerechtfertigt werden kann. Der EuGH hat in seinem Urteil vom 16.03.2010 eine Beschränkung der Arbeitnehmerfreizügigkeit nach Art. 45 AUEV bejaht. Diese könne zwar grundsätzlich durch den Zweck gerechtfertigt werden, die Anwerbung und die Ausbildung von Nachwuchsspielern zu fördern. Dann müsse die Regelung jedoch für das Erreichen dieses Zwecks tatsächlich geeignet und verhältnismäßig sein, wobei die Kosten zu berücksichtigen seien, die den Vereinen durch die Ausbildung sowohl der künftigen Berufsspieler als auch derjenigen, die nie Berufsspieler werden, entstünden.[1214]

Die in Streit stehende Regelung wurde als unverhältnismäßig angesehen, weil sie über das hinausgehe, was zur Förderung der Anwerbung und der Ausbildung junger Spieler sowie zur Finanzierung dieser Tätigkeiten erforderlich sei. Die Regelung sei nicht durch die Zahlung einer Ausbildungsentschädigung an den ausbildenden Verein, sondern durch eine Verpflichtung zur Schadensersatzleistung gekennzeichnet, deren Höhe von den tatsächlichen dem Verein tatsächlich entstandenen Ausbildungskosten unabhängig gewesen sei.[1215]

Die über den Einzelfall hinausgehende, nicht minder interessante Frage, ob das von der FIFA vorgegebene System der Trainingskosten- und Ausbildungsentschädigung mit Art. 45 AEUV vereinbar ist, hat der EuGH nicht eindeutig beantwortet. Indem er aber fordert, dass die Kosten des ausbildenden Clubs für die Ausbildung der tatsächlich den Beruf ergreifenden und der „gescheiterten" Spieler anzusetzen seien, erteilt der EuGH dem gegenwärtigen System eine indirekte Absage. Die aktuell praktizierte Berechnung der Entschädigung anhand der hypothetisch beim verpflichtenden Club für die Ausbildung eines vergleichbaren Spielers entstandenen Kosten orientiert sich gerade nicht an den Ausgaben, die dem seinen Spieler verlierenden Club für die Ausbildung seiner Nachwuchsspieler entstanden sind.

Das LAG Mecklenburg hat in einem aktuellen Rechtsstreit[1216] um eine Abstandszahlung zwischen einem Fußballspieler und dessen Club entschieden, dass

---

1214 EuGH, Urteil vom 16. 3. 2010, Rs. C-325/08, Rn. 45 und 49 – „Bernard" = NZA 2010, 346, 348.

1215 EuGH, Urteil vom 16. 3. 2010, Rs. C-325/08, Rn. 46 – „Bernard" = EuGH NZA 2010, 346, 349.

1216 Der Kläger, ein Spieler des Jahrgangs 1991, hatte – durch seiner gesetzlichen Vertreter – am 12. März 2006 einen befristeten Vertragsspielervertrag ohne Kündigungsmöglichkeit mit einer Laufzeit vom 1. Juli 2006 bis zum 30. Juni 2010 und einer einseitigen einjährigen Verlängerungsoption zugunsten des beklagten Club geschlossen. Mit Schreiben vom 26. Juni 2008 kündigte der Spieler den Vertragsspielervertrag mit sofortiger Wirkung aus wichtigem Grund, u. a. unter Hinweis auf den psychischen Druck und seine nicht optimalen Entwicklungsbedingungen in Hinblick auf die ständige Gegenüberstellung zu einem seinerzeitigen Spielerkollegen. Zugleich focht er den Vertrag wegen Verstoßes gegen die DFB-Spielordnung an und berief sich auf die Sittenwidrigkeit einzelner Regelungen. Dem Auflösungsbegehren trat der Club entgegen. Er verweigerte die

die Vereinbarung einer Abstandszahlung als Vorbedingung des Arbeitgebers für den Abschluss eines Aufhebungsvertrages – zu einem ordentlich nicht kündbaren Vertragsspielervertrag mit mehrjähriger Bindungsdauer – nicht in jedem Falle sittenwidrig im Sinne von § 138 BGB ist.

Denn solange sich die Zahlung als pauschalierte Schadensersatzzahlung noch in dem Rahmen bewege, der durch § 23 BBiG aufgezeigt werde, verstoße es nicht gegen das Anstandsgefühl aller billig und gerecht denkenden Menschen, wenn man in einem ausbildungsähnlichen Vertragsverhältnis die Nachteile der vorzeitigen Trennung für den Arbeitgeber mit in Rechnung stelle. Maßgeblich seien insoweit die Aufwendungen, die der Arbeitgeber tätigen müsse, um die entstandene Lücke wieder zu schließen.[1217] Der vom LAG zu beurteilende Sachverhalt unterscheidet sich in einem wichtigen Detail vom Fall „Bernard". Während in der vom LAG zu beurteilenden Konstellation ein Vertrag zwischen Spieler und Club abgeschlossen worden war, den der Spieler mangels Kündigungsmöglichkeit in einer Aufhebungsvereinbarung gegen Zahlung einer Entschädigung aufhob, war dieser Vertrag im Fall „Bernard" gerade noch nicht geschlossen worden, sondern es bestand die verbandsrechtliche Verpflichtung hierzu. Insofern steht das Urteil der EuGH-Entscheidung nicht entgegen.

Wenn nach der Bernard-Entscheidung die „erhöhte Ausbildungsentschädigung", also die Schaffung eines Entschädigungsrechts vor Abschluss des ersten Spielervertrages, nunmehr schon für den ausbildenden Club selbst nicht mehr praktikabel ist, dann kommt sie auch für den Investor nicht in Betracht. Der Club und ein etwaiger Investor erhalten nur die nach den Statuten vorgesehene Ausbildungs- und Förderentschädigung. Die – finanziell lukrativeren – Ablösesummen sind an den Spielervertrag gekoppelt, den der jeweilige Spieler nach seiner Ausbildung abschließt. Wegen der zu gewährleistenden Arbeitnehmerfreizügigkeit können aber weder ein Club noch ein Investor sicherstellen, dass ein (europäischer) Spieler diesen ersten Spielervertrag mit dem Ausbildungsverein abschließt.

B. Weitere Ausgestaltung der Transferinvestmentvereinbarung

Das Risiko einer Kollision mit Art. 18bis FIFA-Status-Reglement lässt sich bei allen vorgenannten Vertragsgestaltungen des „echten" Transferinvestments dadurch reduzieren, dass der Club mit dem Investor verbindliche Regelungen trifft, die die alleinige Entscheidungsgewalt des Clubs in Transferfragen klarstellen.[1218]

Hierbei empfiehlt es sich, in der Vereinbarung den Wortlaut des Art. 18bis FIFA-Status-Reglement zumindest teilweise inhaltlich aufzugreifen und dem Investor

---

verbandsrechtlich für den Vereinswechsel erforderliche Freigabe und bot dem Kläger statt dessen Hilfe bei der Überwindung seiner Krise an. Vor diesem Hintergrund kam es so zum Abschluss eines Aufhebungsvertrages vom 18. August 2008, den der Kläger mit seiner im Mai 2010 bei Gericht eingegangenen Klage angriff.

1217 LAG Mecklenburg-Vorpommern SpuRt 2012, S. 80.

1218 Vgl. *Holzhäuser/Körner*, causa sport 2009, S. 193, 197.

die entsprechende Einflussnahme zu untersagen. Dadurch sollte – ungeachtet der Beurteilung einer etwaigen vertragswidrigen praktischen Durchführung – zumindest diese Vereinbarung einer Beurteilung der FIFA standhalten. Selbst wenn die Parteien die Regelung des Beeinflussungsverbots ursprünglich nur *pro forma* treffen, entfaltet sie doch zumindest dadurch eine gewisse Bindungswirkung nach außen, so dass sich der Investor im Falle eines späteren Rechtsstreits nicht mit Erfolg auf eine andere Abrede berufen kann. Wichtig ist auch, dass die Parteien sich darüber einigen, was gelten soll, wenn der Vertrag zwischen Spieler und Club verlängert wird. Eine Formulierung, wonach der Investor bei einem Transfer des Spielers vor Ablauf des aktuellen Vertrages an dem Transfererlös beteiligt wird, könnte sich im Fall einer Vertragsverlängerung und anschließendem Wechsel als problematisch erweisen.

Bei der Ausgestaltung der Transferinvestmentvereinbarung muss der Investor den Vertrag zwischen Club und Spieler genau prüfen. Dieser kann z. B. eine Ausstiegsklausel zugunsten des Spielers enthalten, die regelt, dass der Spieler den Club im Falle eines Abstiegs ablösefrei verlassen kann. Eine derartige Klausel würde offensichtlich den Interessen des Investors an einer Ablösesumme zuwiderlaufen. Um nicht aus wirtschaftlichen Gesichtspunkten zu einer unzulässigen Beeinflussung gezwungen zu sein, muss der Investor derartige Fälle eines erhöhten Risikos im Vorfeld auszugleichen versuchen. Dies kann erfolgen indem man für die Finanzierung eines Spielers, der eine derartige Klausel wünscht, weniger Geld zur Verfügung stellt oder sich anderweitig absichert. Keinesfalls sollte der Investor die Vereinbarung oder Ausübung einer derartigen Ausstiegsklausel entgegen dem Wunsch des Spielers versuchen zu verhindern. Ersteres wäre als Beeinflussung des Clubs in ein Arbeitsverhältnis zu bewerten, letzteres als Beeinflussung in Transfersachen. Im Falle des Nichtzustandekommens einer von den Parteien erwarteten Transferentschädigungszahlung könnten ein Wegfall der Geschäftsgrundlage oder – bei Pflichtverletzungen des Clubs – Schadensersatzansprüche in Betracht kommen. Der Investor wird dann aber vor einem Zivilgericht beziffern müssen, welche Transfersumme zwischen den Clubs hätte gezahlt werden müssen, was ihm kaum gelingen dürfte.

Statt dieses Risiko einzugehen, sollte der Investor sich für den Fall bestimmter, nicht seinem Interesse entsprechender Transferumstände oder für den Fall einer Auflösung des Vertrages zwischen Club und Spieler die Rückzahlung des investierten Betrages oder eine sonstige, seinen Interessen gerecht werdende, Zahlung zusichern lassen. Es sollte auch eine Regelung für den Fall getroffen werden, dass nicht der Club, sondern der Spieler den Erfolg des Transferinvestments vereitelt, indem er entweder seinen Vertrag bricht, um bei einem anderen Verein zu spielen oder er vor Ablauf des Vertrages beschließt, seine Karriere als Profifußballer vorzeitig zu beenden. Eine Abtretung etwaiger Schadensersatzansprüche des Clubs gegen den Spieler wegen Vertragsbruchs an den Investor kommt nicht in Betracht. Denn diese Abtretung von Entschädigungsansprüchen an Dritte ist nach Art. 17 Nr. 2 S. 1 FIFA-Status-Reglement verboten. Jedoch könnte für diesen Fall eine Versicherung abgeschlossen werden.

Die vertragliche Bindung an einen Investor, der auch mit anderen Clubs vertragliche Bindungen (u. a. im Hinblick auf Transferentschädigungen) unterhält, könnte zu einer Lizenzverweigerung oder einem Lizenzentzug nach § 10 Nr. 2 lit. e) Lizenzierungsordnung führen.[1219] Aufgrund der Ausgestaltung der Verbandsnorm als Ermessensvorschrift ist der Lizenzentzug zwar kein Automatismus. Andernfalls könnten die Clubs beispielsweise nicht mit Ausrüstern und Sponsoring-Partnern zusammenarbeiten, die sich bei mehreren Clubs engagieren. Da ein Lizenzentzug aber „insbesondere" dann erfolgen kann, wenn „durch Einflussnahme des Unternehmens der ordnungsgemäße Ablauf des Spielbetriebs gefährdet ist", spricht einiges dafür, dass der Ligaverband bei einer umfangreichen Beteiligung von Investoren an den Transferrechten und anderen Rechten mehrerer Clubs eine Gefährdung des Spielbetriebs bejahen würde.

Erstrebenswert ist aus Sicht des Clubs ein Engagement solcher Investoren, die partnerschaftlich mit ihm zusammenarbeiten wollen. Wenn ein Investor sich langfristig an den Entschädigungsforderungen der Spieler eines Clubs beteiligt, dann spricht vieles dafür, dass er auch an einer guten sportlichen Entwicklung des Clubs interessiert ist, weil diese seine Spielerwerte positiv beeinflusst. Derartige Engagements dürften auch verbandsseitig wohlwollender beurteilt werden.

2. Kapitel: Investment in Spielerfonds

Gegenüber dem zuvor geschilderten Entschädigungsforderungserwerb durch den Investor besteht beim Fonds-Modell die Besonderheit, dass die Investoren keine Verträge mit Club abschließen, sondern sich an einem vorgeschalteten Fonds beteiligen und dieser Vertragspartner des Clubs wird. Findet ein Spielertransfer statt, erhält der Fonds vom Club einen Anteil an der Ablösesumme und die Investoren erhalten neben einer möglichen Wertsteigerung des Fonds die vereinbarte Ausschüttung.[1220] Global betrachtet gibt es eine Vielzahl derartiger Fonds,[1221] allerdings sind gerade in Großbritannien – wohl als Folge des Transferinvestmentverbots – einige Fondlösungen gescheitert.

Anhaltspunkte für die Ausgestaltung eines Fonds-Modells mit mehreren Spielern kann das Ommer-Modell geben. Der Fußballspieler-Beteiligungsfonds nach dem Ommer-Modell, so wie er im ursprünglichen Prospekt vorgestellt wurde, verfolgte als Gesellschaft bürgerlichen Rechts den Zweck im Sinne des § 705 BGB, Bundesligavereine durch die Finanzierung von Spielerkäufen zu unterstützen und Erträge

---

1219 Vgl. FÜNFTER TEIL, B.I.

1220 *Mohr/Mader*, CaS 2013, S. 83.

1221 Vgl. die Liste in dem BBC Artikel „Does third-party ownership benefit or hinder football?" vom 27.10.2011 (Quelle: http://news.bbc.co.uk): Benfica Stars Fund, DIS Esporte, Gol Football Luxembourg, Mamers BV, Media Sports Investment, Pearl Design Holding Ltd., Quality Football Ireland Ltd. (QFI), Sporting Portugal Fund, Traffic Sports.

hieraus zu erzielen.[1222] Allein vertretungs- und geschäftsführungsbefugt war eine aus den Initiatoren des Fonds zusammengesetzte Geschäftsführungs-GmbH, die im Gesellschaftsvertrag unwiderruflich ermächtigt wurde, namens der jeweiligen Mitglieder der Gesellschaft weitere Partner in die Gesellschaft aufzunehmen. Private Anleger traten unter Einschaltung eines in ihrem Namen und für ihre Rechnung handelnden Treuhänders als Gesellschafter bei. Zur Durchführung der Spielerfinanzierung[1223] wurden die Geschäftsführer der Geschäftsführungs-GmbH ermächtigt, so genannte Beteiligungsverträge mit kaufinteressierten Bundesligaclubs und mit dritten Personen abzuschließen, die ihrerseits einen entsprechenden Vertrag mit einem zur Abgabe eines Spielers bereiten Verein geschlossen hatten.

Die Gesellschaft verpflichtete sich im Beteiligungsvertrag, dem Club oder einem Dritten einen festgelegten Geldbetrag zur Verfügung zu stellen, um eine Ablösesumme zu finanzieren.[1224] Im Gegenzug verpflichtete sich der Club, bis zum Spielervertragsende Jahresraten in Höhe von ca. 20 % des zur Verfügung gestellten Betrages zu leisten. Ein Ende dieser Zahlungspflicht des Vereins war für den Fall des Vereinswechsels, im Todesfall oder bei Sportinvalidität des Spielers vorgesehen. Für letztere Fälle schloss der Club Versicherungen ab, die den zur Verfügung gestellten Betrag abdeckten oder trat bestehende Versicherungsansprüche ab.[1225] Bei einem Wechsel des „Fonds-Spielers“ zu einem anderen Club standen der Gesellschaft sämtliche Erlöse aus dem Transfer bis zur Höhe des überlassenen Betrages zu. Außerdem räumte der Club dem Fonds eine Beteiligung an etwaigen, den überlassenen Betrag übersteigenden, Transfererlösen ein. Hier sah das Modell eine Partizipation von mindestens der Hälfte des Mehrerlöses vor. In Transferverhandlungen beschränkte sich die Mitwirkung des Fonds – offiziell – auf Informationspflichten des abgebenden Clubs dem Fonds gegenüber sowie auf ein Teilnahmerecht an der abschließenden Beratung über den Transfer. Zwischen dem Fonds und dem Spieler wurde keine direkte Rechtsbeziehung begründet; der Spieler erhielt lediglich einen Arbeitsvertrag mit dem aufnehmenden Club.

Ein Modell des von der Emirates NBD[1226] entwickelten Hero Fund war so angelegt, dass ein Fonds – im Gegenzug für eine Entschädigungsrechtsbeteiligung von bis zu 40% – Geld an verschiedene Clubs zahlen sollte, welches diese zweckgebunden für Spielerverpflichtungen oder -gehälter verwenden sollten. Hero hatte

---

1222 Die nachfolgend verkürzt dargestellte Ausgestaltung ist ausführlich beschrieben im Aufsatz von *H. P. Westermann*, ZIP 1991, S. 705 ff.

1223 Das durch die Einlagen der beigetretenen Gesellschafter aufgebrachte Kapital sollte abzüglich Treuhändervergütung (ca. 0,8 %), Vertriebskosten (ca. 2 %) und der Geschäftsführungskosten (1,2 %) voll für die Spielerfinanzierung verwendet werden.

1224 *H. P. Westermann*, ZIP 1991, S. 705, 706.

1225 Wie vor; vgl. auch Artikel „Fußballerbeteiligungsfonds Schuss in den Ofen“ aus der Wirtschaftswoche vom 26.06.1987 (Quelle: http://www.wiwo.de).

1226 Emirates NBD ist die aus einer Fusion der Emirates Bank und der National Bank of Dubai hervorgegangene größte Bankgruppe des mittleren Ostens.

außerdem ein weiteres Modell entwickelt, das darauf basierte, einen Pool von ausgewählten Spielern zu schaffen, an deren ökonomischen Rechten sich der Fonds mit einem bestimmten Prozentsatz beteiligen sollte. Die PL teilte jedoch mit, dass ein solches Modell gegen die PL Regeln verstoße, woraufhin das Projekt eingestellt wurde.[1227]

Das hohe Risiko einer „Humankapitalinvestition", das der Investor bei einer direkten Beteiligung an einem Spielerfinanzierungsfonds trägt, kann durch die Diversifikation in weitere Geschäftsfelder gemindert werden.[1228]

Vor diesem Hintergrund wurde der mittlerweile nicht mehr aktive London Nominees Football Fund[1229] aufgelegt. Der Fonds wollte nach eigenen Angaben in alle Bereiche des Fußballs investieren, die für die Investoren einen Gewinn versprechen. Als „Investment Objectives" wurden genannt: Clubs, Spieler,[1230] Fußballakademien, der Franchise Markt für Fußball-Marken, Merchandising, Sponsoring und Turniere. Bei Betrachtung der veröffentlichten Aussagen und des öffentlich zugänglichen Prospektmaterials zeichnete sich ein Konfliktpotential derartiger Fonds mit dem Verbandsrecht ab.

Der Fonds kann das Risiko eines Totalverlusts reduzieren, indem er im Hinblick auf die Spieler eine breitangelegte Investitionsstrategie mit Investments in unterschiedliche Spielertypen analog der klassischen Portfoliostrategie verfolgt.[1231] Eine derartige Herangehensweise dürfte nicht zu beanstanden sein. Wenn hingegen ein Fonds seine Aktivitäten über alle gewinnversprechenden Bereiche des gesamten Fußballmarktes verstreut, dann ist damit zu rechnen, dass er Einfluss auf die durch Art. 18bis FIFA-Status-Reglement geschützten Entscheidungsbereiche nimmt. So strebte der Fonds nach eigenen Angaben unter anderem die Kontrolle über einen belgischen Fußballclub an, um dort Spieler aus Afrika, Asien und Lateinamerika

1227 Dies erfolgte, obwohl der Fonds sich öffentlich verteidigte: „Die Clubs entscheiden, was sie mit dem Geld machen. [...] Wir haben kein Mitspracherecht hinsichtlich Verpflichtungen und Abgängen von Spielern. Es gibt kein third-party ownership. Jeder Spieler, der von unseren Fondsgeldern gekauft wird, gehört dem Club und der Club trifft alle Entscheidungen." Jeder Betrag, der seitens des Fonds an die Clubs gezahlt werde, werde durch den gesamten Mannschaftskader abgesichert und nicht nur durch den Transferwert eines Spielers, vgl. Artikel „Clubs look to their new Hero for cash" aus der Sunday Times vom 27.04.2009, Quelle: http://www.timesonline.co.uk).

1228 *Elter*, in: FC €uro AG – Fußball und Finanzen, S. 121.

1229 Es handelte sich um einen von Asien aus agierenden Hedge Fonds mit offiziellem Sitz auf den Bermuda Inseln. Zum „Team" gehörten vor allem britische Fußballpersönlichkeiten. Die Mindestbeteiligung sollte 25.000 USD betragen. Die Homepage des Fonds war zu finden unter der Internetadresse www.thefootballfund.com ist aber mittlerweile inaktiv.

1230 Hierzu hieß es: „The Fund leverages an extensive network of representatives and scouts to identify new and proven players of great ability who offer excellent potential return on investment."

1231 *Mohr/Mader*, CaS 2013, S. 83, 85.

auszubilden.[1232] In China hatte der Fonds eine Gesellschaft gegründet, die sich mit der Entwicklung von kommerziellen sowie ökonomischen Rechten von Spielern im asiatischen Raum beschäftigte.[1233].

Da die FIFA insbesondere die Einschaltung sog. Hedgefonds fürchtet,[1234] soll im Folgenden auf die Möglichkeit eines Erwerbs von Transferentschädigungsrechten durch diese Fonds eingegangen werden. Für den Begriff des „Hedgefonds" hat sich bis heute keine eindeutige Definition durchgesetzt.[1235] Das Investmentgesetz enthält in Kapitel 4 Regeln für „Sondervermögen mit zusätzlichen Risiken (Hedgefonds)", was einen Anhaltspunkt gibt, aufgrund der mannigfaltigen Erscheinungsformen dieser Sondervermögen aber nicht als Definition taugt. Unter einem Hedgefonds versteht man allgemein Organismen zur gemeinschaftlichen Kapitalanlage, die in ihrer Anlagestrategie nur wenigen Restriktionen unterliegen und diese Freiheit dazu nutzen, um unter Zuhilfenahme sämtlicher Möglichkeiten hochentwickelter Finanzsysteme und oftmals auch unter Eingehung erheblicher Risiken eine maximale Wertsteigerung des eingesetzten Kapitals zu erzielen.[1236]

Das Anlageziel des Hedgefonds ist regelmäßig die Erzielung von Erträgen unabhängig von den Entwicklungen des Marktes.[1237] Dies geschieht durch eine Isolierung bewusst ausgewählter Risiken gegenüber den typischen Risiken des jeweiligen Marktes zur Nutzung von Fehlbewertungen, Entwicklungen und Ereignissen. Traditionell zeichnen sich Hedgefonds durch einen (sehr) kurzfristigen Planungshorizont aus, weisen ein gegenüber klassischem Investmentvermögen erhöhtes Handelsvolumen auf und schichten ihr Portfoliovermögen häufiger um.[1238]

Hedgefonds bevorzugen als Sitz der Fondsgesellschaft Jurisdiktionen mit niedriger Regulierungsdichte und werden so strukturiert, dass sie wenigen Beschränkungen bei Anlageinstrumenten und -strategien sowie geringen Publizitätspflichten

---

1232 News des Football Fund vom 14.05.2010 (nicht mehr abrufbar): „The Football Fund is examining options to provide funding via an equity stake in a Belgian football club to facilitate players from around the world to work in Europe under the management and training of The Football Fund's expert team. A Belgium club offers an opportunity to provide players with both top level development and access to EU residency and work permissions."

1233 News des Football Fund vom 17.05.2010 (nicht: mehr abrufbar).

1234 Eine abschließende Bewertung der konkreten vorgenannten Fonds-Modelle kann an dieser Stelle nicht erfolgen. Hierzu bedürfte es eines tieferen Einblickes in die konkreten oder geplanten Vereinbarungen derartiger Fonds mit den interessierten Clubs.

1235 Vgl. *Zänker*, in: Derleder/Knops/Bamberger (Hrsg.), HdB zum dt. und europ. Bankrecht, § 56, Rn. 3; *Wentrup*, Kontrolle von Hedgefonds, S. 32 und *Wenninger*, Hedge Fonds im Spannungsfeld, S. 35 jeweils m.w.N.

1236 *Wenninger*, Hedge Fonds im Spannungsfeld, S. 34 f.

1237 *Zänker*, in: Derleder/Knops/Bamberger (Hrsg.), Handbuch zum dt. und europ. Bankrecht, § 56, Rn. 4; *Spindler/Bednarz*, WM 2006, S. 553.

1238 *Wentrup*, Kontrolle von Hedgefonds, S. 43 m.w.N.

unterliegen.[1239] Als typisch für Hedgefonds gilt weiterhin eine geringe Transparenz der Fonds; insbesondere Einzelheiten ihrer Aktivitäten würden wegen der Komplexität der eingesetzten Instrumente und Strategien sowie wegen der Gefahr der Nachahmung selten offen gelegt und blieben daher intransparent.[1240]

Diese Bewertung von Hedgefonds macht deutlich, warum die Verbände deren Engagement im Bereich des Fußballs kritisch gegenüberstehen. Derartige Fonds stehen sinnbildlich für kurzfristiges Gewinnstreben ohne Berücksichtigung der Interessen des Sports. Außerdem sorgen die Anonymität und der Wechsel von Fonds-Investoren für eine Intransparenz, die vor dem Hintergrund der Geldwäscheanfälligkeit des Fußballs bedenklich ist.

Dass ein Fonds sich an Clubs, Spielern, Fußballakademien, dem Franchise Markt für Fußball-Marken, Merchandising, Sponsoring und Turnieren beteiligt, ist zwar für sich betrachtet nicht zu beanstanden. Wo aber zahlreiche Investments eines Fonds in verschiedene Clubs, Spieler und sonstige Bereiche des Fußballs die Gefahr eines Netzes an Beteiligungen begründen, welches sich kaum noch nachvollziehen lässt, sehen die Verbände zu recht eine Gefährdung für den Fußball.

Ein Verstoß gegen Art. 18bis FIFA-Status-Reglement stellt zwar nicht auf die Anzahl von Vereinbarungen, sondern auf die konkrete Vereinbarung eines Dritten mit einem Club ab. Allerdings räumt Art. 18bis den Verbänden einen Auslegungsspielraum ein, den sie zweifellos strenger nutzen, wenn sie das Gefährdungspotential als besonders hoch ansehen. Wenn ein Investor sich in erheblichem Umfang in verschiedenen Bereichen des Sports engagiert, sinkt zwar möglicherweise sein Einfluss auf Transferangelegenheiten, dafür steigt der Einfluss auf die ebenfalls durch Art. 18bis geschützte Entscheidungsfreiheit des Clubs hinsichtlich dessen Politik. Deutlich wird die im aktuellen Fall des Brasilianers Neymar, an dessen Transfer Medienberichten zufolge maßgeblich der Londoner Doyen Hedgefonds bzw. dessen in Malta ansässige Doyen Sports Investment Tochtergesellschaft beteiligt war.[1241] Neben der Transferbeteiligung ist Doyen angeblich auch an den Werbeeinnahmen von Neymar beteiligt, er hat also scheinbar Vereinbarungen mit einem oder mehreren Clubs und dem Spieler selbst getroffen, was die Einflussmöglichkeiten weiter erhöht. Wenn ein Investor nicht nur daran interessiert ist, zu welchem Zeitpunkt er die höchste Beteiligung am Transfer erzielt, sondern zusätzlich noch, welcher Club den Werbewert seines Spielers am besten steigert,[1242] geraten die sportlichen Interessen zunehmend in den Hintergrund.

Es ist weiter zu bedenken, dass die UEFA das Verbot der Mehrfachbeteiligung auf alle Konstellationen erweitert, in denen auf irgendeine Weise ein entscheidender

---

1239 *Wentrup*, Kontrolle von Hedgefonds, S. 45 m.w.N.

1240 *Wentrup*, Kontrolle von Hedgefonds, S. 46 m.w.N.

1241 Vgl. Artikel: „Fußballer im Visier von Hedge-Fonds“ aus dem Handelsblatt vom 08.07.2013 (Quelle: Internet).

1242 Bspw. kann eine Rolle spielen, ob der Ausstatter des Clubs zum Ausstatter des Spielers passt.

Einfluss auf die Entscheidungsfindung des Teilnehmers genommen werden kann (Art. 3 Reglement der CL / EL).[1243] Die Zusammenarbeit mit einem Spielerfonds könnte also zu einem Ausschluss des Clubs aus den UEFA-Wettbewerben führen. Diese Auslegung wird in der Literatur als rechtskonform angesehen: Als spezifisch wettbewerbsbezogene Vorschriften seien die Beschränkungen der Überkreuz- und Mehrfachbeteiligung auch unter Berücksichtigung der berechtigten Interessen eines Investors jedenfalls dann als verhältnismäßige Einschränkungen von dessen Individualrechten anzusehen, wenn sie sich auf die Beteiligung an mehreren Teilnehmern eines Wettbewerbs beschränkten.[1244]

3. Kapitel: Investment in eine Tochtergesellschaft des Clubs

Das Grundauffassung der FIFA lautet: Wenn ein Investor von Spielertransfers profitieren möchte, muss er sich an einem Club beteiligen – nicht an einem Spieler.[1245] Um dennoch in Spieler investieren zu können muss der Investor also versuchen, eine Stellung zu erlangen, die vor dem Hintergrund des Art. 18bis FIFA-Status-Reglement (verbands-)rechtlich nicht mehr seine Bewertung als „andere oder dritte Partei" zulässt. Als Lösung kann die Gründung einer Gesellschaft durch den Club in Betracht gezogen werden, an der sich der Investor beteiligen kann. Von zentraler Bedeutung ist es, den Einfluss des Clubs auf die von ihm gegründete Tochtergesellschaft in einem Maße zu sichern, das die Bewertung der Ausgliederung und der späteren Zusammenarbeit mit der Tochtergesellschaft als mit Art. 18bis FIFA-Status-Reglement vereinbar zulässt. Die Ausgliederung verschiedener wirtschaftlicher Bereiche aus dem Verein ist heutzutage keine Besonderheit mehr.

Die Clubs haben sich zu Wirtschaftsunternehmen entwickelt und unterhalten mehrheitlich eine oder mehrere Kapitalgesellschaften. Die Ausgliederungen der Lizenzspielerabteilungen und sonstiger Aktivitäten in diese Kapitalgesellschaften verleihen den Clubs komplexe gesellschaftsrechtliche Konzernstrukturen.[1246]

A. Grundsätzliche Überlegungen

Der Verein ist gesetzlich auf eine basisdemokratische Willensbildung durch die Mitgliederversammlung ausgelegt, was unter anderem in den Rechten zur Bestellung der Vertretungsorgane (§ 27 Abs. 1 BGB), der Allkompetenz über die wirtschaftlichen Fragen (§ 32 BGB) und dem Weisungsrecht gegenüber dem Vorstand

---

1243 *Dehesselles/Frodl*, in: Galli/Elter/Gömmel/Holzhäuser/Straub (Hrsg.), Sportmanagement, S. 53, 60.

1244 *Dehesselles/Frodl*, in: Galli/Elter/Gömmel/Holzhäuser/Straub (Hrsg.), Sportmanagement, S. 53, 60.

1245 So TMS-GmbH-Geschäftsführer *Mark Goddard* in dem mit dem Verfasser am 18.05.2010 geführten Telefongespräch

1246 *Küting/Strauß*, DB 2010, S. 793.

(§§ 27 Abs. 3, 664 BGB) zum Ausdruck kommt.[1247] Das Grundmodell des Vereins nach dem BGB ist aber durch die Clubs immer mehr auf die Bedürfnisse eines wirtschaftlich ausgerichteten Profifußballs angepasst worden. Auch die Profifußballvereine sind heute mehrheitlich durch Entscheidungsstrukturen gekennzeichnet, die denjenigen einer Aktiengesellschaft entsprechen, ohne den Rahmen des Vereinsrechts zu verlassen. Meist erfolgt dies durch Einrichtung eines Aufsichtsrats als Zwischenebene, der den hauptamtlichen Vorstand des Vereins bestellt.[1248]

Neben der Anpassung der Vereinsstruktur, steht den Vereinen die Gründung von Tochtergesellschaften offen. Unabhängig davon, ob der „e. V." oder eine Kapitalgesellschaft zum Spielbetrieb zugelassen ist, werden daher bei vielen Vereinen Kapitalgesellschaften unterhalten, z. B. Stadionbetriebs- und Beteiligungsgesellschaften sowie Marketing- und Cateringgesellschaften.[1249] Auch die als Fußballkapitalgesellschaften organisierten Clubs sind in den letzten Jahren dazu übergegangen, weitere bestimmte Bereiche des Sportbetriebs in eigenständige rechtliche Einheiten auszulagern. Hierbei spielen Haftungsüberlegungen eine Rolle, beispielsweise wenn das Stadion mit hoher Fremdkapitalbelastung in eine eigenständige Gesellschaft ausgelagert wird.[1250] Bereiche, die wie eigenständige Profitcenter geführt werden, können in eine separate Tochtergesellschaft ausgelagert werden. Hierdurch kann eine stärkere organisatorische Trennung sowie höhere Eigenverantwortlichkeit der führenden Personen erreicht werden und an derartigen Tochtergesellschaften können auch Dritte beteiligt werden oder sie können gar gemeinschaftlich mit einem Partner (Joint Venture) betrieben werden.[1251]

Für die Ausgliederung bestimmter Bereiche aus dem „Wirtschaftsunternehmen" Fußballverein spricht die tatsächliche Ferne, die sowohl Vorstände als auch Geschäftsführung einer Kapitalgesellschaft von den Entscheidungsstrukturen und Entscheidungsszenarien des Vereins genießen; hierdurch wird ein professionelleres Management möglich, welches wiederum das Vertrauen von externen Kapitalgebern und deren Bereitschaft, mit eigenem wirtschaftlichem Risiko zu investieren, stärken kann.[1252] Ein Club kann deshalb erwägen, eine Gesellschaft zu gründen, in

---

1247 *Deheselles/Frodl*, in Galli/Elter/Gömmel/Holzhäuser/Straub (Hrsg.), Sportmanagement, S. 58.

1248 *Lorz*, in: Stopper/Lentze (Hrsg.), Handbuch Fußball-Recht, Kap. 17, Rn. 5.

1249 *Küting/Strauß*, DB 2010, S. 793, 795.

1250 Auch Sale-and-lease-back Modelle führen häufig dazu, dass das Stadion in eine rechtlich eigenständige Gesellschaft eingebracht wird, vgl. *Köster/Ehemann*, in: Galli/Elter/Gömmel/Holzhäuser/Straub (Hrsg.), Sportmanagement, S. 145, 149.

1251 *Köster/Ehemann*, in: Galli/Elter/Gömmel/Holzhäuser/Straub (Hrsg.), Sportmanagement, S. 145, 149.

1252 *Deheselles/Frodl*, in Galli/Elter/Gömmel/Holzhäuser/Straub (Hrsg.), Sportmanagement, S. 58; *Lorz*, in: Stopper/Lentze (Hrsg.), Handbuch Fußball-Recht, Kap. 17, Rn. 6.

welche die Gesellschafter für die Verpflichtung von Spielern Geld investieren und bei einem Transfer der entsprechenden Spieler eine Rendite enthalten.[1253]

Ziel bei der Ausgliederung einer Transferfinanzierungsgesellschaft („TFG“) muss es sein, einen geeigneten organisatorischen Rahmens für eine professionellere Entscheidungsfindung und -kontrolle zu schaffen, den der Verein mit der ehrenamtlichen Tätigkeit seiner Funktionsträger kaum liefern kann[1254] und der auch innerhalb von Kapitalgesellschaften nicht immer gewährleistet ist. Unter wirtschaftlichen Gesichtspunkten sprechen für die Wahl einer Kapitalgesellschaft als Gesellschaftsform der TFG die zusätzlichen Finanzierungsmöglichkeiten, die sich durch die Akquisition von externen Kapitalgebern bieten.[1255] Die TFG ist zu unterscheiden von den Kapitalgesellschaften, in die diverse Clubs ihre Lizenzspielerabteilung ausgegliedert haben und die gegenüber der DFL eine Lizenz beantragen können.[1256] Bei der Lizenzspielergesellschaft handelt es sich um die juristische Person, die Lizenznehmerin gegenüber dem Ligaverband ist. Ziel der TFG ist hingegen allein die Finanzierung von Transfers.

B. Varianten bei der Ausgliederung von Rechten

Bei der vorgenannten Ausgliederung[1257] von Rechten kommen zwei Möglichkeiten in Betracht. Zum einen kann das Recht bei dem Mutterverein verbleiben, und die Kapitalgesellschaft erwirbt hieran ein sog. entgeltpflichtiges Lizenzrecht.[1258] So wie sich der Club in der Regel bei einer Übertragung von Markenrechten (Logo- und

---

1253 Ein Beispiel für das mitunter sehr komplexe Geflecht von Konzerngesellschaften unterhalb eines Vereins ist der FC Schalke 04 e. V., der zum 31.12.2007 bereits 16 Tochtergesellschaften unterhielt, vgl. *Küting/Strauß*, DB 2010, S. 793, 795, hierzu passend die Aussagen von Ex-Schalke Trainer/Manager Felix Magath aus einem Interview mit der WELT vom 25.10.2009 (Quelle: Internet): Auf die Frage, ob er schon einmal eine derart verschachtelte Konstruktion aus Verein und Tochtergesellschaften erlebt habe wie beim FC Schalke 04, äußert Felix Magath in diesem Interview: „Man hat das Gefühl, dass eine solch komplizierte Konstruktion dafür da ist, um gewisse Dinge nicht so genau darlegen zu müssen.“

1254 *Lorz*, in: Stopper/Lentze (Hrsg.), Handbuch Fußball-Recht, Kap. 17, Rn. 5 unter Verweis auf *Hopt*, BB 1991, S. 778, 779.

1255 *Deheselles/Frodl*, in: Galli/Elter/Gömmel/Holzhäuser/Straub (Hrsg.), Sportmanagement, S. 56.

1256 Vgl. § 8 Nr. 1 Satzung-Ligaverband: Vereine der Lizenzligen und Kapitalgesellschaften mit den in sie ausgegliederten Lizenzspielerabteilungen beziehungsweise weiteren wirtschaftlichen Geschäftsbetrieben erwerben die Mitgliedschaft im Ligaverband mit Erteilung der beantragten Lizenz durch den Ligaverband.

1257 Eine nach § 123 UmwG ebenfalls mögliche Auf- oder Abspaltung kommt für die Clubs nicht in Betracht, denn sie haben ein vitales Interesse daran, die Kontrolle über „ihre“ Lizenzspielerabteilungen zu behalten, vgl. *Wagner*, NZG 1999, S. 469, 475.

1258 Vgl. *Elter*, in: FS Gömmel, S. 310.

Namensrecht) zu bestimmten wirtschaftlichen Zwecken auf eine Tochtergesellschaft das unentgeltliche Nutzungsrecht an seiner Marke für die zurückbleibenden sportlichen Aktivitäten vorbehält,[1259] behält sich der Club bei einer Ausgliederung des Spielerwertes vor, alle Rechte aus dem Spielervertrag weiter zu nutzen. Zum anderen ist die entgeltliche Übertragung der Entschädigungsforderungen, z. B. im Wege einer Sacheinlage, möglich.[1260] Die Ausgliederung der Transferfinanzierung kann der Club vornehmen, indem er alle oder einen klar definierten Teil der „Spielerwerte", so wie sie sich aus der Bilanz ergeben, auf eine neu gegründete TFG überträgt.[1261] Durch diese Übertragung erhält der Club zunächst alle Anteile der Gesellschaft.[1262] Hierbei wird der Tochtergesellschaft nicht das Recht an den durch Einsatz des Spielers erzielten Einnahmen übertragen, sondern nur der Anspruch auf eine etwaige Entschädigung im Transferfall.

C. Berücksichtigung der verbandsrechtlichen Vorgaben

Für die Zulässigkeit der Begründung einer TFG spricht, dass es den Clubs nach § 8 Nr. 2 Abs. 4 Ligaverbands-Satzung gestattet ist, mit so genannten Vermarktungsgesellschaften zusammenzuarbeiten, die Einnahmen aus der Vermarktung von Spielern erzielen, also kommerzialisierbare Persönlichkeitsrechte von Spielern nutzen.

Clubs, die Aufgaben der Vermarktung auf eine Vermarktungsgesellschaft übertragen, müssen gemäß § 8 Nr. 2 Abs. 4 an dieser Vermarktungsgesellschaft dann mehrheitlich beteiligt sein, wenn diese selbst Verträge über die Vermarktung des Clubs im eigenen Namen oder im Namen des Clubs schließt.

Dies gilt nicht, wenn sich aus der vertraglichen Vereinbarung zwischen dem Club und der Vermarktungsgesellschaft ergibt, dass der Club den jeweiligen Vertragsabschlüssen im Bereich der Werbung, insbesondere des Sponsorings, der Fernseh-, Hörfunk- und Online-Rechte sowie der Überlassung von Nutzungsrechten vorab zustimmen muss. Bei den Kapitalgesellschaften unter den Lizenzligisten genügt auch eine mehrheitliche Beteiligung des Muttervereins an der Vermarktungsgesellschaft. Dieser Regelung kann man entnehmen, dass ein Club die Vermarktung auf eine externe Vermarktungsgesellschaft übertragen kann. Eine mehrheitliche Kontrolle der Gesellschaft durch den Club wird nur gefordert, wenn diese ohne

---

1259 Vgl. *Elter*, in: FS Gömmel, S. 310.

1260 Vgl. wie vor; *Steinbeck/Menke*, NJW 1998, S. 2169, 2170.

1261 Die Bilanzposition „Spielerwerte" ist etwas missverständlich, denn ein wirklicher Wert des Spielers wird hierüber nicht ausgedrückt. Der Spielerwert basiert auf der reinen Transferentschädigung, die der Club für die jeweiligen Spieler bezahlt hat. Diese Beträge werden über die Vertragsdauer des Spielers abgeschrieben. Tatsächlich ist es so, dass viele Spieler im Laufe der Vertragsdauer jedoch deutlich ihren „Wert" steigern.

1262 Vgl. *Zeuner/Nauen*, NZI 2009, S. 213, 216; *Balzer*, ZIP 2001, S. 175, 176 jeweils zur Ausgliederung der Lizenzspielerabteilung.

vorherige Zustimmung des Clubs Vermarktungsverträge schließen kann. Hieran wird deutlich, dass eine Kontrolle des Clubs gesichert werden soll, dass aber eine Übertragung des kommerzialisierbaren Teils der Persönlichkeitsrechte auf eine dritte Rechtsperson, die Vermarktungsgesellschaft, zulässig ist.

Mit Rücksicht auf das Beeinflussungsverbot und angesichts des vorgenannten Vergleichssachverhalts der Vermarktungsrechte erscheint auch die Ausgliederung von Entschädigungsrechten auf eine TFG als zulässig, solange der Club gewährleistet, dass die Transferentscheidungsgewalt auch nach Ausgliederung bei dem Club als Lizenznehmer des Ligaverbandes verbleibt. Dies wird durch eine Mehrheitsbeteiligung des Clubs sicherzustellen sein. Denn in diesem Fall entscheidet letztendlich der Club als Mehrheitsbeteiligter darüber, ob ein Spieler unter Beteiligung der TFG verpflichtet wird und ob er später transferiert wird.

Es liegt nahe, dass Clubs auch für eine TFG die Grundsätze zu beachten haben, die der Ligaverband zur Ausgliederung der Spielbetriebsabteilung auf eine Kapitalgesellschaft vorsieht, dass also entsprechend der „50+1 Regelung" nach § 8 Nr. 2 Abs. 1 und 2 S. 1, 2 Ligaverbands-Satzung der Club an der TFG mehrheitlich beteiligt sein muss.

Wenn es um die Verpflichtung eines Spielers oder eines Verzichts hierauf geht, sorgt die Beteiligung der Investoren – als Gesellschafter der TFG – an der Entscheidungsfindung nicht zwangsläufig für eine signifikante Beeinflussung der Transferentscheidungen des Clubs. Denn der Club kann sich unabhängig von der TFG für oder gegen eine Verpflichtung entscheiden, da die TFG erst dann ins Spiel kommt, wenn der Club einen Spieler unter Einsatz eigener Finanzmittel nicht verpflichten kann oder will. Die Entscheidungsfreiheit des Clubs wird insofern durch die Errichtung einer TFG gegenüber der Ausgangslage erweitert. Auch kann in Bezug auf die später zu treffende Entscheidung, ob ein – unter finanzieller Beteiligung der TFG verpflichteter – Spieler transferiert wird oder nicht, eine Regelung getroffen werden, wonach ein Vetorecht der TFG ausgeschlossen wird. Dass sich der Club als Mehrheitsgesellschafter auch mit den Minderheitsgesellschaftern auseinander setzen muss, stellt auch in dieser Konstellation keine nach Art. 18bis FIFA-Status-Reglement verbotene Beeinflussung dar. Der Vorteil einer TFG aus der Sicht der Investoren ist, dass in aller Regel auch der Club ein Interesse an einer positiven Entwicklung der TFG haben wird. Erst hierdurch wird die TFG langfristig für Investoren interessant.

Im Falle einer nur teilweisen Ausgliederung von Spielerwerten wird der Club der DFL gegenüber anzugeben haben, hinsichtlich welcher konkreter Spieler die Entschädigungsforderungen auf die Tochtergesellschaft übertragen worden sind. Denn nach dem Unterpunkt 5.1.3.1. der Anlage VII zur DFL-Lizenzierungsordnung hat der Club einen „Anlagenspiegel" zu erstellen, aus dem die Entwicklung der einzelnen Posten des Anlagevermögens hervorgehen muss. Die als immaterieller Vermögensgegenstand erfasste Position „Spielerwerte" ist namentlich aufzuschlüsseln, wobei eventuelle Belastungen des Anlagevermögens durch Verpfändung, Sicherungsübereignung, Abtretung etc. unter Angabe des Sicherungszweckes darzustellen sind. In der rechten Spalte des Anlagespiegels ist außerdem der Gewinn oder Verlust bei „Abgang von Spielerwerten“ einzutragen. Des Weiteren ist die Übertragung von Spielerwerten für den „Forderungsspiegel“ (5.1.3.2.) und „Verbindlichkeitsspiegel“ (5.1.3.4) von Bedeutung, weil bestimmte Forderungen und Verbindlichkeiten nach Übertragung der Spielerwerte nicht mehr den Club, sondern die TFG betreffen.

Änderungen ergeben sich auch hinsichtlich des Unterpunkts „Mittelzu- und Mittelabflüsse im Transferbereich seit dem 01.07.“ (5.1.3.7.). Der Verlust an Spielerwerten im Aktivvermögen bei einer Übertragung an eine Finanzierungsgesellschaft wird durch den Gewinn kompensiert, den der Club in der Bilanz unter dem Punkt „Finanzanlagen“ bei den „Forderungen gegen verbundene Unternehmen und Beteiligungsunternehmen“ auszuweisen hat.Eine Übertragung von Spielerwerten auf eine TFG ist auch hinsichtlich solcher Spieler denkbar, für die der Club keine Ablösesumme gezahlt hat. Ein Spielerwert im Sinne eines „Anschaffungswerts“ bestand in der Bilanz zuvor nicht. Der Club kann im Grundsatz durch die Übertragung des Wertes an einem selbst ausgebildeten oder ablösefrei verpflichteten Spielers dessen Wert festlegen und hierdurch eine Forderung gegen die Tochtergesellschaft entstehen lassen, der kein Verlust eines Spielerwertes gegenübersteht („Hebung stiller Reserven“). Sollten Clubs bei der Übertragung von Spielerwerten auf eine TFG jedoch überhöhte Werte für einzelne oder mehrere Spieler anzusetzen und so ihre Bilanzen verfälschen, würde dies auffallen.[1263]

Dass die gesellschaftsrechtliche Struktur generell für den Ligaverband nachvollziehbar bleibt, soll § 8 Nr. 2 lit. g) DFL-Lizenzierungsordnung sicherstellen. Die Vorschrift fordert, dass der Lizenzbewerber eine rechtsverbindliche schriftliche Erklärung vorzulegen hat, in der er sich verpflichtet, eine Darstellung über die Beteiligungen an ihm selbst und über seine Beteiligungen an anderen Gesellschaften, insbesondere Vermarktungsgesellschaften, einzureichen. Was die Höhe der zulässigen Minderheitsbeteiligung eines Investors angeht, ist davon auszugehen, dass die TFG mit zunehmender Größe des Anteils eher in den Anwendungsbereich von Art. 18bis FIFA-Status-Reglement fällt.Wenn man die „50+1 Regelung“ als wirksamen Schutz vor Fremdbestimmung des Vereins ansieht, dann ist die Übertragung dieses Mehrheitsbeteiligungskriteriums auf eine Finanzierungsgesellschaft nur konsequent. Es wird jedoch auch vertreten, dass die Grenze der Beeinflussungsfreiheit schon überschritten sei, wenn ein Dritter eine Beteiligung von mindestens 25 % halte, da er in einem solchen Fall die Stellung eines qualifizierten Minderheitsgesellschafters habe und keine wesentliche Entscheidung mehr ohne ihn getroffen werden könne.[1264]

Im Falle der Beteiligung mehrerer Dritter dürften deren Anteile zusammengenommen somit nicht den Anteil eines qualifizierten Minderheitsgesellschafters erreichen, müssten als unter 25 % bleiben. Die Bestimmung der Grenze einer

---

1263 Die „Marktwerte“ von Spielern relativ genau bestimmen, so dass ein Missbrauch auffallen würde.

1264 Holzhäuser/Körner, causa sport 2009, S. 193, 196

unabhängigkeitswahrenden Beteiligung hänge auch von der Rechtsform der juristischen Person ab, die grundsätzlich die Rechte an dem Spieler halte. Bei einer Personengesellschaft (Verein) seien die gesellschaftsrechtlichen Möglichkeiten der Einflussnahme anders zu beurteilen als bei einer Kapitalgesellschaft.[1265] Um eine Beeinflussung des Clubs in Transferentscheidungen zu verhindern, muss die Transfervereinbarung selbst immer zwischen den sportlichen Entscheidungsträgern und Betroffenen, also den am Transfer beteiligten Clubs und dem Spieler, vereinbart werden. Die TFG sollte im Rahmen des Transfers nicht aktiv in Erscheinung treten.

Bei einem Verkauf von Entschädigungsrechten an die TFG ist schließlich zu beachten, dass dieser „komplexe Bilanzierungsfragen" auslösen kann,[1266] so z. B. wie der Bilanzansatz bei bereits verpflichteten und noch zu verpflichtenden Spielern jeweils zu erfolgen hat,[1267] wie die Zahlung[1268] des Investors und die Zahlungsverpflichtung[1269] des Clubs bilanziell zu erfassen sind und ob eine Rückstellungsbildung oder eine aktivische Absetzung angezeigt ist.[1270]

D. Mögliche (Tochter-)Gesellschaftsformen

Als Gesellschaftsformen kommen die Aktiengesellschaft, die Kommanditgesellschaft auf Aktien und die Gesellschaft mit beschränkter Haftung in Betracht.

I. Ausgliederung in eine Aktiengesellschaft

In Betracht zu ziehen ist zunächst die Ausgliederung der Transferfinanzierung in eine Aktiengesellschaft. Die AG ist nach § 1 Abs. 1 AktG eine Gesellschaft mit eigener Rechtspersönlichkeit, für deren Verbindlichkeiten den Gläubigern nur das Gesellschaftsvermögen haftet.

Gegenüber der GmbH und den verschiedenen Formen der Personenhandelsgesellschaften hat die AG den Vorteil, dass sie den Zugang zum organisierten Kapitalmarkt ebnet.[1271]

Bestimmte Spielerwerte könnten in eine TF-AG als Sacheinlage im Sinne des § 27 Abs. 2 AktG eingebracht werden, also als Einlage eines Aktionärs (hier des Clubs). Nach § 27 Abs. 2 AktG kommen als Sacheinlagen alle Vermögensgegenstände in Betracht, deren wirtschaftlicher Wert feststellbar ist. Dies setzt voraus,

---

1265 *Holzhäuser/Körner*, causa sport 2009, S. 193, 196

1266 Die steuerrechtliche Problematik des Transferinvestments soll im Rahmen dieser Arbeit nicht vertieft werden, vgl. hierzu *Küting/Strauß/Tesche*, DStR 2010, 2646 ff.

1267 *Küting/Strauß/Tesche*, DStR 2010, 2646, 2648.

1268 *Küting/Strauß/Tesche*, DStR 2010, 2646, 2648 f.

1269 *Küting/Strauß/Tesche*, DStR 2010, 2646, 2649 f.

1270 *Küting/Strauß/Tesche*, DStR 2010, 2646, 2650.

1271 *Wagner* NZG 1999, S. 469, 475.

dass der Vermögensgegenstand einen gegenwärtig fassbaren Vermögenswert hat und auf die Gesellschaft übertragbar ist.[1272] Die Lizenzspieler selbst stellen mangels Bewertbarkeit keinen sacheinlagefähigen Vermögenswert nach dem Aktienrecht dar.[1273] Einlagefähig ist aber die Spielerlaubnis als abnutzbares Wirtschaftsgut, dessen Nutzungsdauer sich aus der Dauer des Arbeitsvertrages ergibt.[1274] Nach § 13 Nr. 5 LOS gilt die für den Mutterverein erteilte Spielerlaubnis auch für dessen Kapitalgesellschaft. Die Vorschrift des § 27 Abs. 2, 2. Halbsatz AktG, wonach Verpflichtungen zu Dienstleistungen nicht Gegenstand einer Sachleistung sein können, steht dem nicht entgegen, da nicht die Rechte des Clubs aus dem Arbeitsvertrag mit dem Spielern, sondern das in der Spielerlaubnis verkörperte Entschädigungsrecht Gegenstand des Einlageversprechens ist.[1275] Die sich aus dem Arbeitsvertrag und der Spielerlaubnis ergebende Dienstleistung des Spielers kann der Club weiterhin ungehindert nutzen, nur die Entschädigungsforderung wird auf die AG übertragen.

Den Vorteilen der AG stehen im Bereich des Lizenzfußballs Nachteile gegenüber. So wird durch die „50+1 Regel" die Zahl der an Dritte veräußerlichen Anteile auf weniger als 50% der Anteile beschränkt, sofern keine stimmrechtslosen Vorzugsaktien emittiert werden.[1276]

Als aktienrechtliche Hindernisse stellen sich zudem die gesetzlich fixierte Weisungsunabhängigkeit des Vorstands gegenüber den Anteilseignern (§ 76 Abs. 1 AktG), der Grundsatz der formalen Satzungsstrenge (§23 Abs. 5 AktG) und die Minderheitsschutzrechte in Form von Auskunfts- und Klagerechten dar.[1277] Nach dem rechtlichen Idealbild kann eine Einflussnahme des Vereins auf die Leitung der AG durch den Vorstand nur über die Besetzung des Aufsichtsrats erfolgen, wohingegen sich die Möglichkeit, den Vereinseinfluss über die personenidentische Besetzung der Vorstände von Verein und AG sicherzustellen, regelmäßig aus Gründen des Gemeinnützigkeitsrechts verbietet. In der fehlenden Weisungsgebundenheit des Leitungsorgans liegt ein entscheidender Unterschied zur GmbH.[1278]

Der Aktionärseinfluss wird zum Problem, sobald vereinsexterne Aktionäre an der AG beteiligt werden. Denn die kann dazu führen, dass der Verein die Kontrolle

---

1272 *Balzer*, ZIP 2001, 175, 178; *Hüffer*, AktG, § 27, Rn. 13.

1273 *Ströfer*, BB 1982, 1089, 1095; *Balzer*, ZIP 2001, S. 175, 178; *Fuhrmann*, Ausgliederung der Berufsfußballabteilungen, S. 157.

1274 Vgl. hierzu die Ausführungen in VIERTER TEIL, 1. Kap., C. Die Einordnung der Spielerlaubnis als Wirtschaftsgut lässt sich auf die Sacheinlagefähigkeit der Spielerlaubnis übertragen, vgl. *Balzer* ZIP 2001, 175, 178; a. A. *Fuhrmann*, Ausgliederung der Berufsfußballabteilungen, S. 157, der aber bei seiner Bewertung (Februar 1999) zugrunde legt, dass die Clubs nach dem Bosman-Urteil in der Regel keinen Anspruch mehr auf die Zahlung einer Transferentschädigung mehr hätten. Diese Einschätzung ist mittlerweile als überholt anzusehen.

1275 *Balzer* ZIP 2001, S. 175, 178.

1276 *Lorz*, in: Stopper/Lentze (Hrsg.), Handbuch Fußball-Recht, Kap. 17, Rn. 85.

1277 *Lorz*, in: Stopper/Lentze (Hrsg.), Handbuch Fußball-Recht, Kap. 17, Rn. 86 f.

1278 *Lorz*, in: Stopper/Lentze (Hrsg.), Handbuch Fußball-Recht, Kap. 17, Rn. 34.

über „seine“ Lizenzspielerabteilung verliert.[1279] Zwar bestehen Mechanismen, um die Absicherung des Vereinseinflusses auf die Unternehmensführung zu verwirklichen. So können beispielsweise bis zur Hälfte des Grundkapitals stimmrechtslose Vorzugsaktien (vgl. § 139 AktG) oder auch vinkulierte Namensaktien gemäß § 68 Abs. 2 AktG, durch die der Verein auf die Zusammensetzung des Aktionärskreises Einfluss nehmen kann, ausgegeben werden.[1280] Diese Mechanismen machen das Investment aber weniger attraktiv. Die AG wäre folglich nur dann eine geeignete Gesellschaftsform, wenn man davon ausgehen könnte, dass Investoren sich von einer Beteiligung derart hohe Dividenden versprechen, dass sie sich mit Minderheitsbeteiligungen ohne nennenswerte Stimmrechte zufrieden geben.

II. Ausgliederung in eine KGaA oder eine GmbH & Co. KGaA

Die KGaA ist nach § 278 Abs. 1 AktG eine Gesellschaft mit eigener Rechtspersönlichkeit, bei der mindestens ein Gesellschafter den Gesellschaftsgläubigern unbeschränkt haftet und die übrigen an dem in Aktien zerlegten Grundkapital beteiligt sind, ohne persönlich für die Verbindlichkeiten der Gesellschaft zu haften.

Die KGaA erfüllt das Bedürfnis, den Zugang zum organisierten Kapitalmarkt mit der Flexibilität der übrigen Handelsgesellschaften zu verknüpfen.[1281] Es ist denkbar, dass der Verein selbst oder die Lizenzspielergesellschaft als zu 100% beherrschte Tochter des Clubs in einer KGaA die Stellung des Komplementärs einnimmt.[1282] Die Konstruktion der GmbH & Co KGaA ist in Rechtsprechung und Literatur anerkannt.[1283] Während die AG in ihren satzungsmöglichen Gestaltungsmöglichkeiten durch § 23 Abs. 5 AktG recht eingeschränkt ist, sind bei der KGaA über den Verweis des § 278 Abs. 2 AktG die §§ 109 ff. HGB anwendbar, d. h. die Satzung kann im Hinblick auf das Rechtsverhältnis der Gesellschafter untereinander von den gesetzlichen Vorschriften abweichen.

Die Rechtsform der KGaA ermöglicht es den Vereinen, den Vorgaben des DFB zur Verhinderung der Dominanz dritter Anteilseigner Rechnung zu tragen, ohne zugleich Einschränkungen bei der Aufnahme externer Partner und der Einwerbung externen Kapitals in Kauf nehmen zu müssen. Denn bei der KGaA ist nach § 16c Ziff. 2, 2. Abs. DFB-Satzung nicht die Stimmrechtsmehrheit entscheidend, sondern die Geschäftsführungs- und Vertretungsbefugnis der persönlich haftenden Gesellschafterin, die unter alleinigem Einfluss des Vereins zu stehen hat;

1279 *Wagner* NZG 1999, S. 469, 476.

1280 *Lorz*, in: Stopper/Lentze (Hrsg.), Handbuch Fußball-Recht, Kap. 17, Rn. 36.

1281 *Wagner*, NZG 1999, S. 469, 476; ähnl. *Balzer*, ZIP 2001, S. 175, 179; *Lorz*, in: Stopper/Lentze (Hrsg.), Handbuch Fußball-Recht, Kap. 17, Rn. 46.

1282 Um eine unbegrenzte Haftung des Vereins als Komplementärin zu verhindern wird häufig eine zu 100 % vom Verein beherrschte GmbH dazwischengeschaltet, *Englisch*, SpuRt 2005, S. 46, 47.

1283 BGHZ 134, S. 392 = NJW 1997, 1923; *Roth*, in: Roth/Altmeppen, GmbHG, Einleitung, Rn. 60; *Hüffer*, AktG, § 278, Rn. 8.

der Vereinseinfluss kann in der GmbH & Co. KGaA uneingeschränkt über eine Komplementär-GmbH aufrecht erhalten werden, deren Anteile zu 100 % vom Mutterverein gehalten werden müssen und der allein die Vertretungs- und Geschäftsführungsbefugnis zusteht.[1284] Ein wesentlicher Vorteil der KGaA ist zudem die Trennung von Vermögens- und Verwaltungsrechten; ebenso wie der KG-Kommanditist hat der Kommanditaktionär grundsätzlich keinerlei Mitspracherecht in Fragen der Geschäftsführung.[1285] § 164 S. 1 HGB, der für außerordentliche Geschäftsführungsmaßnahmen eine Zustimmung der Kommanditisten verlangt, ist dispositiv.[1286]

Da es dem Club möglich ist, die Position des Komplementärs zu kontrollieren, ist sein Einfluss auf die ausgegliederte Gesellschaft insofern dauerhaft gesichert und die feindliche Übernahme durch einen unerwünschten Investor zuverlässig ausgeschlossen.[1287]

Eine Möglichkeit flexiblerer Finanzierung eröffnet sich durch die nach Kommanditrecht zu behandelnde Vermögenseinlage der Komplementäre. Hier bieten sich Gestaltungsmöglichkeiten bei der Rückzahlung an die Komplementäre sowie bei der Aufteilung des erzielten Gewinns unter den Gesellschaftern.[1288] Im Rahmen der Gestaltungsfreiheit kann der Verein das gemäß §§ 278 Abs. 2 AktG i. V. m. § 164 HGB bestehende Widerspruchsrecht der Kommanditaktionäre bei außerordentlichen Geschäftsführungsmaßnahmen, so z. B. bedeutsamen Spielertransfers, ausschließen.[1289]

Die Ausgliederung der – Entschädigungsrechte verkörpernden – Spielerlaubnisse in eine TF-KGaA ließe sich so gestalten, dass eine Beeinflussung des Clubs effektiv ausgeschlossen werden kann. Hier gilt es aber die richtige Balance zu finden. Eine zu starke Beschränkung der den Kommanditaktionären zustehenden Einflussmöglichkeiten macht die KGaA für Kapitalinvestoren gegenüber der AG weniger attraktiv.[1290] Außerdem resultiert auch aus der gesellschaftsrechtlichen Treuepflicht die Verpflichtung des Vereins, bei der Auswahl der Geschäftsführung auf die Belange der Kommanditaktionäre Rücksicht zu nehmen.[1291]

Der Club muss sicherstellen, dass in Anbetracht der erforderlichen Einflussbeschränkung der Club trotzdem auch die Belange der Kommanditaktionäre

---

1284 *Lorz*, in: Stopper/Lentze (Hrsg.), Handbuch Fußball-Recht, Kap. 17, Rn. 78.

1285 Selbst eine Ablösung des Komplementärs durch Beschluss der Hauptversammlung ist nicht ohne weiteres möglich, vgl. *Wagner*, NZG 1999, S. 469, 477.

1286 Das Stimmrecht der Kommanditisten für außergewöhnliche Maßnahmen kann ausgeschlossen werden, vgl. BGHZ 20, S. 368; 119, S. 357; Baumbach/Hopt-*Hopt*, HGB, § 164, Rn. 6.

1287 *Wagner*, NZG 1999, S. 469, 477.

1288 *Siebold/Wichert*, SpuRt 1998, S. 138, 141.

1289 *Lorz*, in: Stopper/Lentze (Hrsg.), Handbuch Fußball-Recht, Kap. 17, Rn. 80.

1290 *Zeuner/Nauen*, NZI 2009, S. 213, 217.

1291 *Lorz*, in: Stopper/Lentze (Hrsg.), Handbuch Fußball-Recht, Kap. 17, Rn. 78 unter Verweis auf BGHZ 134, S. 392, 399; *Hennerkes/Lorz*, DB 1997, S. 1388, 1391.

berücksichtigt. In der Praxis wird meist von der Möglichkeit Gebrauch gemacht, bei der Komplementärs-GmbH ein mit Überwachungs- und Personalkompetenz ausgestattetes Aufsichtsratsgremium einzurichten, um auf diese Weise den direkten Einfluss des Vereins auf die operative Geschäftsführung zu kontrollieren.[1292]

Eine TG-KGaA kann nur dann erfolgreich und attraktiv für Investoren sein, wenn der Club den Kommanditaktionären deutlich macht, dass im Einzelfall auch sportliche Entscheidungen gegen ihre Interessen möglich sind, gegebenenfalls aber Kompensationsmechanismen vorgesehen sind. Wenn also beispielsweise der Club den Transfer eines Spielers, dessen Entschädigungsrechte in eine TF-KGaA ausgelagert sind, verhindert, sollten bestimmte Zahlungen oder Ersetzungen zugunsten der Investoren erfolgen. Außerdem muss die langfristige Ausrichtung der TF-KGaA von einer Gewinnorientierung getragen sein.

III. Ausgliederung in eine GmbH

Neben den beiden Kapitalgesellschaften mit aktienrechtlicher Prägung kommt auch die GmbH als Tochtergesellschaft in Betracht.

Zwingende Regelungen sind im GmbH-Recht selten.[1293] Zulässig ist die Verfolgung erwerbswirtschaftlicher, sonstiger unternehmerischer, anderer wirtschaftlicher und ideeller Zwecke.[1294] Unzulässige Zwecke sind solche, die gegen ein gesetzliches Verbot (§ 134 BGB) oder gegen die guten Sitten (§ 138 BGB) verstoßen.[1295] Die Gründung einer TF-GmbH mit dem Ziel, Investorengelder zur Ermöglichung von Transfers zu erlangen und die Investoren an Transfergewinnen zu beteiligen, verstößt weder gegen ein gesetzliches Verbot noch gegen die guten Sitten.[1296] Vorteile der GmbH-Struktur sind die große Gestaltungsfreiheit des Gesellschaftsvertrages und die Möglichkeit, dem Club einen herrschenden Einfluss zu sichern. Zur Sicherung des Vereinseinflusses ist eine mehrheitliche Beteiligung nötig, aber im Regelfall auch ausreichend.[1297] Gemäß § 15 Abs. 5 GmbHG kann der Gesellschaftsvertrag die Abtretung von Geschäftsanteilen an bestimmte Voraussetzungen knüpfen, insbesondere diese von der Genehmigung der Gesellschaft abhängig machen. Um den Einfluss des Clubs weiter zu verstärken, kann der Gesellschaftsvertrag Mehrstimmrechte für den Club vorsehen, die weitestgehend frei von der Beteiligung am Grundkapital sind.[1298]

Um den in ihren Stimmrechten eingeschränkten Investoren einen Anreiz zum Gesellschaftsbeitritt zu verschaffen, kann geregelt werden, dass der Gewinn der

---

1292 *Lorz*, in: Stopper/Lentze (Hrsg.), Handbuch Fußball-Recht, Kap. 17, Rn. 79.
1293 Lutter/Hommelhoff-*Bayer*, GmbHG, § 3, Rn. 74.
1294 *Roth*, in: Roth/Altmeppen, GmbHG, § 1, Rn. 5 ff.
1295 *Roth*, in: Roth/Altmeppen, GmbHG, § 1, Rn. 14.
1296 Vgl. VIERTER TEIL, 2. Kap., B.III.3.
1297 *Lorz*, in: Stopper/Lentze (Hrsg.), Handbuch Fußball-Recht, Kap. 17, Rn. 76.
1298 *Karsch*, Der Fußballbundesligaverein als Wirtschaftsunternehmen und Arbeitgeber, S. 123.

TF-GmbH im Verhältnis zum finanziellen Engagement der Investorengesellschafter verteilt wird.[1299] Allerdings ist eine dauerhafte Erschließung neuer Kapitalquellen mit der Ausgliederung in eine GmbH nicht zu sichern. Dies liegt darin begründet, dass zwar Zahlungen auf die Stammeinlagen geleistet werden, diese aber Einmalzahlungen sind, die nicht gehandelt werden können und für die auch kein Markt besteht. Eine Zuführung von weiterem Eigenkapital kann nicht erwartet werden.[1300] Jede Übertragung eines Geschäftsanteils zieht Beurkundungskosten nach sich, so dass sich die GmbH nicht für einen breiten und eventuell wechselnden Gesellschafterkreis eignet. Eine Ausgliederung in eine GmbH ist in erster Linie für solche Vereine interessant, die den Zugang zur Gesellschaft nicht einem weiten Publikum ermöglichen wollen, sondern in erster Linie die langfristige Einbindung von Sponsoren, einzelnen Kapitalgebern oder einem festen Investorenkreis als Gesellschafter beabsichtigen.[1301]

Im Hinblick auf das Verbandsrecht kann sich der nicht unproblematische Gesellschafterwechsel als Vorteil erweisen, weil die Wahl der GmbH als TFG den Wunsch nach Konstanz im Gesellschafterkreis zum Ausdruck bringt.

E. Bilanzielle Besonderheit

Zu beachten ist hinsichtlich aller Formen der Ausgliederung, dass die Ausgliederung der Entschädigungsrechte in eine Tochtergesellschaft Auswirkungen auf die Bilanz des Clubs hat, denn die aktivierten, durch die Spielerlaubnisse verkörperten, Entschädigungsrechte stellen grundsätzlich eine Vermögensposition in der Bilanz des Clubs dar. Lagert der Club die Entschädigungsrechte in eine hundertprozentige Tochtergesellschaft aus, dann ist dies zunächst nur ein Aktivtausch, da die Position „Entschädigungsrechte" durch die Position „Beteiligung" an der Kapitalgesellschaft ersetzt wird. Wenn der Club dann Teile dieser Tochtergesellschaft veräußert, muss er die Beteiligung in der Bilanz ihrem Wert nach anpassen.

Die Position „Beteiligung" verringert sich, im Gegenzug erhält der Club Barmittel. Es liegt also wieder ein Aktivtausch vor. Langfristig kann es jedoch zu einer Überschuldung kommen, wenn der Club das – nach vollzogener Ausgliederung eingenommene – Geld ausgibt. Vor der Ausgliederung hat der Club Geldbeträge für einen Transfer ausgegeben und den Spielerwert entsprechend der gezahlten Ablösesumme bilanziert. Nun gibt er Geldbeträge aus, kann aber keinen entsprechenden Spielerwert, sondern nur den Wert der Beteiligung an der TFG bilanzieren.

1299 Vgl. hierzu im Hinblick auf die Lizenzspieler-GmbH: *Karsch*, Der Fußballbundesligaverein als Wirtschaftsunternehmen und Arbeitgeber, S. 123

1300 *Fuhrmann*, Ausgliederung der Berufsfußballabteilungen auf eine AG, GmbH oder eG?, S. 196 f.

1301 *Balzer*, ZIP 2001, S. 175, 180; *Zeuner/Nauen*, NZI 2009, S. 213, 217.

4. Kapitel: Investment in einen Feeder-Club

Ein Modell weiteres Modell des Transferinvestments kann so aussehen, dass der Investor Anteile an einem wirtschaftlich schwächeren Fußballclub erwirbt, für den er talentierte junge Spieler verpflichtet und so Transferrechte des Clubs begründet, also seine eigenen Rechte praktisch im Club „verankert". Primärer Zweck der Club-Beteiligung ist es, die Spieler an den Club gebundenen Spieler später gewinnbringend zu transferieren und Gewinne aus den Ablösesummen abzuführen.

Über den Feeder-Club kann ein Transferinvestor hierbei alle Vorteile eines Clubs genießen. Er kann des Spieler ausleihen und nach Ablauf der Ausleihfrist – zumindest vertraglich – zu einer Rückkehr zwingen; im Falle des Vertragsbruchs genießt er den Schutz des Art. 17 FIFA-Status-Reglement, der über einen rein zivilrechtlichen Schutz hinausgeht.[1302] Durch dieses Vorgehen des Investors entfällt dessen Drittparteistellung und damit die Anwendbarkeit des Art. 18bis FIFA-Status-Reglement. Formal verhält sich der Investor so, wie die FIFA es verlangt. Tatsächlich dient der Club insofern nur als „Strohmann" für den Investor. In diesem Zusammenhang kommt häufig auch das Modell der Kooperationsvereinbarungen zum Tragen.[1303] Unterhält der Feeder-Club eine Kooperationsvereinbarung mit einem Spitzenclub, steht für die im Feeder-Club „entwickelten" Spieler ein bevorzugter Abnehmer bereit.

Um sicherzustellen, dass die Transferrechte gewinnbringend verkauft werden, wird der Club abwarten, bis ein entsprechendes Angebot für den Spieler gemacht wird.

Falls sich dieses Angebot nicht frühzeitig abzeichnet, wird er den Spieler mehrfach verleihen, um dessen Wert – durch sportliche Leistung für einen besseren Club – zu steigern, aber gleichzeitig nicht die Kontrolle über die Transferrechte zu verlieren.

Selbst wenn der Investor als „Clubeigentümer" im Hinblick auf die Spieler die Anforderungen von Berufsfreiheit und Arbeitnehmerfreizügigkeit sowie den Minderjährigenschutz beachtet und sein Handeln nicht gegen die guten Sitten verstößt, ist doch nicht zu verkennen, dass eine Situation eintritt, welche die FIFA mit Art. 18bis FIFA-Status-Reglement vermeiden will, dass nämlich der Club in seinen

---

1302 Vgl. *Reck*, Artikel „What is a „bridge transfer" in football" (Quelle: Internet).

1303 Vgl. Prospekt des Hanseatischen Fußball Kontor: „Daneben sind auch solche Spieler zum Kauf eines finanziellen Spieler-Transferrechts geeignet, die noch in Fußballakademien ausgebildet werden. Ausbildungsakademien identifizieren und trainieren junge Talente im Hinblick auf einen Verkauf an professionelle Clubs. Für das Training und die Ausbildung erhalten die Akademien eine Kompensationszahlung von den Clubs ähnlich den Transfersummen, die bei einem Wechsel eines Spielers anfallen. Zur Reifung eines Spielers kann dieser mitunter noch in einer Akademie verbleiben oder in einer unterklassigen Liga für kurze Zeit spielen, ehe eine lukrative Veräußerungsmöglichkeit genutzt wird." (Quelle: http://www.fussballkontor.com).

Transferentscheidungen dem Einfluss einer Partei unterliegt, die diese Entscheidungen nach ihren kurzfristigen wirtschaftlichen Kriterien trifft, während der Club diese Entscheidungen – zumindest auch – nach seinen langfristigen sportlichen Kriterien treffen würde.

Der Unterschied liegt lediglich darin, dass es sich bei dem Investor nicht mehr um einen „Dritten" handelt, sondern um den Clubeigentümer. Wie solche Umgehungsstrategien zu werten sind, ist letztendlich eine politische Entscheidung. Wenn die Investitionen des Clubeigentümers in den Club – ungeachtet des primär wirtschaftlichen Interesses des Eigentümers – trotzdem für eine nachhaltige Entwicklung des Clubs sorgen, dürften diese aus verbandsrechtlicher Sicht unbedenklich sein.

Gegen das Investment in einen Feeder-Club spricht, dass die FIFA-Disziplinarkom mission Anfang März 2014 erstmals Feeder-Clubs, nämlich den uruguayischen Club Institución Atlética Sud América und vier argentinische Clubs für „Bridge-Transfers", also für Zwischentransfers ohne Einsatz des Spielers im Wettkampf, sanktioniert hat.[1304] Die beteiligten Clubs wurden des Verstoßes „gegen die maßgebenden Bestimmungen" und des Missbrauchs des TMS für unrechtmäßige Zwecke für schuldig befunden und mit Transfersperren sowie Geldstrafen belegt. Die Transfers von Spielern zu den argentinischen Clubs über den uruguayischen Club seien aus Gründen erfolgt, die nichts mit dem Fußball zu tun gehabt hätten.

Alle sechs betrachteten Spieler wurden für einen überaus kurzen Zeitraum zum uruguayischen Verein transferiert und kamen dort vor ihrem Transfer zu einem der argentinischen Clubs nie zum Einsatz.

Die FIFA-Disziplinarkommission kam ferner zum Schluss, dass die Vereine bösgläubig gehandelt hätten, indem sie absichtlich Transfers zu nicht sportlichen Zwecken getätigt und zur Rechtfertigung der Transaktionen das TMS genutzt hätten. In fünf der sechs Transfers wurden die Spieler zudem zuerst leihweise transferiert. Nach sehr kurzer Zeit wurden die Leihvereinbarungen aufgehoben, und die Transfers wurden dauerhaft. Die beteiligten Vereine unterließen es nach Aufhebung der Leihvereinbarungen jedoch, diese Änderung gemäß Transfertyp (auf provisorischer oder dauerhafter Basis) in das TMS einzugeben.

Bei den „maßgebenden Bestimmungen", auf welche die FIFA-Disziplinarkom mission die Sanktionen stützte handelt es sich um Art. 3 Abs. 1, Art. 4 Abs. 2, Art. 8.3 Abs. 3 und Art. 9.1 Abs. 2 von Anhang 3 des FIFA-Status-Reglements. Für die Begründung des Verstoßes wurden soweit ersichtlich insbesondere Art. 3 Abs. 1 und Art. 9 Abs. 2 des Anhangs herangezogen. Art. 3 Abs. 1 legt fest, dass alle Nutzer des TMS in gutem Glauben handeln müssen. Art. 9 Abs. 2 bestimmt, das Sanktionen gegen Verbände oder Clubs verhängt werden können, die unwahre oder falsche Angaben in

1304 Pressemitteilung „Argentinische und uruguayische Vereine für Transfers über Zwischenverein bestraft" der FIFA TMS GmbH vom 05. März 2014 (Quelle: Internet)

das TMS eingeben oder – und dies war wohl der Vorwurf im vorliegenden Fall – das TMS für unrechtmäßige Zwecke nutzen.

Der Bridge-Transfer bietet verschiedene Missbrauchsmöglichkeiten. So kann ein vertragsloser Spieler *pro forma* vom Bridge Club unter Vertrag genommen werden, um Gehaltszahlungen der Einkommenssteuer im Land seines Zielclubs zu entziehen. Beispielsweise könnte ein Spieler statt einer gewünschten Gehaltszahlung in Höhe von 1 Mio. Euro bei seinem Zielclub nur 350.000 Euro als Gehalt bekommen, aber zusätzlich 650.000 Euro vom Bridge-Club abzüglich der geringeren Steuer, die im Land des Bridge-Clubs für eine Transferzahlung anfällt.[1305] Der Bridge-Club kann auch genutzt werden, um die vom aufnehmenden Club zu zahlende Ausbildungsentschädigung zu reduzieren.

Mit einem solchen Fall der Reduzierung einer Ausbildungsentschädigung durch Zwischenschaltung eines Bridge-Clubs hatte der CAS sich in seiner Entscheidung 2009/A/1757 MTK Budapest gegen FC Internazionale Milano S.p.A. auseinander zu setzen.

MTK und Inter Mailand konnten im Juli 2006 über die Modalitäten des Wechsels eines Juniorenspielers keine Einigung erzielen. Der Spieler hatte bei MTK als minderjähriger Amateur noch keinen Profivertrag unterzeichnet, dies war aber wohl geplant. Insofern ging es in den Verhandlungen um die Höhe der von Inter im Falle der Unterzeichnung eines Profivertrages durch den Spieler zu zahlenden Transferentschädigung einerseits und um die Ausbildungsentschädigung andererseits.[1306] Um beide Zahlungen an MTK zu umgehen,[1307] sorgte Inter dafür, dass sich der Spieler unmittelbar nach Erreichen der Volljährigkeit nicht MTK sondern dem maltesischen Club Pieta Hotspurs FC anschloss.

Nur neun Tage nach Abschluss des Spielervertrages mit diesem Bridge-Club wechselte der Spieler für eine Transfersumme in Höhe von 90.000 Euro zu Inter Mailand, ohne in einem Spiel für Pieta eingesetzt worden zu sein. Weder Pieta noch Inter zahlten in der Folgezeit an MTK eine Ausbildungsentschädigung, weshalb MTK schließlich Inter im Dezember 2006 auf Zahlung einer Ausbildungsentschädigung von 273.452 Euro verklagte. Inter verteidigte sich mit dem Argument,

---

1305 Reck, Artikel „What is a „bridge transfer" in football" (Quelle: Internet).

1306 Diese kann zwar nach dem FIFA-Status-Reglement berechnet werden (DRITTER TEIL, 2. Kap. V.). Die Bestimmung der verbandsrechtlich geschuldeten Ausbildungsentschädigung hindert die Parteien aber nicht daran über eine Reduzierung zu verhandeln. So wird ein Club, der aufgrund seiner Zugehörigkeit zu einem großen Verband eine hohe Ausbildungsentschädigung zu zahlen hätte, argumentieren, dass der Spieler im Falle einer ausbleibenden Einigung über die Ausbildungsentschädigung möglicherweise in einen Verband wechselt, dessen Clubs nach dem Verbandsregelwerk deutlich weniger Ausbildungsentschädigung zu zahlen haben.

1307 Die an Pieta (Club der Verbandskategorie 3) zu zahlende Ausbildungsentschädigung war deutlich geringer als die an MTK (Club der Verbandskategorie 2) zu zahlende.

dass MTK dem Spieler noch keinen Vertrag angeboten habe und deshalb der Anspruch auf Ausbildungsentschädigung nicht entstanden sei.[1308] Dieses Argument sorgte letztendlich dafür, dass MTK nur einen Teilbetrag von 144.000 Euro als Zahlung zugesprochen bekam, obwohl Inter erkennbar eine Lücke im Verbandsregelwerk genutzt hatte, um MTK um sich der Ausbildungsentschädigungspflicht zu entziehen.

Bemerkenswert ist in diesem Zusammenhang ein Leitsatz des CAS, der deutlich macht, dass die Verbandsregelwerke – nach Auffassung des CAS – vor ihrem sportlichen Hintergrund eine andere Wirkung entfalten als die Gesetze des Zivilrechts: Im Hinblick auf das fundamentale Prinzip des Fair Play und unter Berücksichtigung der olympischen Charta, auf der der CAS selbst basiere, solle ein Club, der einen Spieler trainiert hat, für seine Ausbildung des Spielers eine Kompensation erhalten und ein Club, der von dieser Ausbildung maßgeblich profitiert, solle verpflichtet sein, diese Entschädigung zu zahlen. Die Ziele der sportlichen Gerechtigkeit dürften nicht einer übermäßig formalistischen Interpretation der FIFA Regelwerke zum Opfer fallen, die von dem Sinn und Zweck der jeweiligen Regelungen abweiche.[1309]

5. Kapitel: Gesamtergebnis zu den verschiedenen Modellen

Ein Universalmodell für das Transferinvestment gibt es nicht, weil hierzu die Clubs, deren finanzielle Position und die an einer Beteiligung interessierten Investoren zu unterschiedlich sind. Der „ideale Transferinvestor", der einem Club hohe Geldbeträge zur Verfügung stellt und sich im Gegenzug nur die Chance auf eine Beteiligung an dem Transfer des finanzierten Spielers zusichern lässt, ist aus steuerlichen Gründen nicht unproblematisch und dürfte zudem den Argwohn der Verbände wecken.

Unbedenklich erscheinen im Grundsatz Modelle, welche – wie das zwischenzeitlich vom Hamburger SV erwogene – auf einen festen, überschaubaren und an einer langfristigen Zusammenarbeit interessierten Investorenkreis, der auf die Transferentscheidungen des Clubs keinerlei Einfluss nimmt, ausgerichtet sind.[1310]

1308 Art. 6 Abs. 3 in Anhang 4 zum FIFA-Status-Reglement sieht vor, dass ein ehemaliger Ausbildungsclub keinen Anspruch auf Ausbildungsentschädigung hat, wenn er dem Spieler keinen Vertrag angeboten hat, es sei denn der Club kann besondere Gründe vorbringen, weshalb ihm trotzdem eine Ausbildungsentschädigung zusteht.

1309 So der CAS in seiner Entscheidung 2009/A/1757 MTK Budapest v FC Internazionale Milano S.p.A. (Quelle: Internet).

1310 Genau in diesem Punkt lag im Fall des Investors Klaus-Michael Kühne das Problem, weil dieser öffentlich – und zweifellos auch intern – die Transferpolitik des Clubs kritisierte.

Auch dürfte der Ligaverband im Rahmen der Lizenzierung gegenüber einem namentlich bekannten Investor, der einen Transfer ganz oder teilweise finanziert, weniger Vorbehalte haben. Dies gilt insbesondere, wenn der Club dem Ligaverband vollständige Unterlagen über die Ausgestaltung des Investments vorlegt und sich aus diesen sowohl ein schriftlich fixierter Ausschluss der Beeinflussung, als auch – soweit möglich – ein Ausschluss des faktischen Einflusses ergibt.

Die Beteiligung eines Investors an einer vom Club zur Finanzierung von Transfers gegründeten Tochtergesellschaft hat im Hinblick auf Art. 18bis FIFA-Status-Reglement gegenüber einer Vereinbarung zwischen Club und Investor den Vorteil, dass der Investor nicht als „andere oder dritte Partei" anzusehen ist.

Die TFG kann im Ergebnis so eingesetzt werden, dass sich das Verhältnis ihr gegenüber kaum vom Verhältnis zu einer Bank als Geldgeber unterscheidet. Wenn die TFG durch die Bereitstellung eines Geldbetrages die Verpflichtung eines vom Club gewünschten Spielers ermöglicht, dann ist eine Beeinflussung des Clubs nicht ersichtlich. Falls die TFG hingegen vorhandene Finanzmittel verweigert, hätte der Club zunächst einmal nur den Nachteil, dass er sich nach einer anderweitigen Finanzierungsmöglichkeit umsehen müsste. Er wäre insofern nicht schlechter gestellt, als wenn er ohne eine TFG den Transfer finanzieren müsste. Unabhängig davon, in welcher Rechtsform die Finanzierungsgesellschaft ausgestaltet ist, sollte der Club immer sicherstellen, dass er die Möglichkeit hat, Spielerverpflichtungen auch ohne ihre Hinzuziehung zu tätigen, also über die Lizenzspielergesellschaft abzuwickeln.[1311]

Dass durch die Schaffung der TFG ein latenter Transferdruck entsteht, der sich aus der Gewinnorientierung der Investoren und den gesellschaftsrechtlichen Treuepflichten des Clubs diesen gegenüber ergibt, lässt sich hierbei zwar nicht von der Hand weisen. Der latente Transferdruck als solcher führt aber nicht zwangsläufig zu einer Beeinflussung des Clubs durch die TFG. Um dem Anschein einer der TFG-Konstruktion immanenten Beeinflussungstendenz entgegenzuwirken, sollten im Verhältnis zwischen Club und TFG bestimmte Regelungen getroffen werden, die der Club auch mit einem Investor vereinbaren würde. Wie im Verhältnis zwischen Club und Investor ist auch im Verhältnis zwischen Club und TFG davon auszugehen, dass durch bestimmte (bedingte) Rückzahlungsverpflichtungen, durch eine Kaufoption des Clubs gegenüber der TFG oder durch die Ersetzung eines nicht transferierten Spielers durch einen anderen der Transferdruck gemindert wird und die Beeinflussungsmöglichkeiten der TFG sinnvoll beschränkt werden können.

Eine Vereinbarung zwischen Club und TFG sollte so ausgestaltet sein, dass die Wertsteigerung des Spielers sich unabhängig vom Transfer positiv auf die TFG

1311 Wickelt ein Club nämlich sämtliche Transfers ausnahmslos über die TFG ab, dürfte die Feststellung, dass diese TFG nicht in hinreichender Weise der Kontrolle durch den Club unterliegt, zum einen zu einer Bewertung der TFG als Drittpartei führen, zum anderen wäre dann wohl auch anzunehmen, dass diese TFG als Dritter die Transferentscheidungen des Club beeinflusst.

auswirkt. Im Falle einer engen Anbindung an den Club muss die TFG nicht mehr jede sich bietende Transfermöglichkeit der von ihr finanzierten Spieler nutzen, sondern kann im Interesse einer längerfristigen Strategie auch den einen oder anderen lukrativen Transfer ausschlagen.

Die Zusammenarbeit mit einem Spielerfonds, der sich an den Spielern mehrerer Clubs beteiligt und möglicherweise auch noch in weiteren Bereichen des Fußballs tätig ist, sollte aus Sicht der Clubs kritisch überprüft werden, weil derartige Fondsmodelle sehr schnell zu Interessenkonflikten und Gefährdungen der Integrität des Fußballs führen können. Hier besteht für den Club das besondere Risiko, dass er zunächst – ebenso wie die Verbände – die Beeinflussungsmöglichkeiten der Investoren innerhalb des unübersichtlichen Gesamtnetzwerkes nicht wahrnimmt. Dies wird ihn aber möglicherweise nicht vor Sanktionen schützen, wenn diese Beeinflussungen doch sichtbar werden.

Im Hinblick auf die Bewertung von Feeder-Clubs mag man kritisieren, dass die FIFA das Vorliegen eines Verstoßes von Bridge-Transfers gegen das Verbandsrecht auf Regeln gestützt hat, die ein klares Verbot dieser Transfers nicht ohne weiteres erkennen lassen. Man könnte argumentieren, dass auch der CAS einen Club sanktioniert hat, der in sehr geschickter Weise die Regeln des Verbandsrechts „umschifft" hat, ohne einen erkennbaren Verstoß zu begehen. Das Vorgehen der FIFA und die Entscheidung des CAS machen aber deutlich, dass es im Bereich des Sports gerade nicht ausreicht, wenn ein Club oder auch ein Investor sich am Wortlaut bestimmter Verbandsregeln orientiert und diesen so weit wie möglich zu seinen Gunsten ausreizt. Vielmehr müssen alle am Fußballgeschäft beteiligten immer damit rechnen, dass ein Investment, dass in irgendeiner erkennbaren Weise den Geist des Sports verletzt, von Verbandsseite auch dann geahndet werden kann, wenn formal kein evidenter Verstoß gegen eine Verbotsregel vorliegt. Dies wird man auch im Rahmen von Feeder-Club Modellen zu berücksichtigen haben. Zwar sind diese im Grundsatz weniger missbräuchlich als das Modell eines Bridge-Clubs. Je nach Ausgestaltung könnten aber auch hier die FIFA oder der CAS eine Nutzung des TMS für unrechtmäßige Zwecke erblicken und den Club entsprechend sanktionieren.

Achter Teil: Vorschläge für Regelungen zur Beschränkung des Transferinvestments

Mögliche Lösungen zur weiteren Ausgestaltung des Verbots der Einflussnahme sollten darauf gerichtet sein, die Transparenz, die Harmonisierung der einzelnen Landesverbandsregelwerke und die Kontrollmöglichkeiten der Verbände zu erhöhen.

A. Stärkere Verpflichtung der Clubs

Die Regelungen der Verbände sollten bei den Clubs ansetzen, da diese aufgrund des Lizenzsystems eng an die Verbände gebunden sind, und der Rechtfertigungsaufwand von Maßnahmen gegenüber den Clubs insofern geringer ist als gegenüber außenstehenden Investoren.

I. Registrierung von Transferinvestments

Jedes Transferinvestment sollte zunächst durch die Clubs formal registriert werden, um feststellen zu können, wer in welcher Höhe am Transfererlös beteiligt ist.[1312] Hierfür kommen verschiedene – alternativ oder kumulativ zu etablierende – Modelle auf nationaler, europäischer und internationaler Ebene in Betracht. Die Registrierung von Transferinvestments ist für internationale Transfers im neuen TMS Verfahren angelegt[1313]. Demnach müssen die Clubs nunmehr jegliche Zahlung an Drittparteien offen legen. Um eine effektive Kontrolle für die FIFA zu ermöglichen, ist zu erwägen, den an einem Transferinvestment beteiligten Club im Rahmen des TMS neben der Benennung des Investors zu weiteren Angaben zu verpflichten, z. B. über die Rechtsperson des Investors, über die prozentualen Höhe seiner Beteiligung und über den konkreten Inhalt der Transferinvestmentvereinbarung.[1314] Zur näheren Überprüfung des Investors könnten ein Auszug aus dem nationalen Handelsregister, ein Jahresabschlussbericht oder die Bestätigung über eine durchgeführte Geldwäscheprüfung vom Club in das TMS einzustellen sein.

Auf europäischer Ebene sieht das neue UEFA-Clublizenzierungsreglement mit seinen hohen Anforderungen[1315] an Transparenz - und die hierdurch mögliche

---

1312 *Veiga Gomes*, EFPL SLB, S. 63, 65; *Andrews/McDonald* WSLR 12/2012, *Geey*, EFPL SLB, S. 55, 60.

1313 Vgl. Ziff. 4, letzter Spiegelstrich, Anhang 3 zum FIFA-Status-Reglement: *Die Vereine müssen beim Eingeben von Instruktionen die folgenden zwingenden Daten (sofern maßgebend) liefern: [...] Angaben über Zahlungen an Drittparteien und Beeinflussung von Drittparteien.*

1314 Zustimmend *Heermann*, CaS 2013, 21, 25 f.

1315 Vgl. FÜNFTER TEIL, B.

richtige Einordung eines Investments bei der Beurteilung der wirtschaftlichen Situation des Clubs - eine tragfähiges System zur Erfassung des Transferinvestments vor,[1316] zumindest soweit es in der Praxis konsequent von der UEFA angewendet wird. Die Transparenz könnte weiter dadurch gesteigert werden, dass alle Zahlungen an Drittparteien über eine Clearing Stelle des Landesverbandes geleitet werden müssen.[1317] Alternativ könnte auch eine unabhängige nationale Institution wie die portugiesische CMVM[1318] diese Zahlungen erfassen und bewerten. Die Landesverbände wiederum sollten dazu verpflichtet werden, die ihnen vorliegenden Informationen zu Transferinvestments – zumindest auf Anforderung – auch an die übergeordneten Verbände weiterzugeben.[1319] Mit der Offenlegung auf nationaler sowie internationaler Ebene sind die Verbände in der Lage, die globalen Strukturen besser zu erfassen und „verdächtige“ Investments näher zu untersuchen. Neben der Erfassung der Transferinvestments könnte den nationalen Registrierungsstellen auch die zusätzliche Aufgabe übertragen werden, die Verbandsrechtskonformität der erfassten Transferinvestments zu bewerten und so die Verbände zu entlasten.[1320] Eine flächendeckende Praxis der Erfassung und einheitlichen Bewertung von Transferinvestments dürfte dafür sorgen, dass das Geschäftsmodell des Transferinvestments insgesamt an Seriosität gewinnt.

II. Gesteigerte Anforderungen an die Sorgfaltspflichten der Clubs

Jeder Club sollte im Vorfeld eines Transferinvestments dem Verband – zumindest teilweise – Antwort auf die folgenden Fragen geben müssen:[1321]

- Wer ist auf Investorenseite letztendlich der von dem Transferinvestment wirtschaftlich Begünstigte und wie hat er diese Stellung nachgewiesen?
- Ist der vermeintliche Transferinvestor nur vorgeschoben?
- Woher kommen die Geldmittel des Transferinvestors und wie werden dessen Einnahmen verwendet?
- Welchen Ruf hat der Investor?
- In welche weiteren Geschäftsfelder investiert der Investor?

1316 *Dios Crespo/Whyte,* EFPL SLB, S. 45, 49.

1317 *Reck,* EFPL SLB, S. 50, 54.

1318 Die im Jahr 1991 etablierte Kommission für den Wertpapiermarkt he (Comissão do Mercado de Valores Mobiliários) hat die Aufgabe den Kapitalmarkt und dort auftretende finanzielle Instrumente zu überwachen und im Bedarfsfall zu regulieren.

1319 *Villas-Boas Pires,* Artikel „Third-party ownership – to ban or not to ban“ (Quelle: Internet).

1320 *Villas-Boas Pires,* Artikel „Third-party ownership – to ban or not to ban“ (Quelle: Internet).

1321 *Andrews* EFPL SLB, S. 33, 34.

- Soweit der Club auf einen Investor trifft, der behauptet, Inhaber bestimmter Entschädigungsrechteanteile zu sein, sollte dies immer hinterfragt und ein entsprechender Nachweis gefordert werden.

B. Konkretisierung unerwünschter Transferinvestments

Um den Clubs die Beurteilung zu ermöglichen, ob ein geplantes oder praktiziertes Transferinvestment verbandsrechtskonform ist, sollte das Beeinflussungsverbot näher konkretisiert werden. Zur Eingrenzung des Begriffs der „Beeinflussung" des Clubs könnte die FIFA die in der Literatur entwickelten Beispiele[1322] für derartige Beeinflussungen in einer Ergänzung des Art. 18bis FIFA-Status-Reglement festschreiben und so für mehr Rechtsklarheit sorgen.[1323] Hierbei sollte aber klargestellt werden, dass es sich um eine nicht abschließende Aufzählung handelt. Die nationale Registrierungsstelle oder die Verbände könnten in diesem Zusammenhang auch bestimmte Transferinvestmentmodelle als „Good Practice" bewerten und so den Clubs eine erste Leitlinie geben, ob sich ein von ihnen angedachtes Transferinvestment im verbandsrechtlichen Rahmen bewegt.[1324]

Des Weiteren könnten die Verbände das Beeinflussungsverbot um konkrete Beschränkungen, die einer möglichen Beeinflussung vorbeugen, ergänzen.

I. Begrenzung der Entschädigungsbeteiligung pro Spieler

Die FIFA könnte im Hinblick auf die Höhe der Beteiligung an Entschädigungsrechten pro Spieler eine Begrenzungsregelung einführen um sicherzustellen, dass der Club trotz Transferinvestment ein hinreichendes eigenes Interesse am Zustandekommen eines Transfers des jeweiligen Spielers und eine Kontrolle hierüber hat.[1325]

Die Beschränkung des Investors auf eine Minderheitsbeteiligung kann hierbei dafür sorgen, dass dem Investor eine materielle Beeinflussung im Sinne einer Entscheidungsbefugnis entzogen wird, vergleichbar mit der 50+1 Regel. Um die Transparenz zu erhöhen, könnte schließlich festgelegt werden, dass an den Entschädigungsrechten eines Spielers stets nur ein Investor beteiligt sein kann.

II. Begrenzung der Entschädigungsbeteiligung pro Club

Weiterhin kann eine Begrenzung der Beteiligungshöhe nicht nur auf den oder die einzelnen Spieler, sondern auch auf den Gesamtkader bezogen sein.[1326] Es könnte

1322 Vgl. hierzu FÜNFTER TEIL, A.I.2.b).ee).

1323 So auch *Reck*, EFPL SLB, S. 50, 54.

1324 *Villas-Boas Pires*, Artikel „Third-party ownership – to ban or not to ban" (Quelle: Internet).

1325 *Veiga Gomes*, EFPL SLB, S. 63, 65; *Ferrari*, EFPL SLB, S. 66, 68; *Andrews/McDonald* WSLR 12/2012; *Abatan* EFPL SLB, S. 22, 29;

1326 *Heermann*, CaS 2013, 21, 25.

vorgeschrieben werden, dass jeder Club einen oder mehrere Investoren nur an einer bestimmten Anzahl von Spielern seines Kaders beteiligen darf, also beispielsweise an nicht mehr als fünf Spielern des Lizenzspielerkaders. Denkbar ist die Regelung, dass der gesamte prozentuale Anteil der Beteiligung von Investoren an den Entschädigungsrechten des Spielerkaders eines Clubs eine bestimmte Größe nicht übersteigen darf. Hierdurch wäre sichergestellt, dass die Transferpolitik des Clubs nicht maßgeblich durch Transferinvestments bestimmt wird, weil eine ausreichende Anzahl der Spieler im Kader ohne eine Beteiligung transferiert werden kann.

III. Beschränkung der Beteiligung auf einen Club

Um Manipulationsmöglichkeiten auszuschließen, könnte die FIFA bestimmen, dass ein Investor an den Entschädigungsrechten im Hinblick auf einen oder mehrere Spieler nur eines Clubs beteiligt sein kann und daneben keine weiteren Spieler- oder Club-Beteiligungen möglich sind. Vorlage hierbei könnte das Verbot der Mehrfachbeteiligung in den UEFA-Reglements zur Teilnahme an den Champions League[1327] und Europa League[1328] Wettbewerben sein.[1329] Dieses Verbot der Mehrfachbeteiligung enthält auch einen Hinweis darauf, wie der von der UEFA unerwünschte Einfluss des Investors zu definieren ist.

Als Kontrolle bzw. Einfluss gilt, wenn die betreffende Person über die Mehrheit der Stimmrechte der Aktionäre verfügt (i)), das Recht hat, die Mehrheit der Mitglieder des Verwaltungs-, Leitungs- oder Aufsichtsorgans des betreffenden Vereins zu bestellen oder abzuberufen (ii)), Aktionär ist und aufgrund einer Absprache mit anderen Aktionären des betreffenden Vereins allein über die Mehrheit der Stimmrechte der Aktionäre verfügt (iii)) oder in der Lage ist, auf irgendeine Art und Weise einen entscheidenden Einfluss auf die Entscheidungsfindung des Vereins auszuüben (iv). Als spezifisch auf den Sportwettbewerb bezogene Regelung ist das Verbot der Mehrfachbeteiligung unter Berücksichtigung der kommerziellen Interessen eines Investors jedenfalls dann als verhältnismäßige Einschränkung von dessen Individualrechten anzusehen, wenn es sich auf die Beteiligung an mehreren Wettbewerbsteilnehmern beschränkt.[1330] Aus den gleichen Gründen ist das Verbot

---

1327 Vgl. Art. 3 Abs. 1 c) des Reglements der UEFA Champions League Zyklus 2012-15, wonach keine natürliche oder juristische Person Kontrolle über oder Einfluss auf mehr als einen an einem UEFA-Clubwettbewerb teilnehmenden Verein haben darf.

1328 Der Art. 3 Abs. 2 c) des Reglements der UEFA Europa League Zyklus 2012-15 entspricht wortgleich der Regelung im Reglement zur Champions League.

1329 *Ouart* stellt hierzu in WRP 2010, S. 85 fest, dass dieses Verbot im Gegensatz zum Verbot der Mehrheitsbeteiligung vor diesem Hintergrund des Manipulationsausschlusses soweit ersichtlich von niemandem ernsthaft in Zweifel gestellt worden sei.

1330 *Deheselles/Frodl*, in: Galli/Elter/Gömmel/Holzhäuser/Straub (Hrsg.), Sportmanagement, S. 60.

nicht als unverhältnismäßige Beschränkung des innergemeinschaftlichen Wettbewerbs anzusehen und deshalb auch unter kartellrechtlichen Gesichtspunkten nicht zu beanstanden.[1331] Solange mehrere Transferinvestments eines Investors auch nur die vage Gefahr von Interessenkollisionen mit potentiellen Auswirkungen auf den sportlichen Wettbewerb auszulösen vermögen, sind nach zutreffender Auffassung verhältnismäßige Gegenmaßnahmen des Sportverbandes gerechtfertigt.[1332]

IV. Kein Transferinvestment außerhalb der Transferperioden

Das Risiko einer Einflussnahme des Investors auf konkrete sportliche Entscheidungen ließe sich dadurch reduzieren, dass Transferinvestments nur in den Transferperioden erlaubt sind.[1333] Dies vor allem deshalb, weil in den Transferperioden der sportliche Wettkampf ruht oder gerade erst beginnt und ein Investment aus sportlicher Sicht weniger Beeinflussungstendenz aufweist als ein Investment in den Wochen der Entscheidung über Titel und Abstieg. Eine solche zeitliche Einschränkung greift aber derart in die Handlungsspielräume der Clubs ein, dass sie als unangemessen und damit als nicht gerechtfertigt erscheint.

V. Nachweis der Zustimmung des Spielers

Weiterhin ließe sich darüber nachdenken, im Hinblick auf jede Transferinvestmentvereinbarung zwischen Club und Investor die ausdrückliche Zustimmung des Spielers zu verlangen.[1334] Das Verbandsrecht könnte den entsprechenden Nachweis zur Voraussetzung für die Registrierung eines Spielers machen. Diese Regelung hätte den Vorteil, dass der Spieler mit entscheiden kann, ob die auf seinem Spielervertrag beruhenden Entschädigungsrechte zum Gegenstand eines Transferinvestments werden. Andererseits haben die vorangegangen Ausführungen gezeigt, dass das Transferinvestment für den Spieler keine erkennbaren Nachteile in sich birgt und dass er seine Entscheidungsfreiheit im Vertrag mit dem Club ausreichend wahren kann. Die Rechtskonformität dieser denkbaren Verbandsregelung ist insofern fraglich.

VI. Keine Minderung des Solidaritätsbeitrags

Die Höhe der an den Ausbildungsverein zu zahlenden Ausbildungsentschädigung darf nicht dadurch gemindert werden, dass der Club von dem Transfererlös einen

1331 *Deheselles/Frodl*, in: Galli/Elter/Gömmel/Holzhäuser/Straub (Hrsg.), Sportmanagement, S. 61 unter Hinweis auf Entscheidungen des CAS 98/200 und der Europäischen Kommission v. 25.06.2002, COMP/37.806.

1332 *Heermann*, CaS 2013, 21, 23.

1333 *Villas-Boas Pires*, Artikel „Third-party ownership – to ban or not to ban“ (Quelle: Internet).

1334 *Villas-Boas Pires*, Artikel „Third-party ownership – to ban or not to ban“ (Quelle: Internet).

Anteil an einen Transferinvestor zu zahlen hat. Die Verbände sollten daher klarstellend regeln, dass die Basis für den Solidaritätsbeitrag immer die Transferentschädigung insgesamt bleibt.[1335]

C. Direkte Verpflichtung der Transferinvestoren

Generell knüpfen die Verbandsregelungen und insbesondere die Sanktionsvorschriften der Verbände an die jeweiligen Mitglieder oder Lizenznehmer an. Es ist aber zulässig, Ordnungsmaßnahmen auch gegenüber Nichtmitgliedern zu ergreifen, soweit diese sich vertraglich der Ordnungsgewalt unterworfen haben, wobei die Überprüfung dieser Maßnahmen anhand der gleichen Kriterien erfolgt, die für entsprechende Maßnahmen gegen Mitglieder gelten.[1336]

Transferinvestoren haben sich der Ordnungsgewalt der Verbände nicht unterworfen. Denn sie sind zum Abschluss eines Lizenzvertrages mit dem entsprechenden Verband nicht verpflichtet. Es wäre aber zu erwägen, ob dem Investor nicht in dem für ein zulässiges Transferinvestment erforderlichen Umfang bestimmte Pflichten auferlegt werden könnten.

Es könnte beispielsweise für Investoren, die von den Verbänden im Rahmen des TMS akzeptiert werden wollen, zur sanktionsbewehrten Verpflichtung gemacht werden, gegenüber der FIFA oder einem Landesverband eine Erklärung zu jedem Anteil an Entschädigungsforderungen und zu jeder mit einem Fußballclub oder einem Spieler abgeschlossenen diesbezüglichen Vereinbarung abzugeben.[1337]

Außerdem könnte die FIFA von allen im TMS erfassten Investoren eine schriftliche Erklärung verlangen, dass sie nicht versuchen werden, Einfluss auf den Club oder den Spieler zu nehmen und dass sie die Regelwerke der Fußballverbände anerkennen.[1338] Diese Erklärung könnte zukünftig von den Clubs neben der Offenlegung der Beteiligung im Rahmen des TMS abzugeben sein. Die Erklärung hätte den Vorteil, dass ein Konflikt zwischen Club und Investor nicht mehr nur eine rein privatrechtliche Streitigkeit darstellt, sondern eine weitere Rechtsbeziehung zwischen Investor und FIFA begründet worden ist.[1339] Auch für die etwaige privatrechtliche Streitigkeit zwischen Investor und Club hätte die Erklärung des Investors gegenüber der FIFA Bedeutung, weil der Investor dann nicht mehr mit Erfolg darauf berufen könnte, dass zwischen ihm und dem Club weitreichende Einflussmöglichkeiten vereinbart worden sein.

1335 *Villas-Boas Pires*, Artikel „Third-party ownership – to ban or not to ban" (Quelle: Internet).

1336 *Holzhäuser*, in: Stopper/Lentze (Hrsg.), Handbuch Fußball-Recht, Kap. 16, Rn. 92, BGHZ 128, S. 93, 97 ff. (Reiter-Urteil), DEL-Schiedsgericht SpuRt 2005, S. 216, 217; *Reichert*, Handbuch Vereinsrecht, Rn. 3346 ff.

1337 *Melero/Soiron*, EFPL SLB, S. 41, 44.

1338 *Veiga Gomes*, EFPL SLB, S. 63, 65.

1339 *Veiga Gomes*, EFPL SLB, S. 63, 65.

Weiterhin könnte eine Verpflichtung des Investors begründet werden, seine Beteiligung an einer Entschädigungsforderung nicht weiter zu veräußern. Als mildere Maßnahme kommen entweder eine Verpflichtung des Investors in Betracht, dem Club ein Vorkaufsrecht über seine Entschädigungsforderung einzuräumen oder eine Verpflichtung, die FIFA über eine geplante Veräußerung an einen Dritten in Kenntnis zu setzen.

D. Harte und harmonisierte Sanktionen

Harte und weltweit nach den gleichen Maßstäben festgesetzte Strafen können – eine entsprechende Schwere des Verstoßes vorausgesetzt – zu einer praktischen Umsetzung des Art. 18bis FIFA-Status-Reglement beitragen,[1340] wobei aus Sicht der Clubs, insbesondere in Südamerika, hinreichende Übergangsfristen eingeräumt werden müssen, um die aktuell praktizierten Geschäftsmodelle an die neuen Regeln anzupassen.

Denkbare Strafen im Falles eines Verstoßes gegen die Informationspflichten im Rahmen des Transferinvestments oder gegen die übrigen für Transferinvestments etablierten Verbandsregeln könnten neben Geldstrafen zum Beispiel eine Ablehnung der Registrierung des betroffenen Spielers durch den Verband, ein generelles Verbot der Spielerregistrierung für einen bestimmten Zeitraum[1341] oder – als *ultima ratio* – sogar ein Ausschluss aus nationalen oder internationalen Wettbewerben sein.[1342]

1340 *Veiga Gomes*, EFPL SLB, S. 63, 65.

1341 Der FC Barcelona wurde beispielsweise im April 2014 mit einem Transferverbot über die nächsten zwei Wechselperioden wegen eines Verstoßes gegen Art. 19 FIFA-Status-Reglement, also das Verbot des Transfers minderjähriger Spieler, belegt.

1342 *Villas-Boas Pires,* Artikel „Third-party ownership – to ban or not to ban" (Quelle: Internet).

Schlussbetrachtung und Ausblick

Die UEFA hat im Jahr 2013 ihre Auffassung bekräftigt, dass ein Transferinvestment vollständig zu verbieten sei, weil es ethische und moralische Fragen aufwerfe; es gefährde die Integrität und die Stabilität des sportlichen Wettbewerbs.[1343] Die UEFA hat weiterhin eine Stellungnahme zu den Auswirkungen des Transferinvestments auf Fußballtrainer veröffentlicht. Nach Auffassung des UEFA Chief Technical Officer, Ioan Lupescu würden bei Einschränkungen der freien Willensentscheidungen des Spielers und bei fehlender Transparenz auch das Verhältnis zwischen dem Spieler und seinem jeweiligen Clubtrainer beeinträchtigt.[1344]

Seit einigen Monaten beschäftigt sich zudem die Europäische Kommission mit der Frage, wie mit dem Transferinvestment umzugehen ist. Am 8. April 2013 fand unter anderem hierzu ein Treffen zwischen dem UEFA Präsidenten Michel Platini und dem EU-Kommissionspräsidenten José Manuel Barroso statt.[1345] Am 7. Februar 2013 hat sich die Europäische Kommission in einer Pressemitteilung[1346] unter Bezugnahme auf eine in Auftrag gegebene Studie[1347] auch zu Transferinvestments geäußert: „Um durch eine bessere und verstärkte Umverteilung einen fairen und ausgewogenen Wettbewerb zwischen den Vereinen herzustellen," schlägt die Studie eine Klärung der Frage der Inhaberschaft Dritter an Transferrechten vor, und zwar „durch die Annahme von Regeln zum Schutz der Unversehrtheit und Freiheit von Spielerinnen und Spielern sowie der Fairness im Sport." Diese Regeln sollten „Investitionen in den Sport nicht unverhältnismäßig behindern und im Einklang mit den EU-Rechtsvorschriften über den freien Kapitalverkehr stehen." Die Aussage der EU-Kommission lässt erkennen, dass die EU-Kommission noch kein abschließendes rechtliches Urteil zur Ausgangsfrage gebildet hat,[1348] dass aber auch die Kommission eine Vereinbarkeit der Verbandsregeln mit der Kapitalverkehrsfreiheit fordert.

1343 Meldung „No place for third-party ownership" vom 19.03.2013 (Quelle: Internet) und die Auseinandersetzung mit den Argumenten in SECHSTER TEIL, 1. Kap., A.I.3.d).dd).

1344 Ioan Lupescu im Editorial des UEFA technician Nummer 54, Juni 2013 (Quelle: Internet).

1345 Vgl. Meldung „UEFA President Michel Platini meets European Commission President José Manuel Barroso" vom 08.04.2013 (Quelle: Internet).

1346 Europäische Kommission, Pressemitteilung vom 7. Februar 2013, IP/13/95.

1347 KEA – CDES Bericht „The Economic and Legal Aspects of Transfers of Players" (Quelle: Internet. Die Studie ist in rechtlicher Hinsicht unergiebig, weil hierin Argumente der Befürworter sowie der Gegner von Transferinvestments zusammengetragen aber nicht bewertet worden sind, wie *Heermann*, CaS 2013, 21, 24, zutreffend feststellt.

1348 So *Heermann*, CaS 2013, 21, 24.

In der Sommerpause 2013 war das Transferinvestment insbesondere im Hinblick auf den Transfer des Spielers Falcao von Atletico Madrid zum AS Monaco Gegenstand verschiedener Medienberichte, in denen die Vermutung geäußert wurde, dass der Wechsel zu Monaco weniger vom Wunsch des Spielers getragen war, als vielmehr von dem Interesse der Investoren an einem möglichst hohen Transfererlös.[1349] Für ähnliches Medienecho sorgte das Transferinvestment im Rahmen des Transfers des Spielers Neymar vom FC Santos zum FC Barcelona. Hier wurde weniger die Frage nach dem Wechselwunsch des Spielers thematisiert, als vielmehr der Umstand, dass nur ein Bruchteil der insgesamt angeblich 57 Millionen Euro Ablösesumme an den abgebenden Club gezahlt wurde.[1350]

Seit dem Bosman-Urteil herrscht auf Seiten der Verbände die Meinung vor, dass ein Eingreifen des Europarechts in Sachverhalte des Sports und die hierzu von den Verbänden erlassenen Regelungen die Interessen der Sportler, Clubs und Verbände gefährden. Diese Sichtweise ist teilweise nachzuvollziehen, kann und darf aber letztendlich nichts daran ändern, dass sich die wirtschaftlich geprägten Bereiche des Sports im Grundsatz den für diese Bereiche geltenden Gesetzen unterwerfen müssen. Ein Transferinvestmentverbot verstieße gegen Unionsrecht und wäre auch praktisch der falsche Weg. Denn erwartungsgemäß werden sich die Transferinvestoren nach einem Verbot nicht aus dem Transfergeschäft zurückziehen, sondern versuchen werden, sich die Geldquelle auf andere Weise, durch schwierig zu kontrollierende Umgehungslösungen zu erhalten.

Ein Engagement in Feeder-Clubs, das letztlich nur von der Intention getragen ist, Transferwerte zu erschaffen und zu realisieren, gefährdet den Sport stärker als eine Finanzierung einzelner Spieler durch Investoren. Während das typische Transferinvestment bezogen auf einzelne Spieler eines Clubs die Entscheidungsfreiheit des Clubs bedroht, ist der Feeder-Club insgesamt fremdbestimmt und verliert im Extremfall vollständig die dem Sport immanente Grundausrichtung auf einen größtmöglichen sportlichen Erfolg des Clubs im Wettkampf.

Ähnlich kritisch sind Vereinbarungen zwischen Spielern und Investoren zu sehen, die den Investoren eine (hohe) Beteiligung an Transfers des Spielers sichern sollen, die der Spieler im Falle eines Transfers, beispielsweise durch Forderung eines entsprechenden Handgelds, gegenüber dem aufnehmenden Club durchzusetzen hat. Derartige Vereinbarungen sorgen meistens auch dafür, dass der Investor den Spieler an bestimmten Vertragsschlüssen effektiv hindern kann, weil der Spieler sich zu beträchtlichen Vertragsstrafe verpflichtet hat. Die vertraglich fixierte Entscheidungsmöglichkeit einer dritten Partei über die zentralen Karriereentscheidungen mit wirtschaftlichen Auswirkungen höhlt die Entscheidungsfreiheit des

1349 Vgl. Artikel „Third-party ownership - The invisible hand behind some of football's biggest transfers" vom 04.07.2013 (Quelle: Internet)

1350 Vgl. Artikel „Neymar's Transfer Highlights Cloudy World Of Third-party ownership" vom 11.06.2013 (Quelle: Internet).

Spielers in einer Weise aus, dass manche Rechtsordnungen die entsprechende Vereinbarung als sittenwidrig bewerten dürften.

Andere Rechtsordnungen räumen der Privatautonomie größeren Stellenwert ein und dulden derartige Verträge. Dies führt zu einer beträchtlichen Rechtsunsicherheit, die noch dadurch verstärkt wird, dass bei einer Verlagerung des Transferinvestments auf einen Vertrag zwischen Spieler und Investor das Investment noch weiter aus dem Einflussbereich der Verbände entfernt würde, weil der Spieler die Vereinbarung häufig zu einem vor seiner Lizenzierung liegenden Zeitpunkt trifft.

Während ein vollständiges Verbot des Transferinvestmentverbots – wie gezeigt – weder unionsrechtlich zulässig noch praktisch zielführend ist, ist das Beeinflussungsverbot nach Art. 18bis FIFA-Status-Reglement mit dem Unionsrecht vereinbar. Es wurde dargestellt, dass das Beeinflussungsverbot einerseits von den Verbänden näher ausgestaltet werden kann und dass es andererseits den Clubs möglich ist, durch eine Ausgliederung in Transferfinanzierungsgesellschaften, die bei entsprechender Ausgestaltung nicht als Drittparteien zu bewerten sind, ein verbandsrechtskonformes Transferinvestment zu bewerkstelligen.

Das Erfordernis, verbandsrechtliche Besonderheiten auch bei der Anwendung zivilrechtlicher Normen zu berücksichtigen, wird besonders deutlich bei der Bewertung einer Übertragbarkeit des Freigaberechts. Diese ist im Wege einer Abtretung nicht möglich, weil hierdurch wegen der besonderen (Sportrechts-)Natur des Freigaberechts durch die Abtretung eine Inhaltsänderung herbeigeführt würde.

Die Analyse hat insofern gezeigt, dass das Zivilrecht bei der Anwendung auf Sachverhalte des Sports gerade nicht versagt, sondern für bestimmte sportliche Erwägungen durchaus Raum lässt und andererseits auch sachgemäßen Vereinbarungen zwischen Club und Investor nicht im Wege steht.

Eine Bewertung des Transferinvestments unter besonderer Berücksichtigung des nationalen Zivil- und Gesellschaftsrechts begründet nach alledem im Bereich des Transferinvestments weniger Hindernisse als vielmehr die Chance, einen wirtschaftlich geprägten Bereich des Fußballs nach den rechtlichen „Spielregeln“ auszugestalten, ohne hierbei die Besonderheiten des Sports aus dem Auge zu verlieren.

Literaturverzeichnis

Adolphsen, Jens: Grundfragen und Perspektiven der Sportschiedsgerichtsbarkeit, SchiedsVZ 2004, S. 169 ff.

–: Lizenz und Insolvenz von Sportvereinen, KTS 2005, S. 53 ff.

Abatan, Ezechiel: An Overview of Third-Party Ownership in European Professional Football, EFPL SLB number 10 June-October 2012 – Special Report on Third-party ownership, S. 22 ff.

Andrews, Karish / McDonald, Iain: Player contracts: Prohibition on third-party ownership: analysis, WSLR (12/2012)

Andrews, Richard: Third-party ownership – Risk or Reward?, EFPL SLB number 10 June-October 2012 – Special Report on Third-party ownership, S. 33 ff.

Arens, Wolfgang: Der Fall Bosman – Bewertung und Folgerungen aus Sicht des nationalen Rechts, SpuRt 1996, S. 39 ff.

–: Transferbestimmungen im Fußballsport im Lichte des Arbeits- und Verfassungsrechts, SpuRt 1994, S. 179 ff.

Ascheid, Reiner / Preis, Ulrich / Schmidt, Ingrid (Hrsg.): Kündigungsrecht, 4. Aufl., München 2012

Bahners, Frank: Einführung von Gehaltsobergrenzen im deutschen Berufsfußball aus wettbewerbsrechtlicher Sicht, SpuRt 2003, S. 142 ff.

Balzer, Peter: Die Umwandlung von Vereinen der Fußball-Bundesligen in Kapitalgesellschaften zwischen Gesellschafts-, Vereins- und Verbandsrecht, ZIP 2001, S. 175 ff.

Bamberger, Georg / Roth, Herbert (Hrsg.): Kommentar zum Bürgerlichen Gesetzbuch, Band 1: §§ 1- 610, CISG, 3. Aufl., München 2012

Bamberger, Georg / Roth, Herbert (Hrsg.): Beck'scher Online Kommentar zum Bürgerlichen Gesetzbuch, Edition 31, München, Stand: 01.05.2014

Battis, Ulrich / Ingold, Albert / Kuhnert, Kathrin: Zur Vereinbarkeit der 6+5 Spielregel der FIFA mit dem Unionsrecht, Europarecht 2010, S. 3 ff.

Baumbach, Adolf / Hopt, Klaus J. (Hrsg.): Kommentar zum Handelsgesetzbuch, 36. Aufl., München 2014

Baumbach, Adolf / Hueck, Alfred (Hrsg.): Kommentar zum Gesetz betreffend die Gesellschaften mit beschränkter Haftung, 20. Aufl., München 2013

Becker, Julia / Figura, Lars: Einkünfte eines Mannschaftssportlers – gewerbliche Einkünfte oder solche aus nichtselbstständiger Tätigkeit?, BB 2012, S. 3046 ff.

Beckmann, Paul-Werner / Beckmann, Jan F.: Die Befristung von Arbeitsverträgen – Bereichsausnahme für den Sport, SpuRt 2011, S. 236 ff.

Becker, Ulrich: Verbandsautonomie und Gemeinschaftsrecht im Sport – zur Anwendung des primärrechtlichen Wirtschaftsrechts am Beispiel der Transfer-, Vertrags- und Anti-Doping-Bestimmungen, in: Wege gelebter Verfassung in Recht und Politik. FS für Rupert Scholz zum 70. Geburtstag, Berlin 2007, S. 995 ff.

Benecke, Martina / Pils, Michael: Arbeitsplatzwechsel nach Abwerbung: Rechtsprobleme des „Headhunting", NZA-RR 2005, 561 ff.

Benz, Sebastian / Böing, Christian: Schenkungsteuer im Konzern?, DStR 2010, S. 1157 ff.

Bepler, Klaus: Lizenzfußballer: Arbeitnehmer mit Beschäftigungsanspruch?, in: Sportler, Arbeit und Statuten. FS für Herbert Fenn zum 65. Geburtstag, Berlin 2000, S. 43 ff.

Binder, Martin / Quirling, Christian: Das neue FIFA-Transferreglement, SpuRt 2005, S. 184 ff.

Birkemeyer, Claas Die unmittelbare Drittwirkung der Grundfreiheiten – Zugleich Anm. zum Urteil des EuGH v. 17.7.2008, Rs. C-94/07 (Raccanelli) -, EUR 2010, S. 662 ff.

Bohn, Anita: Probleme bei internationalen Spielerkäufen im Profifußball, SpuRt 2009, S. 107 ff.

Branco-Martins, Roberto: Freedom of Movement in Relation to Sport, ISLJ 2007, no. 1-2, S. 100 ff.

Breucker, Marius / Wüterich, Christoph: Arbeitsrecht, in: Stopper / Lentze (Hrsg.), Handbuch Fußball-Recht, Berlin 2012, Kapitel 8, S. 347 ff.

Brömmekamp, Utz: Die Spielerleihe – Tatsächliche und alternative Formen der vorübergehenden Spielerüberlassung im Fußballsport (Diss.), Bielefeld 1988

Buch, Michael: Kartellrechtliche Aspekte von Ausrüsterverträgen für den Wettkampfsport zwischen Herstellern und Sportverbänden, WuW 2005, S. 266 ff.

Buchner, Herbert: Die Rechtsstellung der Lizenzspieler, NJW 1976, S. 2242 ff.

–: Die Rechtsverhältnisse im deutschen Lizenzfußball, RdA 1982, S. 1 ff.

Bühler, Michael: Ist der Urlaubsentgeltanspruch von Profifußballern noch zeitgemäß, SpuRt 1998, S. 143 ff.

Callies, Christian / Ruffert, Matthias (Hrsg.): EUV / AEUV - Das Verfassungsrecht der Europäischen Union mit Europäischer Grundrechtecharta (Kommentar), 4. Aufl., München 2011

Carlezzo, Eduardo: Investments in Economic Rights of Football Players: a Brazilian and international overview, EFPL SLB number 10 June-October 2012 – Special Report on Third-party ownership, S. 73 ff.

Couse, Carol: The International Transfer System and the Principle of Specificity of Sport, EFPL SLB number 10 June-October 2012 – Special Report on Third-party ownership, S. 75 ff.

Creifelds, Carl (Begr.) / *Weber, Klaus*: Rechtswörterbuch, 21. Aufl., München 2014

Crespo Pérez, Juan de Dios / Whyte, Adam: A review of third-party ownership– Where do we go from here?, EFPL SLB number 10 June-October 2012 – Special Report on Third-party ownership, S. 45 ff.

Däubler, Wolfgang / Hjort, Jens Peter / Schubert, Michael / Wolmerath, Martin: Arbeitsrecht, 3. Aufl., Baden-Baden 2013

Dehesselles, Thomas / Frodl, Christian: Kapitalgesellschaften im Sport, in: Galli / Elter / Gömmel / Holzhäuser / Straub (Hrsg.), Sportmanagement, 2. Aufl., München 2012, S. 53 ff.

Dehesselles, Thomas / Hertl, Thomas: Sponsoring – Rechtliche und steuerliche Grundlagen, in: Galli / Elter / Gömmel / Holzhäuser / Straub (Hrsg.), Sportmanagement, 2. Aufl. München 2012, S. 480 ff.

Derleder, Peter / Knops, Kai-Oliver / Bamberger, Heinz Georg (Hrsg.): Handbuch zum deutschen und europäischen Bankrecht, 2. Aufl., Berlin / Heidelberg 2009

Deselaers, Wolfgang: Sportverbände und Europäisches Kartellrecht, WuW 1998, S. 946 ff.

Deutscher, Jörg: 50+1-Regelung in der Fußball-Bundesliga - Zur Mehrheitsbeteiligung von Investoren an Fußballklubs, SpuRt 2009, S. 97 ff.

Dieterich, Marcel: Sportregeln und Kartellrecht, CaS 2004, S. 249 ff.

Dreier / Schulze: Urhebergesetz, 4. Aufl., München 2013

Dütz, Wilhelm / Thüsing, Gregor: Arbeitsrecht, 17. Aufl., München 2012

Ehlers, Dirk (Hrsg.): Europäische Grundrechte und Grundfreiheiten, 3. Aufl., Berlin 2009

Eilers, Götz: Transferbestimmungen im Fußballsport. Verbandsrechtliche Regelungen des DFB, der UEFA und der FIFA, in: Götz Eilers (Hrsg.), Transferbestimmungen im Fußballsport, Recht und Sport Band 15, Heidelberg 1996

Elter, Vera-Carina: Spielervermögen im Kontext von Transferregelungen, Rechnungslegung, Bewertung und Transferfonds, in: Galli / Elter / Gömmel / Holzhäuser / Straub (Hrsg.), Sportmanagement, 2. Aufl., München 2012, S. 691 ff.

–: Bewertung von Fußballunternehmen, in: Wirtschaftlicher und sportlicher Wettbewerb. FS für Rainer Gömmel zum 65. Geburtstag, Stuttgart 2009, S. 295 ff.

–: Alternative Finanzierungsüberlegungen für Transferrechte, in: FC €uro AG - Fußball und Finanzen: Analyse der Finanzsituation in der Fußballbranche (Hrsg.: WGZ Bank und KPMG), 2004, S. 121 ff.

Englisch, Jörg: (Fußball-)Spielerbetriebskapitalgesellschaften in der Fußballregionalliga, SpuRt 2005, S. 46 ff

Englisch, Jörg / Bagger, Tim: Nationalverband – DFB, in: Stopper / Lentze (Hrsg.), Handbuch Fußball-Recht, Berlin 2012, Kapitel 10, S. 497 ff.

Epping, Volker / Hillgruber, Christian (Hrsg.): Beck'scher Online Kommentar zum Grundgesetz, Edition 20, Stand: 01.03.2014

Erman, Walter (Begr.): Kommentar zum Bürgerlichen Gesetzbuch, Band 1, 13. Aufl., Köln 2011

Fenn, Herbert: Erfassung der Sportler durch die Disziplinargewalt der Sportverbände, SpuRt 1997, S. 77 ff.

Ferrari, Luca: Some thoughts on Third-party ownership, EFPL SLB number 10 June-October 2012 – Special Report on Third-party ownership, S. 66 ff.

Fischer, Ulrich: Der Spitzensportler des Mannschaftssports – Arbeitnehmer?, SpuRt 1997, S. 181 ff.

Fleischer, Holger: Absprachen im Profisport und Art 85 EGV - Eine kartellrechtliche Nachlese zum Bosman-Urteil des Europäischen Gerichtshofs, WuW 1996, S. 473 ff.

Forkel, Hans: Lizenzen an Persönlichkeitsrechten durch gebundene Rechtsübertragung, GRUR 1988, S. 491ff.

Forstmoser, Peter / Zindel, Gaudenz G.: Sacheinlagefähigkeit von Transferwerten im Berufsfußballsport, REPRAX 2/2001, S. 1 ff.

Freyberg, Burkhard von: Aspekte der Spielerwertbestimmung als Entscheidungsgrundlage im Transfergeschäft von Fußballvereinen, in: Wirtschaftlicher und sportlicher Wettbewerb. FS für Rainer Gömmel zum 65. Geburtstag, Stuttgart 2009, S. 317 ff.

Fritz, Jürgen / Düll, Katharina: Zu den neuen FIFA-Transferregelungen, SpuRt 2002, S. 144 ff.

Fritzweiler, Jochen / Pfister, Bernhard / Summerer, Thomas: Praxishandbuch Sportrecht, 2. Aufl., München 2007

Fuhrmann, Claas: Ausgliederung der Berufsfußballabteilungen auf eine AG, GmbH oder eG? (Diss.), Marburg 1999

Galli, Albert: Rechtsformgestaltung und Lizenzierungspraxis im Berufsfußball: Die Situation in England, Italien und Spanien vor dem Hintergrund der Regelungen in Deutschland, SpuRt 1998, S. 18 ff.

–: Das Lizenzierungsverfahren der UEFA: Kriterien für den Nachweis der wirtschaftlichen Leistungsfähigkeit der Klubs, SpuRt 2003, S. 177 ff.

–: Was ist ein Fußballspieler wert? Vorschläge für eine marktgestützte finanzielle Bewertung von Spielern in Teamsportarten, in: Wirtschaftlicher und sportlicher Wettbewerb. FS für Rainer Gömmel zum 65. Geburtstag, Stuttgart 2009, S. 343 ff.

Geey, Daniel: Third Party Player Ownership: A UK Perspective, EFPL SLB number 10 June-October 2012 – Special Report on Third-party ownership, S. 55 ff.

–: Third Party Player Ownership: the Regulations for Premier League and Football League Clubs for the 2009/10 Season, ESLJ Vol. 7/2 (2009)

Geey, Daniel / Ross, Victoria, / Rotkvic, Maja: Integrity: player and club ownership in football, WSLR 12/2007

Gerlinger, Michael: Clubs, in: Stopper / Lentze (Hrsg.), Handbuch Fußball-Recht, Berlin 2012, Kapitel 12, S. 577 ff.

Giebel, Christoph M.: Die Abstellung von Nationalspielern nach dem FIFA-Reglement im Konflikt mit dem Kartellrecht, WRP 2006, S. 857 ff.

Goncalves, Paulo: Brief Note for a positive view on player's third-party ownership, EFPL SLB number 10 June-October 2012 – Special Report on Third-party ownership, S. 61 ff.

Götting, Horst-Peter: Persönlichkeitsrechte als Vermögensrechte, München 1995

Grabitz, Eberhard / Hilf, Meinhard / Nettesheim, Martin (Hrsg.): Das Recht der Europäischen Union, Stand: 52. EL, München 2014

Gramlich, Ludwig: Vertragsfreiheit für Sportler in EG-Mitgliedstaaten am Beispiel Deutschlands, SpuRt 2000, S. 89 ff.

Grodde, Meinhard: Der Einfluss des Europarechts auf die Vertragsfreiheit autonomer Sportverbände in Deutschland (Diss.), Konstanz 2006

Groß, Thomas: Eine unendliche Geschichte: Transferregelungen im lizenzierten Fußballsport – Zugleich ein Plädoyer für einen beitragsfinanzierten Solidarfonds (Diss.), Mannheim 2003

–: Rechtfertigungsmöglichkeiten von Sportverbänden bei Beschränkungen der Grundfreiheiten, in: Perspektiven des Sportrechts, Beiträge zum Sportrecht Band 19, Berlin 2005, S. 37 ff.

Gummert, Hans / Weipert, Lutz (Hrsg.), Münchener Handbuch des Gesellschaftsrechts Band 2, 3. Aufl., München 2014

Haas, Ulrich: Die Auswirkungen der Insolvenz auf die Teilnahmeberechtigung der Sportvereine an Spiel- und Wettkampfbetrieb, NZI 2003, S. 177 ff.

Haas, Ulrich / Adolphsen, Jens: Sanktionen der Sportverbände vor ordentlichen Gerichten, NJW 1996, 2351 ff.

Haas, Ulrich / Haug, Tanja / Reschke, Eike (Hrsg.): Handbuch des Sportrechts, Band 1, Stand: 68. Ergänzungslieferung 12/2013

Haas, Ulrich / Hauptmann, Markus: Schiedsvereinbarungen in „Ungleichgewichtslagen" - am Beispiel des Sports, SchiedsVZ 2004, S. 175 ff.

Haas, Ulrich / Prokop, Clemens: Die Autonomie der Sportverbände und die Rechtsstellung des Athleten, JR 1998, S. 45 ff.

dieselben: Die Athletenvereinbarung - Der Athlet als stilles Mitglied des Verbandes – 1. Teil, SpuRt 1996, S. 109 ff.

Habl, Rouben / Kropf, Christian: Rechtsfolgen der Insolvenz von Fußballvereinen für den Profifußballspieler vor dem Hintergrund der Einführung des „financial fairplay", ZInsO 2012, S. 430 ff.

Hadding, Walther: Korporationsrechtliche oder rechtsgeschäftliche Grundlagen des Vereinsrechts, S. 164 ff, in: Festschrift für Robert Fischer, Berlin 1979

Hannamann, Isolde: Kartellverbot und Verhaltenskoordination im Sport (Diss.), Erlangen-Nürnberg 2000

–: Kartellverbot und Abstimmungen auf den Spielermärkten – Transfer-, Ausländer- und Salary-Cap-Vereinbarungen, in: Spektrum des Sportrechts – Referate zweier Gemeinschaftstagungen der Universitäten Erlangen und Tübingen im Deutschen Olympischen Institut in Berlin, Berlin 2003, S. 159 ff.

Heermann, Peter W.: Die Geltung von Verbandssatzungen gegenüber mittelbaren Mitgliedern und Nichtmitgliedern, NZG 1999, S. 325 ff.

–: Kann der Ligasport die Fesseln des Kartellrechts sprengen?, SpuRt 1999, S. 11 ff.

–: Mehrheitsbeteiligungen an Sportkapitalgesellschaften im Lichte des Europarechts, WRP 2003, S. 724 ff.

–: Haftungsrisiken des Sportverbandes bei Lizenzierungsverfahren im Ligasport, CaS 2004, S. 184 ff.

–: Aktuelle kartellrechtliche Probleme im Zusammenhang mit Spielertransfers – dargestellt anhand der Voraussetzungen für die Tätigkeit als Spielervermittler und der Bedingungen für die Aufnahme von Verhandlungen mit wechselwilligen Spielern, in: Arter, Oliver / Baddeley, Margareta (Hrsg.), Sport und Recht, 4. Tagungsband, Bern 2007, S. 263 ff.

–: Mehrheitsbeteiligung an einer deutschen Fußballkapitalgesellschaft im Lichte der sog. „50%+1-Klausel", CaS 2007, S. 426 ff.

–: Anwendung des europäischen Kartellrechts im Bereich des Sports, WuW 2009, S. 489 ff.

–: UEFA Financial Fair Play im Lichte des Europarechts, CaS 2013, S, 263 ff.

–: Rechtliche Bewertung der geplanten Untersagung von Third-Party-Ownerships, CaS 2013, S. 21 ff.

Hellmann, Hans-Joachim / Bruder, Stefan: Kartellrechtliche Grundsätze der zentralen Vermarktung von Sportveranstaltungen, EuZW 2006, S. 359 ff.

Henssler, Martin / Strohn, Lutz: Henssler/Strohn, Gesellschaftsrecht, 2. Auflage, München 2014

Herzog, Felix / Hoch, Temba / Laustetter, Christian: „Schmutziges Geld" und Geldwäsche im Fußballsport, SpuRt 2010, S. 90 ff.

Herzog, Felix / Mühlhausen, Dieter: Geldwäschebekämpfung und Gewinnabschöpfung - Handbuch der straf- und wirtschaftsrechtlichen Regelungen, 1. Aufl., München 2006

Hierstetter, Felix: Steuerliche Risiken der Entschuldung einer Kapitalgesellschaft in der Krise, DStR 2010, S. 882 ff.

Hilf, Meinhard / Pache, Eckhard: Das Bosman Urteil des EuGH – Zur Geltung der EG-Freiheiten für den Berufsfußball, NJW 1996, S. 1169 ff.

Hofmann, Christian, Der Minderheitsschutz im Gesellschaftsrecht, Berlin 2011

Hohl, Michael: Rechtliche Probleme der Nominierung von Leistungssportlern (Diss.), Bayreuth 1992

Holzhäuser, Felix: Das Lizenzierungsverfahren des Ligaverbandes, in: Stopper / Lentze (Hrsg.), Handbuch Fußball-Recht, Berlin 2012, Kapitel 16, S. 665 ff.

–: Der strukturelle Aufbau professioneller deutscher Sportligen nach Ausgliederung aus den Bundesfachsportverbänden – Teil 1 und 2, SpuRt 2004, S. 144 ff. und S. 243 ff.

–: Die rechtlichen Grundlagen des Lizenzierungsverfahrens des Ligaverbandes, in: Galli / Elter / Gömmel / Holzhäuser / Straub (Hrsg.), Sportmanagement, 2. Aufl., München 2012, S. 165 ff.

Holzhäuser, Felix / Markus Körner: Das Aus für Third-Party-Ownerships durch FIFA-Transfer-Richtlinien?, CaS 2009, S. 193 ff.

Hoffmann, Wolf-Dieter: Die Bilanzierung von Fußballprofis, BC 2006, S. 129 ff.

Hoffmann, Wolf-Dieter / Lüdenbach, Norbert: NWB Kommentar Bilanzierung, 4. Aufl., Herne 2013

Homberg, Andreas / Elter, Verena-Carina / Rothenburger, Manuel: Bilanzierung von Humankapital nach IFRS am Beispiel des Spielervermögens im Fußballsport, KoR 2004, S. 249 ff.

Horst, Johannes / Nolte, Martin (Hrsg.): Handbuch Sportrecht, Beiträge zur Lehre und Forschung im Sport, Band 169, Schorndorf 2009

Hovemann, Gregor / Wieschemann, Christof: Die 50+1 Regelung aus sportökonomischer und wettbewerbsrechtlicher Sicht - Regulierung von Investitionen in der Fußball-Bundesliga, SpuRt 2009, S. 187 ff

Hüffer, Uwe: Kommentar zum Aktiengesetz, 11. Aufl., München 2014

Hüttemann, Rainer: Transferentschädigungen im Lizenzfußball als Anschaffungskosten eines immateriellen Wirtschaftsguts, DStR 1994, S. 490 ff.

Immenga, Ulrich / Mestmäcker, Ernst-Joachim (Hrsg.): Wettbewerbsrecht, Band 2: GWB Kommentar zum Deutschen Kartellrecht, 5. Aufl., München 2012

Imping, Andreas: Die arbeitsrechtliche Stellung des Fußballspielers zwischen Verein und Verbänden (Diss.), Köln 1995

Ingerl, Reinhard / Rohnke, Christian: Markengesetz, 3. Aufl., München 2010

Jänich, Volker M.: Fußballübertragungsrechte und Kartellrecht - Anmerkungen zu BGH, Beschl. v. 11. 12. 1997 - KVR 7/96 – Europapokalheimspiele, GRUR 1998, S. 438 ff.

Jaensch, Michael: Die unmittelbare Drittwirkung der Grundfreiheiten, Baden-Baden 1997

Jansen, Rudolf: Zur Aktivierung von Transferentschädigungen nach den Vorschriften des Lizenzspielerstatuts des Deutschen Fußball–Bundes – Anmerkungen zum BFH–Urteil v. 26. 8. 1992, I R 24/91, DStR 1992, S. 1785 ff.

–: Transferentschädigung im Lizenzfußball, DStR 1994, S. 1217 ff.

–: Sind die Voraussetzungen für eine Aktivierung nach § 5 Abs. 2 EStG erfüllt, wenn beim Vereinswechsel eines Spielers der Fußball-Bundesliga der aufnehmende Verein an den abgebenden Verein ein Abfindung zahlt?, FR 2007, S. 837 f.

Jarass, Hans / Pieroth, Bodo: Kommentar zum Grundgesetz für die Bundesrepublik Deutschland: GG, 13. Aufl., München 2014

Jauernig, Othmar (Hrsg.) Kommentar zum Bürgerlichen Gesetzbuch: BGB, 15. Aufl., München 2014

Jeck, Thiemo / Langer, Benedikt: Die Europäische Dimension des Sports, Studie des Centrum für Europäische Politik, Freiburg 2010

Jülicher, Marc: Anm. zu BFH 2. Senat, Urteil vom 15.03.2007 - II R 5/04, jurisPR-SteuerR, 25/2007

Jungheim, Stephanie Vertragsbeendigung bei Arbeitsverträgen von Lizenzfußballspielern, RdA 2008, S. 222 ff.

Kadelbach, Stefan / Petersen, Niels: Die gemeinschaftsrechtliche Haftung für Verletzungen von Grundfreiheiten aus Anlass privaten Handelns, EuGRZ 2002, S. 213 ff.

Karakaya, Ilkin / Buch, Steffen: Sittenwidrigkeit von Sportmanagementverträgen - Exklusivverträge und die Vermarktung der Persönlichkeitsrechte, ZRP 2002, S. 193 ff.

Karsch, Tobias: Der Fußballbundesligaverein als Wirtschaftsunternehmen und Arbeitgeber (Diss.), Kiel 2005

Kebekus, Frank: Alternativen zur Rechtsform des Idealvereins im Lizenzfußball (Diss.), Berlin 1991

Kelber, Markus: Die Transferpraxis beim Vereinswechsel im Profifußball auf dem Prüfstand, NZA 2001, S. 11 ff.

Kessler, Harald: Teilwertabschreibung auf Spielgenehmigungen für Lizenzspieler? Replik zum Beitrag von Andreas Söffing - Bilanzierung und Abschreibung von Transferzahlungen im Lizenzfußball, BB 1996, S 523 ff., BB 1996, S. 947 ff.

Kindler, Peter: Einseitige Verlängerungsoptionen im Arbeitsvertrag des Berufsfußballers, NZA 2000, S. 744 ff.

Kingreen, Thorsten: Die Struktur der Grundfreiheiten des Europäischen Gemeinschaftsrechts, Berlin 1999

Kirsch, Hans-Jürgen / Weber, Christian: Handelsrechtliche Bilanzierung von Nachwuchsspielern im deutschen Profifußball, DStR 2012, 1716

Kirchhof, Paul (Hrsg.): Kommentar zum Einkommenssteuergesetz, 13. Aufl., München 2014

Kittner, Michael / Zwanziger, Bertram / Deinert, Olaf (Hrsg.): Handbuch des Arbeitsrechts, 7. Aufl., Frankfurt a. M. 2013

Klees, Andreas: Die so genannte 50+1-Regel im deutschen Profifußball im Lichte des europäischen Wettbewerbsrechts, EuZW 2008, S. 391 ff.

Klose, Oliver / Zimmermann, Uwe: Tarifvertrag als Regelungsinstrument: Perspektive für den deutschen Sport, in: Sportler, Arbeit und Statuten, Herbert Fenn zum 65. Geburtstag, Berlin 2000, S. 137 ff.

Koch, Rainer: Sport-Schiedsgerichtsbarkeit national, in: Stopper / Lentze (Hrsg.), Handbuch Fußball-Recht, Berlin 2012, Kapitel 20, S. 925 ff.

Köster, Oliver / Ehemann, Thomas: Ausgewählte Probleme der Rechnungslegung bei Kapitalgesellschaften im Sport, in: Galli / Elter / Gömmel / Holzhäuser / Straub (Hrsg.), Sportmanagement, 2. Aufl. München 2012, S. 145 ff.

Koether, Jürgen: Nochmals: Ablösezahlungen und Spieler-Vermittler-Provision im Profifußball - Eine Stellungnahme zum Urteil des BFH v. 14.12.2011, FR 2012, S. 631 ff.

Kraft, Alfons: Sanktionen im Arbeitsverhältnis, NZA 1989, S. 779 ff.

Küting, Karlheinz / Strauß, Marc: „Die Wahrheit liegt auf dem Platz" – oder etwa nicht?, DB 2010, S. 793 ff.

Küting, Karlheinz / Strauß, Marc / Tesche, Thomas: Die Abbildung von Investorenbeteiligungen an Spielertransferrechten im Jahresabschluss von Fußballclubs, DStR 2010, S. 2646 ff.

Küting, Karlheinz / Weber, Claus-Peter: Der Konzernabschluss - Praxis der Konzernrechnungslegung nach HGB und IFRS, 13. Aufl., Stuttgart 2012

Küttner, Wolfdieter (Begr.) / *Röller, Jürgen* (Hrsg.): Personalbuch, 20. Aufl., München 2013

Lange, Björn: Einseitige Verlängerungsoptionen in Lizenzspielerverträgen und Handlungsoptionen, SpuRt 2011, S. 98 ff.

Larenz, Karl / Wolf, Manfred: Allgemeiner Teil des BGB, 9. Aufl., München 2004

Littkemann, Jörn / Schaarschmidt, Peter: Probleme der bilanziellen Behandlung von Transferentschädigungen nach Handels- und Steuerrecht, StuB 2002, S. 372 ff.

Loewenheim, Ulrich / Meessen, Karl M. / Riesenkampff, Alexander (Hrsg.): Kartellrecht, 2. Aufl., München 2009

Lorz, Rainer: Rechtsformwahl für Clubs, in: Stopper / Lentze (Hrsg.), Handbuch Fußball-Recht, Berlin 2012, Kapitel 17, S. 795 ff.

Lüdenbach Norbert / Wolf-Dieter Hoffmann: „Der Ball bleibt rund" - Der Profifußball als Anwendungsfeld der IFRS-Rechnungslegung, DB 2004, 1442 ff.

Lüke, Wolfgang: Der „geplatzte" Spielerwechsel (OLG München, NJW-RR 1995, 1395), JuS 1996, S. 10 ff.

Lutter, Marcus: Theorie der Mitgliedschaft - Prolegomena zu einem Allgemeinen Teil des Korporationsrechts, AcP 180 (1980), S. 84 ff.

Mailänder, K. Peter: Sport als Wirtschaftsgut - Grenzen seiner Vermarktung im Fernsehen, in: FS für Karlmann Geiß zum 65. Geburtstag, Köln 2000, S. 605 ff.

Malatos, Andreas: Berufsfußball im europäischen Rechtsvergleich (Diss.), Kehl 1988

Martin-Ehlers: Exkurs: Alternative Finanzierung des Spielervermögens, in: FC €uro AG - Fußball und Finanzen: Analyse der Finanzsituation in der Fußballbranche (Hrsg.: WGZ Bank und KPMG), 2004, S. 124 ff.

Marx, Franz Jürgen: Objektivierungserfordernisse bei der Bilanzierung immaterieller Anlagewerte, BB 1994, S. 2379 ff.

Mayer-Vorfelder, Gerhard: Die Ausgestaltung des Arbeitsverhältnisses eines Bundesligaspielers zu seinem Verein, in: Württembergischer Fußballverband (Hrsg.), Das Recht des Fußballspielers, Stuttgart 1980, S. 40 ff.

Maunz, Theodor / Dürig, Günter (Begr.), Kommentar zum Grundgesetz, Stand: 62 EL, München 05/2011

Meier, Thomas / Weigel, Christoph: Die Vermittlung von professionellen Fußballspielern – ein besonderer Markt?, in: Wirtschaftlicher und sportlicher Wettbewerb. FS Rainer Gömmel zum 65. Geburtstag, Stuttgart 2009, S. 377 ff.

Melero, Victoriano / Soiron, Romain: The dilemma of third-party ownership of football players, EFPL SLB number 10 June-October 2012 – Special Report on Third-party ownership, S. 41 ff.

Menke, Johan Michel / Räker, Jan: Webster und Sylva - Arbeitsrechtliche Antworten auf privilegierten Vertragsbruch im (Lizenz-)Fußball, SpuRt 2009, S. 45 ff.

Michaelis, Lars Oliver: Unmittelbare Drittwirkung der Grundfreiheiten - Zum Fall Angonese NJW 2001, 1841 ff.

Modl, Christian: Rechtliche Aspekte der Sportlervermittlung im schweizerischen Recht, in: Urs Scherrer (Hrsg.), Sportvermittlung und Sportmanagement, 2. Aufl., München 2003, S. 43 ff.

Mohr, Stefan / Mader, Christian: Transferrechtefonds: Spielzeug, Geldvernichtungsmaschine oder attraktive Anlageform?, CaS 2013, S. 83 ff.

Moxter, Adolf: Bilanzrechtsprechung, 6. Aufl., Tübingen 2007

Müller-Glöge, Rudi / Preis, Ulrich / Schmidt, Ingrid (Hrsg.): Erfurter Kommentar zum Arbeitsrecht, 13. Aufl., München 2013

Nasse, Norbert K. H.: Die freie Arbeitsplatzwahl des Fußballprofis – Anm. zu den Urteilen des LAG Hamm und ArbG Dortmund hinsichtlich der Problematik §

11 Abs. 4 des DFB-Musterarbeitsvertrages und § 24 Nr. 2 Lizenzspielerstatut des DFB, SpuRt 1999, 140 ff.

Natter, Eberhard / Gross, Roland (Hrsg.): Arbeitsgerichtsgesetz, 2. Aufl., Baden-Baden 2013

Nemeczek, Heinrich: Rechtsübertragungen und Lizenzen beim wettbewerbsrechtlichen Leistungsschutz Zugleich ein Beitrag gegen den unmittelbaren Leistungsschutz, GRUR 2011, S. 292 ff.

Neumann, Kay-Uwe / Ogorek, Markus: Das aktienrechtliche Entsenderecht auf dem Prüfstand der Kapitalverkehrsfreiheit – Überlegungen anlässlich der Entscheidung des OLG Hamm v. 31. 3. 2008 (NZG 2008, S. 914 – ThyssenKrupp), NZG 2008, S. 892 ff.

Neuß, Jörg: Neuregelung des Transferwesens im professionell betriebenen Fußballsport - Eine erste Bestandsaufnahme, RdA 2003, S. 161 ff.

Niese, Lars Holger: Sport im Wandel - Eine systemvergleichende Untersuchung des Sports in Ost- und Westdeutschland (vor und nach der Wende) unter besonderer Berücksichtigung der Dachverbände, Chemnitz 1997

Nolte, Martin / Polzin, Carsten: Grundrechtskollisionen im Sport – Zur Grundrechtskonformität sportverbandlicher Satzungsbestimmungen, NZG 2001, S. 838 ff.

Nolte, Martin / Schriewer, Berenike: Eine EuGH-Entscheidung auf der Linie der Bosman-Rechtsprechung? - Überlegungen zu den Schlussanträgen der Generalanwältin in der Rs. C-325/08 - Olympique Lyonnais gegen Oliver Bernard und Newcastle United, CaS 2009, S. 209 ff.

Oberthür, Nathalie: Die Entschädigungsregelung im internationalen Spielertransfer – Eine europarechtliche und nationalrechtliche Bestandsaufnahme, NZA 2003, S. 462 ff.

Paepke, Jürgen / Blask, Holger: Ligaverband und DFL, in: Stopper / Lentze (Hrsg.), Handbuch Fußball-Recht, Berlin 2012, Kapitel 11, S. 539 ff.

Palandt, Otto (Hrsg.): Bürgerliches Gesetzbuch, 73. Aufl., München 2014

Peifer, Karl-Nikolaus: Eigenheit oder Eigentum - Was schützt das Persönlichkeitsrecht?, GRUR 2002, S. 495 ff.

Persch, Sven: Der EUGH und die Besonderheiten des Sports im Arbeitsrecht, in NZA 2010, S. 986 ff.

–: Sportförderung in Europa: Der neue Art. 165 AEUV, in NJW 2010, S. 1917 ff.

Pfister, Bernhard: Zu den rechtsgeschäftlichen Grundlagen für eine Bindung von Sportlern an Sportregeln, JZ 1995, S. 464 ff.

–: Autonomie des Sports, sport-typisches Verhalten und staatliches Recht, in: FS für Werner Lorenz zum 70. Geburtstag, Tübingen 1991, S. 171 ff.

–: Rechtsverhältnisse zwischen den Teilnehmern sportlicher Wettbewerbe, SpuRt 2002, S. 45 ff.

Plath, Kai-Uwe: Individualitätsbeschränkungen im Berufsfußball (Diss.), Hamburg 1999

Prokopets, Mikhail: Third Party Players in Russia, EFPL SLB number 10 June-October 2012 – Special Report on Third-party ownership, S. 70 ff.

Prütting, Hanns / Wegen, Gerhard / Weinreich, Gerd (Hrsg.): Kommentar zum Bürgerlichen Gesetzbuch, 9. Aufl., Köln 2014

Purdon, Jane: Third Party Investment, EFPL SLB number 10 June-October 2012 – Special Report on Third-party ownership, S. 38 ff.

Rade, Katja / Stobbe, Thomas: Auswirkungen des Bilanzrechtsmodernisierungsgesetzes auf die Bilanzierung von Fußballspielerwerten in der Handelsbilanz - Kriterien zur Aktivierung immaterieller Vermögensgegenstände nach altem und neuem Recht, DStR 2009, S. 1109 ff.

Räker, Jan: Grundrechtliche Beziehungen juristischer Personen im Berufssport (Diss.), Hamburg 2008

–: Kommt das Aus für Transferinvestments, SPONSORs 2013, S. 22 f.

Rang, Alexander: Lizenzentzug und Insolvenz – Zur Wirksamkeit sog. Lösungsklauseln in Sportverbandslizenzen aus insolvenzrechtlicher Sicht, in: Klaus Vieweg (Hrsg.), Perspektiven des Sportrechts, Berlin 2005, S. 191 ff.

Raupach, Arndt: Fußball - das Spiel zwischen Idealismus und Kommerz, SpuRt 2008, 241 ff.

Reck, Ariel: Third party player ownership: current trends in South America and Europe, EFPL SLB number 10 June-October 2012 – Special Report on Third-party ownership, S. 50 ff.

Reichert, Bernhard: Sportverbandslizenzen im Bereich des Profimannschaftssports – Teil 1, SpuRt 2003, S. 3 ff.

–: Zur Satzungsqualität von Spielordnungen und sonstigen Vereinsordnungen, SpuRt 2008, S. 7 f.

–: Handbuch Vereins- und Verbandsrecht, 12. Aufl., Köln 2009

Reiter, Gregor: Der Vereinswechsel bei Lizenzfußballspielern unter besonderer Berücksichtigung des FIFA-Reglement bezüglich Status und Transfer von Spielern in der Fassung vom 1.September 2001 (Diss.), Bochum 2004

–: Zur Frage der Bilanzierbarkeit einer Spielerlaubnis im Lizenzfußball, SpuRt 2004, S. 55 ff.

Reuter, Dieter: Probleme der Transferentschädigung im Fußballsport, NJW 1983, S. 649 ff.

–: Das selbstgeschaffene Recht des internationalen Sports im Konflikt mit dem Geltungsanspruch des nationalen Rechts, DZWir 1996, S. 1 ff.

Richardi, Reinhard / Wlotzke, Otfried / Wißmann, Hellmut / Oetker, Hartmut (Hrsg.): Münchener Handbuch zum Arbeitsrecht, Band 1, 3. Aufl., München 2009

Röhricht, Volker: Chancen und Grenzen von Sportgerichtsverfahren nach deutschem Recht, in: Volker Röhricht, Stephan Netzle, Rémy Wyler (Hrsg.), Sportgerichtsbarkeit, Reihe Recht und Sport, Band 22, Stuttgart 1997, S. 19 ff.

Röthel, Anne: Anm. zu EuGH, Urteil vom 13. 4. 2000 - Rs. C-176/96 ((Jyri Lehtonen, Castors Canada Dry Namur-Braine ASBL/Fédération royale belge des sociétés de basket-ball ASBL [FRBSB]) = EuZW 2000, 375 ff.), EuZW 2000, S. 379 f.

Roth, Günter H. / Altmeppen, Holger: Kommentar zum Gesetz betreffend die Gesellschaften mit beschränkter Haftung (GmbHG), 7. Aufl., München 2012

Rüsing, Jörg: Sportarbeitsrecht, Berlin 2006

Sachs, Michael (Hrsg.): Kommentar zum Grundgesetz, 6. Aufl., München 2011

Säcker, Jürgen / Rixecker, Roland (Hrsg.): Münchener Kommentar zum BGB Band 1/2, 6. Aufl., München 2011, Band 5, 6. Aufl. 2013

Sasdi, Andreas: Die Verbandsautonomie der Sportverbände im Korsett des Gemeinschaftsrechts – Zwischen Skylla und Charybdis, in: Gerald G. Sander, Andreas Sasdi (Hrsg.), Sport im Spannungsfeld von Recht, Wirtschaft und europäischen Grundfreiheiten, aus der Reihe Europäisches und internationales Wirtschaftsrecht, Band 3, Berlin 2009

Sauer, Andreas: Kartellrechtliche Fragen der Zentralvermarktung von Fernsehrechten an der Fußball-Bundesliga, SpuRt 2004, S. 93 ff.

Schamberger, Michael: Langfristige Vertragsbindung und Ablösesummen im Licht nationaler Rechtsordnungen - Das Beispiel England, SpuRt 2001, S. 134 ff.

–: Die arbeitsrechtliche Zulässigkeit langfristiger Vertragsbindung bei Berufsfußballspielern, SpuRt 2002, S. 228 ff.

Schaub, Günter (Hrsg.): Arbeitsrechts-Handbuch, 15. Aufl., München 2013

Schellhammer, Kurt: Das neue Kaufrecht – Rechtsmängelhaftung, Rechtskauf und Verbrauchsgüterkauf, MDR 2002, S. 485 ff.

Schickhardt, Christoph: Vertragliche Aspekte bei Spielertransfers, in: Galli / Elter / Gömmel / Holzhäuser / Straub (Hrsg.), Sportmanagement, 2. Aufl., München 2012, S. 641 ff.

Schimke, Martin / Menke, Johan-Michel: Vertragstypen-Freiheit im Profi-Mannschafts sport, SpuRt 2007, S. 182 ff.

Schlindwein, Hermann: Die Vermarktung von Einzelsportlern, in: Galli / Elter / Gömmel / Holzhäuser / Straub (Hrsg.), Sportmanagement, 2. Aufl., München 2012, S. 619 ff.

Scholz, Rupert / Aulehner, Josef: Die „3+2“-Regel und die Transferbestimmungen des Fußballsports im Lichte des europäischen Gemeinschaftsrechts, SpuRt 1996, S. 44 ff.

Schroeder, Werner: Sportrecht und Europäisches Wettbewerbsrecht – Zu neueren Entwicklungen in der Praxis der Kommission des EuGH, SpuRt 2006, S. 1 ff.

Schürnbrand, Jan: Gestaltungsrechte als Verfügungsgegenstand, AcP 204 (2004), S. 177 ff.

Schulze, Reiner: Bürgerliches Gesetzbuch, 8. Aufl., Baden-Baden 2014

Schumacher, Thorsten: Ad hoc-Publizitätspflichten börsennotierter Fußballclubs, NZG 2010 S. 769 ff.

Schwarze, Jürgen (Hrsg.): EU-Kommentar, 3. Aufl., Baden-Baden 2012

Schwarze, Jürgen / Hetzel, Philipp: Der Sport im Lichte des europäischen Wettbewerbsrechts, EuR 2005, S. 581 ff.

Schwedonius, Daniel: Finanzierungs- und Organisationskonzepte für den deutschen Profifußball - Eine Analyse der finanzierungs-relevanten Vertragsbeziehungen von Fußballklubs unter besonderer Berücksichtigung der Spielerfinanzierung (Diss. Wirtschaftswissenschaft), Berlin 2002

Scully, Gerald W.: The Market Structure of Sports, Chicago 1995

Seeling, Otto / Zwickel, Martin: Das Entsenderecht in den Aufsichtsrat einer Aktiengesellschaft als Ewigkeitsrecht, BB 2008, S. 622 ff.

Seitz, Walter: Hexenjagd auf Dopingsünder? Ein bundeseinheitliches Schiedsgericht für Sportdopingsachen muss her!, NJW 2002, S. 2838 ff.

Siebold, Michael / Wichert, Joachim: Die KGaA als Rechtsform für die Profiabteilungen der Vereine der Fußball-Bundesligen, SpuRt 1998, S. 138 ff.

Siekmann, Robert: Labour Law, the Provision of Services, Transfer Rights and Social Dialogue, in: Professional Football In Europe, in ESLJ Volume 4 Number 1 (2006)

Soergel, Hans Theodor (Begr.): Kommentar zum Bürgerlichen Gesetzbuch: Mit Einführungsgesetz und Nebengesetzen, Allgemeiner Teil 1, 13. Aufl., Stuttgart 2000

Spindler, Gerald / Schuster, Fabian: Recht der elektronischen Medien - Kommentar, 2. Aufl., München 2011

Staudinger, Julius von (Begr.): Kommentar zum Bürgerlichen Gesetzbuch (Sammelwerk), §§ 21-79 - (Allgemeiner Teil 2) - Neubearbeitung 2005, §§ 134-138, ProstG - (Allgemeiner Teil 4a - Gesetzliches Verbot und Sittenwidrigkeit) - Neubearbeitung 2011, §§ 397-432 - (Erlass, Abtretung, Schuldübernahme, Mehrheit von Schuldnern und Gläubigern) - Neubearbeitung 2005, §§ 433-487; Leasing - (Kaufrecht und Leasingrecht) - Neubearbeitung 2004

Steinbeck, Anja Verena / Menke, Thomas: Bundesliga an die Börse, NJW 1998, S. 2169 ff.

Steiner, Eberhard / Gross, Beatrix: Die Bilanzierung von Spielerwerten im Berufsfußball nach HGB und IFRS, StuB 2005, S. 531 ff.

Steiner, Udo: Das Verhältnis von Schiedsgerichtsbarkeit und staatlicher Gerichtsbarkeit, SchiedsVZ 2013, S. 15 ff.

–: Der Sport als Gegenstand des Verfassungsrechts, SpuRt 2008, S. 222 ff.

–: Von den Grundrechten im Sport zur Staatszielbestimmung „Sportförderung“, in: Verfassungsstaatlichkeit. FS für Klaus Stern zum 65. Geburtstag, München 1997, S. 509 ff.

Stopper, Martin: „Fußball-Rechte“, in: Stopper / Lentze (Hrsg.), Handbuch Fußball-Recht, Berlin 2012, Kapitel 1, S. 55 ff.

–: Kartellrecht, in: Stopper / Lentze (Hrsg.), Handbuch Fußball-Recht, Berlin 2012, Kapitel 7, S. 311 ff.

–: Spielervermittlung, in: Stopper / Lentze (Hrsg.), Handbuch Fußball-Recht, Berlin 2012, Kapitel 13, S. 593 ff.

–: Deutsche Rechtsprechung zu Transfer-Zahlungen seit „Bosman“- Übersicht und Kritik, SpuRt 2000, S. 1 ff.

–: Ligasportvermarktung: Verhaltenskoordination oder Gemeinschaftsproduktion?, ZWeR 2008, S. 412 ff.

–: Die 50 Plus 1-Regel im deutschen Profi-Fußball, WRP 2009, S. 413 ff.

Streinz, Rudolf: Kommentar zum Europarecht, 9. Aufl., Heidelberg 2012

–: Der Fall Bosman: Bilanz und neue Fragen, ZEuP 2005, S. 340 ff.

Streinz, Rudolf / Leible, Stefan: Die unmittelbare Drittwirkung der Grundfreiheiten, EuZW 2000, 459 ff.

Stroefer, Joachim: „Berufsfußballspieler" als „Aktivposten" in den Steuerbilanzen der Bundesligavereine, BB 1982, S. 1087 ff.

Sudhoff, Heinrich: GmbH & Co. KG, 6. Aufl., München 2005

Süßmilch, Ingo: Sonderformen der Außenfinanzierung - Anleihe, Mäzen und Gang an den Kapitalmarkt, in: Galli / Elter / Gömmel / Holzhäuser / Straub (Hrsg.), Sportmanagement, 2. Aufl. München 2012, S. 85 ff.

Summerer, Thomas: Investoren für die Bundesliga? Zur Zulässigkeit des Gebots der Mehrheitsbeteiligung des Muttervereins an einer Kapitalgesellschaft, SpuRt 2008, S. 234 ff.

Teschke, Manuel / Knipping, Jens / Sundheimer, Henrik: Teilwertabschreibungen von Spielerlaubnissen im Profifußball, DB 2012, M10 ff.

Tettinger, Peter J. / Vieweg, Klaus (Hrsg.): Gegenwartsfragen des Sportrechts, Beiträge zum Sportrecht Band 17, Berlin 2004

Töben, Thomas / Lohbeck, Allit / Specker, Gerhard: Rettungsmaßnahmen auf der Schuldenseite zur Überwindung der Krise, NWB, 2. EL, 2009, S. 15591 ff.

Trommer, Hans-Ralf: Die Transferregelungen im Profisport im Lichte des „Bosman-Urteils" im Vergleich zu den Mechanismen im bezahlten amerikanischen Sport (Diss.), Bochum 1999

Tyrolt, Jochen: Sportschiedsgerichtsbarkeit und zwingendes staatliches Recht (Diss.), Heidelberg 2005

*Uhlenbruck, Wilhelm (*Hrsg.): Kommentar zur Insolvenzordnung, 13. Aufl., München 2010

Uhrich, Sebastian: Der hyperaktive Spielermarkt der Fußball-Bundesliga – Konsequenzen für die Ligaorganisation, Saarbrücken 2007

Unseld, Florian: Die Übertragbarkeit von Persönlichkeitsrechten, GRUR 2011, S. 982 ff.

Veiga Gomes, Fernando: Third Party Player Ownership, Again!, EFPL SLB number 10 June-October 2012 – Special Report on Third-party ownership, S. 63 ff.

Verse, Dirk A.: Aktienrechtliche Entsendungsrechte am Maßstab des Gleichbehand lungsgrund´-satzes und der Kapitalverkehrsfreiheit - Überlegungen im Anschluss an OLG Hamm v 31-3-2008 - 8 U 222/07 (ZIP 2008, 1530 „Thyssen-Krupp"), ZIP 2008, S. 1754 ff.

Die „50+1"-Regel zwischen Verbandsautonomie und Wettbewerbsfreiheit, CaS 2010, S. 28 ff.

Vieweg, Klaus: Normsetzung und -anwendung deutscher und internationaler Verbände – Eine rechtstatsächliche und rechtliche Untersuchung unter besonderer Berücksichtigung der Sportverbände, Berlin 1990

–: Doping und Verbandsrecht, NJW 1991, S. 1511 ff.

–: Teilnahmerechte und -pflichten der Vereine und Verbände, in: Erwin Deutsch (Hrsg.), Teilnahme am Sport als Rechtsproblem aus der Reihe Recht und Sport, Band 16, Heidelberg 1993, S. 23 ff.

–: Disziplinargewalt und Inhaltskontrolle - Zum „Reiter-Urteil" des Bundesgerichtshofs, SpuRt 1995, S. 97 ff.

–: Zur Europäisierung des Vereins- und Verbandsrechts, in: Gründen und Stiften. FS zum 70. Geburtstag von Olaf Werner, Baden-Baden 2009, S. 275 ff.

Vieweg, Klaus / Müller, Anne: Gleichbehandlung im Sport – Grundlagen und Grenzen, in: Nach geltendem Verfassungsrecht. FS für Udo Steiner zum 70.Geburtstag, S. 888 ff.

Villiger, Marco: Schiedsgerichtsbarkeit national, in: Stopper / Lentze (Hrsg.), Handbuch Fußball-Recht, Berlin 2012, Kapitel 21, S. 965 ff.

Vogl, Elma: Partiarisches Darlehen, Beck'sches Steuer- und Bilanzrechtslexikon, München 2010

Vogt, Aegidius: Vertragliche Höchstbindungsdauer im professionellen Mannschaftssport, in:. Klaus Vieweg (Hrsg.), Facetten des Sportrechts - Referate der Achten und Neunten Interuniversitären Tagung Sportrecht, S. 157 ff.

Vollmüller, Jörg: Weltverband – FIFA, in: Stopper / Lentze (Hrsg.), Handbuch Fußball-Recht, Berlin 2012, Kapitel 9, S. 425 ff.

Wagner, Gerhard: Bundesliga Going Public: Traumpaß oder Eigentor?, NZG 1999, S. 469 ff.

Wax, Andreas: Internationales Sportrecht unter besonderer Berücksichtigung des Sportvölkerrechts (Diss.), Tübingen 2008

Weber, Stefan: Kapitalverkehr und Kapitalmärkte in der EU, EUZW 1992, S. 561 ff.

Wehrheim, Michael Bilanzierung von Aufhebungszahlungen im Lizenzfußball, BB 2004, S. 433 ff.

Weiler, Simon: Multi-Club Ownership-Regelungen im Deutschen Profifußball, SpuRt 2007, S. 133 ff.

Weiß, Wolfgang: Transfersysteme und Ausländerklauseln unter dem Licht des EG-Kartellrechts, SpuRt 1998, S. 97 ff.

Weller, Marc-Philippe: Die FIFA-Fußball-WM 2006 im Lichte des Privatrechts, JuS 2006, S. 497 ff.

Wenninger, Thomas G.: Hedge-Fonds im Spannungsfeld des Aktien- und Kapitalmarktrechts (Diss.), Augsburg 2009

Wentrup, Christian: Die Kontrolle von Hedgefonds (Diss.), Düsseldorf 2008

Wertenbruch, Johannes: Die „Gewährleistungsansprüche" des übernehmenden Bundesligavereins bei Transfer eines nicht einsetzbaren DFB-Lizenzspielers, NJW 1993, S. 179 ff.

–: Der Lizenzspieler als Gläubigersicherheit im Konkurs eines Vereins der Fußball-Bundesligen, ZIP 1993, S. 1292 ff.

–: Zur gemeinschaftsrechtlichen Zulässigkeit von Transferregelungen und Ausländerklauseln bei Berufsfußballspielern, EuZW 1996, S. 91 f.

–: Vertragsnatur, Gewährleistung und Bilanzierung beim Spielerkauf nach Bosman, in: Gesellschaftsrecht Rechnungslegung Sportrecht. FS für Volker Röhricht zum 65. Geburtstag, Köln 2005, S. 1297 ff.

–: Die FIFA-Spielervermittlerlizenz im Fadenkreuz zwischen RDG, EG-Kartellrecht und Art. 12 GG, SpuRt 2009, S. 183 ff.

Westerkamp, Georg: Ablöseentschädigung im bezahlten Sport (Diss.), Münster 1980

Westermann, Harm Peter: Zum Vertragsrecht im bezahlten Fußballsport, in Juristische Arbeitsblätter, JA 1984, S. 394 ff.

–: Der Sportler als „Arbeitnehmer besonderer Art" - Zur Durchdringung von arbeitsrechtlichen Regelungen durch vereins- und verbandsautonome Bestimmungen, (Kongressvortrag), in: Eike Reschke (Hrsg.), Sport als Arbeit: Zur rechtlichen Stellung von Amateuren und Profis, aus der Reihe Recht und Sport, Band 4, Heidelberg 1985, S. 35 ff.

–: Zur rechtlichen Beurteilung der Fußballspieler-Beteiligungsfonds, ZIP 1991, S. 705 ff.

–: Erste praktische Folgen des „Bosman"-Urteils für die Organisation des Berufsfußballs - Zugleich eine Anm. zu dem Urteil des EuGH vom 15-12-1995 - C-415/93, DZWir 1996, S. 82 ff.

–: Das neue Kaufrecht einschließlich des Verbrauchsgüterkaufs, JZ 2001, S. 530 ff.

Zeuner, Mark / Nauen, Nicole: Der Lizenzligaverein in der Krise - Auswirkungen und Lösungsansätze in sportlicher und wirtschaftlicher Hinsicht, NZI 2009, S. 213 ff.

Verzeichnis der Internetquellen / Sonstige Literatur

A. Artikel, Meldungen, Berichte, Reden etc.

Anselm, Michael / Heß, Peter, Interview mit Christian Seifert „Die UEFA kann massiv Schaden nehmen vom 11. Februar 2013, http://www.faz.net/aktuell/sport/fussball/bundesliga/christian-seifert-im-gespraech-die-uefa-kann-massiv-schaden-nehmen-12057334.html

Asian Football Confederation, am 8. März 2010 veröffentlichte Zusammenfassung eines Vortrages von Mark Goddard „TMS forces agents and clubs to play by new rules", http://livedraw.the-afc.com/jp/features/27503-tms-forces-agents-and-clubs-to-play-by-new-rules

Biermann, Christoph / Grossekathöfer, Maik, Artikel „Das Haus der Hoffnung" aus DER SPIEGEL 22/2010 vom 31. Mai 2010, http://www.spiegel.de/spiegel/print/d-70701730.html

Blatter, Joseph, Stellungnahme „Die Gier bedroht das schönste aller Spiele" vom 12. Oktober 2005, https://de.fifa.com/aboutfifa/organisation/president/news/newsid=100858/index.html

Conn, David, Artikel „Hammers on the ropes after Blades' legal win" aus The Guardian vom 27. November 2008, http://www.guardian.co.uk/football/2008/nov/27/premier-league-sheffield-united

Conn, David, Artikel „Investors target profit from football's talented youth" aus The Guardian vom 10. Dezember 2008, http://www.guardian.co.uk/football/2008/dec/10/premierleague

Court of Arbitration for Sport (Tribunal Arbitral Du Sport), Entscheidungen des CAS archiviert unter, http://www.tas-cas.org/jurisprudence-archives

DFB, Meldung „DFB erstmals mit über 6,8 Millionen Mitgliedern" vom 27. April 2012, http://www.dfb.de/?id=11015

Downie, Andrew, Artikel „Trading In Soccer Talent" aus der New York Times vom 19.07.2008, http://www.nytimes.com/2008/07/19/business/19soccer.html?pagewanted=all&_r=0

Duff, Alex, Artikel „Warmer Regen für Fußballfonds" aus der Financial Times Deutschland vom 30. Mai 2004, http://www.ftd.de/finanzen/geldanlage/:warmer-regen-fuer-fussballfonds/1085376285190.html

Eberts, Carsten, Artikel „Schwerer Job für Arnesen" aus der Süddeutschen Zeitung vom 16. Juli 2012, http://www.sueddeutsche.de/sport/chaos-beim-hamburger-sv-grosse-traeume-bei-knapper-kasse-1.1413250-2

Europäische Kommission, Begleitdokument zum Weißbuch Sport, „The EU and Sport: Background and Context“ http://ec.europa.eu/sport/documents/dts935_en.pdf

FA, Leitlinie „Money Laundering and the Proceeds of Crime Act“ vom 13. März 2008, http://www.thefa.com/News/governance/2008/mar/MoneyLaundering_guidance

FATF, Bericht „Money Laundering Through the Football Sector“ aus Juli 2009 http://www.fatf-gafi.org/topics/methodsandtrends/documents/ moneylaunderingthroughthefootballsector.html

FIFA, Meldung „Over USD 3 billion spent on international transfers in 2011“ vom 1. März 2012, http://www.fifa.com/aboutfifa/organisation/news/newsid=1592495/index.html

FIFA, Meldung „FIFA geht gegen neun Problembereiche vor“ vom 12. März 2008, http://de.fifa.com/aboutfifa/organisation/footballgovernance/news/newsid=709099/index.html

Meldung „Bayer zahlt zehn Millionen für Renato Augusto“ vom 11. Juli 2008, http://de.fifa.com/worldfootball/clubfootball/news/newsid=824325.html

Meldung „Die FIFA bestätigt: kein Verstoß von Arsenal gegen die Bestimmungen bezüglich Klubeigentumsverhältnisse“ vom 22. März 2006, http://de.fifa.com/aboutfifa/organisation/news/newsid=104394/index.html

Meldung „Football Committee steps up its mission for the game under new composition“ vom 16. November 2012, http://www.fifa.com/aboutfifa/organisation/bodies/news/newsid=1912294/index.html

Meldung „Spielertransfers: schneller, leichter, transparenter“ vom 26. Februar 2010, http://de.fifa.com/aboutfifa/organisation/footballgovernance/news/ newsid=1174588/index.html

Meldung „Zukunft des Fußballs und Fußball der Zukunft im Mittelpunkt“ vom 9. Oktober 2007, http://de.fifa.com/aboutfifa/organisation/bodies/news/newsid=612908/index.html

Meldung „Taskforce For the Good of the Game: Prinzipien verabschiedet“ *vom 31. Mai 2007,* http://de.fifa.com/aboutfifa/organisation/news/newsid=529861/index.html

Futebol Clube Do Porto – Futebol, SAD, Management Report and Consolidated Accounts 2011/2012, http://www.fcporto.pt/English/InvestorRelations/investor_annualreports.asp

Glüsing, Jens, Artikel „Wolke von Geheimnissen“ aus DER SPIEGEL 16/2005 vom 18. April 2005, http://www.spiegel.de/spiegel/print/d-40077678.html

Hajek, Stefan, Artikel „Mit Fußball-Fonds in Talente investieren“ aus der WirtschaftsWoche vom 13. Oktober 2010 enthalten im Pressespiegel des Hanseatischen Fußballkontors, http://www.akriba-fonds.de/fileadmin/pdfs-direkt/HFK_FTR_1_Pressespiegel.pdf

Hanseatischer Fußballkontor, Angebotsübersicht „Kapitalgewinn – Triple-A für besten Spezial Fonds Fußballkontor FTR1“ aus dem Jahr 2010, http://www.fussballkontor.de/cms-assets/documents/29936-534439.ftr1analysekapitalgewinn.pdf

Harms, Karsten, Artikel „So will der HSV noch mehr Topstars finanzieren“ aus der WELT vom 24. September 2008, http://www.welt.de/sport/fussball/article2487500/So-will-der-HSV-noch-mehr-Topstars-finanzieren.html

KEA European Affairs / CDES, von der EU Kommission beauftragte Studie „The Economic and Legal Aspects of Transfers of Players“, Januar 2013, http://ec.europa.eu/sport/library/documents/f-studies/cons-study-transfers-final-rpt.pdf

Keil, Christopher, Artikel „Hopps Schweigen“ aus der Süddeutschen Zeitung vom 6./7. Juli 2013, Printausgabe

Kelso, Paul, Artikel „Fifa‘s new transfer system will cut through the ‚jungle‘“ aus The Telegraph vom 24. Februar 2010, http://www.telegraph.co.uk/sport/football/7301303/Fifas-new-transfer-system-will-cut-through-jungle.html

Kelso, Paul, Artikel „West Ham and Sheffield United reach out-of-court settlement over Carlos Tevez affair“ aus The Telegraph vom 13.03.2009, http://www.telegraph.co.uk/sport/football/competitions/premier-league/4981170/West-Ham-and-Sheffield-United-reach-out-of-court-settlement-over-Carlos-Tevez-affair.html

Kommission der Europäischen Gemeinschaften, Weißbuch Sport, 11. Juli 2007, http://ec.europa.eu/sport/documents/wp_on_sport_de.pdf

KPMG, Project TPO, 08. August 2013, http://www.ecaeurope.com/eca-research

Kreuzer, Heinz-Peter, Artikel „Von Kickern und Strippenziehern“ des DLF vom 29. August 2008, http://www.dradio.de/dlf/sendungen/hintergrundpolitik/840260/

Krug, Christian, Artikel „Heute im Angebot“ aus dem SZ Magazin Ausgabe 50/2008, http://sz-magazin.sueddeutsche.de/texte/anzeigen/27374/4/1

Kurbjuweit, Dirk, Artikel „Profit mit dem Profi“ aus DIE ZEIT Nr. 27 vom 26. Juni 1987, S. 28, http://www.zeit.de/1987/27/profit-mit-dem-profi

Lesley, Chris, Artikel „Neymar’s Transfer Highlights Cloudy World Of Third-party ownership“ vom 11. Juni 2013, http://www.sportsagentblog.com/2013/06/11/neymars-transfer-highlights-cloudy-world-of-third-party-ownership/

Ludwig, Udo / Pfeil, Gerhard, Artikel „Transfer mit Talenten“ aus DER SPIEGEL, Nr. 48/2001 vom 26. November 2001, http://www.spiegel.de/spiegel/print/d-20849250.html

Lupescu, Ioan, Editorial der Broschüre „UEFA technician“, Ausgabe 54 Juni 2013, http://de.uefa.com/MultimediaFiles/Download/TheTechnician/uefaorg/Publications/01/96/59/32/1965932_DOWNLOAD.pdf

Mario Monti, Rede „Competition and Sport the Rules of the Game“ im Rahmen der Konferenz „Governance in Sport“ in Brüssel 26. Februar 2001, http://europa.eu/rapid/press-release_SPEECH-01-84_en.htm

Panja, Tariq, Artikel „Soccer Body Considers Champions, Europa League Bans for Fund-Owned Players“ vom 1. Februar 2012, http://www.bloomberg.com/news/2012-02-01/soccer-body-considers-champions-europa-league-bans-for-fund-owned-players.html

Philippsen, Cai, Artikel „Fußballfonds umstritten und risikoreich“ aus der FAZ vom 29. November 2001, www.faz.net/aktuell/sport/analyse-fussballfonds-umstritten-und-risikoreich-140808.html

Pons, Jean-Francois, Rede „Sport and European Competition Policy“ vom 14. Oktober 1999, http://ec.europa.eu/competition/speeches/text/sp1999_019_en.pdf

Polli, Raffaele / Rossi, Giambattista, Untersuchungsbericht: Football Agents in the Five Biggest European Football Markets – An Empirical Research Report, CIES Football Observatory aus dem Februar 2012, http://www.cies.ch/uploads/media/report_agents_2012.pdf

Prüfer, Thomas, Artikel „Kühne will Van der Vaart beim HSV sehen“ aus dem Hamburger Abendblatt vom 13.07.2012, http://www.abendblatt.de/sport/fussball/hsv/article2338227/Kuehne-will-van-der-Vaart-beim-HSV-sehen.html

Schiller, Kai / Schade, Oliver, Wenig, Peter, Artikel „Das 10-Millionen-Euro-Angebot - Kühne als Investor beim HSV?“ aus dem Hamburger Abendblatt vom 28. Mai 2010, http://www.abendblatt.de/sport/fussball/hsv/article1511223/Das-10-Millionen-Euro-Angebot-Kuehne-als-Investor-beim-HSV.html

Schiller, Kai / Scholz, Marcus, Artikel „Investorenverträge: Die Wahrheit und ihre Folgen“ aus dem Hamburger Abendblatt vom 8. Juli 2010, http://www.abendblatt.de/sport/fussball/hsv/article1560195/Investorenvertraege-Die-Wahrheit-und-ihre-Folgen.html

Sinnott, John, Artikel „Does third-party ownership benefit or hinder football“ vom 27. Oktober 2011, *http://www.bbc.co.uk/sport/0/football/15298353*

Sinnott, John, Artikel „Third-party owner rule not ‘legitimate’ - Bosman lawyer“ vom 27. Oktober 2011, http://www.bbc.co.uk/sport/0/football/15386863

Stelmaszyk, Lukas, Artikel „Finanzgeschäfte im Fußball: Transfer als Risiko-Business" aus DER SPIEGEL vom 17. Mai 2011, http://www.spiegel.de/sport/fussball/finanzgeschaefte-im-fussball-transfer-als-risiko-business-a-761352.html

The Guardian, Protokoll „The Premier League hearing minutes: in full" vom 27. April 2007, http://www.guardian.co.uk/football/2007/apr/27/newsstory.sport3

UEFA, Meldung „Call for ban on third-party ownership" vom 11. Dezember 2012, http://www.uefa.com/uefa/aboutuefa/organisation/executivecommittee/news/newsid=1906435.html

Meldung „No place for third-party ownership" vom 19. März 2013, http://www.uefa.com/uefa/aboutuefa/organisation/generalsecretary/news/newsid=1931937.html

Meldung „UEFA President Michel Platini meets European Commission President José Manuel Barroso" vom 08. April 2013, http://www.uefa.com/uefa/mediaservices/mediareleases/newsid =1938726.html

Leitfaden „Financial fair play: everything you need to know" vom 28. Februar 2014, http://www.uefa.com/community/news/newsid=2064391.html

Meldung „Financial Fair Play timetable outlined" vom 03. März 2014, http://www.uefa.org/protecting-the-game/financial-fair-play/news/newsid =2067210.html

Unbekannter Autor:

Meldung „ECA-Chef Rummenigge fordert Veränderungen" aus FOCUS Online vom 2. Juni 2011, http://www.focus.de/sport/fussball/fifa-eca-chef-rummenigge-fordert-veraenderungen_aid_633416.html

Artikel „Fußballer im Visier von Hedgefonds" aus dem Handelsblatt vom 08. Juli 2013, http://www.handelsblatt.com/finanzen/fonds/nachrichten/transferrechte-fussballer-im-visier-von-hedge-fonds/8463654.html

Artikel „Werder Bremen verpflichtet Brasilianer Naldo als Abwehrchef" aus DIE WELT vom 30. Juli 2005, http://www.welt.de/print-welt/article685821/Werder-Bremen-verpflichtet-Brasilianer-Naldo-als-Abwehrchef.html

Artikel „Bundesliga – Transfer im Tollhaus" aus Heft 48 von 1987der Wirtschafts-Woche, http://www.genios.de/toc_list/WW/1987/WW.XK.+DT%3D19871120/Heft%2B48%2B%252F%2B1987/ZGEH

Meldung „Leverkusen verpflichtet Brasilianer Renato Augusto" aus dem FOCUS vom 10. Juli 2008, http://www.focus.de/sport/fussball/bundesliga1/fussball-bundesliga-leverkusen-verpflichtet-brasilianer-renato-augusto_aid_317232.html

Meldung „QPR crowned champions and promoted after escaping points deduction“ in The Guardian vom 7. Mai 2011, http://www.guardian.co.uk/football/2011/may/07/qpr-championship

Meldung „Platini supports ban of third-party ownership“ vom 29. Dezember 2012, http://www.aljazeera.com/sport/football/2012/12/201212291872249582 1.html

Artikel „Geld im Schuh“ aus DER SPIEGEL 10/1976 vom 10. März 1976, S. 130 http://www.spiegel.de/spiegel/print/d-41309407.html

Artikel „Das ist schrecklich“ aus DER SPIEGEL 28/1965 vom 7. Juli 1965, S. 70 ff., http://www.spiegel.de/spiegel/print/d-46273289.html

Artikel „Spielerhandel – Preise hoch“ aus DER SPIEGEL 13/1964 vom 25. März 1964, S. 102 f., http://www.spiegel.de/spiegel/print/d-46173329.html

Artikel „Geld im Schuh“ aus DER SPIEGEL 35/1963 vom 28. August 1963, S. 32 ff. http://www.spiegel.de/spiegel/print/d-46171821.html

Artikel „Der erste Fußballfonds holt das „Rasen-Business“ in deutsche Wohnzimmer“ aus Finanzwelt 1/2002, www.finanzwelt.de/.../kapitalanlagen_333451.html

Artikel „Neuer Grundlagenvertrag keine leichte Aufgabe“ aus DER TAGESSPIEGEL vom 29.12.2008, http://www.tagesspiegel.de/2008-12-29-neuss-neuer-grundlagenvertrag-keine-leichte-aufgabe/1406684.html

B. Regelwerke

FIFA, FIFA Statuten – Ausgabe Juli 2013, http://de.fifa.com/aboutfifa/organisation/statutes.html

FIFA-Ethikreglement – Ausgabe 2012, http://de.fifa.com/mm/document/affederation/administration/01/10/77/47/codeofethics2012d.pdf

FIFA-Disziplinarreglement – Ausgabe 2011, http://de.fifa.com/mm/document/affederation/administration/50/02/75/discoinhaltd.pdf

Reglement bezüglich Status und Transfer von Spielern in der Fassung vom 27. September 2012, http://de.fifa.com/mm/document/affederation/administration/01/95/83/85/regulationsstatusandtransfer_d.pdf

Spielervermittler-Reglement in der am 29. Oktober 2007 vom FIFA-Exekutivkommitee genehmigten und am 1. Januar 2008 in Kraft getretenen Fassung, http://de.fifa.com/mm/document/affederation/administration/51/55/18/playersagents_de_32512.pdf

Football League, Regulations, Stand: 29. Juni 2011, *http://www.football-league.co.uk/regulations/20110629/section-6-players_2293633_2125731*

Ligue de Football Professionnel, Règlements 11/12. http://www.lfp.fr/reglements/reglements/2011_2012/reglement_integral.pdf

Ligaverband, Satzung Ligaverband, Stand: 30. November 2010, http://www.bundesliga.de/de/dfl/statuten/index.php

Lizenzordnung Spieler (LOS), Stand: 26. Oktober 2013 http://www.bundesliga.de/de/dfl/statuten/index.php

Lizenzierungsordnung (LO), Stand 13. Dezember 2012, http://www.bundesliga.de/de/dfl/statuten/index.php

unter vorgenannter Internetadresse sind auch die folgenden Anhänge abrufbar:

Anhang I: Lizenzvertrag

Anhang II: Schiedsgerichtsvertrag

Anhang III: Rahmenbedingungen für die Satzung eines Lizenzvereins

Anhang IV: Richtlinien für die Spielkleidung und die Ausrüstung

Anhang V: Richtlinien für die Errichtung und Unterhaltung von Leistungszentren der Teilnehmer der Lizenzligen

Anhang VI: Richtlinien zur Verbesserung der Sicherheit bei Bundesspielen – Entwurf einer Stadionordnung

Anhang VII: Anforderungen an die Unterlagen und Nachweise für die Prüfung der finanziellen Kriterien (wirtschaftliche Leistungsfähigkeit) vor einer Spielzeit gemäß § 8 LO und deren Prüfung / prüferische Durchsicht durch den Wirtschaftsprüfer; Stichtag 31. Dezember t51 (t = aktuelles Jahr)

Anhang VII a: Anforderungen an die Unterlagen und Nachweise für die Bestätigung der finanziellen Kriterien (wirtschaftliche Leistungsfähigkeit) während einer Spielzeit gemäß § 8a LO und deren Prüfung / prüferische Durchsicht durch den Wirtschaftsprüfer; Stichtag 30. Juni t (t = aktuelles Jahr)

Anhang VIII: Richtlinie zum Sicherungsfonds

Anhang IX: Richtlinie für die Beurteilung der wirtschaftlichen Leistungsfähigkeit

Anhang X: Darstellung des Kernprozesses des Lizenzierungsverfahrens

Anhang XI: Medienrichtlinien für die Spiele der Bundesliga und 2. Bundesliga

Anhang XII: Sanktionen

Anhang XIII: Durchführungsbestimmungen zu § 5 Nr. 9 der Lizenzierungs-ordnung

UEFA, Reglement zur Clublizenzierung und zum finanziellen Fairplay (Aus gabe 2012), http://de.uefa.com/MultimediaFiles/Download/Tech/uefaorg/General/01/80/54/12/1805412_DOWNLOAD.pdf

Reglement der UEFA Champions League Zyklus 2012-15 (Saison 2013/14) http://de.uefa.org/MultimediaFiles/Download/Regulations/competitions/Regulations/01/94/62/38/1946238_DOWNLOAD.pdf

Reglement der UEFA Europa League Zyklus 2012-15 (Saison 2013/14) http://de.uefa.org/MultimediaFiles/Download/Regulations/competitions/Regulations/01/94/62/42/1946242_DOWNLOAD.pdf

UEFA-Statuten Geschäftsordnung des UEFA-Kongresses Ausführungsbestimmungen zu den UEFA-Statuten (Ausgabe 2012) http://de.uefa.com/MultimediaFiles/Download/EuroExperience/uefaorg/WhatUEFAis/01/80/54/06/1805406_DOWNLOAD.pdf

www.ingramcontent.com/pod-product-compliance
Ingram Content Group UK Ltd.
Pitfield, Milton Keynes, MK11 3LW, UK
UKHW021819051026
15588UKWH00010B/121

9 783631 661376